与最聪明的人共同进化

HERE COMES EVERYBODY

CHEERS

CHEERS
湛庐

[美] 杰克·丹尼尔斯（Jack Daniels） 著
沈 慧 译

丹尼尔斯
经典跑步训练法

全新升级版
原书第4版

Daniels'
RUNNING
Formula

湖南教育出版社
·长沙·

测一测

初跑者如何科学训练？

扫码加入书架
领取阅读激励

扫码获取
全部测试题及答案，
一起拥抱科学的
跑步训练计划

- 一般来说，大部分长距离跑者在跑步时，什么部位先着地？（　　）

  A. 脚尖

  B. 脚跟

- 在刚刚开始开展跑步计划的时候，进行轻松跑（最大心率的 65%~79% 之间）特别有助于打基础。如果你身体状况良好，出门轻松跑至少多长时间是适宜的？（单选题）

  A. 15 分钟

  B. 30 分钟

  C. 45 分钟

  D. 60 分钟

- 下坡跑应该注意：（单选题）

  A. 减小步频

  B. 加大步伐

  C. 用前脚掌落地

  D. 脚落地要轻

扫描左侧二维码查看本书更多测试题

我要将本书献给我的妻子南希，对此我与有荣焉。她是我的挚友、我最珍视的人，我们育有两个漂亮的女儿——奥德拉和萨拉。我和南希一起周游过世界，见过皇室成员，还在泰国一起"玩"过跳火车。我们一起度过了许多激动人心的时刻。南希曾在新英格兰锦标赛十度折桂，晋级过两届奥运会选拔赛，两次成功对抗乳腺癌，直面了可怕的创伤后应激障碍，最终成为一名执业注册护士。每个见过南希的人都对她赞不绝口。

我在这本书中为读者提供了一些关于跑好步的愚见，但如果没有南希，本书就不可能问世。虽然我的成功获得了不少认可，如被《跑者世界》评选为"全世界最好的跑步教练"，但我的成就也有南希的功劳，她却没有获得应得的赞誉。我曾在耐克、纽约州立大学科特兰分校、布里瓦德学院、韦尔斯学院等机构执教多年，而我教练生涯的成功显然少不了南希的陪伴。南希是所有我训练过的运动队和个人跑者的核心和灵魂。她本人也是一名精英跑者，很能体恤别人，所以总能恰当地评估不同的跑步赛事、赛道和天气条件。如果要用一个词来描述才华横溢的南希，我首先想到的是"不可或缺"。这既是对我而言，也是对我们团队的成功而言。

跑步是一场与自己的较量，而丹尼尔斯是你的最佳导师。他用科学和实践告诉你，跑步不仅是体能的挑战，更是心理的磨砺。从伤病恢复到马拉松备战，这本书教会你如何在跑步这条路上走得更远、更稳、更快乐。

董国建

著名马拉松运动员，全国冠军

对于大部分人来说，跑步起初只是健康锻炼的一部分，未必与马拉松这样的长距离赛事直接相关。然而，无论初衷如何，明确个人目标都是迈向有效训练的第一步。我们需要思考：为什么要跑步？跑步的意义是什么？

只有明确目标，才能根据自身情况制订科学的训练计划，更多科学、详尽的训练计划就在这本书里。我们可以从三个核心环节入手：训练、饮食与恢复。每次训练前我们都要清楚"为什么练"和"练什么"，同时了解自己的生理指标，明确该吃什么、补什么，及时做到营养的补充。当然我们还需要重视恢复，保证足够的睡眠，让肌肉、身心得到及时的放松，避免疲劳和受伤。

希望这本书能够帮助更多跑者跑得开心，跑得健康，跑得长久。

管油胜

中国马拉松运动员，2018年上海马拉松国内男子第一在今天，马拉松成为普通人难以攀登的"珠穆朗玛峰"。湛庐"奔跑的未来"系列图书中讲述了一些面对生命里的最大挑战而怀有希望、毅力和耐力的感人故事。这些作者通过自己的实际经历告诉我们，无论年龄多大，只要怀有自我信念和积极的态度，就能取得伟大的成绩。我相信，读过这套书，你会迫不及待地盼望着下一次跑步！

金飞豹

著名探险家，《绝地撒哈拉》作者

这是一本跑步爱好者的必备指南。它以科学的训练方法引领我们深入跑步的精髓，无论是新手还是资深跑者，都能从中获得宝贵指导。这本书将跑步的科学与艺术完美结合，让我们在每一次奔跑中感受生命的律动。跟随丹尼尔斯的指导，开启一段充满活力的跑步旅程，让健康与活力成为生活的一部分，让跑步成为连接身心的桥梁。

林孟垣

Garmin 佳明亚洲区营销与业务副总经理

我曾以冠军之姿征服马拉松赛道，如今在北京师范大学和训练场上点燃跑者梦想。《丹尼尔斯经典跑步训练法》是我推崇的跑步科学"圣经"，其精准的训练体系让跑者的每一步都迈向巅峰。无论你是新手还是精英，这本书将是你制霸跑道的终极武器！

罗　川

北京师范大学体育教师，元大都马拉松冠军俱乐部主教练

每个人都能成为跑者，但要想成为一名真正的马拉松跑者，必须有勇有谋。湛庐"奔跑的未来"系列图书以其系统性、专业性、权威性，如师亦友般陪伴我们站到起跑线上！

毛大庆

优客工场、共享际创始人，百马跑者

你是不是还在为没有时间接受专业的跑步训练而苦恼？在湛庐"奔跑的未来"系列图书中，你会收获诸多教练和良师益友。这些作者是最慷慨、最

有天赋的教练，如果你无法亲自接受他们的训练，那么这套书就是最好的选择，他们将会送给你开启精彩跑步旅程的钥匙。

谭　杰

高级记者，新体育网专职编委，《锻炼》《耐力》译者

当我跑过 36 个马拉松之后，一直想着能不能找到一种更好的训练方法来提升奔跑速度，让我在有生之年能够达标波士顿马拉松赛的成绩门槛。湛庐"奔跑的未来"系列图书蕴含了大量提高跑步能力的宝贵知识。我认为，这套书对于尚处于爆发期的中国跑者来说，一定是会有冲击力的，也是让人耳目一新的。

田同生

公众号"爸妈扛衰老"主理人，视频号"百马作家田老师"主播

每个人都对自己的命运有无穷的期盼，试图创造生命的意义。跑步是一个完整的体验，一个可以让人学会参与、磨砺坚韧、尊重生命、把握自己的过程。在湛庐"奔跑的未来"系列图书中，众多世界顶级跑家将自己丰富的经验分享出来，而这些都将为拥有不同能力和不同经验的跑者开启一个可以提高成就的新视野。

王　石

万科集团董事会名誉主席

在竞争激烈的当代中国，跑步是一个众人关注的话题。大家都希望通过跑步提高生命和生活质量。不管你是希望通过跑步强身健体，还是完成个人"初马"目标，湛庐"奔跑的未来"系列图书都会给予你及时的帮助和指导，让你能够从容面对。

魏江雷

富力商业地产总裁，《赛事金矿》《跑步时，我拥有整个世界》作者

跑步是最简单的运动，然而把最简单的事情做至完美，则是最难。湛庐"奔跑的未来"系列图书体系完整，既有历久弥新的经典之作，又有源自著名跑者的切身体验和科学总结，几乎涵盖了跑步的方方面面。读完这些，你

对跑步的认识和你的跑步生涯，必将上升到一个全新的高度。

晏 懿

《跑者世界》杂志（Runner's World 中文版）首任主编

　　无论是疯狂喜欢跑步却不知如何提高的初跑"菜鸟"，还是已创高峰仍想精益求精的跑界高手，都希望拥有切实帮助自己提高的理论依据。湛庐"奔跑的未来"系列图书也许会是最好的选择，无论你属于哪个群体，都能找到适合自己的那一款。只凭自己实践总结，时间长了，心里就会没底。有了这套书，也许就能事半功倍。相信我，这是一套对中国跑步事业有着革命性意义的书。

于 嘉

中央电视台体育评论员、主持人

　　跑步作为最古老的运动项目，同样需要专业知识来指导，否则跟其他激烈运动项目一样易于造成伤病。湛庐"奔跑的未来"系列图书汇集了跑步专业领域里知名的专家和践行者提供的科学方法以及先进理念，会有助于跑友们培养健康的跑步习惯，规避伤痛，在人生道路上跑得更长、更远！

张 涛

和同资本合伙人

科学训练的传承与实践

何 平

马拉松国际运动健将
正保教育集团体育公司总经理
华健乐韬体育科技发展（北京）有限公司创始人

作为一名拥有超过 30 年跑步经验，其中 10 余年专注于马拉松运动的职业教练，2024 年我系统研读《丹尼尔斯经典跑步训练法》原书第 3 版的时候才知道，这套科学训练法早已深度渗透专业体育领域，专业队沿用的心率区间划分体系、运动手表的核心算法模块，其理论根源皆可追溯至丹尼尔斯博士的开拓性研究。

这次欣闻湛庐文化即将推出基于原书第 4 版的《丹尼尔斯经典跑步训练法》全新升级版，新版图书不仅作者完善了自己的训练方法，做了大量理论、数据、训练计划的更新，覆盖从 800 米训练一直到超长距离、越野赛、铁三在内的耐力训练，湛庐文化也组织专家重新翻译、重新设计。很荣幸借新版推出的这个机会，聊聊《丹尼尔斯经典跑步训练法》对我的启发。

心率区间的范式革命

虽然当前国内的执教体系已发展出本土化改良方案，但通过对照验证发现，我们基于心率的训练控制模型与《丹尼尔斯经典跑步训练法》中的基准数据高度契合。这种跨越时空的理论共振，印证了丹尼尔斯训练法作为现代跑步科学基石的价值。

丹尼尔斯博士最卓越的贡献，在于将模糊的"训练强度"概念转化为精准的量化体系。通过 E 跑（轻松跑）、M 跑（马拉松配速跑）、T 跑（乳酸门槛跑）、I 跑（间歇训练跑）、R 跑（重复训练跑）五级强度划分，配合最大摄氧量与心率双维度校准，构建起如同汽车变速箱般精密的心肺负荷控制系统。

这种模块化设计既保证了训练的系统性，又通过心率实时监测实现了安全边际控制，让业余跑者也能获得职业运动员般的科学训练保障。

恢复艺术的觉醒时刻

这本书我认为最值得跑友关注的部分，就是恢复模块。一定要关注身体给予你的正向反馈，按照书中的指导进行充分恢复。多年的专业训练让我明白，只有身体充分恢复后的训练才是有效的，而一味地追求跑量和速度，不理会身体发出的信号，你将迎来一个反向的结果。

在我的专业生涯中，至少出现过 5 次由于不重视恢复带来的沉痛打击。其中有两次我至今印象深刻。

一次是 2009 年全运会比赛前，我不敢放松调整训练，导致身体疲劳累积，全运会比赛当天腿部肌肉非常紧，却也只能咬牙坚持，虽然获得了第二名，但那绝对不是我的最优状态。比赛完成后，我对此做了认真的总结，我发现当教练安排按心率进行慢跑的时候，我总是会超出规定的心率范围，以至于每天的训练配速都非常快，身体疲劳也逐渐积累，过度追求训练强度反而导致我错失冠军。

另一次是在 2010 年的亚运会选拔赛那次。多年没有回家休假的我，那年回了趟家，在家对教练的训练安排也没有完全认真执行，运动量骤增使我的髂胫束受伤了，那次受伤导致我足足休息了 5 个多月，也让我错过了亚运会选拔赛。

这些血泪教训与丹尼尔斯提到的"压力—恢复—适应"周期理论惊人契合。《丹尼尔斯经典跑步训练法》独创的疲劳恢复方法，通过睡眠质量、营养摄入、心理压力等多维评估体系，将抽象的"身体信号"转化为可量化的决策依据。

后来我在 2010 年北京马拉松实现绝地反击，现在想想，正是得益于此。经历了两次较为典型的不尊重训练规律给我带来的打击，我开始认真关注训练方法，认真分析教练每一节训练安排的目的，并严格执行。当我在 2010 年北京马拉松的暴雨中，以最后 3 公里 9 分以内的配速，从国际第八名追赶国际第四、国内第四名，最终以第一名的成绩完成了比赛。关键是这次比赛的后程，我自己都觉得跑起来腿部肌肉非常有弹性、很舒展，这就是认真对待训练和恢复的重要性。

从竞技精英到大众跑者

《丹尼尔斯经典跑步训练法》的普适性魅力，在于其"积木式"的模块组合智慧。对于追求 PB（个人最好成绩）的进阶跑者，可通过乳酸阈值训练突破瓶颈；初阶爱好者则能从轻松跑起步，在 65%~79% 最大心率区间安全建立有氧基础。更可贵的是，书中创新性地引入了通过连续两日的强度刺激提升身体耐受力的方法，这种源于职业竞技的训练策略，经过强度适配后同样适用于大众跑者。

让跑步成为终身乐事

站在职业教练与马拉松跑者的双重视角，我郑重向中国跑者推荐这部跑步训练"圣经"。它不仅承载着现代运动科学的集体智慧，更暗合东方哲学"张弛有度"的修炼之道。

我相信每一位跑友都能够通过本书获得自己想要的运动成绩，不管你是想要获得更快速度的跑者，还是想要参与到跑步这项愉快之事当中的犹豫者，都可以按照本书给予的针对性细节指导，进行系统训练。

只要你能合理安排时间，假以时日，身体的神奇变化会让你爱上《丹尼尔斯经典跑步训练法》和跑步这件终身乐事。再次感谢湛庐文化总裁陈晓晖先生的邀请，能为此书写序是我的荣幸。

请允许我以一名从业者的身份向丹尼尔斯博士致敬，我会继续钻研《丹尼尔斯经典跑步训练法》这本书，帮助更多的人参与到跑步这项愉快的事业当中。也愿这本经典之作，伴随每位跑者找到属于自己的奔跑节奏。

以科学为翼，铸就铁人之路

党 琦
动境体育联合创始人
"百万铁人计划"发起人

作为一名职业铁人三项运动员，在 22 年的职业生涯中，我曾无数次站上领奖台，也曾因训练瓶颈陷入迷茫。如何在游泳、自行车和跑步这三个项目中实现高效平衡？如何突破体能极限却不被伤病困扰？这些问题始终贯穿我的职业生涯。直到遇见《丹尼尔斯经典跑步训练法》，这本书不仅为我解开了诸多困惑，更让我重新审视了科学训练的本质。

铁三选手的制胜之跑

铁人三项的终极挑战在于对耐力、速度与恢复能力的综合把控，而跑步作为最后一项，往往是决胜的关键。

本书的核心价值在于其严谨的训练逻辑——从初学者的轻松跑基础构建，到精英选手的 VDOT 配速系统，每一步都紧扣生理学原理。作者杰克·丹尼尔斯博士以"最小压力，最大收益"为核心理念，强调训练的精准性与可持续性。

书中对乳酸门槛跑、间歇训练、高海拔适应等方法的科学解析，与我多年在实战中摸索出的规律不谋而合，却更为系统、清晰。例如，VDOT 系统通过量化跑者的有氧能力与效率，帮助选手精准匹配训练强度，这一工具可直接迁移至铁人三项的周期化训练中，避免盲目堆砌跑量导致的过度疲劳。

本书第 4 版中，新加入了 15 ～ 30 公里训练、超长距离训练、铁人三项训练等全新章节，是迄今为止最全面、最易理解、最能随学随用的一个版本。其中提供的铁人三项 6 周训练计划，更是为读者提供了精确到分钟的精准指导。

多变环境的突破之道

铁人三项选手常需应对多变的环境——高温、高海拔、复杂地形，我也曾因忽视环境适应而在比赛中吃尽苦头，本书对环境因素的深入探讨令人耳目一新。

在第 6 章"应对环境和高海拔训练"一章中，丹尼尔斯介绍了在炎热、寒冷或高海拔等条件下，如何尽可能顺利地完成训练和比赛。书中不仅剖析了高海拔训练的利弊，更提供了从海平面到高海拔赛事的过渡策略。针对想要准确控制训练强度的运动员，书中"跑步机校准"等内容，则提供了可量化的调整方案。

此外，针对不同体能水平的"白色初级"到"金色精英"四阶计划，完美契合铁人三项选手的多元化需求。无论是新手打基础，还是老将冲击 PB，都能找到适配的路径。

跑步哲学的跨界启示

本书聚焦跑步，但其训练哲学对铁人三项整体提升意义深远。

例如，轻松跑强调低强度有氧积累，这与自行车长距离耐力训练异曲同工；而间歇训练对无氧阈值的提升，可直接转化为游泳冲刺阶段的表现优化。第 9 章 "休整期和辅助训练" 的内容，更让我重新规划了赛季后的恢复周期，将瑜伽与力量训练纳入日常，显著降低了伤病风险。

丹尼尔斯提出的 "跑步法则" ——如 "专注于眼前的任务" "不要带病或带伤训练"，看似简单，却是铁人三项选手最易忽视的黄金准则。

科学是通往卓越的捷径

在竞技体育中，努力固然重要，但方向错误只会南辕北辙。《丹尼尔斯经典跑步训练法》如同一张精准的航海图，让我们在浩瀚的训练海洋中避开暗礁、直抵目标。作为铁人三项运动员，我深信：本书不仅是跑步训练的经典，更是铁人三项选手的必修课。它将帮助你用更少的伤痛、更高的效率，在赛道上释放全部潜能。

翻开这本书，你将遇见一个更强大的自己。

愿此书成为你征途上的灯塔，照亮每一公里的坚持与蜕变。

一个与你并肩前行的铁人战友
2025 年 4 月

怎样训练才最好

《丹尼尔斯经典跑步训练法》[①]第 1 版出版于 1998 年。自那以后，我对跑步和跑者又有了更深的了解。你可能觉得奇怪，经过这么多年的研究和教练工作，我竟然还在不断发现更实用且往往也更简单的新方法来制订训练和比赛计划，但这的确就是事实。许多跑者和教练依然启发着我。他们经常跟我说，在参考了我的许多训练理念后，他们取得了相当大的成功，并鼓励我继续寻找新思路和更简单的方法来帮助他们提高体能和跑步表现。因此，我希望本版能传递一些新思路和方法，向你展示我在本书第 3 版出版之后几年的一些改进。

我与许多精英跑者（以及一些没有那么"精英"的跑者）合作了很多年，也研究了他们很多年。这是一个很有趣的过程。说到提高跑步表现的最佳方法，尽管我们往往会经历这一方法所涉及的各个阶段，但归根结底，还是要遵循某些基本法则，按照个人需求调整训练，并制订出高效且能将伤病隐患降到最低的计划。我一直在强调持续训练的重要性，并强调要靠最小的训练压力收获最大成效，而不要认为压力越大收效就能越好。

---

① 由于书中提到的许多训练计划都是基于欧美的跑者或比赛等而制订的，因此在应用时，中国的跑者可能需要根据自身的实际情况及相关比赛做相应调整。——编者注

我们往往认为，世界上某些跑者群体在生理学或生物力学上更具先天优势，事实上，除了生理学和生物力学上的差异，可能还存在心理学或社会学上的差异，而这些差异很难区分。例如，在一些欠发达国家，赢得比赛可能会让选手受到全国乃至全世界的关注。生活在这些国家的年轻跑者自然会受到激励，为了追逐个人荣誉和经济利益而走上跑步这条路。

那怎样训练最好呢？对于这个问题，没有一个十全十美的答案，也不存在适用于所有人的通用策略。我写跑步书的目的是想以一种教练和运动员都能理解并能运用的方式来传达关于跑步的科学知识。当你了解了这些科学知识以后，你便能判断本书中提供的知识和训练比赛计划是否会对你起到正面的效果，无论你是跑者还是跑步教练。

另外，我还要重提我的跑步法则。你可以用其中的许多法则更好地备战比赛或帮助队友取得更好的成绩。虽然我的教练工作已经拓展到田径、越野跑、铁人三项和超长跑等项目，但我还是觉得我在中长跑领域最有资历，因此有资格向你介绍我认为最好的中长跑训练或教练方法。

本书分为两个部分。第一部分介绍了有助于所有跑者取得成功的训练知识、注意事项和训练选择。第二部分更适合参加比赛的人阅读，跑者可以根据自己的参赛项目和距离参考训练建议和训练计划，从而从中受益。本书各章按序安排，每章都基于前文内容展开。后面的每个章节都提供了方法，让你可以运用前几章学到的知识，制订出能帮助你跑好步的整体计划。具体章节内容如下：

第1章介绍了我认为的跑步的成功要素，包括天资、内部动机、机遇和指导，也提到了上文所说的跑步法则。

第2章探讨了训练的重要原则。教练和跑者普遍会根据某位现任全国冠军、世界纪录保持者或奥运选手的训练来制订训练计划，却不明白这些人的成功有赖于遵守训练的重要原则，包括身体如何应对压力、不同类型训练的成效等。

第 3 章探讨了生理特征，尤其对有氧能力和乳酸特征进行了探讨。这些信息有助于你理解跑步强度（速度）与压力变化对部分身体系统的影响之间的关系。

第 4 章探讨了跑者可以使用的不同训练类型，以及每种训练类型旨在达到的目标。你应当能随时回答这个非常简单的问题："这次训练的目的是什么？"尽管许多跑者都在进行多种类型的训练，如重复训练、间歇训练、乳酸门槛跑、长时间轻松跑，却很少有人真正清楚自己的身体对每种训练的反应如何。

第 5 章详细介绍了 VDOT 系统。该系统久经验证，对设定训练配速非常有用，适用于所有类型的跑步训练。VDOT 系统的一个新功能是它提供了一种方法，让各年龄段的跑者（从 6 岁到 50 岁，甚至 50 岁以上）能和最能出成绩的"黄金"年龄段的跑者进行比较。

第 6 章探讨了不同环境中的训练，以及比赛时需要考虑和适应的所有事项，包括气温和海拔。

第 7 章为使用跑步机的跑者提供了指导，以帮助他们充分利用这种训练方式。

第 8 章为不同体能水平的跑者提供了训练选择，包括适用于新手跑者的"白色初级计划"，适用于资深跑者的"红色中级计划"和"蓝色高级计划"，以及适用于精英跑者的"金色精英计划"。第 8 章介绍的内容也适用于希望通过跑步来改善健康、提高体能的人，无论是否要参加跑步比赛。

第 9 章就休整期后重返训练提供了有益意见，无论是由于受伤、生病，还是只简单地进行一段时间的休息。本章还介绍了对训练起辅助作用的有效练习和距离较短的特殊跑步类型。

第 10 章探讨了训练的不同阶段及各阶段的训练内容，并就制订训练季训练计划提供了建议。

第 11 章详细介绍了为径赛赛季专攻 800 米项目的运动员设计的各种训练。由于 800 米比赛涉及大量无氧运动，因此相应的训练计划应侧重于无氧训练。

第 12 章着重介绍了 1 500 米～ 3.2 公里项目的训练和比赛。偏好这些比赛距离的选手既要采用 800 米选手的部分训练类型，也要参考更长距离选手的训练来练习力量和进行充足准备。

第 13 章介绍了 5 公里和 10 公里比赛选手的训练需求。这两个比赛距离在强度和耐力方面要求很高，选手在训练和比赛时通常需要高度集中注意力。

第 14 章的主题是越野跑，这种训练类型适用于许多在径赛赛季专攻短距离项目的选手。事实上，很多选手通常会在越野赛赛季决定之后的径赛赛季专攻哪个距离。

第 15 章探讨了如何帮助选手备战半程马拉松和中长距离路跑比赛，即 15 ～ 30 公里的比赛。这些比赛的距离通常比大多数径赛项目更长，一般侧重跑量和耐力训练，而不太侧重重复训练，即速度训练。

第 16 章详细介绍了马拉松训练，包括针对初跑者和只以完赛为目标的选手的训练计划，以及多个高阶马拉松训练计划。关于高阶马拉松训练计划，有的侧重跑量，有的则以各种高质量训练为主。这一章介绍的马拉松训练计划要比大部分备受推崇的训练计划更加详细。

第 17 章讨论了超长跑赛事的训练，对此，我特别询问了玛格达莱娜·卢伊－鲍莱特（Magdalena Lewy-Boulet）的专业意见。玛格达莱娜在这个领域取得了巨大成功，曾参加过奥运会马拉松比赛，而我是她当时的教练。

第 18 章专门探讨了铁人三项比赛的训练。许多跑者会在跑了几年步后转到这个项目上来。我从现代五项运动的训练中汲取灵感，评估了铁人三项运动员的需求。

我真心享受帮助相对初级的跑者取得进步的过程，这种感觉不亚于我看到我带的精英跑者晋级奥运会。我坚定地相信，比起旅程终点可能收获的各种成就，旅程本身更加美妙。我希望新一版的《丹尼尔斯经典跑步训练法》能在某种程度上让你体验到更美好的旅程，让你的每一次训练和比赛都更有趣，也更加成功。

DANIELS'
RUNNING
FORMULA

第一部分

理解训练法则

01
跑步的成功要素

每个人都应该充分发挥自己的能力。

我一直在提跑步成功的 4 个基本要素，它们可以决定跑者能获得多大的成功。按照重要程度排序，这些要素依次是天资、内部动机、机遇和指导。我认为天资最重要，因为天资是人与生俱来的，就像我们无法控制自己能长多高，也无法控制自己心血管系统的构造，有些人天生就是跑者。内部动机反映的是一个人追求特定运动成就的欲望。没有内部动机，即便是天才，可能也无法发挥出真正的潜能。机遇则瞬息万变，可能取决于一些很简单的因素，比如居住地或他人的影响。指导则可能与一个人同教练、教师的私下交流，甚至只与一个人在杂志或书本上读到的内容有关。

我从事教练工作多年，包括面对面执教和借助电子邮件、电话或社交媒体进行远程执教，而执教时间越久，我愈发觉得，以上这些因素对决定跑者的比赛成败起着重要作用。

天资

　　无论你把目光投向体坛哪个赛场，遗传因素和天资对运动员成功的重要作用通常都能一目了然。不妨回想一下以下几种不同项目的运动员的形象：女子体操运动员无疑体态纤瘦；篮球中锋都是高个子；铅球选手身材强壮；赛马骑师无论男女，一律体态轻盈。运动员要想在这些体育项目中取得好成绩，必须拥有对应的体形，而这些体形是天生的，无法通过训练获得。

　　接下来，再设想一下理想的长跑运动员的形象，你想到的形象可能取决于谁是现任冠军或谁是现任纪录保持者。成功的跑者当然有高有矮，有瘦有壮。不过，尽管他们体形差异很大，好的跑者在生理学和生物力学方面却有一些共同特点，比如肌腱附着点和关节之间的距离，以及心血管系统的效率，而后者取决于心脏的大小和心排血量。

　　虽然造就优秀跑者的因素很多，但大部分不是外显因素。你或许能从身形上看出谁有潜力成为奥运体操选手或铅球运动员，却很难看出谁生来就是优秀的长跑选手。比如，同一支跑队伍里可能有这样两名跑者：他们身高、体重均相同，且均饮食健康、睡眠良好，还使用同一套训练计划。然而，其中一人因为某些看不见摸不着的生理学或生物力学，甚至心理学因素，在1.6公里（即1英里）[①]的比赛中以30秒的优势击败了另一个人。在这些看不见摸不着的因素中，每升血液的携氧量就是能显著影响跑步表现的因素之一。将氧气输送到运动肌肉的物质是血红蛋白，不同跑者的血红蛋白水平可能差异很大。然而，即便两名跑者的血红蛋白水平差异较小，他们的跑步成绩仍然可能相差较大。我就曾在一次5公里的跑步比赛中看到过这样的例子：血红蛋白水平差异相对较小的两名跑者，他们的成绩差却超过了1分钟。

　　在某些体育项目中，不同体形的运动员拥有的成功机会明显不一样，奥

[①] 美国马拉松赛事常采用"英里"作为距离单位，如纽约第五大道1英里赛。但近年来越来越多的赛事也开始采用"公里"作为距离单位，以与国际标准接轨。原书写作时"英里""公里"两种单位均有采用，为便于中国跑者阅读，本书采用"公里"作为距离单位，1英里约等于1.6公里，标准马拉松距离26.2英里，大约等于42.195公里。——编者注

林匹克运动会中的项目，尤其拳击、摔跤、举重等需要划分重量级的项目就是明证。假设你是一名拳击爱好者，身高 1.6 米、体重 52 公斤，你愿意与身高 2 米、体重 120 公斤的对手比赛吗？或许你不愿意承认人与人之间存在固有差异，但这就是现实。

内部动机

跑步成功的第二个基本要素是内部动机，即想在跑步上获得成功的欲望。别人希望你成为成功跑者和你自己想成为成功跑者，这是两种不同的动机，一定要分清楚。来自别人的动机可能会对你产生积极或消极的影响。如果那个人是你的教练，这种动机很可能会对你产生积极的影响，但实际情况也可能不尽如人意，比如来看这样一个例子：假设某高中新来了一名转学生，学校里的跑步教练在他身上看到了跑步的天赋，那么这名教练很可能会干劲十足。然而，如果这名转学生更想成为一名成功的艺术家或钢琴演奏家，那么他的跑步成就可能就不会达到教练期望的高度。

就选择从事跑步运动的人而言，我们可以按照成功第一及第二要素，即天资和内部动机的不同组合，将跑者分为 4 种类型：

- 第一类，天资出众，具有高动机，渴望发挥自己的杰出能力。
- 第二类，天资出众，但内部动机很低，甚至完全没有内部动机。
- 第三类，天资一般，但具有很高的内部动机，渴望成为成功跑者。
- 第四类，天资一般，对跑步也不感兴趣。

我们可以迅速排除第四类跑者，因为他们既对跑步不感兴趣，也不会为团队效力。我称他们为"鸽子王"。第一类跑者最有可能成功，因为他们不仅在生理学和生物力学上有跑步天赋，而且也具备必要的内部动机。而他们之所以会产生这样的内部动机，要么是因为有志追随某位现任冠军的脚步，要么是出于战胜同年龄组跑者的好胜心。

丹尼尔斯经典跑步训练法（全新升级版）

Rich Clarkson/Rich Clarkson & Assoc/Getty Images

在有史以来最伟大的中长跑运动员中，吉姆·莱恩（Jim Ryun，图左，图右的竞跑者为马蒂·利阔里［Marty Liquori］）在其运动生涯早期就展示出了自己的跑步天赋和对卓越的渴望。他是第一位 4 分钟跑完 1 英里的高中生跑者。

　　第二类跑者可谓是"教练克星"，因为教练在他们身上看到了天赋，但他们本身却缺乏从事跑步运动的欲望。教练有时会急得吼他们"用力跑！""动起来！"，或者说出其他令人难以接受的批评，而这会将第二类跑者进一步推离跑步这项运动，无法让他们真正爱上跑步。

　　教练固然希望第二类跑者能表现得更好，或希望他们能按自己的期望拥有高动机，但也不能因为恨铁不成钢就对他们大呼小叫。我和我指导的所有跑者相处的关键，是为他们提供可以发挥他们能力和潜能的环境。教练需要为跑者提供激励性环境，而不是令人沮丧的环境。我努力营造激励性环境的方法是遵循跑步法则（关于这部分内容我将在本章后文详细介绍）。我发现，当跑者受到尊重，被当作个体而不是仅被当作跑者群体中的一员对待时，他们常常能取得进步，且往往还能实现自己的个人跑步目标。因此，我们需要对每位跑者取得的每一点进步予以肯定。就我个人而言，我更喜欢关注个人进步，而不会总拿两位跑者进行比较。

多年来，当我在训练营遇到高中生跑者时，我总是会问他们一个问题："你为什么从事跑步这项运动？"他们可以从以下 4 种答案中任选一个：

- 我想为另一项运动保持体能状态。
- 我在另一项运动中落选了。
- 有人逼我或鼓励我跑步。
- 我想要成为一名跑者。

总的来说，只有 12% 的高中生跑者选择了第四个答案。一方面，这种状况令人悲哀，因为这说明跑步不是大部分年轻人想要尝试的体育项目。另一方面，我们的教育体系在体育教育方面有着严重的不足，以至于有跑步天赋的孩子无法被发现，或他们根本没有机会意识到自己有跑步天赋。更糟的是，跑步还经常被当作惩罚手段，比如有些运动队教练常常让表现欠佳的队员"给我跑一圈"。

再说回第二类跑者，尽管他们对跑步缺乏内部动机，但对跑步以外的事可能有高动机。对于这样的跑者，有经验的教练能对他们循循善诱，慢慢灌输动机，或许还会鼓励他们投入更多时间和精力，去追求他们想要追求的未来。这样的教练甚至还有可能帮助有跑步天赋却没有内部动机的跑者提高从事跑步这项运动的兴趣。尽管有很多方式可以做到这一点，但我比较注重让跑者在训练中关注自己身体的感受，让他们先在同一训练压力下体会到训练开始越来越轻松，然后再给他们增加训练压力。如果我们把重点放在增加训练压力，从而提高跑者的体能上，那么跑步带给他们的压力有可能变得太大。

至于第三类跑者，现实中存在这样的实例：在高中阶段跑步表现平平的人最后入选了奥运代表队。在我的一个研究项目中，有位研究对象在高中时的 1.6 公里跑步比赛中的最佳成绩是 4 分 34 秒，他后来却在一项室内中距离赛事中打破了世界纪录，并在他参加的那届奥运会 1 500 米项目中名列第 9。还有一位跑者，尽管她直到大学三年级才在我们队跻身前 7 名，但后来却赢得了 7 项全美大学生跑者比赛冠军，并在毕业那年获得了宾夕法尼亚大学 10 公里接力赛的冠军。

跑者会在自己跑步生涯的不同阶段收获成功，而有经验的教练可以指出跑者跑步事业进展的积极方面。所以，就算看到别的跑者进步神速，进步较慢的跑者也不必沮丧。每位跑者都应该有短期奋斗目标和长期奋斗目标。

就第三类跑者而言，我随时都愿意接手一支由他们组成的队伍。尽管这类跑者可能会为自己的跑步表现感到灰心，但队伍里有了他们，气氛会很愉快。他们通常会支持队友，也会对教练的所有要求照做不误。只是后面这一点也有不好的一面，他们不仅会对所有要求"照单全收"，甚至还想做得更多。这时候，教练应该出面阻止，以免他们因训练过度而受伤，而不是让他们继续训练。而避免过度训练的一个好方法是，先让他们将同样的训练量和训练强度维持大约 4 周，然后再增加压力。因为在增加压力前，跑者需要先让身体适应某个级别的压力。

无论教练在带什么类型的跑者，都需要将每个人当作个体对待，而每个个体都有自己的长处和短处。教会每位跑者成为乐观主义者，将好事向内归因、将不幸向外归因，这才是训练的目标所在。

机遇

机遇有很多不同的表现方式——从天气情况、训练设施，到与他人一起训练或相互竞争，甚至还包括个人的经济状况。就拿速降滑雪来说，如果你很想从事这项运动，也很有天赋，但你生活在从不下雪的温暖地区，那你成功的机会自然就会有限。再比如游泳，有潜能的游泳运动员需要训练才能成长为冠军，但如果没有游泳池或可游泳的水域，成为冠军的机会同样有限。

相比之下，跑者要幸运许多，因为几乎人人都能跑步，而且跑步几乎不限气候，也不限地形。我就曾以书信的方式指导过一名在监狱服刑 7 年的跑者。为了备战马拉松，他平均每周在监狱的院子里跑 65 公里左右。后来他一出狱，就与他的一个姊妹一起参加了跑步比赛。

某些体育项目中的机遇可能与人的经济状况有关。例如，参加马术比赛需要马，参加帆船比赛需要帆船和可驾船的水域，要进入高尔夫球场，你可能需要花费巨款办理高尔夫俱乐部会员，而能否定期打网球同样可能取决于你的经济状况。从事跑步运动却不太费钱。有些跑者自己就能进行非常好的训练。有些名不见经传的跑者经常会赢得一两场比赛，让同场对手感到惊诧。

不过，就跑步比赛的训练而言，有些人无疑比别人拥有更好的训练条件。例如，在严寒地区，拥有室内跑步设施就是一项优势，因为有这个条件的人可以在无法出门跑步时进行室内训练。在炎热地区也一样，使用室内跑步设施会相对凉快，因此有室内训练的条件同样是一项优势。

我在瑞典生活时，曾在冬季在一些相当严酷的环境中进行过户外训练，并且很享受一个人跑步。我经常边跑边想，拥有更好天气条件的人是否愿意忍受或是否能够忍受不太理想的环境？有时，缺乏机遇反而能让有些跑者更加投入他们从事的运动。

有人可能会问：美国拥有各种各样的训练气候和地形，为何没有称霸世界跑坛？我的答案很简单：美国的学校教育体系缺乏能发掘天才跑者的体育教育，而且在美国，跑步并不像别的运动那么备受推崇。在美国的常规体育教育中，人们可能是在其他体育项目的比赛中看到了场上选手的跑动，发现有跑步的好苗子，这才发掘出了较有潜力的跑者。此外，许多年轻人只在电视上或网络上观看体育比赛，而他们看的一般都是橄榄球、曲棍球、篮球、足球和棒球等球类比赛，这些运动自然便成了他们向往参与的体育项目。如果一个孩子从没亲眼见过优秀的跑者，那他又怎么会渴望成为那样的人呢？

另外，美国的大部分年轻跑者都在校队里，而许多其他国家的年轻跑者都在俱乐部里。加入校队有利也有弊。一个潜在的弊端是，跑者在多年的求学过程中，可能会受到若干名教练的指导，比如初中一名教练，高中一名教练，有时甚至在同一学年分别有越野跑教练和径赛教练，而大学又是一名或两名教练。

尽管拥有多位教练也有效果不错的时候，但通常，他们会带给跑者不同的训练和比赛方法。有些教练的方法可能更科学，有些教练则很不讲科学，但他们可能与跑者关系很好，还对跑者非常了解，因此并不需要借助科学。跑者只能期待每位新教练都能提供一些小的理念来填补整个训练计划的空白。如果教练需要指导受过不同训练理念影响的跑者，那么最好先弄清楚每个人曾经受过怎样的训练，以便基于各人的训练史来确定要教授的训练技巧。总的来说，如果跑者受到不同教练的指导，那么他们拥有合理且持续的训练计划的机会可能会变得非常渺茫。

指导

指导是指跑者跟随的教练、教师或执行的训练计划。我一般会把指导排在跑步成功四要素的最后一位，甚至将之视为最不重要的要素。为什么？因为跑者可以没有指导，或者只需要一定程度的指导，而且有时候，有指导还不如没指导。比如，假设有位跑者请我指导他跑马拉松，我会先问他："你最近的跑量有多少？"如果他的回答是"我最近没跑"，我接着会问："到目前为止，你进行过哪类跑步运动？"如果他的回答是"我从来没跑过步"，我会再问："你从事过什么运动？"如果他的回答是"我从来没有从事过任何运动"，我可能会对他说："从现在开始，我要你每周跑 241 公里。"显而易见，我这样的回复只会适得其反，还不如不回复，或者说不指导。即便我确实指导过几位每周能跑 241 公里的马拉松跑者，但这并不代表我应该把这个跑量的压力强加到初跑者身上。

从运动员的角度来说（很多时候从教练的角度来说也一样），积极的执教方法肯定更受欢迎。哪怕跑者似乎并没有取得进步，我们也要告诉他，他正在进步，这能有效地帮助他端正训练态度。我一直在强调长期进步，这样做往往收效很好。比如，我可能会告诉某位跑者，在未来几年取得一定进步就很不错，而不会强调他要在每年的每个赛季都有进步。有些跑者进步很快，有些则没有那么快。教练要通情达理，采取积极思维，这样才能为跑者提供理想的训练环境。

Yellow Dog Productions/Image Bank/Getty Images

经验丰富而体贴的教练能够激励、教导并考验年轻运动员，帮助他们成为长跑选手，还能让年轻运动员更加喜爱并投入跑步运动，让他们在运动中收获更多成功。

我也认识一些与教练关系紧张的杰出跑者，尽管他们与教练关系不好，他们中还是有人获得了很高的成就。想到这点，我就觉得很不可思议，因为倘若有合理的指导，他们的成就肯定更高。

有时候，我们很难对教练做出准确的评价，因为对教练工作的评估通常依据的都是运动员的表现。在美国的大学中，教练的成功往往取决于他们招募运动员的能力，而不取决于运动员在他们的指导下取得了多少进步。然而，如果"教练"一词指的是指导人们改善或完善跑步表现的人，那么称职的教练应该始终能够回答以下这两个问题："这次训练的目的是什么？""为什么我们今天要进行这项训练？"称职的教练会为训练带来助益，让跑者不断取得更好的比赛成绩，还会将自己指导的运动员塑造成更好的跑者和更好的人。

平庸的教练若是碰到具备高动机和良好机遇的天才运动员，那么人们就不会注意到他们在工作上的平平无奇，因为这类运动员通常都表现优异。与此相对，真正出色的教练可能会碰到缺少天资或内部动机不足的运动员，并因此遭到埋没。但金子总会发光的。

另外，教练还要能及时帮助跑者，这一点也很重要。教练首先要把运动员当作普通人来关爱，其次才是把他们当作跑者。每逢新赛季伊始，我在与大学跑者谈话时都会这样说："你们首先是人，其次是学生，再次才是跑者。你们在校期间，不应该颠倒这样的身份次序。"

有些教练往往会忽视给予每名运动员积极个人关注的重要性。要知道，从教练口中听到的鼓励和谅解对运动员有无可取代的意义。运动员要成为精英跑者，就必然需要支持系统，而支持系统必须考虑到运动员的最大利益。

丹尼尔斯的跑步法则

我不但提出了让跑步获得成功的要素，还提出了一些与跑步相关的要点，我称之为"跑步法则"。我之所以提出这些法则，是希望各水平的跑者都能收获最佳训练效果。尽管不同跑者对于特定的执教方式、训练计划或环境的反应都不相同，但这些法则依然有助于评估并改善个人的训练状况。

法则 1. 每位跑者都有自己特有的个人能力。

每位跑者都有独特的优势和劣势。有些跑者天生拥有理想的肌肉纤维，他们的慢肌纤维（耐力肌肉纤维）比重较高，因此有氧输出功率较高，每分钟最大摄氧量（用 $\dot{V}O_2max$ 表示，后文简称最大摄氧量。详见第 3 章介绍）较高。相较而言，有些跑者虽然不具备特别高的有氧输出功率，却可能掌握了理想的跑步方法，因此拥有出色的跑步效率。我认为，跑者应该在训练中多花时间改善自己已知的劣势，而当重要比赛临近时，就应该转移重点，更关注如何利用自己已知的优势。例如，假设有位跑者在速度方面比较薄弱，但他的耐力很好，那么他应该在训练季早期乃至中期加强速度训练，而到了训练的最后几周，他应该更多地关注自己的耐力，以便发挥自己的个人优势。

法则 2. 对跑者多给予一些鼓励。

不要沉溺在消极面上，试着在训练中发现积极面。比如，如果有位跑者在训练结束后说感觉自己跑得不好，那么教练、队友或训练伙伴就不该这样回应："你今天确实跑得挺烂的。"较可取的做法是提一些他好的方面，比如："你今天感觉不好，真是可惜，不过你手臂的摆动看上去很不错，看来你平时的练习有效果了。"

法则 3. 预料到状态的起伏，有些日子可以不比赛。

即便是世界纪录保持者和奥运会冠军，他们偶尔也会退赛。所以，当你感觉不好的时候，比赛距离越长就越不应该比赛。例如，同样是感觉没有跑好，马拉松比赛会比 5 公里比赛需要更多时间恢复。我甚至建议你在感觉不好的时候退出比赛，不要明知道自己的状态一时恢复不了，还要挣扎着完成比赛。

法则 4. 在训练中保持灵活性，允许意外出现。

根据天气调整训练日。例如，如果你计划周一训练，但周一又是刮风又是下雨，而根据天气预报，周二的天气会好很多，那你就应该把周一的训练挪到周二。

法则 5. 设置中期目标。

中期目标会为长期目标铺路。长期目标固然重要，但实现起来可能需要好几年的时间。因此在这个过程中，有必要设置一些更容易实现的小目标。我喜欢让跑者为他们参加的大多数比赛设定目标，而且最好是相对容易实现的目标。例如，你可以将某次比赛的目标设为以较慢的配速开始比赛，看看自己最后能在比赛中超越多少选手。你也可以将目标设为在这次比赛开始前尝试不同的热身方式。这样一来，无论你是成功还是失败，你都能从中学习。

法则 6. 专注于眼前的任务。

跑者需要学会专注于自己正在做的事，而不要过分操心别人。如果你全力执行了自己的计划，但在比赛时还是输给了一些人，那么你只需接受这样一个事实：他们那天比你跑得更好。你接下来的任务是反思这场比赛，并思考一下，如果重比一次，你会做出哪些改变。失败带来的收获往往和胜利一样多，甚至可能更多。

法则 7. 大部分比赛失误都发生在比赛刚开始时。

在许多情况下，尤其是在有年轻选手参加的比赛中，最优秀的选手往往会在开赛时跑得太快，最终却遭遇速度大幅下降。然而，当领跑者起跑太快，而其他选手也跟着他跑，那么后面这些选手就会在开赛时承受更大的压力，他们的跑步表现会比领跑者更差。相比之下，领跑者却依然能够获胜，还误以为在开赛时跑得快就是制胜之法。如果哪一天，选手中第三或第四好的跑者在比赛中采用了更均衡的比赛配速，那么这名领跑者很可能会落败。

法则 8. 训练应当带来收获。

虽然训练并不总是有趣的，但应当总能带来收获。有时候，你对某次训练的感觉可能不好，但如果你明白每一项训练的目的所在，那你就更有可能意识到自己正在进步，这当然也是一种收获。每次比完赛或训练完，你都应该学到一些有用的东西。

法则 9. 吃好睡好。

充足的休息和均衡的饮食是训练的一部分，而并不是与训练无关。我曾听说过一位男跑者的故事：他的妻子在凌晨 5 点生下了他们的第一个孩子，而他一整晚都没睡，但他居然在当天打破了他所参加的项目的世界纪录。我猜想，他应该平时就养成了良好的睡眠习惯。我们可以这样看：如果你平时一直吃得好、睡得好，那么一顿吃不好或一晚睡不好并不会对你产生负面影响。相反，如果你经常吃得很差、睡眠不足，那么你吃好一顿或睡好一晚也不会有太大的帮助。

法则 10. 不要带病或带伤训练。

出现伤病后，你可能本来只需要休息几天就能恢复，而如果你不遵守这条法则，你的停滞期会持续更久。

法则 11. 慢性健康问题要寻求专业人士的帮助。

身体偶感不适固然不是大问题，但如果你持续感觉状态欠佳，那通常就需要就医了。

法则 12. 跑步或比赛有好的表现，不要当成侥幸。

虽然跑得不好有时确实是意外，但如果你跑出了一场精彩的比赛，那肯定是因为你有这样的能力。

请在训练和比赛过程中始终铭记以上这些法则。保持均衡训练，心态积极，设定好合理且可以达到的目标，这些都能让你的跑步变得成功。

从跑者的角度来说，持续训练是通往成功唯一最重要的因素。这种持续性源于对眼前任务的专注，既不沉湎于过去，也不好高骛远。你唯一能掌控的时刻就是当下。当你专注于当下，并持之以恒地投入训练，你就能收获属于自己的最大成功。

要想更好地利用这些跑步法则，你需要把它们融入你的日常跑步生活。时间一长，你自然就不会再刻意思考自己是否在善待自己，而遵循这些法则就成了你日常生活的一部分，它所带来益处也会在你的比赛成绩中反映出来。相反，如果你违背这些法则，你的跑步表现可能会不佳，甚至造成你与其他跑者的关系恶化。

当然了，我们无法将运动员泾渭分明地划分到各个类别中。对于我提出的跑步成功四要素，不同的跑者可能具备其中一个或几个，在各要素上达到的程度也不尽相同，而正是这些差异让每位跑者都变得独特。无论你是跑者还是教练，你都应该为自己所拥有的东西感到知足，并将自己拥有的能力发挥到极致。

下一章，我将讨论训练的基本要点。不过，如果你在采纳我的调整建议后获得了成功，也请不要害怕偶尔做出改变。通往成功的道路并非只有一条，每个人都有属于自己的道路。因此，你应该摸索出最适合自己的方式，而这正是跑步的美妙和有趣之处。定期回顾跑步法则，可以提醒你训练和比赛中的重要事项，也有助于你避免因过度训练和没有善待自己而产生负面影响，继而让你的跑步之路走得更加顺畅。

02
训练原则与建议

健康饮食，时常休息，饮水充足。

跑者大都按照什么样的计划训练？或者或许应该这样问，跑者大都如何训练？教练往往会按自己受教的方式执教，这种情况并不少见，因为不少教练都是运动员出身。在美国，有些跑者和教练学习的专业是心理学、生物力学或生理学，这为他们作为运动员进行的实际训练提供了科学背景。另外，按照冠军受教或训练的方式来训练跑者，这样的做法也不少见。所以，仿效别人的做法并不值得大惊小怪。问题是，跑者是否明白，他们为什么要这样训练？

有的跑者独自训练，有的跑者则由教练安排训练。不同教练会安排不同的训练，虽然训练之间可能差异很大，但依然都可以富有成效。尽管可能没有一种训练方式适合所有跑者，但肯定存在能改善不同身体机能的基本原则。毋庸置疑，如果队里有足够多的跑者，那么几乎任何训练体系都将带来积极的成果，即便只是对部分队员而言。我对这种训练方式的顾虑在于，有些运动员在特定训练体系中无法坚持下来，他们因为伤病或明显不够投入而被迫退出了跑步运动，但倘若他们没有退出，那么他们的表现是否会比坚持下来的运动员更加出色？

我将在本章讨论几个有关训练和改善跑步技巧的问题，包括 8 项重要的训练原则、制订训练计划的方式、科学的跨步方法以及呼吸节奏的重要性。而理解各训练要素如何为整体训练计划和整体体能提供助益，从始至终都至关重要。

极端的训练方式

作为一名现代五项运动员，我的第一位跑步教练是我们的击剑指导。他虽然是名很好的击剑指导，却不太会指导跑者。一开始，我身为一名跑步新手，他说什么我就做什么，并以为跑者都是那样训练的。

训练的头 6 周，我每次训练都会先跑 1.6 公里热身，然后再穿上钉鞋，在煤渣跑道上重复跑 10 个 400 米。每个 400 米我都全力以赴，因为我想努力赶上那些会跑步的人，而在两个艰苦的 400 米之间，我会慢跑一个 400 米用来恢复。这样的训练每周要进行 5 天，一连持续了 6 周。如果这种训练的目的在于制造疼痛和伤病，那我还真是练对了！最后，我的胫骨痛得厉害，站立时，我都不知道该用哪只脚支撑才好。

这种艰苦的 400 米日常训练还有一个弊端，就是我除了全力跑，其他什么都不懂。后来在参加一次 4 公里比赛时，由于大家都懒得告诉我该怎么跑比赛，我只能用我唯一知道的方式比赛，即从起跑就全速前进。结果自然不难想象：我跑了大约 800 米就跑不动了，剩下的路程只能慢慢跑完。由此可见，这实在不是一个好方法。

我们经常听人说优秀跑者如何如何训练，并认为他们的训练方法一定好。对于这种观点，有个例子可以提供一点思考。以下是一名 17 岁的高三跑者在春季一周的训练：周日跑 16 公里，用时 64 分钟，周日只跑这一次；其余 6 天，每天晨跑 6.4 公里，下午则在跑道上训练。以下是他在某年 4 月某一周下午的训练：

周一 3.2 公里（用时 9 分 55 秒）+ 2 个 1.6 公里（每个用时 5 分 15 秒）+ 3 个 800 米（每个用时 2 分 28 秒）+ 6 个 400 米（每个用时 1 分 5 秒）+ 重量训练和 6.4 公里 E 跑（放松跑）。

周二 6 个 400 米（每个用时 64 秒）+ 10 个 140 米（每个用时 18 秒）+ 5 个 200 米（每个用时 31 秒）。

周三 50 个 400 米（每个用时 69 秒，每隔 3 分钟一次）。

周四 18 个 800 米（每个用时 2 分 45 秒）。（为什么不直接跑 14.4 公里，每公里配速 3 分 26 秒呢？）

周五 1.6 公里 + 1 200 米 + 800 米 + 600 米 + 400 米 + 4.8 公里轻松配速的 E 跑。

周六 比赛日。

我想我们也应该这样训练中距离跑者，因为这位跑者打破了数项世界纪录，还参加过 3 届奥运会。我有一次问他的教练，同队中是否还有其他队员进行了 50 个 400 米的训练。他的教练说同队中有 24 位队员都是这样训练的，还有一位只跑了 40 个 400 米。说到最后这名选手，这位教练表示："我知道他不会表现得很好。"

还有一个例子：有位全美纪录保持者每周要跑好几个 106 公里，某一周他的周跑量达到了 611 公里，他在 6 周内的平均周跑量是 515 公里，一年内的平均周跑量是 386 公里！我严重怀疑许多跑者是否有能力进行这样的训练，以及他们能否活着完成这样的训练。那么，训练到底需要什么？我认为，我们需要遵循一些合理的训练原则。

8 项训练原则

　　训练会如何影响身体？不同类型的训练会对人的不同系统施加怎样的压力？关于这两个问题，我们最好有所了解。每当你对身体施加某种特定的压力时，身体某些部位会即刻做出反应。而当你对身体再次施加同一种压力时，你就会产生相同的反应。但久而久之，这种反复施加的压力就会让你产生不同的反应。这就是身体逐渐强壮的过程。

　　虽然人体善于适应不同的压力，但是身体要过很久才能对某种类型的压力完全做出反应，如肌纤维要过好几个月才能完全适应日常跑步的压力。因此，理解不同的训练原则显得格外重要，因为只有理解了它们，你才能利用它们，从而避免身体因训练量、训练强度或训练频率而承受过多的压力。

原则 1：身体会对压力做出反应

　　无论你决定参加什么样的跑步比赛，了解你的身体如何对不同类型的生理压力做出反应将对你很有裨益。对于生理压力，身体的确会做出反应，要体会这一点，你只需要绕着街区或跑道跑上一圈即可。跑完后，你很容易就能感觉到身体对跑步压力产生的反应，比如心跳加快、呼吸急促，一些腿部肌肉可能会稍感不适；如果你量自己的血压，你会发现血压有所升高。另外，为了应对你刚刚进行的跑步任务，你体内的血液从某些部位流向了其他部位。身体在受到压力时非常擅长适应，它会自动调节，而你甚至都察觉不到。

原则 2：针对性

　　针对性原则强调的是，受到压力的身体组织就是对压力做出反应的身体组织。如果是心肌受到压力，那么心脏会做出反应；如果是呼吸肌受到压力，那么呼吸肌就会做出反应；如果受到压力的是用来奔跑的腿部肌肉，那么这些肌肉就会做出反应。当你跑步甚至只是走路的时候，你脚上的某些部位也会对其受到的压力做出反应。

身体除了对生理压力做出相对即时的反应，还会做出另一种反应，即只要身体健康状况良好，承受压力的身体部位更趋强壮，为应对未来的压力做好更充分的准备。所以，让心肌受压，心肌就会变强；让呼吸肌受压，呼吸肌就会变强；让用于奔跑的腿部肌肉受压，这些肌肉就会变强。总之，这样的反应会在所有处于压力下的肌肉、肌腱、骨骼和其他身体组织内发生。

原则 3：压力适度

压力越大，身体做出的适应性反应越多。但这个过程可能还涉及另一项训练基本原则，即压力适度原则。如果你让身体某些部位过度受压，那么这些部位可能非但不会变强，反而会被削弱，甚至还会完全崩溃。这就引出了一个很重要的问题：在压力反应中，身体什么时候才会变强？答案是，身体变强发生在恢复期间或休息期间，也就是在两次承受压力的间隔。

恢复和休息不是逃避训练，而是训练计划中至关重要的一部分。实际上，有时候休息比出门跑步更有好处；也有时候，较轻松的训练要比较艰苦的训练收效更好。我会建议跑者采用以下这种方法：无论何时，如果拿不准两种训练该做哪种，那就选比较轻松的那一种。其逻辑在于，既然你都承认自己不确定哪种训练更好了，那就不妨排除要求比较高的训练。比如，你是认真做一组 1 000 米间歇训练，还是做轻松一点的法特莱克训练（fartlek，一种任意变速练习）？假设这天天气不好，风也有点大，如果你跑 1 000 米间歇，那么你可能达不到理想的速度，还可能会感到泄气。相比之下，法特莱克训练没有时间限制，而且总体训练效果可能和有时间限制的 1 000 米间歇一样。在这种情况下，后者显然是更好的选择。

跑步的成功与否取决于跑者能否在必要时做出调整，在指导年轻跑者队伍时，及时做出训练调整尤为重要。例如，假设鲍勃是教练手下的一名明星跑者，由于他做过类似的训练，教练便这样吩咐："今天我要你们所有人跑 8 个 400 米，每个 400 米都要在 75 秒内完成。每跑完一个 400 米，再慢跑 400 米恢复。如果你们想跑得跟鲍勃一样好，那就得像鲍勃那样训练。"于是，全队在 75 秒内跑了第一个 400 米。而渐渐地，虽然鲍勃还能继续跑进 75 秒，但有些队员已经无力维持这样的速度了。他们渐渐掉速，有几圈挣扎着跑了 78 秒、80 秒，甚至更慢。很快，那些跟不上的队员很难再全力奔跑，他们在跑完一轮 400 米快跑后还没有充分恢复，就又要重新开始下一轮，而跑步技巧更是被抛到了九霄云外。

这次训练的目的是什么？很可能是要训练队员的跑步速度和跑步效率。但如果大部分队员都顾不上跑步技巧，只是拼命挣扎，那他们就没有练到跑步效率；而如果他们的配速也不断下降，那他们也没有练到跑步速度。谁从这次训练中获益了呢？只有鲍勃。而就自身是否取得了进步而言，其他所有队员得到的都是负面反馈。

所以，教练和跑者必须能调整训练，使之适用于所有受训的运动员。队里跑得最慢的人可能会在未来成为最佳选手，这很有可能。但如果他总是受打击，在没发挥出潜能时就退出，甚或因为过度训练而受伤，致使他再也没法跑步，那他就永远没机会成为最佳选手了。

我敢说，美国从没有派出过全美顶尖跑者去参加奥运会。因为他们在挑选队员时，会发现最佳选手中总有一些人有伤病问题。就执教越野队而言，我个人宁愿让队里最好的 7 名跑者全部健康，即使他们没达到最佳状态也没关系。这要好过让其中 3 人处在巅峰状态，其余 4 人处在伤病状态且连锦标赛也参加不了。一边努力培养顶尖运动员，一边毁掉其他本来也可能有大好前途的运动员的生活，这样做毫无意义。无论运动员在队里的排名如何，让每个队员都能发挥出最佳水平，这样才能产生最好的结果。

另外，减少压力也有利于跑者参加锦标赛，无论减少的是生理压力还是心理压力。我曾多次提到我的好朋友汤姆·冯·鲁登（Tom Von Ruden）的例子。汤姆曾在备战 1968 年的美国南塔霍湖奥运会预选赛时向我咨询过训练建议。他当时跟我说，距离预选赛只剩几周了，但他觉得自己还没做好准备，所以想问问我的意见。天晓得我是不是给了他最佳答案——我让他离开训练营，去科罗拉多州的莱德维尔待几周，利用预选赛前的最后一点时间独处一下。他听从了我的建议，后来有些出人意料地入选了美国国家队，并在当年的墨西哥城奥运会的 1 500 米项目中获得了第 9 名。这或许只是因为他的心理压力变小了，但这招显然奏效了。

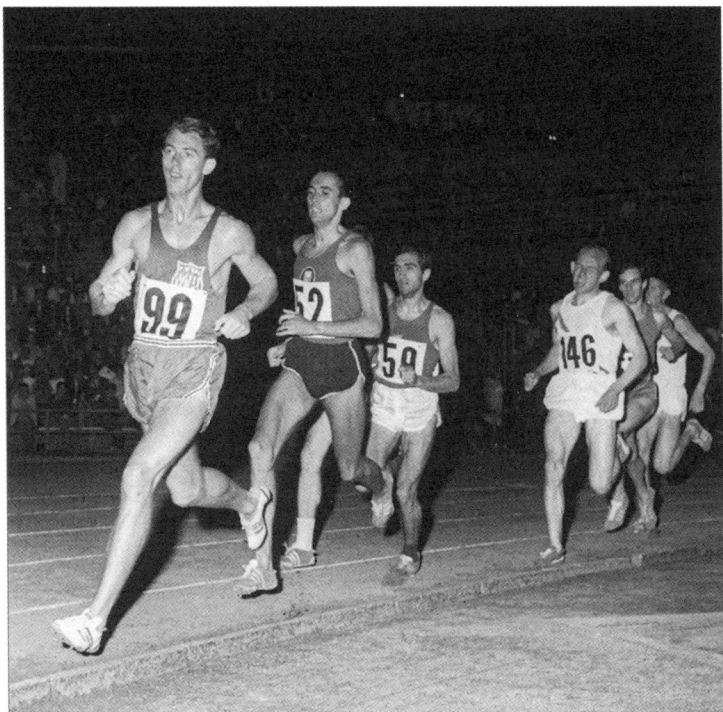

作为一名精英跑者，汤姆·冯·鲁登（图中 99 号选手）的身形相对较小，但他凭借对训练的执着和竞技精神，赢得了世界顶尖跑者的尊重——他经常挑战并战胜后者。

原则 4：训练反应

图 2-1 描绘的是身体应对新压力的方式。假设你正开始一项训练计划，而你当前的体能状况并不是很好，但你每次训练仍然能跑 30 分钟左右，重复跑几个配速 8 分钟（每 1.6 公里配速）的 1.6 公里也没有太大压力。另外，假设你在开始训练（新计划的训练压力比之前更大）时的当前体能水平如图 2-1 所示，在这样的前提条件下，你开始了一项连跑 3 组 1.6 公里的训练计划，每组用时 8 分钟，组间休息 10 分钟。再假设你每周这样训练 3 天。由于新计划要求更高，所以你的体能水平将提升到新的高度。

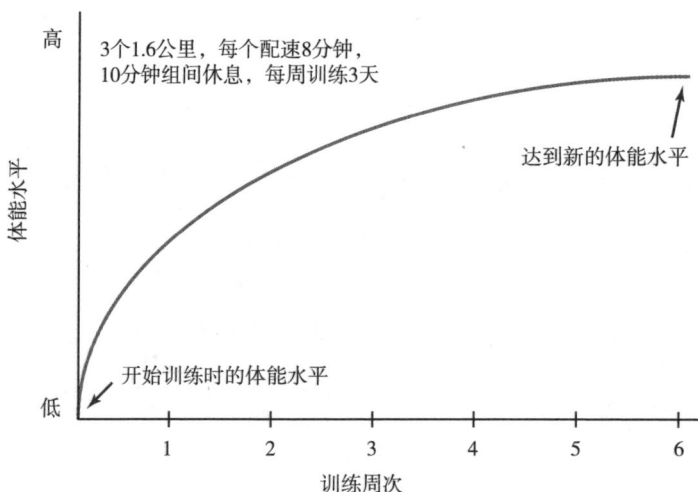

图 2-1　身体对新压力的反应

由于新训练压力带来的好处将随时间递减，因此，如果你只是继续周复一周地进行相同的训练，那么你的体能水平在最初提高后，最终将不再继续提高。而如果你的训练计划已经起效（通常需要 6 ～ 8 周），但你希望自己的体能水平升到新的高度，那么你就需要再次增加训练压力。虽然有时候也存在这样的情况，即跑者只想保持体能水平的稳定，等到下半年或在新赛季前夕再增加训练压力，这无可厚非，但无论如何，只要想提高体能水平，就必须增加训练压力。

对于跑步这项运动，有几种增加压力的方法。让我们回顾一下上例的训练计划：3 个 1.6 公里，每个配速 8 分钟，组间休息 10 分钟，每周训练 3 天。这项计划里有 4 个变量：

1. 训练量（完成的训练总量）：4.8 公里。

2. 强度：每 1.6 公里 8 分钟。

3. 恢复时间：每次跑 1.6 公里后休息 10 分钟。

4. 频率：每周训练 3 天。

以上 4 个变量中，所有训练都必须包含的 3 个变量为训练量、强度和频率。定速跑（长距离轻松跑，具体见后文）就是个不含"恢复时间"变量的例子，因为它只有一轮。当你感觉需要增加图 2-1 中训练计划的压力水平时，就可以灵活地对这 4 个变量进行调整。例如，你可以：

1. 增加训练量，将 1.6 公里跑的次数增加到 4 次或 4 次以上，同时保持其他变量不变。

2. 将训练量维持在 4.8 公里，而将配速提高到每 1.6 公里 7 分 40 秒。

3. 保持训练量和强度不变，将组间恢复时间缩减至 5 分钟。

4. 保持训练量、强度和恢复时间不变，而仅将频率增加到每周 4 天或 5 天。

我不建议你改变一个以上的变量。训练的调整在很大程度上取决于你当前达到的总跑量，比如单次训练中特定训练距离的重复次数，就应该根据周跑量进行调整。如果你每周的跑量稳定，那么你的重复跑次数一般就不会变化；更可能出现的情况是提高重复跑的速度，并将恢复时间维持在与之前相近的时长。改变训练中的任意变量以增加训练压力，通常会让你的体能水平提升到新的高度，而体能水平提高的过程与第一次的提高过程类似：一开始相对较快，几周后开始变慢。图 2-2 描绘的是体能水平达到（也可能没有达到）新的高度的过程。

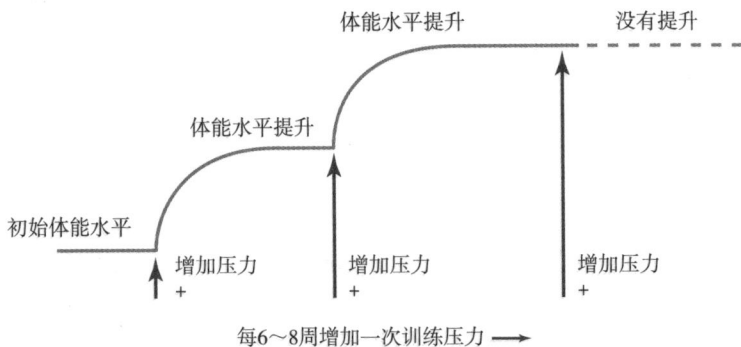

图 2-2　达到新的体能水平的过程

原则 5：个人极限

有时候，即便增加训练压力，体能水平可能也不会得到提升。在图 2-2 中，我在第三级体能水平提升后标注了问号，表示第三次增加压力可能无法提升体能水平。这并不表示一个人已经达到了自己的最佳体能，而表明还有另一项训练原则在起作用，即人人都有极限。这绝不是说有人能达到自己的绝对极限，而是说每个人都有周期性极限，即每个人由于某个时期的生活方式而产生的极限。

人人都有极限，这条原则在大学生身上最显著。例如，某大学生某学期可能每天早上 8 点开始上课，下午 2 点下课，每周二、周四下午 2 点 15 分到 5 点 15 分有两堂实验课。由于需要上这两堂实验课，因此他可能无法参加周二和周四的集训，他只能自己单独训练。而下一学期，他可能每天上午 10 点才开始上课，而且还没有任何实验课，每天最后一堂课在下午 2 点结束。这样的日程无疑更适合训练：他有充足的时间晨跑，下午也有很多时间训练。

即便是对于校外跑者，各个时期的日常生活需要也会发生变化。工作需要、家庭需要，以及不同时期的其他个人生活需要，这些或多或少都会让训练变得更加困难。

另外，还有一件事务必避免，那就是过度训练。对此，最有效的预防方法是多和教练沟通。跑者应当根据当前的体能状况来决定训练强度，而比赛表现是衡量当前体能状况的最佳方式。因此，如果有跑者想提高训练速度，我会一律回复："用比赛来证明你已经准备好进行更快的训练了。"当然，当跑者已经基于特定强度训练了 4 ～ 6 周，且没有感到任何压力的增加，那即使没有参加比赛，他也可以略微提高训练强度。

我设计了一张简单的压力记录表，如表 2-1 所示，有些跑者觉得它对追踪生活问题很有帮助。持续记录日常生活的不同方面，这样做往往能帮助运动员和教练判断哪些日常活动和压力与运动表现的好坏相关，甚至还能帮助他们判断哪些与训练或总体生活方式的变化相关。

表 2-1 压力记录表

第一周							
	周日	周一	周二	周三	周四	周五	周六
1. 昨晚睡眠情况							
2. 疼痛、生病							
3. 今日训练和恢复							
4. 灵活性							
5. 活力和营养							
6. 今日生理压力							
7. 今日心理压力							
8. 其他							
日合计							

第二周							
	周日	周一	周二	周三	周四	周五	周六
1. 昨晚睡眠情况							
2. 疼痛、生病							
3. 今日训练和恢复							
4. 灵活性							
5. 活力和营养							
6. 今日生理压力							
7. 今日心理压力							
8. 其他							
日合计							

打分原则: 根据每天的情况, 对表中8项内容按照下列标准打分: 1分 (很好), 2分 (好), 3分 (一般), 4分 (不太好), 5分 (糟糕)。在醒来后2小时内为第1项和第2项打分, 下午为第3项~第6项打分, 在每天结束时为第7项和第8项打分。

第一周的日期: _____   第一周的合计: _____

第二周的日期: _____   第二周的合计: _____

两周的合计: _____

对训练的整体评价: _____

_____

_____

资料来源: J. Daniels, *Daniels' Running Formula*, 4th ed. (Champaign, IL: Human Kinetics, 2022)。

在为表 2-1 中的各项打分时，请思考以下几点：

- 昨晚的睡眠质量如何？
- 有没有受伤、生病，或出现不正常的疼痛？
- 你觉得从昨天的训练中恢复得如何？
- 你的日程灵活度如何？
- 为过去 24 小时的休息、活力和营养状况打分。
- 为今天训练时的生理压力打分。
- 跟你总体的心理和情绪状态相比，你感觉今天的压力怎么样？
- 添加你想添加的日常评估条目。

原则 6：收益递减

有两条原则是互相关联的，即收益递减原则和加速挫折原则，见图 2-3。

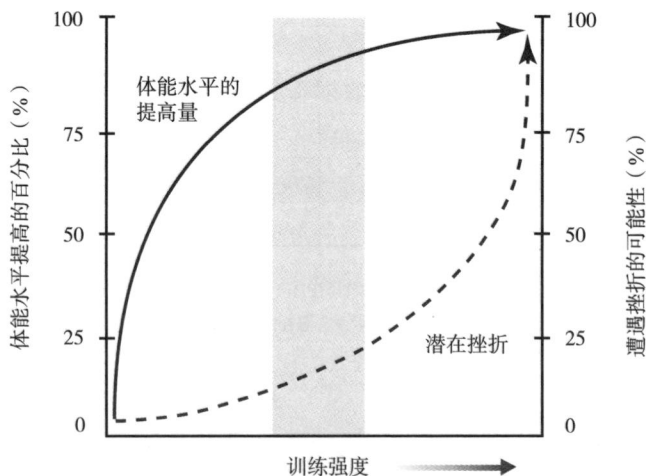

图 2-3　收益递减原则和加速挫折原则

我们先来看收益递减原则。这里考察的是体能水平随时间提升的过程，而此处的训练时间可能长达数年，而不只是几周。当你刚刚开始训练时，相对于投入的努力，你获得的收益是相当显著的。而当体能水平变得越高，提高训练强度带来的收益就会越少。

比如，作为一名新手，你可能不用很刻苦地训练，就能把 1.6 公里比赛的成绩从 6 分 10 秒提高到 5 分 40 秒，可同样是 30 秒的提高量，从 5 分 40 秒提高到 5 分 10 秒可能就会困难一些；而从 4 分 30 秒提高到 4 分，更是比从 6 分 10 秒提高到 5 分 40 秒要多费功夫。

假设你现在的马拉松成绩是 2 小时 08 分，而你想要将成绩提高 1 分钟。想想看，这要比从 3 小时提高到 2 小时 56 分困难多少？体能水平越高，提高训练强度带来的收益就越少。我们也可以反过来说（这种说法听上去更有吸引力）：体能水平越低，适度训练带来的收益就越多。当你因病或因伤导致体能水平衰退的时候，这种说法相当宽慰人。

原则 7：加速挫折

图 2–3 中的虚线所示的，即"加速挫折曲线"。这条曲线表明，当训练强度不大时，因伤或因缺乏兴趣而遭遇挫折的可能性较小；而在训练达到某个点后，随着训练强度带来的压力增加，遭遇挫折的可能性将开始快速提高。

考虑到身体对训练的这两种反应，你的大部分训练都应当落在图 2–3 中的灰色阴影区域。这是理想的强度范围，该范围内的训练既能给你带来可观的收益，你遭遇挫折的可能性也相对最小。

需要注意的是，我们无法为这个"窗口"指定对应的压力量，因为这种压力量取决于训练经验。例如，某位跑者的适宜"训练压力窗口"可能是每周 48 公里，而另一名跑者则可能是 193 公里。那训练量达到多少才合适？这十分依赖于跑者的训练经验和身体构造，还取决于跑者可以跑步的时间和想成为成功跑者的决心。

原则 8：维持

训练的最后一条原则是维持原则，它指的是对于相同的体能水平，维持该水平要比达到该水平容易。这在某种程度上是个心理学问题。因为对于跑者来说，重复特定水平的跑步表现通常要比第一次达到该水平更容易。

例如，如果你想跑出配速 3 分 08 秒的 1 公里，并且已经为此训练了一段时间，而且最后你也做到了，那么你再跑出这样的配速会比第一次达到该配速更容易。从生理上来说，你的体能水平已经提高了一个等级，你的心脏功能变得更强，有更多血液流向用来跑步的肌肉，肌细胞也能更有效率地把"燃料"转化成能量。

赛前减量的做法也能证明维持体能水平比达到它容易：你会在减量期稍微减少训练压力，比赛时却会取得更好的成绩。压力减少，而体能水平得以维持乃至提高，这样的事实无疑支持了维持原则。

维持原则对制订长期训练计划特别重要，因为你可以依据这条原则变换侧重的训练类型，同时维持住之前的训练成果。例如，你可能重点做了几周间歇训练，然后稍微减少了间歇训练的训练量，开始做更多乳酸门槛训练。根据维持原则，你能通过乳酸门槛训练获得想要的效果，同时也保持住间歇训练的成果。另外，为了帮助维持之前的训练效果，你还可以少量加入之前的训练。

维持原则的效果也会在越野赛季和径赛赛季之间的过渡期显现出来。运动员可能会在过渡期内停跑，改做辅助训练，甚至可能会打打篮球或做其他运动。这样的变化会让身体不同部位受到压力，而这有助于维持之前通过跑步训练出的状态。这对因伤、因病或单纯暂停日常跑步训练而休息一段时间的跑者尤为重要。

制订训练计划

我在探讨上述训练原则时已经说过，跑者通往成功的道路并非只有一条。某种类型的训练对有些跑者的效果很好，对其他跑者的效果可能一般。按同一个计划训练的跑者，有的收效迅速，有的收获则要慢些。让所有跑者在训练季尝试不同的方法，这当然很好，但需要注意的是，一方面，跑者必须在训练季期间始终保持开放的心态，愿意尝试不同训练类型，并在安排训练时有轻重主次之分；另一方面，跑者也要能够时刻回答以下这个问题：这次训练的目的是什么？

好几年前，一些高中教练向我请教，怎样根据队里的比赛时间表安排训练最好（越野赛季的比赛固定安排在每周二、周六）。他们这样问我："如果每周二、周六都要比赛，那我们什么时候训练？"我从两个方面进行了回答。

首先，他们需要明白比赛是训练中相当重要的一部分，运动员的身心肯定都能从比赛中受益。另外，如果运动员每周要跑两次 4 ～ 5 公里的比赛，那就不需要再进行间歇训练了，即便有需要，也只需安排很小的训练量即可。换句话说，一场持续 15 ～ 20 分钟的比赛带给身体的生理压力，几乎恰恰等于一场间歇训练应该带来的理想生理压力。

其次，在每周三训练，即在周二比赛的次日训练，可能是最佳安排。我运用这个方法多年，收效一直很好。因此，我经常让大学跑者据此训练。虽然我们队不是每周二都有比赛，但我们经常会在周二猛练，接着在周三做一次高质量训练。我们这么做是因为，在身体承受压力 48 小时后，高强度训练带来的肌肉不适要比身体承受压力 24 小时后更加严重。因此，周三的高质量训练通常都进行得很顺利，甚至比将训练推迟到周四的效果更好。

此外，在周二和周三连续安排两天训练还有几个好处。第一，这表示每周六比赛前会有两个轻松日，在周六比赛后、下周二比赛或训练前也会有两个轻松日。第二，有些跑者会不顾我对训练的速度要求，用更快的速度进行高质量训练，而连续安排两天训练通常可以解决这个问题。比如，如果我对队员们说"周二你们要跑 6 个 1 公里，每公里配速 3 分 20 秒，每两轮间有 3 分钟恢复时间"，那他们可能就会进行 3 分 15 秒的配速跑（太快了）。但如果我接着说"周三你们还要再跑 6 个 1 英里，每英里配速 5 分 44 秒，每两轮间有 1 分钟休息时间"，那他们就不太可能在周二跑到 3 分 15 秒的配速了。[1] 让他们知道比赛后的第二天还有一场高质量训练，这相当于给他们安上了一个缓冲器，可以避免他们在两个连续训练日的头一天训练过度。第三，进入径赛赛季后，跑者可能会参加为期两天的运动会，并不得不连跑两天，而连续训练两天可以让他们为比赛安排做好准备。

理解训练原则有助于减少过度训练的可能性，同时还能让跑者充分利用正在进行的训练。记住，要尽量用最小量的训练收获最大成效，而不是经历最艰苦的训练才收获最大成效。

另外，在增加训练压力时，务必要将同一压力水平的训练维持 6～8 周，然后再做调整。试图在每周的训练中都比前一周做得更好，或者试图在每次进行特定训练时都比前一次做得更好，这样的方式是错误的。我更希望听到跑者告诉我，他们开始觉得某种训练变轻松了，而不是逼他们每次训练都跑得更快一些。

训练虽然并不总是有趣的，但应该富有成效。所以，请不要做过头。增加训练压力时，教练和运动员都应该保守一点。于我而言，我会根据队员的比赛成绩判断什么时候应该给他们增加训练压力，而不会通过经常提高他们的压力水平来让他们获得更好的跑步表现。

我接下来要谈的两点虽然并不是训练原则，但它们同样特别重要，这两点分别是：跑步时该如何迈步（步频）以及跑步时该如何呼吸。

---

[1] 作者在这里对比 1 公里和 1 英里的距离及配速，故保留英里。——编者注

步频

1984 年，洛杉矶奥运会期间，只要是有跑步比赛的日子，我和妻子就会去计算不同跑者的步频——我们在预赛时数，在决赛时数，在同一场比赛的前期和后期也数，还经常为同一名跑者数好几次。我们总共观察了大约 50 名跑者，男女都有，观察项目包括从 800 米到马拉松。

在所有受测跑者中，只有一位跑者的步频少于每分钟 180 步。800 米选手的步频远远超过每分钟 200 步，1 500 米选手有时也一样。而在距离介于 3 000 米（1984 年洛杉矶奥运会设置的女子赛跑项目）和马拉松之间的比赛中，选手的步频都相当接近。当比赛距离变长时，选手们减少的只是他们的步幅而已。

我还测试过一位马拉松项目的奥运会金牌得主。当他每公里配速为 4 分 23 秒时，他的步频是每分钟 184 步；当他的配速为 3 分 45 秒时，他的步频增加到了每分钟 186 步；而当他的配速达到 3 分 08 秒时，他的步频又进一步增加到了每分钟 190 步。这些数据表明，他跑步速度的增幅远大于步频的增幅。显而易见，每位跑者似乎都有让自己感觉最舒适的节奏。虽然他们会在不同比赛中改变步幅提速，但这个节奏的变化并不大。

每分钟 180 步

我强烈推荐以每分钟约 180 步的步频跑步，因为这样做可以将跑步带来的落地冲击力减至最小。需要记住的是，步频越慢，滞空时间就越长；滞空时间越长，就表示你把自身重量"抬得"越高；而把自身重量"抬得"越高，下一次落地时撞击地面的力度就会越大。实际上，许多小伤病的出现，都是由落地时产生的冲击力引起的。

那么跑步的时候，怎样才能将落地时的冲击力减至最小呢？简单来说，你要想象自己是在"滚"过地面，而不是双脚交替着在地面上跳跃。尽量不要让脚落在身体前方，因为这样做通常会有制动作用，会在你换脚落地时增加冲击力。相反，你要尽量让脚向后落，落得离身体的重心位置更近一些。这样，你就能感到身体在脚上方"漂移"或"滚动"了。

脚的着地

另一个问题是，应该让脚的哪个部位先着地？一方面，我们要关注脚的哪个部位先着地（相对于重心而言），另一方面，还要关注脚是如何着地的。

脚的着地不仅因人而异，而且会随训练项目的不同而变化。对短距离跑者来说，如短跑跑者乃至部分中距离跑者，前脚掌着地最常见，他们几乎像是在用脚尖跑步。而许多长距离跑者（包括马拉松选手）喜欢先用脚跟着地，或者在某些情况下，用全脚掌着地。

根据我多年来对各水平跑者进行的测试来看，每位跑者都有让自己感觉自在的着地方式。经验相对较少的跑者应该尝试不同的着地技巧，然后选择让自己感觉最舒服、最不易疲劳，且能达到每分钟约180步的轻快步频的着地方式。

如果你感觉小腿后面的腓肠肌或胫骨不舒服，可以尝试以全脚掌或脚跟着地为主。这样尝试几周，看看你

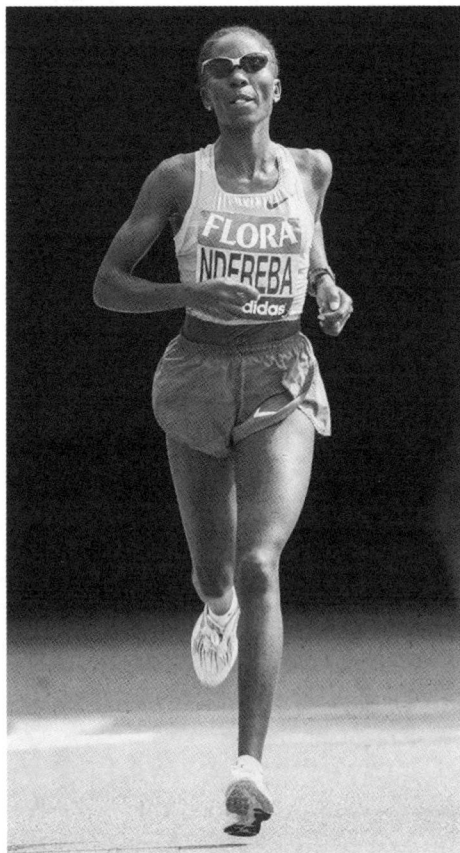

Shaun Curry/AFP via Getty Images

凯瑟琳·恩德雷巴（Catherine Ndereba，人称"了不起的凯瑟琳"）是有史以来最出色、最有成就的女子跑步运动员之一。图中的她大步流星，脚跟即将着地。

的问题是否能够得到解决。一般情况下，只要专注于达到每分钟180步的步频，你自然会找到最适合你的着地方式。

对于脚的着地我还有最后一条建议，即着地时脚趾尽量不要外翻。要想弄清楚自己是否有这个问题，可以让别人站在你的前方看着你跑。你要告诉他们请他们注意一下，在你的脚着地时，脚趾是指向前方还是指向侧面。着地时脚外翻通常会导致小腿内侧的胫骨疼痛。

总之，我建议以每分钟约180步的步频为目标，试着尽可能轻松地"滚"过地面。跑步应该给你带来更多乐趣，而不应该让你受伤。有时候，我会让跑者想象自己是在一片摆满生鸡蛋的运动场上跑步，他们的目标是一个鸡蛋也不弄碎。这样一来，他们就能记住双脚迈步要轻、落地要舒服的原则。最后，还有一个注意点，即数步频时不要数两只脚，只需数右脚或左脚，能达到90步就行。当然了，前提是你左右脚的步频一致。

跑步时的呼吸

就跑步时的呼吸而言，你首先要了解自己的呼吸情况，其次要知道跑步时应该如何呼吸，这两点非常重要。患有哮喘或有其他呼吸问题的人需要与医生讨论自己的呼吸问题，以尽量避免可能对呼吸造成负担的情况。

在正常大气条件下，呼吸不适有时候与剧烈运动（尤其是跑步）相关。然而，这并不是由肺内缺氧（O_2）引起的，而是由于肺内二氧化碳（CO_2）含量增加，让人想要更大口地呼吸。正常情况下，空气里（室内或户外）的 CO_2 含量很少，只占空气总量的 0.04% 左右。

CO_2 的影响

由于血液不断将体内机能组织产生的 CO_2 输送至全身，所以相较于 CO_2 在你吸入的空气中所占的比重，它在你肺内空气中所占的比重要大得多。实际上，你肺内的空气始终含有 4%～5% 的 CO_2，即便你在休息时也一样。当肺内的 CO_2 含量处在这一水平时，你会感觉相当舒服。而当你开始跑步时，身体所用到的肌肉就会产生比休息时多得多的 CO_2。这样一来，因运动产生的 CO_2 的比重就增加了。

当身体感觉到肺内的 CO_2 比重超过 4% 或 5% 时，为了除去过量的 CO_2，你的呼吸会加重。所以，是 CO_2 的增加而非 O_2 的减少促使你加重了呼吸。其实，只要你是在呼吸"正常"的空气，O_2 的量总是充足的。

有一个"极端"的例子可以说明 CO_2 的逐渐累积是如何加强呼吸的欲望的：你可以在水下屏住呼吸，看自己能游多远。这种情况下，你会渴望大口呼吸新鲜空气，但让你产生这种渴望的，是中止呼吸造成的 CO_2 累积，而不是缺少 O_2。实际上，如果你即将进入缺氧状态，那么你很可能会因为没有足够的 O_2 输送到大脑而昏厥。而在我们因缺氧而昏厥前，CO_2 的增加却会促使我们呼吸。这样说起来，我们还真是走运！

那么，这又怎样同跑步时的呼吸联系起来呢？原委是这样的：你跑得越辛苦，吸入的 CO_2 就会越快地被输送到肺内，从而导致肺内 CO_2 增加。而为了降低肺内的 CO_2 比重，你就不得不加重呼吸。当然，加重呼吸也能帮助你将吸入的 O_2 维持在当前运动所需的浓度上。

呼吸节奏

你每分钟呼吸的空气总量是每分钟呼吸次数和呼吸量的乘积。开始跑步后，你的呼吸次数和呼吸量通常都会增加，而呼吸频率则一般与步频保持一致。

当你跑得不太辛苦时，你可能每 3 步一吸，每 3 步一呼。即使你感觉自己需要加重呼吸，你仍然可以保持这种节奏，而只需增加每次的呼吸量。当你跑得再辛苦一点时，你会感觉自己需要吸入更多氧气，你便会切换到更快的呼吸节奏——对跑者而言，他们通常是每两步一吸，每两步一呼，即所谓的"2-2呼吸节奏"。

成功跑者大都采用2-2呼吸节奏，尤其是在跑得相当辛苦的时候，因为这样呼吸很舒服，还能使大量空气进出肺部。我强烈建议你在训练和比赛中使用2-2呼吸节奏。即使你不全程使用这样的节奏，至少也要在中距离比赛的前2/3阶段使用，对于这一点，我会在后文进行说明。虽然在跑步速度较慢时，你可能能够以更慢的频率呼吸，但即便是在轻松跑、乳酸门槛跑、间歇训练和重复训练时，你最好也使用2-2呼吸节奏，以便养成习惯。

而说到呼吸频率，你必须了解呼吸的重要意义是用新鲜空气来进行肺部换气。可以设想以下几种情况：如果你用的是4-4呼吸节奏，那么每次呼吸时，你自然会将大量空气吸入肺部。然而，这样的节奏表示你每分钟只能吸大约22口气（每个呼吸周期8步，每分钟180步，通过计算得到每分钟呼吸次数为22.5次）。假设你每次呼吸会有4升空气进出，那你每分钟就会有90升左右的空气进出肺部。如果你跑得很辛苦，那么这点空气量其实并不算多。

我们再来看3-3呼吸节奏。使用3-3呼吸节奏时，你每次呼吸的空气量可能为3.5升，也就是说，你每次一吸一呼会输送3.5升空气，而你每分钟会呼吸30次（每个呼吸周期6步，每分钟180步），所以你每分钟有105升空气进出肺部，比起4-4呼吸节奏，你每分钟就多输送了16%的空气。我们接着再来看2-2呼吸节奏：你每分钟会呼吸45次（每个呼吸周期4步，每分钟180步），每次大约输送3升空气，所以每分钟能输送135升空气。因此，对肺部供氧、减少CO_2累积、增加肺内空气的O_2比重来说，2-2呼吸节奏的效果更好。

我们甚至可以更进一步，来看一下1-1呼吸节奏（初跑者在苦战之后常使用这样的呼吸节奏）。使用这样的呼吸节奏，每次呼吸的量会大大减少，而进出肺部的空气总量可能还不如频率更慢但更深的呼吸输送的空气总量。另外还有一点，通过嘴和鼻子呼吸的空气，有一部分是无效腔气体，这些空气不会到达肺部进行气体交换。呼吸频率越快，每口呼吸中的空气以及每分

钟内不参与 O_2 和 CO_2 交换的空气就越多。

虽然从呼吸肌能量消耗的角度来说，呼吸频率加快时的代价更高，但在某个时刻，供氧和消耗最终通常会在接近 2–2 呼吸节奏（或 2–1 呼吸节奏）时达到平衡。在每个呼吸周期使用 2–1 呼吸节奏迈 3 步，那么你每分钟的呼吸次数就会达到 60 次（每秒 1 次）。跑步时，这样的节奏能使你每分钟输送的空气量达到最大。不过，通常只有在你跑得很辛苦时才有必要这样做，比如当你在 5 公里或 10 公里比赛的最后阶段时。在我进行过实验室测试的所有精英跑者中，约 86% 的人自觉采用了 2–2 呼吸节奏，直到开始全力奔跑时他们才换用 2–1 或 1–2 呼吸节奏。无论精英跑者是通过经验知道这种方式效率最高，还是有人建议他们这样做，在职业生涯早期就调整到这种节奏是非常明智的做法，而不要等到这样做变得"理所当然"时才做。

为了说明不同呼吸节奏的效果，我会让跑者在跑道上跑 5 圈（以中等强度而非比赛速度），并要求他们第 1 圈用 4–4 呼吸节奏，第 2 圈用 3–3 呼吸节奏，第 3 圈用 2–2 呼吸节奏，第 4 圈用 1–1 呼吸节奏，第 5 圈再回到 4–4 呼吸节奏。接着，我会问他们哪种节奏感觉最累，哪种感觉最舒服。

还有一种方法对年轻跑者十分有效，即让他们在比赛的前 2/3（如 5 公里越野赛的前 3 公里）用 2–2 呼吸节奏，在比赛的最后 1/3 切换到 2–1 或 1–2 呼吸节奏。如果他们在比赛的前 2/3 无法保持 2–2 呼吸节奏，那就说明他们起跑时跑得太快了，那么下一次，他们就会在起跑时采用更轻松的配速。

每位跑者每分钟从肺部吸入和呼出的空气量差异很大。我测试过两位在体形和跑步表现方面都很接近的奥运会选手。但在全力跑测试中，其中一个每分钟呼吸了 160 升空气，另一个则达到了 224 升。另外，前者每次呼吸的空气量略高于 2.6 升，后者则略高于 3.6 升。由此可见，在每分钟呼吸量和每次呼吸量上，人与人肯定会有差异。

而当我们在高海拔地区跑步时，加快呼吸频率会让人稍微轻松一点。由于高海拔地区的空气比较稀薄，所以空气在进出呼吸道时受到的阻力较小。在我认识的优秀跑者中，至少有两名曾在高海拔地区跑得非常辛苦时使用过1–1呼吸节奏。

此外，跑者还可以利用呼吸节奏来判断自己当前的训练强度。如果你在长距离定速跑时能用3–3呼吸节奏畅快地呼吸，那说明你跑得不太吃力；但如果你感到必须用2–2呼吸节奏才能获得足够的空气，那说明你跑得不太轻松。我并不是建议你在所有长距离轻松跑中都使用3–3呼吸节奏（你可能还是应该使用2–2呼吸节奏），但试着用3–3呼吸节奏跑几分钟，你可能会清楚自己当前的运动强度。这与在乳酸门槛跑中判断自己是否跑得太吃力的方法类似：如果你没法使用2–2呼吸节奏，不得不改为2–1呼吸节奏或1–2呼吸节奏，那说明你跑得太吃力。我并不是在建议你要不断监测自己的呼吸，但了解如何在训练和比赛中利用这些信息来判断自己的运动强度，将对你很有益处。

03
关注自己的体能

想办法从逆境和不理想的比赛结果中受益。

本章要探讨的是身体各个系统在压力水平升高时的反应特征。当训练愈发艰苦或当跑步速度加快时，可以发现，在训练强度与心跳速度、摄氧量、血乳酸堆积量和我们对当前训练量的感知之间存在某种联系。有时，均衡地提高跑步速度会使某些生理反应增加，且这种增加是相对可预测的；有时，这些生理反应不会线性增加。例如，当我们在无风且路面平坦的环境中有规律地提高跑步速度时，摄氧量的变化明显是可预测的，而血乳酸堆积量则不然。

有氧能力特征

图 3-1 的数据来自我测试过的一名精英跑者，图中显示了其身体的有氧系统在他定时定量提高跑步速度时做出的反应。需要说明的是，这次测试

要求跑者每 5 分钟提速一次，每次增幅相同。让跑者在 5 分钟内以相同运动量跑动，我们便能确保其生理反应的稳定性。这是因为，跑者在持续运动两三分钟后，他的生理反应就不会再发生变化了。换句话说，跑者的生理反应反映了各个速度加诸其身体的有氧需求。

AFP via Getty Images

许多人认为埃米尔·扎托佩克（Emil Zátopek）是 20 世纪最伟大的长跑运动员。他采用的高强度大体量间歇训练对跑步界影响深远。用他的话来说，他的训练"提高了速度与耐力"。

观察图 3-1 可发现，随着跑者跑步速度的提高，他的每分钟摄氧量（用 $\dot{V}O_2$ 表示）呈现出线性变化。这条反映每分钟摄氧量变化的曲线称为效率曲线，它反映了跑者的有氧程度随运动量增加而发生的变化。说有些跑者的跑步效率更高，是指与其他跑者相比，他们在以相同的速度奔跑时需要的氧气更少。

图 3-2 清晰地展示了两名训练有素的跑者在跑步效率上的差异。图中描绘了两人的每分钟摄氧量特征。这两名跑者是队友，在多项跑步比赛中始终成绩相近。由于跑者 1 的最大摄氧量远远高于跑者 2（高出 15%），所以我们可能马上会说跑者 1 更优秀。然而，如果把他们的效率曲线也考虑进来，那就不难理解为什么跑者 2 能够与跑者 1 相抗衡了。将两人的效率曲线分别外推到他们各自的最大摄氧量，然后分析他们对应的每分钟最大摄氧量速度（用 $v\dot{V}O_2max$ 表示，后文简称最大摄氧量速量）就会发现，两人在达到各自的 $\dot{V}O_2max$ 时能力相当，彼此的速度都在每分钟 325 米左右。比起单独使用跑步效率或每分钟摄氧量来比较跑者潜在的跑步表现，最大摄氧量速度无疑更理想。

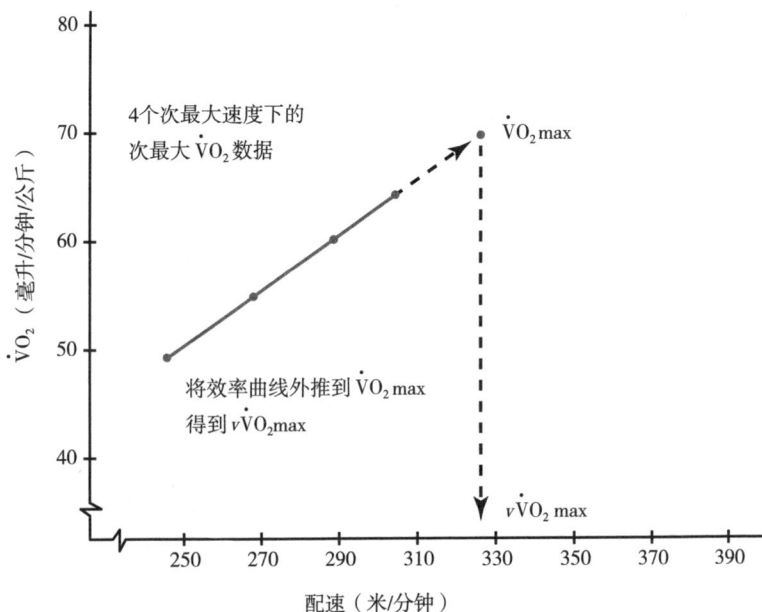

图 3-1　典型的跑步效率曲线

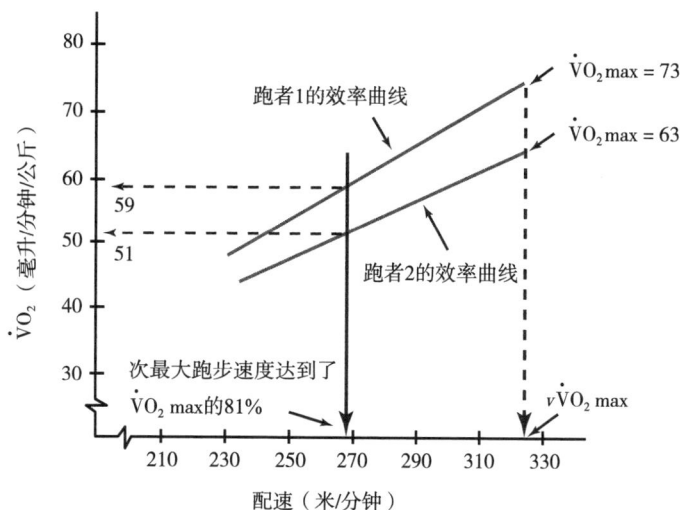

图 3-2　两名跑者的效率曲线

　　图 3-3 和图 3-4 所示的都是跑步效率差异的例子，前者是关于 3 名不同跑者间的跑步效率差异，后者是关于同一跑者在不同跑步条件下的跑步效率差异。图 3-3 显示的是我前几年测试的 3 名精英女性跑者的情况。虽然这 3 名女性跑者之间的最大摄氧量和跑步效率差异巨大，但是她们的最大摄氧量值几乎相等，3 000 米成绩也几乎相同。有趣的是，3 人中最大摄氧量最低的跑者是美国大学生 10 000 米比赛冠军，最高的那位则叱咤国际赛场。

　　图 3-4 显示的是一名精英跑者的每分钟摄氧量、心率和血乳酸特征的变化。我在径赛赛季初和他的赛季状态提升后分别对他进行了测试。从图中可以看出，虽然这名跑者在两次测试中的最大心率保持不变（均为 196），但他的最大摄氧量从大约 73 增加到了近 78，也就是说，他的最大摄氧量在短短几个月内增加了约 7%。而随着他跑步效率的提高，最大摄氧量也从每分钟 358 米提高到了每分钟 387 米，提高了约 8%。另外，他的血乳酸特征也有很大的改善：当血乳酸水平为 5 毫摩尔时，与之关联的跑步速度最初是每分钟 330 米，后来则提高到约每分钟 355 米，提高了约 7.5%。两次测试中，当这位跑者以最大摄氧量的 85% ～ 87% 跑步时，他的血乳酸堆积量为 4，这个水平在训练有素的跑者中相当常见。

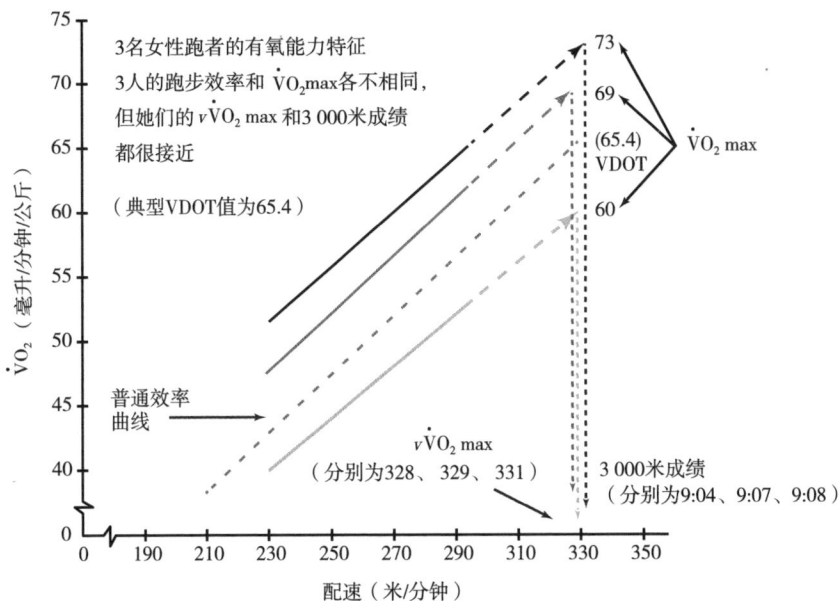

图 3-3　3 名精英女性跑者的效率曲线

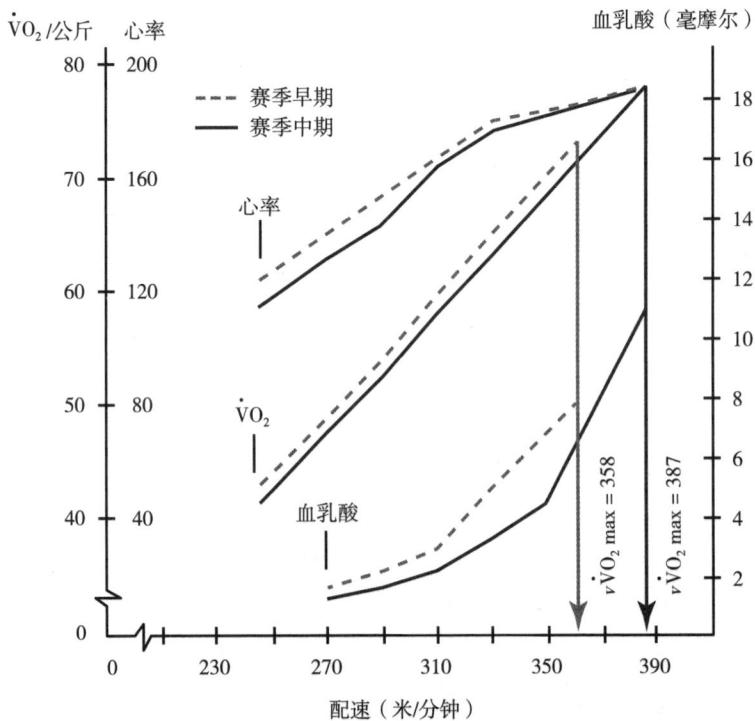

图 3-4　精英跑者的身体指标变化

跑步效率的变化

跑步效率可能会随着跑步地点的不同而改变。图 3-5 显示了一组训练有素的跑者的测试结果，他们在 4 种条件下进行了测试，分别是在海平面跑跑步机、在海平面跑跑道、在海拔 2 000 米处跑跑步机和在海拔 2 000 米处跑跑道。无论是在海平面还是在高海拔地区（海拔 2 000 米处），他们在跑道和跑步机上测得的最大摄氧量都相同，而且在这两种条件下（使用跑道和跑步机），他们在高海拔处的最大摄氧量均低于在海平面的最大摄氧量。但同样显而易见的是，在高海拔地区跑步的有氧需求也低于在海平面跑步。也就是说，虽然最大摄氧量会随海拔上升而降低，从而导致跑者的跑步能力有所下降，但是跑步能力的下降又因为高海拔处空气阻力减小、跑步效率提高而得到了补偿。仔细分析图 3-5 可以发现，跑者在到达高海拔地区后，他们的最大摄氧量降低了大约 13%。但由于高海拔地区的空气密度较低，因此他们的跑步效率得到了提升，从而使他们的最大摄氧量速度（以及跑步表现）只有约 6% 的差异。

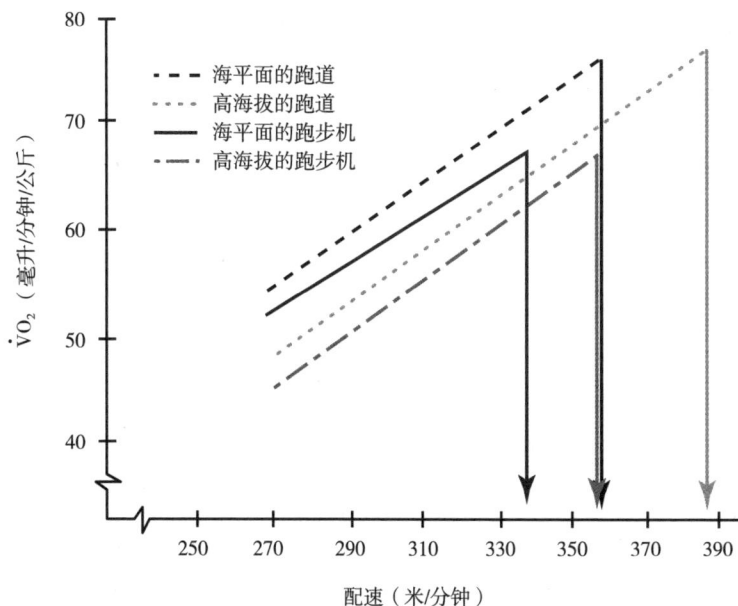

图 3-5 在位于海平面和高海拔地区的跑道与跑步机上的不同跑步效率

$\dot{V}O_2$max 和跑步效率的性别差异

在较长距离比赛中，男性通常比女性跑得更快，部分原因在于，最优秀的男性选手的最大摄氧量要高于最优秀的女性选手。顶尖男女选手之间存在相当大的最大摄氧量差异。另外，我还测试过奥运会级别的男性跑者，他们的最大摄氧量在 68 ～ 86 毫升 / 分钟 / 公斤之间。通常说来，最大摄氧量较低的选手在 800 米和 1 500 米这两个距离上表现更好，因为这两个项目的无氧需求更大。此外，较之较长距离项目的选手，800 米和 1 500 米选手在快速跑时的跑步效率也更高，这极有可能是因为他们花费了更多功夫，对自己在速度较快时使用的跑步方法精益求精。

那么，对男女选手的跑步效率进行比较，结果又会如何呢？我有幸测试了大量男女精英跑者，结果发现，男性选手的跑步效率略优于女性选手，但差异并不大。一些研究人员认为女性选手的跑步效率不如男性选手，原因可能在于他们是在两者以相同的次最大速度奔跑时对其进行比较的。有研究结果显示，当女性选手以任意给定的次最大速度跑步时，她们消耗的氧气（按每公斤体重的每分钟摄氧量计算）明显多于男性。然而，这样的比较对女性并不公平，原因在于，由于女性的最大摄氧量较低，所以当男女选手达到相同速度时，女性达到的最大摄氧量比例要比男性更高，即女性达到的摄氧量比男性更接近最大摄氧量。

更务实的做法是，在两者以各自最大摄氧量值的相同比例跑步时进行性别之间的比较。所以，比较跑步效率时，更好的方法是计算跑者每跑 1 公里时每公斤体重的每分钟摄氧量值。举个例子，如果在男性选手和女性选手以每分钟 300 米的速度跑步时进行 $\dot{V}O_2$ 测试，那么男性每公斤体重每分钟消耗的氧气可能是 57 毫升，而女性是 60 毫升，两者之间的跑步效率差异为 5%。然而，如果女性选手的最大摄氧量是 67，男性选手是 73，那么男性选手仅在以其最大摄氧量的 78% 跑步，而女性选手却在以其最大摄氧量的 89.5% 跑步。而且，考虑到跑得越快，跑步效率就越低，为了公平起见，女性选手也应该以能达到自己最大摄氧量的 78% 的速度接受测试。

假设女性选手在以最大摄氧量的 78% 跑步时，速度为每分钟 268 米，而这个速度会使她的相对每分钟摄氧量值达到 50 毫升 / 公斤 / 分钟。接下来需要计算的是她每跑 1 公里的有氧需求，那么与她相关的整个计算过程如下：用 1 000 米除以 268 米 / 分钟，得到她每跑 1 公里约需要 3.73 分钟，而 3.73 × 50 = 187，即她每跑 1 公里，每公斤体重需要消耗 187 毫升氧气。

如果男性选手在达到最大摄氧量的 78% 时，是以每分钟 300 米的速度跑步的，那么他跑完 1 公里约需要 3.33 分钟。而假设他在该速度下的相对每分钟摄氧量值是 56，那么他每公里每公斤体重的每分钟摄氧量就是 187。因此，当这两位跑者以相同的相对强度跑步时，他们的跑步效率相等。

跑步变量和改善

跑者要想提高跑步表现，就要优化尽可能多的变量，这对每位跑者都很重要。根据图 3-1 和图 3-2 可知，要想提高跑步表现，就需要进行能提高有氧能力（用最大摄氧量表示）和跑步效率的训练：其中一个或两个得到优化，最大摄氧量速度这一重要变量也将得到优化。

需要记住的是，人们持续跑步的时间不同，就会达到不同的最大摄氧量速度比例。例如，你可以在任何持续 30 分钟左右的赛事中，以达到 93% 的最大摄氧量速度的速度比赛。因此，当你的最大摄氧量速度得到提升后，你在特定时长下的比赛速度也会相应提高。我将在后文说明如何利用这些信息来建立 VDOT 表（参见第 5 章）。

有些跑者会绘制自己的血乳酸水平随跑步速度变化的变化曲线，这种做法并不少见，我在对每分钟摄氧量和跑步速度进行比较时也会这样做。描绘血乳酸特征的方法也一样，即在多个次最大速度下测试同一名跑者。

图 3-6 展示的是一名跑者的典型血乳酸特征，我在不同场合对他进行了测试。图中显示了该跑者在同一赛季的两个不同阶段的血乳酸特征。随着

这名跑者在耐力上取得进步，他的血乳酸特征曲线发生了右移。这属于理想状况，因为这表示相较于先前的测试，他在达到相同血乳酸水平时的跑步速度变得更快了。因此，当他身体的血乳酸清除能力变强时，血乳酸特征曲线就会右移。此外，他的最大摄氧量和跑步效率也有所改善，这同样使他在达到特定血乳酸水平时的跑步速度得到了提高。

要了解不同变化如何影响血乳酸特征，方法之一是分析以 86% 的最大摄氧量跑步时达到的特定血乳酸水平。这样一来，当最大摄氧量增加时，最大摄氧量速度也会提高，因此在最大摄氧量比例或百分比（在本例中为86%）相同的情况下，最大摄氧量速度更快。跑步效率的提高同理：跑步效率提高了，最大摄氧量速度自然也会提高。所以，相较于训练周期早期，当跑者的最大摄氧量速度提高时，达到最大摄氧量速度相同比例时产生的血乳酸水平将与其跑步速度更快相关联。

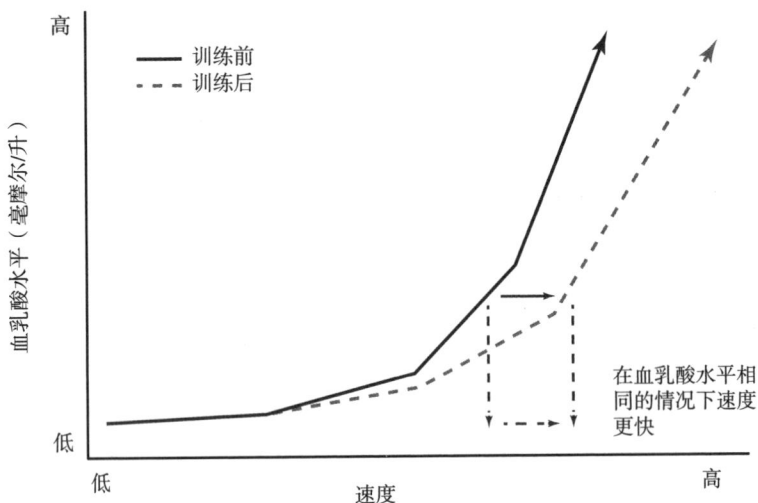

图 3-6　某一跑者在几周训练前后的血乳酸水平曲线

对于根据心率训练的人来说，以上规律也适用于心率变化。如果你进行与每分钟摄氧量或跑步速度关联的心率监测，那么你的心率和血乳酸水平之间也会有对应关系。

例如，假设你的血乳酸水平在达到 4 毫摩尔时，你的心率是 164，而这个心率是你最大心率的 88% ～ 90%。需要记住的是，心率与你的活动量、你在特定跑步速度下达到的有氧程度都密切相关。随着你跑步效率的提高，最大摄氧量或最大摄氧量速度将同更快的跑步速度相关联。当最大摄氧量速度提高时，达到相同最大摄氧量速度比例时的心率将是之前跑步速度较慢时已经达到的心率。

你甚至可以更进一步，将自己对压力的主观感受与你最大心率、有氧能力或血乳酸值的不同比例进行关联。要想将它们关联起来，方法之一是用数字来表达你体验到的舒适感或不适感，这被称为自感强度等级（用 RPE 表示）。例如，你可以用 1 ～ 3 之间的数字来描述轻松跑；对于舒适但偏艰苦的活动，你可以用 4 或 5 来描述；6、7、8 可以用来描述不同程度的艰苦活动；而 9 和 10 可以用来描述你正在非常吃力地进行的活动。或者，你也可以只使用"5 级量表"：1 表示最轻松，2 表示较轻松，以此类推，5 表示最艰苦。对此，可参考图 3-7，图中显示了一位跑者的心率、每分钟摄氧量、血乳酸水平和自感强度等级与其跑步速度之间的关系。

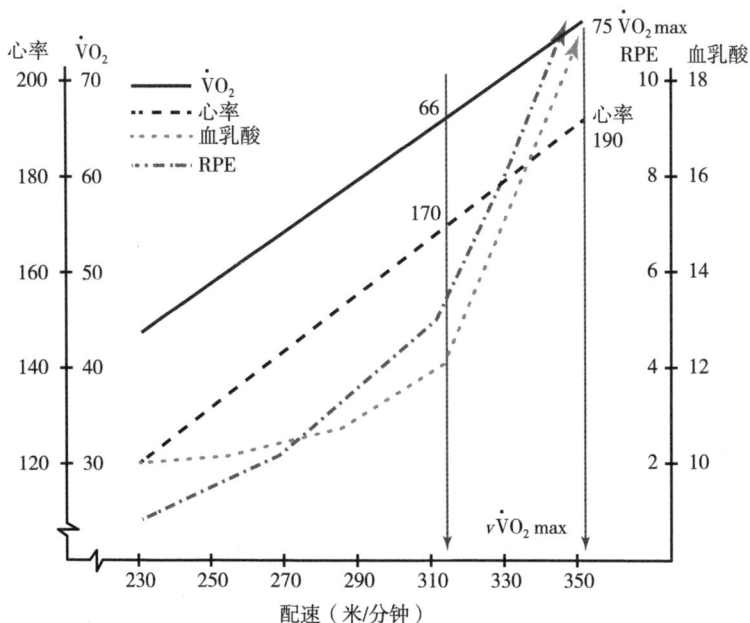

图 3-7 某跑者的摄氧量、血乳酸水平、心率和 RPE 与跑步速度的关系

图 3-7 还显示了血乳酸水平为 4.0 毫摩尔时的每分钟摄氧量（66 毫升 /分钟 / 公斤）和心率（170 次 / 分钟），而 4.0 毫摩尔是这位跑者的乳酸门槛水平。

训练跑中的心率

接下来，我们来探讨如何在训练跑中用心率控制训练强度。如今，市场上有许多显示心率、呼吸节奏和步频的训练设备。只要这些设备提供的是合理的科学数据，那它们对我们还是很有帮助的。

众所周知，当我们以相同的速度跑步时，我们跑步的强度却并不总是相同的。例如，比起在天气凉爽时跑步，在天气炎热时，无论使用什么速度跑步都更吃力，这是因为在后一种条件下，更多的血液被输送到了皮肤以进行降温。更多的血液流向皮肤，而用来跑步的肌肉所需的血液量不变，那总血流量就会增加，心率就会上升。也就是说，如果跑者试图通过心率将跑步速度控制在特定水平，那么他的速度将慢于预期。

在逆风时、在起伏地形上，或是在陡峭、泥泞的路面上跑步，也会出现类似的情况。在这些情况下，努力将心率维持在特定水平将导致奔跑速度低于预期。不过话说回来，当我们在状况不理想的环境中以较慢的速度跑步时，尽管跑步速度不同于预期，但训练强度往往可以达到预期水平。

所以，一定要知道"这次训练的目的是什么"。如果你进行特定训练的目的是以特定速度跑步，那或许你就不应该将心率作为指标；但如果你追求的是训练强度，那将心率作为指标就非常有用。只要你明白心率如何随环境变化，监控心率就会对你有益。

最大心率

当你使用心率来监测训练压力时，就有必要知道自己的最大心率是多少，因为我们通常会根据不同的最大心率比例来安排训练。你可以使用一些方法来估算最大心率，这样的估算主要是基于年龄，但这种方式得出的结果可能并不准确。例如，一个常用的公式是：最大心率 = 220 – 年龄。假设你50 岁，那么你的最大心率就是 170。

用上述公式及其他公式估算最大心率，估算出来的结果对大部分人可能有用，但对特定个体可能会造成很大的误导。我可以举两位跑者的例子来说明这一点。我在许多场合对这两人进行过测试，发现他们的最大心率都与其估算值相差很大。其中一位跑者在 30 岁时的最大心率为 148，而当他 55 岁时，他的最大心率为 146。可见，估算值和实际情况之间的误差有多大。如果你在这位跑者 30 岁时告诉他，跑步时要达到最大心率的 86%，那么他需要将心率维持在 163，而他在 30 岁时的最大心率为 148，对他来说，维持163 的最大心率完全是不可能的。

另一位跑者在 25 岁时的最大心率为 186（低于用上文提到的公式得出的估算值），而当他到了 50 岁时，他的最大心率变成了 192（远高于用上文提到的公式得出的估算值）。总之，如果你使用心率来衡量相对跑步强度，需要确切知道自己的最大心率是多少。

要确定自己的最大心率，最简单的方法或许是用力跑几个两分钟上坡跑。具体而言，就是在第一次到达坡顶时读一下心率示数，然后再跑第二次。如果第二次上坡跑时心率上升，那就再跑第三次，看看心率会不会变得更高。如果你的心率没有继续升高，那你就能确定这个心率示数就是你的最大心率。如果第三次的心率比第二次还高，那就再跑第四次。以此类推，你可以连续进行上坡跑，直到你的心率不再上升。如果找不到合适的坡道，你也可以跑几个定速 800 米，对前后轮次进行相同的比较。

静息心率

监测心率的另一个有效方法是在早上醒来时测量静息心率。你醒来时的心率可以反映你的体能变化情况：随着训练的推移，你的静息心率通常会变得越来越慢，因为你的心脏会越变越强，而且每次心脏搏动都能泵出更多血液（每搏输出量增加）。当心肌功能变强时，心脏每跳一下都能输送更多血液。心脏不需要再跳动那么多次就能向身体各部位输送等量的血液。另外，醒来时的心率还能反映你的训练是否过度。如果你的清晨心率远远高于平时的测量结果，那说明你可能需要休息或进行体检了。

血红蛋白水平

另一个会影响心率的因素是血液的携氧能力。由于血红蛋白是血液中携带氧气的物质，因此拥有理想的血红蛋白含量就变得非常重要，对于耐力运动员更是如此。

当你的血红蛋白水平低于正常值时，你会感觉不是很好，作为跑者，你自然也就无法为表现出理想状态做好准备。不过，血红蛋白水平过高也不好，因为这会增加血黏度，给心脏增加过多负担，且可能减慢血液循环。

拥有正常的血红蛋白水平主要依赖于均衡的营养，尤其是含铁食物的摄入。正常情况下，人体血液中的血红蛋白水平一般介于 120 克 / 升～ 180 克 / 升之间（视年龄和性别而定）。当某人的血红蛋白水平低于 135 克 / 升（男性）或 120 克 / 升（女性）时，通常就认为此人患有贫血。从跑步表现的角度来看，当两名跑者的血红蛋白水平分别为 120 克 / 升和 130 克 / 升时，他们在 5 公里跑的差距可能会达到 30 ～ 40 秒。然而，需要再次提醒的是，一味地提高血红蛋白水平并不可取。

有关训练和比赛的个人资料

在制订训练计划前，跑者和教练应该就跑者过去以及当前的体能状况和可支配时间收集相关的基本信息。我会收集我带的所有跑者详尽的信息，以便为每个人量身制订最适合的训练计划。如果是通过电子邮件与跑者交流，那这些信息就更重要了。对在高中、大学或俱乐部执教的教练来说，这些信息也非常重要。

了解了跑者目前或最近的跑量和训练情况后，更加容易确定适当的训练压力和训练强度，帮助每位跑者为即将到来的重要比赛做好最佳准备。当然，教练还必须了解在未来几周和几个月内的重要比赛的类型。

即便是在学校执教的教练，也知道可以使用哪些设施，收集这些信息依然有助于他们针对各种天气条件安排训练。规划训练季并不像看上去那么简单。掌握跑者的个人或团队概况，对制订出尽可能完美的训练计划大有帮助。我在制订训练季计划（参见后几章）时经常参考跑者的个人资料（见下页）。

跑者资料

姓名：_____ 日期：_____ 电话：_____

地址：_____ 电子邮箱：_____

年龄：_____ 身高：_____ 体重：_____ 性别：_____

1. 你过去 6 周的平均周跑量是多少（以公里为单位）？

   每周 _____ 公里

2. 你过去 6 周跑过的单次最长距离是多少（以公里为单位）？

   _____ 公里

3. 你是否在过去几个月里跑过比赛？如果跑过，列出出比赛距离和比赛成绩。

   _____

4. 你每天平均有多少时间（小时或分钟）可以用来跑步？

   _____ 小时 / 天或 _____ 分钟 / 天

5. 你每周能训练几天？

   _____ 天 / 周

6. 你能利用哪些设施或地形训练？（如室内跑步机或室外跑道、泥路、小径）

   _____

7. 详细描述一下你在过去 6 周进行过的训练。

   _____

8. 列出接下来 4 个月内你计划参加的比赛或希望参加的比赛。

   _____

9. 你在接下来的 6 ～ 12 个月内最重要的比赛是哪场？

   日期：_____ 距离：_____ 地点：_____

   备注（如当前的健康状况或伤病问题）：_____

   _____

资料来源：J. Daniels，*Daniels' Running Formula*，4th ed. (Champaign, IL: Human Kinetics，2022)。

04
选择恰当的训练类型

专注于眼前的任务。

　　我时常会对我带的跑者说，必须时刻铭记以下问题："这次训练的目的是什么？"如果他们没法回答这个问题，那他们当下最好不要进行任何训练。本章将介绍跑者可以采用的多种训练类型，并说明这些训练将如何带给跑者收获。

　　我会用 E、M、T、I 和 R 这些字母来分别表示不同的训练类型（见图 4-1），同时它们也代表训练强度。它们代表的训练类型构成了大部分训练计划的组成内容。其中，E 跑代表轻松跑（Easy running），M 跑代表马拉松配速跑（Marathon-pace running），T 跑代表乳酸门槛跑（Threshold running），I 训练代表间歇训练（Interval training），R 训练代表重复训练（Repetition training）。

　　图 4-1 注明了一般情况下定速跑和重复训练回合（用 W/R 表示）各自

所占的训练时间（以分钟为单位）。图中还列出了一些其他信息，包括每种训练类型的目的和效果，单次训练中各类型训练距离占周跑量的百分比，与各训练类型关联的最大摄氧量百分比，以及 I 训练中的训练 - 恢复比。

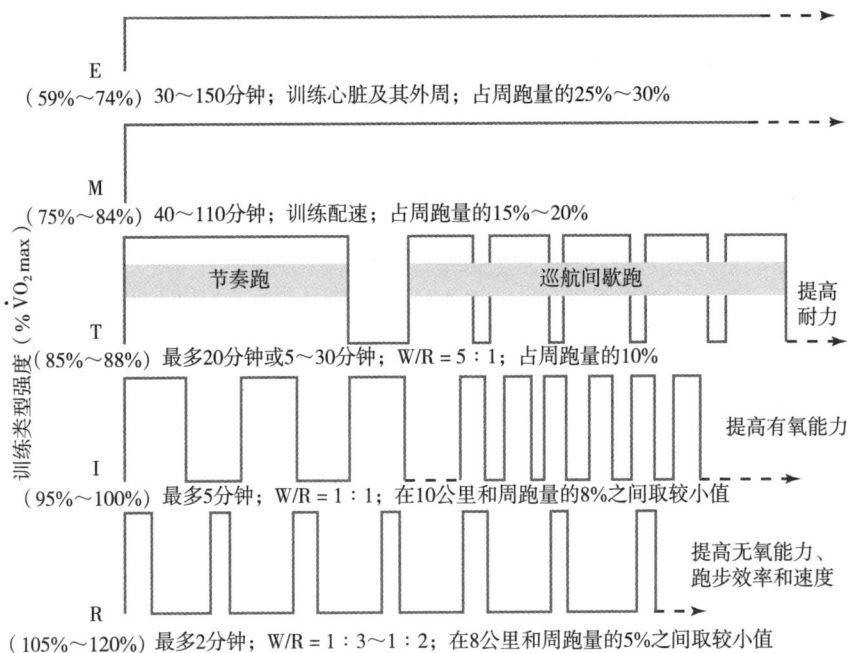

E
（59%～74%）30～150分钟；训练心脏及其外周；占周跑量的25%～30%

M
（75%～84%）40～110分钟；训练配速；占周跑量的15%～20%

节奏跑　　　　　　　巡航间歇跑　　　　提高耐力

训练类型强度（% $\dot{V}O_2 max$）

T
（85%～88%）最多20分钟或5～30分钟；W/R = 5∶1；占周跑量的10%

提高有氧能力

I
（95%～100%）最多5分钟；W/R = 1∶1；在10公里和周跑量的8%之间取较小值

提高无氧能力、跑步效率和速度

R
（105%～120%）最多2分钟；W/R = 1∶3～1∶2；在8公里和周跑量的5%之间取较小值

图 4-1　不同训练类型的要求与效果

轻松跑

　　轻松跑即 E 跑的强度通常在最大摄氧的 59% ～ 74% 之间，或在最大心率的 65% ～ 79% 之间。E 跑目的何在？其好处表现在好几方面。首先，E 跑能让你对伤病形成一定的抵御力。如果你刚刚开始开展跑步计划，或者在休息数周或数月后重新开始跑步，那么这时候进行 E 跑，特别有助于你打好跑步基础。其实不只是 E 跑，无论你参与哪种运动，放轻松都会带来好处——让你既能参与喜欢的运动，又不致对身体和精神造成太大压力。

其次，E 跑有助益于增强心肌功能，因为当心率达到最大心率的大约 60% 时，心脏搏动的力量就会达到最大。随着你加快跑步速度，虽然心率和每搏输出量都会增加，但每搏输出量的增加量其实很小。因此，E 跑可以很好地提高心肌功能。尽管你可能不觉得自己跑得非常吃力，但要知道，心脏一直在辛勤地工作。

另外，E 跑还能促进新血管的形成（形成更多小血管，为运动中的肌肉供血供能），使跑步用的肌肉发展出其本身的特性。即便是在 E 跑时，你的心脏也会向跑步用的肌肉输送大量血液和氧气，而这将渐渐地促使肌肉中的肌纤维发生变化，使肌肉能在一定时间内获得更多氧气，将更多燃料转化成能量。实际上，这个过程带来的诸多好处是肌纤维长时间受到压力的结果。所以，为了有所收获，我们要做的就是让肌纤维受压。而 E 跑时，你无疑会投入更多时间致力于这一目标，因为比起以吃力的配速奔跑，当你用舒服的配速奔跑时，你能坚持得更久。

训练建议

从跑步时间来讲，30 分钟的定速跑可谓效果卓越。因此，我建议 E 跑至少跑 30 分钟。我经常告诉跑者，如果他们连 30 分钟都没跑到，那他们最后用来跑步的时间还没洗澡、换衣服的时间多。另外，我还建议将定速跑控制在 150 分钟以内（备战超长距离赛事除外），哪怕在备战马拉松时也一样。当然，备战马拉松的人如果跑走结合，显然应该都能在户外活动 150 分钟以上，但无论如何，应该循序渐进地增加所有长距离跑（以下称 L 跑）的距离。

而说到增加跑量，我们经常听到这样的建议，即应该在开始训练计划后，逐周少量地增加周跑量，如每周增加 10%。也就是说，如果你第一周的跑量是 16 公里，那么第二周就要跑 17.6 公里，而 4 周后，你的周跑量将达到 23.4 公里。然而，我认为更合理的计划是，让跑者将每周 16 公里的跑量保持 4 周，等他们慢慢适应后，再让他们将周跑量增加 8 公里左右，因为对于从 16 公里起步的跑者而言，一下子增加 8 公里左右不会对他们造成比起步时更大的压力。因此，我建议你在增加训练量前，至少将相同的周跑时间维持 3 ～ 4 周。而当你将周跑时间增加到自己或教练为当季设定的最大值后，你就可以根据天气或可支配时间，自由地增加或减少每周的训练时间。记住，当训练量略有减少时，利用维持原则会帮助你维持之前的训练成果。

毫无疑问，大部分跑者会以轻松配速进行大部分跑步训练。轻松配速是可以边跑步边说话的配速，你应该能自始至终舒适地维持这样的配速。在我介绍的所有训练计划以及我为各水平跑者制订的训练计划中，我会用 E 跑来表示轻松跑。有时我也会提到训练的"E 日"，它表示跑者应该在那天放松，甚至停跑一天。此外，我们除了在 L 跑中使用"E 配速"，也会在热身跑和放松跑以及较快且较艰苦的两跑之间的恢复性慢跑中使用"E强度"。

我通常建议将 E 日视为累积跑量以实现理想的周跑量目标的机会。例如，如果你想在某周达到 64 公里的总跑量，并计划在其中一天跑一个 16 公里 L 跑，有两天每天的日跑量要达到 12.8 公里（热身跑、速度更快的高质量跑［以下称 Q 跑］和 E 跑的合计距离），那么剩下的 4 天你还需要再跑22.4 公里。

这 4 天的安排比较灵活：你可以每天以轻松配速跑 4.8 ～ 8 公里，也可以在其中两天每天跑 8 ～ 9.6 公里，一天跑 4.8 公里，另外一天休息不跑。有时候，在周计划中安排一天休息才是最合适的安排（可能是因为恶劣天气或意外状况）。你应该将休息视为训练的一部分，而不是将之视为缺席了一天训练。记住，安排 E 日是为了让你从高质量训练（以下称 Q 训练）中恰当恢复，因此不建议你多安排一场 Q 训练来代替 E 训练。

E 跑配速

虽然 E 跑通常要达到最大摄氧量的 59% ～ 74%，或达到最大心率的65% ～ 79%，但有时候，你可能会觉得配速稍快或稍慢反而更舒服。无论采用多少的配速，你都要尽全力保持正确的跑步方法，尤其是在 E 跑配速特别慢的时候。因为如果方法有问题，你可能会受伤。当你感觉特别累或步伐不对劲时，千万要记住一点：这个时候，不跑可能对你更有好处。不跑总好过强迫自己跑完，却以受伤告终。

关于 E 跑配速范围，可参考第 5 章的 VDOT 表。比起比赛可能达到的 1 公里时间，该范围差不多每公里要慢 1 分 15 秒到 1 分 53 秒。所以，E 跑显然不会对你造成太大的压力。

L 跑以及增加跑量

L 跑通常会使用 E 配速。对于每周总跑量少于 64 公里的跑者，我会建议他们将单次 L 跑距离限制在周跑量的 30% 以内；而对于周跑量在 64 公里及以上的跑者，我会建议他们应将 L 跑控制在周跑量的 25% 或 150 分钟以内，先达到哪个量就以哪个量为上限。

增加跑量前，试着先将相同跑量维持 4 周，也就是说，你的 L 跑距离在几周内应该基本维持不变。另外，如果有几周你感觉不如平时好，或者由于环境条件发生变化，对于相同距离的 L 跑你感到更有压力，又或者你需要为了即将到来的比赛减量，在这些情况下，你可以自由地减少 L 跑的距离。

我经常积极地与人探讨速度较慢的马拉松跑者的 L 跑问题。在美国，参加马拉松比赛已经成为非常热门的筹款形式，许多以此为目的的参与这项运动的跑者要跑 5 小时或更久才能完成比赛。有的跑者和教练认为，要完成马拉松，就必须在赛前进行几次 32 公里的训练跑。这种建议并不少见。

对要跑六七小时才能完赛的跑者来说，以上建议意味着他们要进行 5 小时左右的训练跑。这样的训练压力对初跑者来说太大了。我怀疑是否会有精英跑者花 5 小时左右进行 64 公里或 80 公里的训练跑。所以，让不太熟练的跑者比精英跑者花更多时间训练，显然不合理。

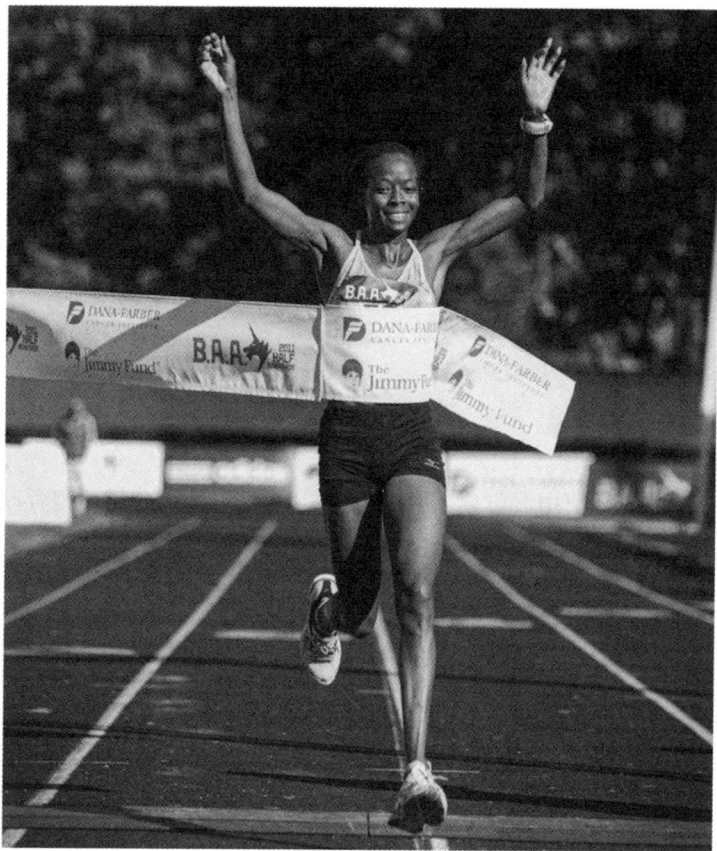

Dina Rudick/The Boston Globe via Getty Images

我有幸指导过（2011 年开始）珍妮特·切若邦－鲍卡姆（Janet Cherobon-Bawcom），亲眼见证了她通过本书介绍的训练方法和"智跑"项目（Run SMART Project）发挥跑步潜能的过程。

如果你认为顶尖跑者确实会进行 32 公里或更长距离的训练，那你必须明白，他们在 2 ～ 2.5 小时内就能跑完。我认为跑 2.5 小时的时间足够长，原因就在于此，即便有的跑者在 2.5 小时内只能跑完 24 公里。在我看来，你应该养成一个习惯，即用时间而不是距离来安排各类训练的训练量。

总而言之，E 跑有助于抵御伤病、加强心肌功能、改善血液输送，还能促进肌纤维生成有用的特性，让你跑出最佳水平。另外，增加 E 跑时间（如果强度轻松，那么增加距离或跑步时间会容易很多）也能增强你的自信，让你觉得只要你愿意，你就能一直跑下去——永远不要小看心理因素对训练的影响。

马拉松配速跑

马拉松配速跑恰如其名，是指以马拉松比赛的预估配速开展训练，所以我将其称为"M 跑"。从未跑过马拉松的跑者当然会有"什么配速合适"的疑问，而这正是第 5 章 VDOT 表的另一用途——VDOT 表列出了不同距离比赛的比赛成绩与马拉松成绩的对应关系。

要预估你的合理 M 配速，最好的方法是参考你最近跑过的较长距离比赛，如半程马拉松对 M 配速能力的预估效果就好过 1.6 公里比赛。最近认真跑完几个 10 公里比赛的跑者也可以用另一种方法估算自动的 M 配速，即将 10 公里比赛成绩减慢 3 分钟，得到每 10 公里配速，将该配速作为估算的 M 配速。

根据图 4-1，M 跑的强度通常要达到最大摄氧量的 75% ~ 84%，或达到最大心率的 80% ~ 89%。与 L 跑一样，我也建议为 M 跑的跑步距离或持续时间设定上限，最好控制在 110 分钟或 29 公里以内，以先达到者为准。我还会将 M 跑与 E 跑和 T 跑结合起来。这样安排时，M 跑达到的最大累计时间可能少于定速 M 跑的时间。另外，我还建议将单次训练中 M 跑的累计跑量控制在周跑量的 20% 或 29 公里以内，以先达到者为准。

表 4-1 列出了一些 M 配速训练。

表 4-1　M 配速训练表

训练内容	总时间
训练 A：适用于累计进行 25 ~ 70 分钟 E 跑和 50 分钟 M 跑的跑者	
A1：15 分钟 E 跑 + 50 分钟 M 跑 + 10 分钟 E 跑	75 分钟
A2：35 分钟 E 跑 + 50 分钟 M 跑 + 10 分钟 E 跑	95 分钟
A3：60 分钟 E 跑 + 50 分钟 M 跑 + 10 分钟 E 跑	120 分钟
训练 B：适用于累计进行 30 ~ 70 分钟 E 跑和 60 分钟 M 跑的跑者	
B1：15 分钟 E 跑 + 60 分钟 M 跑 + 15 分钟 E 跑	90 分钟
B2：35 分钟 E 跑 + 60 分钟 M 跑 + 15 分钟 E 跑	110 分钟

续表

训练内容	总时间
B3：55 分钟 E 跑 + 60 分钟 M 跑 + 15 分钟 E 跑	130 分钟
训练 C：适用于累计进行 30 ～ 60 分钟 E 跑和 75 分钟 M 跑的跑者	
C1：15 分钟 E 跑 + 75 分钟 M 跑 + 15 分钟 E 跑	105 分钟
C2：35 分钟 E 跑 + 75 分钟 M 跑 + 15 分钟 E 跑	125 分钟
C3：45 分钟 E 跑 + 75 分钟 M 跑 + 15 分钟 E 跑	135 分钟
训练 D：适用于累计进行 25 ～ 45 分钟 E 跑、55 ～ 70 分钟 M 跑和 10 ～ 15 分钟 T 跑的跑者	
D1：15 分钟 E 跑 + 30 分钟 M 跑 + 5 分钟 T 跑 + 30 分钟 M 跑 + 5 分钟 T 跑 + 5 分钟 M 跑 + 10 分钟 E 跑	100 分钟
D2：15 分钟 E 跑 + 5 分钟 T 跑 + 40 分钟 M 跑 + 5 分钟 T 跑 + 15 分钟 M 跑 + 5 分钟 T 跑 + 10 分钟 M 跑 + 10 分钟 E 跑	105 分钟
D3：15 分钟 E 跑 + 50 分钟 M 跑 + 5 分钟 T 跑 + 20 分钟 M 跑 + 5 分钟 T 跑 + 30 分钟 E 跑	125 分钟
训练 E：适用于累计进行 40 ～ 70 分钟 E 跑和 30 ～ 80 分钟 M 跑的跑者	
E1：60 分钟 E 跑 + 30 分钟 M 跑 + 10 分钟 E 跑	100 分钟
E2：60 分钟 E 跑 + 40 分钟 M 跑 + 10 分钟 E 跑	110 分钟
E3：60 分钟 E 跑 + 50 分钟 M 跑 + 10 分钟 E 跑	120 分钟
E4：60 分钟 E 跑 + 60 分钟 M 跑 + 10 分钟 E 跑	130 分钟
E5：30 ～ 40 分钟 E 跑 + 80 分钟 M 跑 + 10 分钟 E 跑	120 ～ 130 分钟
E6：40 ～ 60 分钟 E 跑 + 70 分钟 M 跑 + 10 分钟 E 跑	120 ～ 140 分钟

注："总时间"指实际跑步时间，部分训练还包含 T 跑训练时间。该表格由"智跑"项目设计的杰克·丹尼尔斯跑步计算器创建。

至于"这次训练的目的是什么？"这个重要的问题，对正在备战马拉松的人来说，M 跑的目的有二：一是将配速渐渐调整到计划在马拉松比赛中使用的配速；二是在该配速下练习饮水。你或许会说 M 跑的主要好处在心理上，可以让你有信心驾驭你准备在马拉松比赛中使用的配速。至于生理上的好处，M 跑和 E 跑其实没有不同。不过，没有备战马拉松的跑者或许会发现，M 跑使他们建立了自信，让他们对以稍快于 E 配速的配速跑完长距离充满信心。

另外，使用碳水化合物形式的食物，有助于跑者的身体有节制地使用体内储备的肌糖原，并使身体稍稍倚重于脂肪代谢产生的能量。所以，我建议你不要在长距离定速 E 跑中喝功能饮料，这样你的身体就会节省碳水化合物的消耗。不过，训练中偶尔还是要饮水的，如跑马拉松时，摄入食物有助于补充能量，而平时训练正是练习食物摄入的好时机。

乳酸门槛跑

乳酸门槛跑即 T 跑的强度应该是舒适偏艰苦，即表示你跑得相当艰苦，但仍能长时间（20 ～ 30 分钟）维持这样的配速。当你精力充沛并处于最佳状态时，你能以 T 配速跑 60 分钟左右。也就是说，精英跑者能以 T 配速跑完 20 公里，乃至跑完一个半程马拉松。

进行 M 跑和 E 跑时，训练有素的跑者通常不会总盼着训练快点结束。T 跑恰恰相反——你会希望训练快点结束，不过，你仍然能在单次跑步中坚持 20 ～ 30 分钟。

T 跑的首要目的是加强身体清除血乳酸的能力，使血乳酸处于可控水平。一般而言，最好将提高耐力作为 T 跑的目标，即训练身体，让身体能长时间维持稍微吃力的配速，或能在特定配速下跑得更久。E 跑和 M 跑能在心理层面提高你以舒适配速继续奔跑的能力，而 T 跑可以提高你能较长时间维持的速度。

从生理学上来说，训练有素的跑者在达到最大摄气量的 85% ～ 88%（或最大心率的 88% ～ 92%）时会达到乳酸门槛配速，而训练较少的跑者可能在达到最大摄气量的 80% ～ 86% 时达到该配速。假设我训练的跑者还不太适应我的执教方式，那么我会在他第一次进行 T 跑训练时，建议他问问自己"是否能在必要时将这样的配速维持 30 ～ 40 分钟"。如果他回答"不能"，那么他就要稍微降低跑步配速。记住，恰当的 T 跑是舒适偏艰苦，而不是艰苦。艰苦是间歇跑（以下简称 I 跑）需要达到的强度。

根据图 4-1，我建议进行两类 T 跑：一种是节奏跑，另一种我称之为"巡航间歇跑"。两者的区别在于，节奏跑是持续 20 分钟左右的定速跑，而巡航间歇跑是以 T 配速跑数次，并在两轮跑步间进行短暂的休息。这两类 T 跑各有优势：节奏跑能加强你长时间维持较吃力配速的能力，让你建立自信；巡航间歇跑能迫使你的身体以预期门槛强度训练更长时间，不过这个时间是累计所得，而非单次训练时间。

不过，即便巡航间歇跑包含短暂的休息时间，但这并不表示你应当跑得更快。如果你觉得巡航间歇跑对你施加的压力不够，你可以稍微缩短休息时间来增加压力，而不应该提高跑步速度。节奏跑和巡航间歇跑的配速应当相同，可参考第 5 章的 VDOT 表指定的配速来进行这两类乳酸门槛训练。

另外，与 L 跑和 M 跑一样，我建议限制单次训练的 T 配速累计跑量，不要让单次训练中的 T 配速累计距离超过周跑量的 10%。不过，如果你能承受 20 分钟的定速 T 跑，那我建议你在将训练拆分成若干组巡航间歇跑时，将 T 跑的累计时间控制在 30 分钟以内。毕竟，如果你能完成 20 分钟的定速跑，那么将训练拆成更短的 5 分钟或 10 分钟训练回合，跑 30 分钟应该不会太难。

而就节奏跑而言，人们常常不清楚跑多久合适，对"节奏"一词的不同定义也引发了一些思考。有些教练和跑者认为，节奏跑要持续 60 分钟或 16 公里。但实际上，即便精英跑者也只能用 T 配速比赛 60 分钟，而且是他们在赛前逐渐减少跑量并充分休息的情况下。因此，仅在训练中就要跑 1 小时节奏跑是难以想象的。

我发现，一些教练或跑者口中的节奏跑，虽然其总距离可能是 16 公里，但前 8 公里或前 9.6 公里的配速要比真正的 T 配速慢，这期间他们会有一个慢慢提速的过程，一直到最后 6.4 公里或 8 公里才达到真正的 T 配速。所以，虽然他们也将这次跑步称为节奏跑，但实际上，他们只用 T 配速跑了一部分距离。

我想再次强调的是，我对节奏跑的定义是全程使用 T 配速跑步。如果跑者是从较轻松的配速逐渐加速到真正的 T 配速，那就只有 T 配速部分可以被称为节奏跑。我认为持续 20 分钟左右的 T 配速定速跑才是真正的节奏跑，而分组进行、组间有短暂恢复时间的短时间 T 跑应该叫巡航间歇跑。以 T 配速跑 5 个 1.6 公里，组间休息 1 分钟，或者以 T 配速跑 3 个 3.2 公里，组间休息 2 分钟，这些都是典型的巡航间歇训练。

那么，我们该如何安排 T 跑？我指导过一些高阶跑者，他们能在单次训练中达到 24 公里的 T 配速累计距离，但通常只有每周跑量在 240 公里左右的跑者才能做到。他们一般采用的方法是：8 公里 T 跑 + 5 分钟休息 + 6.4 公里 T 跑 + 4 分钟休息 + 4.8 公里 T 跑 + 3 分钟休息 + 3.2 公里 T 跑 + 2 分钟休息 + 1.6 公里 T 跑。

还有一个比较适合备战马拉松的好办法，就是在 M 配速训练中加入几个 1.6 公里 T 跑，如 12.8 公里 M 跑 + 1.6 公里 T 跑 + 6.4 公里 M 跑 + 1.6 公里 T 跑 + 1.6 公里 M 跑。整个训练一气呵成，中途没有停顿。做过此类训练的跑者表示，在以 M 配速跑了一段时间后，加速到 T 配速并不是特别困难，但在完成较艰苦的 T 配速阶段之后，再降回 M 配速则不太容易。这样训练能让你为马拉松比赛中可能遇到的风力、风向或坡度变化做好准备。

我通常会将定速跑控制在 20 分钟内。不过，如果你能力足够，也可以在同一次训练中多跑几次 20 分钟 T 跑。换句话说，训练有素的跑者可能会在一次训练中跑 2 ～ 3 个 20 分钟 T 跑。但对大部分跑者而言，一次训练跑一个 20 分钟 T 跑通常就够了。

至于巡航间歇训练，我一般会安排 1.6 公里或 3.2 公里的 T 跑。当每组距离为 1.6 公里时，跑者会在两组 T 跑间有 1 分钟的休息时间。例如，我可能会这样安排训练：以 T 配速重复跑 5 个 1.6 公里，组间休息 1 分钟，在训练计划中表述为"5 ×（1.6 T 跑 + 1 分钟休息）"。而如果我建议跑 3.2 公里，那我会建议在两组 T 跑间休息 2 分钟。那么 3 个 3.2 公里跑就会表述为"3 ×（3.2 T 跑 + 2 分钟休息）"。根据图 4-1 所示，我建议将巡航间歇训练的训练－恢复时间比保持在 5∶1 左右。

表 4-2 列出的是一些你可以使用的 T 配速训练，你也可以根据自己的需要对训练进行调整。注意，以 T 配速强度进行。在 T 配速训练前用 10 分钟 E 跑热身，训练后做几组 30 秒 ST 跑收尾，最后用 E 跑结束训练。

表 4-2　T 训练

训练内容	总时间
训练 A：适用于周跑量最高达 64 公里的跑者	
A1：20 分钟定速 T 跑	20 分钟
训练 B：适用于周跑量累计达 66 ～ 113 公里的跑者	
B1：5 ～ 6 ×（6 分钟 T 跑 + 1 分钟休息）	30 ～ 36 分钟
B2：2 ×（12 分钟 T 跑 + 2 分钟休息）+ 2 ×（5 分钟 T 跑 + 1 分钟休息）	34 分钟
B3：3 ×（12 分钟 T 跑 + 2 分钟休息）	36 分钟
B4：2 ×（15 分钟 T 跑 + 3 分钟休息）	30 分钟
B5：15 分钟 T 跑 + 3 分钟休息 + 10 分钟 T 跑 + 2 分钟休息 + 5 分钟 T 跑	30 分钟
B6：20 分钟 T 跑 + 4 分钟休息 + 10 分钟 T 跑 [或 2 ×（5 分钟 T 跑 + 1 分钟休息）]	30 分钟
训练 C：适用于周跑量累计达 114 ～ 137 公里的跑者	
C1：8 ×（5 分钟 T 跑 + 1 分钟休息）	40 分钟
C2：5 ×（8 分钟 T 跑 + 90 秒休息）	40 分钟
C3：4 ×（10 分钟 T 跑 + 2 分钟休息）	40 分钟
C4：20 分钟 T 跑 + 3 分钟休息 + 2 ×（10 分钟 T 跑 + 2 分钟休息）+ 5 分钟 T 跑	45 分钟
训练 D：适用于周跑量累计达 138 ～ 160 公里的跑者	
D1：8 ×（6 分钟 T 跑 + 1 分钟休息）	48 分钟
D2：4 ×（12 分钟 T 跑 + 2 分钟休息）	48 分钟
D3：2 ×（12 分钟 T 跑 + 3 分钟休息）+ 3 ×（8 分钟 T 跑 + 2 分钟休息）	48 分钟
D4：20 分钟 T 跑 + 3 分钟休息 + 2 ×（12 分钟 T 跑 + 2 分钟休息）+ 6 分钟 T 跑	50 分钟

训练内容	总时间
训练 E：适用于周跑量累计达 163 ~ 193 公里的跑者	
E1：5 ×（12 分钟 T 跑 + 2 分钟休息）	60 分钟
E2：4 ×（15 分钟 T 跑 + 3 分钟休息）	60 分钟
E3：2 ×（15 分钟 T 跑 + 3 分钟休息）+ 2 ×（12 分钟 T 跑 + 2 分钟休息）+ 6 分钟 T 跑	60 分钟
E4：3 ×（20 分钟 T 跑 + 4 分钟休息）	60 分钟

注："总时间"指实际跑步时间，部分训练还包含 T 跑训练时间。该表格由"智跑"项目设计的杰克·丹尼尔斯跑步计算器创建。

间歇训练

接下来要介绍的是跑步训练中的下一个强度水平，即间歇训练（以下简称 I 训练）。I 训练可能是所有训练类型中定义最多的一种。我曾收到过科学期刊的撰稿邀请，要我写一篇有关 I 训练的文章。于是，我先找了 3 位跑者，询问他们如何定义 I 训练。第一位跑者说，I 训练是中间有休息时间的快速跑，且快速跑的时间不应该超过 2 分钟。第二位跑者说，I 训练是反复进行的高强度跑，每次至少跑 2 分钟，恢复阶段持续到跑者准备好再度出发为止。第三位跑者的回答和前两位的又不一样。于是，我转而去问指导这 3 位跑者的教练。结果，这位教练给出的定义与 3 位跑者的定义也不一样。4 个人之间似乎只有一个共识，即 I 训练是中间有中断的训练，包含若干轮艰苦跑（H 跑）和恢复时间。

鉴于众说纷纭，我决定依据这种训练类型的训练目的，自己来下定义。根据我在瑞典和美国研究生院学到的知识，我认为 I 训练最合理的目的是充分提高有氧能力（即我们所说的最大摄氧量）。另外我还认为，改善任何身体功能最好的办法是对该功能施加压力。因此，综合这两方面的考虑，我认为 I 训练强度应该达到或非常接近最大摄氧量（以及最大心率），而训练—恢复的时间比必须服务于这个目的。

根据我和吉米·吉尔伯特（Jimmy Gilbert）在制作 VDOT 表时做的研究，我们确定人在训练强度达到最大摄氧量时可以运动约 11 分钟。不过，让单次训练回合持续这么久显然并不可取。而且，从充分恢复的状态慢慢达到最大摄氧量还需要 90 ～ 120 秒的过渡时间，考虑到这一点，我们认为 I 配速跑以持续 3 ～ 5 分钟为佳，当然也可以少于 3 分钟，原因我会在下文进行解释。

将 I 配速坚持 5 分钟以上是非常苛刻的。因为这表示跑者要以 3 公里或 5 公里比赛配速跑好几次，而且每次都要持续 5 分钟以上，这很难做到。况且，如果两次 H 跑之间的恢复时间不够，那么 $\dot{V}O_2$ 就没法完全恢复，跑者在下一回合训练中就会更快地达到最大摄氧量。这正是我们采用 2 分钟或 3 分钟以下训练回合的主要原因。

达到 $\dot{V}O_2max$

图 4-2 显示的是某位跑者以能达到最大摄氧量的速度跑步，并渐渐达到最大摄氧量的过程。从他以静息每分钟摄氧量（VO_2）开始跑步到最终达到最大摄氧量，整个过程大约花了 2 分钟时间。要明智地开展训练，不但要始终明确每次训练的目的，还要始终做到低投入高回报（以最小的压力收获最大的成果），而不是高投入高回报（以最大的压力收获最大的成果）。

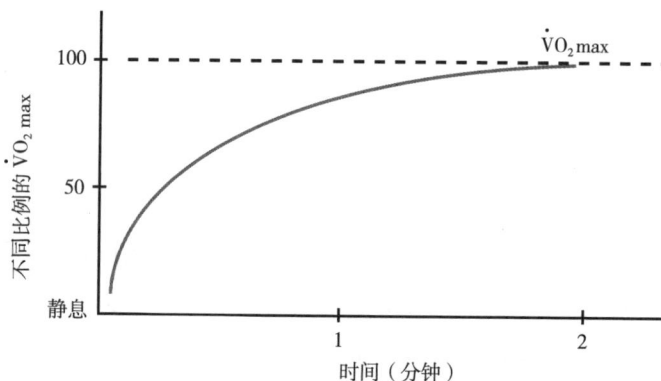

图 4-2　某位跑者以不同最大摄氧量强度跑步时达到最大摄氧量的时间

图 4–3 描绘的是一个低投入高回报的好例子。假设跑者进行 I 训练的适宜速度是每公里 3 分 26 秒的配速（每分钟 292 米或每 400 米 82.5 秒），那么较之每 400 米 82.5 秒的配速，即便将配速提高到 82.5 秒以上（如在进行 5 个 5 分钟跑中的第一跑时），跑者也无法用最大摄氧量跑得更久。用超过自身的最大摄氧量配速（超过最大摄氧量速度）的配速训练，并不会带来与训练目的相关的额外好处。

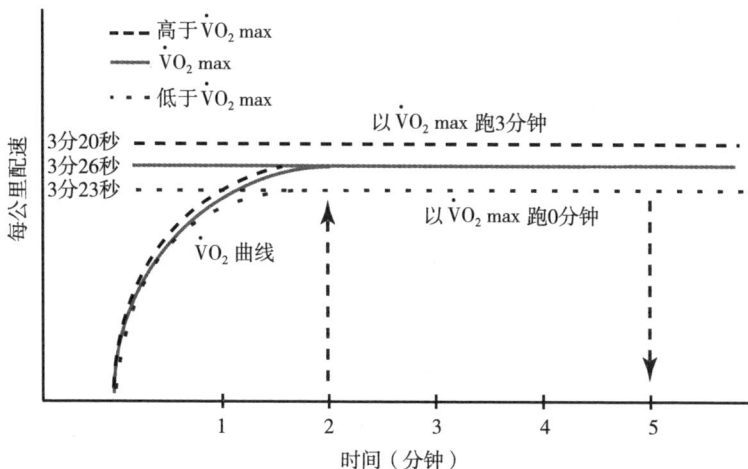

图 4–3　某位跑者以不同最大摄氧量强度跑步时的不同效果

另外，如果要重复跑 5 个 5 分钟，而第一跑跑得太快，那第二跑可能只能刚好达到 82.5 秒的配速，而后三跑则可能全部低于适宜配速——因为你在头两跑过度消耗了精力。此外，你在跑后几跑时不仅配速很慢（因为前一两跑过分卖力，做了太多无氧训练），而且无论你跑得多辛苦，你都不是在以自己的最大有氧能力跑。

结果，你在前一两跑以最大摄氧量跑了大约 3 分钟，但在后三跑都没有达到最大摄氧量。那你这次训练的目的是什么？如果你的目的是吃苦，那么结果如你所愿！但如果你计划用 15 分钟左右的时间来加强自己的最大有氧能力，那你完全错失了目标。

我之前已经提过，I 训练通常以 3 ～ 5 分钟的训练回合为佳。这是因为，即便只达到最大摄氧量就需要 1 ～ 2 分钟，这样的训练时长仍然能保证你能以最大摄氧量跑几分钟。不过，即使训练回合较短，你以最大摄氧量跑步的累计时间依然可以很长，但一定要确保只在两次 H 跑之间留出非常短暂的恢复时间。

这一点如何做到？图 4-4 给出了说明。图中以每回合仅持续 1 分钟的 I 训练为例，说明了累积最大摄氧量跑步时间的过程。虽然在第一轮 I 跑中并没有真正达到最大摄氧量，但经过短暂的组间休息（约 45 秒），你就能在下一跑中以提高后的每分钟摄氧量（$\dot{V}O_2$）为起点跑。短暂休息后的其他几跑都只需要较少的时间就能达到最大摄氧量。由于之后的每一跑都能相当快地达到最大摄氧量，因此以最大摄氧量跑步的总累计时间长也将相当可观。

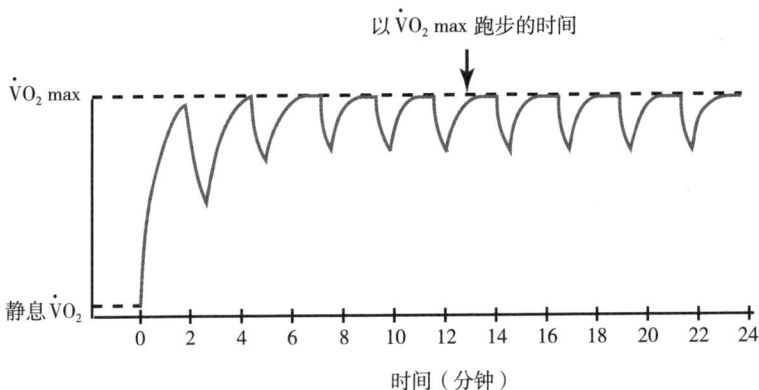

图 4-4　要想使短时间 I 训练卓有成效，恢复时间就必须更短

资料来源: J. Karlsson et al., *Energikraven Vid Lopning* [*Energy Requirements When Running*] (Stockholm: Trygg, 1970), 39。

因此，3 ～ 5 分钟是每轮训练跑的理想时间范围，你可以在这个时间范围内任意训练来增强自己的有氧系统的功能。而如果恢复时间很短（短于休息前 I 训练回合的持续时间），那么每回合的训练时间也可以相应地缩短。

H 跑

你也可以以 H 跑的方式进行 I 训练，H 跑是指不要求在特定时间内跑到特定的距离。例如，你可能会跑 6 个 3 分钟的 H 跑，每跑后慢跑（以下称 jg 跑）2 分钟来恢复。当以时间来衡量 H 跑，而不是以在多少时间内跑完多少距离来衡量时，H 跑配速应当是你在以跑满时间为目标时，主观感觉自己能维持 10～12 分钟的配速。

至于单次训练要进行多少 I 跑或 H 跑，我建议在 10 公里和周跑量的 8% 之间取较小值作为上限。所以，如果你每周跑 64 公里，那 I 跑的最大跑量就是 5.12 公里。为了方便记录每次 I 跑的累计总跑量，请在进行 H 跑时，将 5 分钟 H 跑计为 1.6 公里。另外，对每周总跑量达到 120 公里以上的人来说，I 跑的最大跑量即为前文所说的 10 公里（大约需要 30 分钟）。

我通常会让跑者在高海拔地区多进行 H 跑，而不是进行更严格的 I 训练。这是因为，在高海拔地区，与最大有氧能力关联的奔跑速度要比在海平面慢许多，跑者可能会因此相当沮丧。但如果跑者只管用力跑，而不管实际速度，那他既能对有氧系统的核心部位有效施压，又不必担心是否达到了最佳训练配速。

我的计步训练也是许多跑者喜欢使用的 I 训练。这种训练的标准形式，是先 H 跑 10 步，然后 jg 跑 10 步（记为 10/10，以此类推）；再 H 跑 20 步，jg 跑 20 步（20/20）；接着再是 30/30、40/40，以此类推，每次增加 10 步，直到 H 跑完 100 步并 jg 跑完 100 步，即 100/100。随后，重复 100/100，并逐渐减少步数，每次减少 10 步，从 90/90、80/80，一直减少到 10/10。

完成这个过程需要 24～25 分钟，跑步距离为 4.8 公里或 6.4 公里。速度较慢的跑者跑的距离自然短些，而能力较强的跑者可能跑得更长一些。但无论距离长短，所有人进行 H 跑和 jg 跑的时间都是一样的。要对各水平的跑者做到公平，用于进行某类训练的时间就是最好的指标。

用 H 跑配速进行 I 训练时，你可以对训练中的 H 跑时间进行调整。例如，要使 H 跑的总时间达到 20 分钟，你可以在以下方法中任选一种：

- 2 ×（4 分钟 H 跑 + 3 分钟 jg 跑）+ 4 ×（3 分钟 H 跑 + 2 分钟 jg 跑）；
- 1 ×（4 分钟 H 跑 + 3 分钟 jg 跑）+ 2 ×（3 分钟 H 跑 + 2 分钟 jg 跑）+ 3 ×（2 分钟 H 跑 + 1 分钟 jg 跑）+ 4 ×（1 分钟 H 跑 + 30 秒 jg 跑）。

虽然我通常会让我的跑者的恢复性 jg 跑时间略短于之前的 H 跑，但恢复性 jg 跑时间也可以与 H 跑时间相等，但绝不能超过 H 跑的训练时间。

另外，跑者在刮风日一般很难跑进理想的 1 000 米间歇时间，但有一种 I 训练比较适合刮风日：你可以跑 20 × 200 米，每分钟 1 组。也就是说，如果你的 I 跑配速是每 200 米 40 秒，那在开始下一个 200 米之前，你只有 20 秒时间休息。速度较慢的跑者也可以安排固定的恢复时间（大约是快速跑时间的一半）。

表 4–3 列出了各种 I 训练和 H 训练，以供你参考。

表 4–3　I 训练和 H 训练

训练内容	总时间
训练 A：适用于周跑量最高达 48 公里的跑者	
A1：5～6 ×（2 分钟 H 跑 + 1 分钟 jg 跑）（法特莱克训练）	15～18 分钟
A2：4 ×（3 分钟 H 跑 + 2 分钟 jg 跑）（法特莱克训练）	20 分钟
A3：3 ×（4 分钟 H 跑 + 3 分钟 jg 跑）（法特莱克训练）	21 分钟
A4：4～5 ×（800 米 I 跑 + 2 分钟 jg 跑）	20～25 分钟
训练 B：适用于周跑量累计达 48～64 公里的跑者	
B1：7～8 ×（2 分钟 H 跑 + 1 分钟 jg 跑）（法特莱克训练）	21～24 分钟
B2：5 ×（3 分钟 H 跑 + 2 分钟 jg 跑）（法特莱克训练）	25 分钟
B3：4 ×（4 分钟 H 跑 + 3 分钟 jg 跑）（法特莱克训练）	28 分钟
B4：5～6 ×（800 米 I 跑 + 2 分钟 jg 跑）	25～30 分钟
B5：4～5 ×（1 000 米 I 跑 + 3 分钟 jg 跑）	26～33 分钟
训练 C：适用于周跑量累计达 64～72 公里的跑者	
C1：6 ×（800 米 I 跑 + 2 分钟 jg 跑）	27 分钟
C2：6 ×（3 分钟 H 跑 + 2 分钟 jg 跑）（法特莱克训练）	30 分钟

训练内容	总时间
C3: 5 ×（1 000 米 I 跑 + 3 分钟 jg 跑）	33 分钟
C4: 4 ～ 5 ×（1 200 米 I 跑 + 3 分钟 jg 跑）	28 ～ 35 分钟
C5: 3 ～ 4 ×［5 分钟 H 跑（如果 I 跑配速在每公里 3 分 08 秒以内，则可以跑 1.6 公里）+ 4 分钟 jg 跑］	27 ～ 36 分钟
训练 D：适用于周跑量累计达 74 ～ 88 公里的跑者	
D1: 5 ～ 6 ×（1 000 米 I 跑 + 3 分钟 jg 跑）	33 ～ 39 分钟
D2: 4 ～ 5 ×（1 200 米 I 跑 + 3 分钟 jg 跑），或法特莱克训练训练：5 ×（4 分钟 H 跑 + 3 分钟 jg 跑）	28 ～ 35 分钟
D3: 4 ×（1.6 公里 I 跑 + 4 分钟 jg 跑），或法特莱克训练训练：4 ×（5 分钟 H 跑 + 4 分钟 jg 跑）	36 分钟
D4: 5 ×（4 分钟 H 跑 + 3 分钟 jg 跑）（法特莱克训练）	35 分钟
D5: 7 ×（3 分钟 H 跑 + 2 分钟 jg 跑）（法特莱克训练）	35 分钟
D6: 10 ×（2 分钟 H 跑 + 1 分钟 jg 跑）（法特莱克训练）	30 分钟
训练 E：适用于周跑量累计达 90 ～ 113 公里的跑者	
E1: 6 ～ 8 ×（1 000 米 I 跑 + 3 分钟 jg 跑）	39 ～ 52 分钟
E2: 5 ～ 6 ×（1 200 米 I 跑 + 3 分钟 jg 跑）	35 ～ 42 分钟
E3: 5 ×（5 分钟 H 跑 + 4 分钟 jg 跑）（法特莱克训练）	45 分钟
E4: 4 ×（3 分钟 H 跑 + 2 分钟 jg 跑）（法特莱克训练）+ 4 ×（2 分钟 H 跑 + 1 分钟 jg 跑）（法特莱克训练）	32 分钟
E5: 3 ×（3 分钟 H 跑 + 2 分钟 jg 跑）（法特莱克训练）+ 4 ×（2 分钟 H 跑 + 1 分钟 jg 跑）+ 5 ×（1 分钟 H 跑 + 30 秒 jg 跑）	35 分钟
训练 F：适用于周跑量大于 113 公里的跑者	
F1: 7 ～ 10 ×（1 000 米 I 跑 + 3 分钟 jg）	45 ～ 65 分钟
F2: 3 ×［5 分钟 H 跑（如果速度够快，则可以跑 1.6 公里）+ 4 分钟 jg 跑］+ 4 ×（1 000 米 I 跑 + 3 分钟 jg 跑）	54 分钟
F3: 6 ～ 8 ×［4 分钟 H 跑（如果速度够快，则可以进行 1 200 米 I 跑）+ 3 分钟 jg 跑］	42 ～ 56 分钟
F4: 5 ～ 6 ×［5 分钟 H 跑（如果速度够快，则可以进行 1.6 公里 I 跑）+ 4 分钟 jg 跑］	45 ～ 54 分钟
F5: 2 ×（5 分钟 H 跑 + 4 分钟 jg 跑）+ 3 ×（3 分钟 H 跑 + 3 分钟 jg 跑）+ 4 ×（2 分钟 H 跑 + 1 分钟 jg 跑）	48 分钟
F6: 5 ×（2 分钟 H 跑 + 1 分钟 jg 跑）+ 8 ×（1 分钟 H 跑 + 30 秒 jg 跑）+ 12 ×（30 秒 H 跑 + 30 秒 jg 跑）	39 分钟
训练 G：跑步机跑坡 I 训练，适用于各跑量跑者	
G1: 20 ×［30 秒跑坡（速度为 8 ～ 9.6 公里 / 小时，坡度 20%）+ 30 秒休息］	20 分钟

续表

训练内容	总时间
G2: 5 × [1 分钟跑坡（速度为 8 ～ 9.6 公里 / 小时，坡度 20%）+ 1 分钟休息] + 10 × [30 秒跑坡（速度 8 ～ 9.6 公里 / 小时，坡度 20%）+ 30 秒休息]	20 分钟
G3: 10 × [1 分钟跑坡（速度为 9.6 公里 / 小时，坡度 20%）+ 1 分钟休息]	20 分钟
G4: 20 × [30 秒跑坡（速度 11.2 公里 / 小时，坡度 20%）+ 30 秒休息]	20 分钟
G5: 5 × [1 分钟跑坡（速度 11.2 公里 / 小时，坡度 20%）+ 1 分钟休息] + 10 × [30 秒跑坡（速度 11.2 公里 / 小时，坡度 20%）+ 30 秒休息]	20 分钟
G6: 10 × [1 分钟跑坡（速度 11.2 公里 / 小时，坡度 20%）+ 1 分钟休息]	20 分钟
可尝试用 12 公里 / 小时或 12.8 公里 / 小时的速度进行 G4、G5 和 G6 训练	

注：该表格由"智跑"项目设计的杰克·丹尼尔斯跑步计算器创建。

重复训练

重复训练（以下称 R 训练）旨在提高跑者的无氧能力、跑步速度和跑步效率。进行 R 训练（或任何训练）时，要始终记住自己正在努力达成的目标。要想提高跑步速度，当然要练习用相当快的速度跑。还有一点务必牢记：如果想要跑得快，就必须让自己充分恢复，这样才能使用正确的跑步技术快跑。如果你跑得快，但跑得相当艰难或无法使用好的跑步技术，那这不会是你想要的结果。

举例来说，如果把 10 × 400 米、每 400 米跑 70 秒、每两轮快跑间有 3 分钟恢复时间称为一次好的训练，那么有些跑者乃至有些教练会觉得，以每轮 70 秒跑 10 × 400 米、两轮间仅有 2 分钟恢复时间更好。但我认为后者是很糟的训练。想一下这次训练的目的：一是提高跑步速度，二是在跑快的同时保持好的跑步技术。然而，缩短恢复时间可能导致你无法充分恢复，那你就无法再用好的跑步技术在 70 秒内跑完 400 米，你反而会挣扎着完成训练，而这并不能让你达到本次训练的目的。

R 训练并不是很适合团体训练。当一大群跑者一起训练时，总会有人快，有人慢。快的人会更快地完成一轮训练，并更快地开始下一轮。如果速度较慢的人每轮训练都要同速度较快的人一起开始训练，那么他们就得挣扎着跟上后者的节奏，而事实上，他们根本无法跟上。猜猜看，这样训练的结果如何？事实上，速度较快的跑者获益良多，而速度较慢的跑者不仅会受苦，而且也达不到训练的目的。

另外，长跑选手即便跑了 10 公里，也不应该取笑日跑量只有 3 公里的短跑选手。因为短跑选手想要跑得快并提高速度，就需要大量时间恢复。天冷时，他们还要在恢复时多穿衣服，以免在下一轮快速跑前冻僵。况且天冷时，哪怕是长跑选手，可能也要在两轮快速跑之间添加衣物，以防感冒。

对于长距离跑者，我建议其恢复时间应当是 R 跑用时的 2～3 倍。另一个确定 R 训练恢复时间的方法是用轻松配速慢跑，慢跑距离与前一轮快速跑一样。例如，R 跑 400 米时，你可以在两轮快速跑之间轻松慢跑 400 米，最后 10 米或 20 米可以步行完成。

此外，我还建议在 8 公里和周跑量的 5% 之间取较小值，作为单次训练中 R 配速累计跑步距离的上限。例如，周跑量为 48 公里的跑者应将 R 训练时的 R 配速最大跑量控制在 2.4 公里以内。不过，对于周跑量大于 160 公里的跑者，我建议将 R 配速的最大累计跑量保持在 8 公里。比如，对于周跑量累计达 190 公里的跑者，其 R 配速最大跑量并非 9.5 公里，而是 8 公里。我遵循的另一条经验法则是，单次训练回合（R 配速快速跑）不应超过 2 分钟。因此，对大多数跑者而言，大部分真正的 R 训练将由重复的 200 米、300 米、400 米、500 米和 600 米跑组成。如果你的 R 配速在每 400 米 60 秒左右，那你也可以重复跑 800 米。不过，能做到这点的跑者，他们的 1.6 公里成绩都要接近 4 分钟或在 4 分钟以内。

我建议始终从不同强度下的跑步时间而非跑步距离出发来考虑问题，这才是最可取的思路。不然，要完成同样的训练，同队中跑得较慢的人就要比跑得较快的人多花许多时间。实际上，以 R 配速跑 8 × 400 米时，如果较慢跑者的 R 配速为每 400 米 90 秒，而较快跑者的 R 配速为每 400 米 65 秒，那前者要比后者多花 2 分钟才能完成训练（且步数更多，与地面的撞击也更多）。稍加思考便会发现，或许较慢的跑者以 90 秒的 R 配速跑 6 × 400 米更好。因为这样一来，与能在相同总时间（9 分钟）内完成 8 × 400 米的较快跑者相比，双方承受压力的时长就相当了。

表 4-4 中列出了一些 R 训练，供你参考。

表 4-4　R 训练

训练内容	总时间
训练 A：适用于周跑量最高达 48 公里的跑者	
A1: 8 ×（200 米 R 跑 + 200 米 jg 跑）	16 分钟
A2: 2 组（200 米 R 跑 + 200 米 jg 跑 + 200 米 R 跑 + 400 米 jg 跑 + 400 米 R 跑 + 200 米 jg 跑）	16 分钟
A3: 2 ×（200 米 R 跑 + 200 米 jg 跑）+ 2 ×（400 米 R 跑 + 400 米 jg 跑）+ 2 ×（200 米 R 跑 + 200 米 jg 跑）	16 分钟
A4: 4 ×（300 米 R 跑 + 300 米 jg 跑）+ 1 × 400 米 R 跑	13 分钟
A4: 4 ×（400 米 R 跑 + 400 米 jg 跑）	16 分钟
训练 B：适用于周跑量累计达 50 ～ 64 公里的跑者	
B1: 2 组 6 ×（200 米 R 跑 + 200 米 jg 跑）（组间跑 400 米 jg 跑）	27 分钟
B2: 3 组（200 米 R 跑 + 200 米 jg 跑 + 200 米 R 跑 + 400 米 jg 跑 + 400 米 R 跑 + 200 米 jg 跑）	24 分钟
B3: 4 ×（200 米 R 跑 + 200 米 jg 跑）+ 2 ×（400 米 R 跑 + 400 米 jg 跑）+ 4 ×（200 米 R 跑 + 200 米 jg 跑）	24 分钟
B4: 6 ×（400 米 R 跑 + 400 米 jg 跑）	24 分钟
B5: 2 ×（200 米 R 跑 + 200 米 jg 跑）+ 2 ×（600 米 R 跑 + 600 米 jg 跑）+ 2 ×（400 米 R 跑 + 400 米 jg 跑）	24 分钟
训练 C：适用于周跑量累计达 66 ～ 80 公里的跑者	
C1: 2 组 8 ×（200 米 R 跑 + 200 米 jg 跑）（组间跑 800 米 jg 跑）	37 分钟
C2: 4 组（200 米 R 跑 + 200 米 jg 跑 + 200 米 R 跑 + 400 米 jg 跑 + 400 米 R 跑 + 200 米 jg 跑）	32 分钟
C3: 4 ×（200 米 R 跑 + 200 米 jg 跑）+ 4 ×（400 米 R 跑 + 400 米 jg 跑）+ 4 ×（200 米 R 跑 + 200 米 jg 跑）	32 分钟
C4: 4 ×（400 米 R 跑 + 400 米 jg 跑）+ 8 ×（200 米 R 跑 + 200 米 jg 跑）	32 分钟
C5: 8 ×（400 米 R 跑 + 400 米 jg 跑）	32 分钟

训练内容	总时间
C6：2 ×（200 米 R 跑 + 200 米 jg 跑）+ 2 ×（600 米 R 跑 + 600 米 jg 跑）+ 4 ×（400 米 R 跑 + 400 米 jg 跑）	32 分钟
训练 D：适用于周跑量累计达 82 ~ 96 公里的跑者	
D1：2 组 10 ×（200 米 R 跑 + 200 米 jg 跑）（组间跑 800 米 jg 跑）	45 分钟
D2：5 组（200 米 R 跑 + 200 米 jg 跑 + 200 米 R 跑 + 400 米 jg 跑 + 400 米 R 跑 + 200 米 jg 跑）	40 分钟
D3：6 ×（200 米 R 跑 + 200 米 jg 跑）+ 6 ×（400 米 R 跑 + 400 米 jg 跑）+ 2 ×（200 米 R 跑 + 200 米 jg 跑）	40 分钟
D4：6 ×（400 米 R 跑 + 400 米 jg 跑）+ 8 ×（200 米 R 跑 + 200 米 jg 跑）	40 分钟
D5：2 ×（200 米 R 跑 + 200 米 jg 跑）+ 8 ×（400 米 R 跑 + 400 米 jg 跑）+ 2 ×（200 米 R 跑 + 200 米 jg 跑）	40 分钟
D6：10 ×（400 米 R 跑 + 400 米 jg 跑）	40 分钟
D7：2 ×（200 米 R 跑 + 200 米 jg 跑）+ 4 ×（600 米 R 跑 + 600 米 jg 跑）+ 3 ×（400 米 R 跑 + 400 米 jg 跑）	40 分钟
D8：3 ×（200 米 R 跑 + 200 米 jg 跑）+ 5 ×（600 米 R 跑 + 600 米 jg 跑）+ 2 ×（200 米 R 跑 + 200 米 jg 跑）	40 分钟
D9：2 ×（200 米 R 跑 + 400 米 jg 跑）+ 3 组 1 ×（800 米 R 跑 + 400 米 jg 跑）+ 2 ×（200 米 R 跑 + 400 米 jg 跑）	40 分钟
D10：2 ×（200 米 R 跑 + 200 米 jg 跑）+ 2 ×（800 米 R 跑 + 800 米 jg 跑）+ 2 ×（600 米 R 跑 + 600 米 jg 跑）+ 2 ×（400 米 R 跑 + 400 米 jg 跑）	42 分钟
D11：2 ×（200 米 R 跑 + 400 米 jg 跑）+ 3 ×（800 米 R 跑 + 800 米 jg 跑）+ 3 ×（400 米 R 跑 + 400 米 jg 跑）	43 分钟
D12：5 ×（800 米 R 跑 + 800 米 jg 跑）	40 分钟
训练 E：适用于周跑量累计达 98 ~ 120 公里的跑者	
E1：3 组 8 ×（200 米 R 跑 + 200 米 jg 跑）（组间跑 400 ~ 800 米 jg 跑）	49 分钟
E2：6 组（200 米 R 跑 + 200 米 jg 跑 + 200 米 R 跑 + 400 米 jg 跑 + 400 米 R 跑 + 200 米 jg 跑）	48 分钟
E3：4 ×（200 米 R 跑 + 200 米 jg 跑）+ 8 ×（400 米 R 跑 + 400 米 jg 跑）+ 4 ×（200 米 R 跑 + 200 米 jg 跑）	48 分钟
E4：8 ×（400 米 R 跑 + 400 米 jg 跑）+ 8 ×（200 米 R 跑 + 200 米 jg 跑）	48 分钟
E5：4 ×（600 米 R 跑 + 600 米 jg 跑）+ 4 ×（400 米 R 跑 + 400 米 jg 跑）+ 4 ×（200 米 R 跑 + 200 米 jg 跑）	52 分钟
E6：3 ×（600 米 R 跑 + 600 米 jg 跑）+ 3 ×（800 跑 R + 800 米 jg 跑）+ 3 ×（200 米 R 跑 + 200 米 jg 跑）	51 分钟

训练内容	总时间
E7：2×（800 米 R 跑 + 800 米 jg 跑）+ 3×（600 米 R 跑 + 600 米 jg 跑）+ 2×（400 米 R 跑 + 400 米 jg 跑）+ 3×（200 米 R 跑 + 200 米 jg 跑）	51 分钟
E8：4×（200 米 R + 200 米 jg 跑）+ 5×（800 米 R 跑 + 800 米 jg 跑）	48 分钟
E9：2×（800 米 R 跑 + 800 米 jg 跑）+ 4×（400 米 R 跑 + 400 米 jg 跑）+ 8×（200 米 R 跑 + 200 米 jg 跑）	48 分钟
训练 F：适用于周跑量累计达 122～129 公里的跑者	
F1：4×（200 米 R 跑 + 200 米 jg 跑）+ 4×（400 米 R 跑 + 400 米 jg 跑）+ 4×（800 米 R 跑 + 800 米 jg 跑）+ 4×（200 米 R 跑 + 200 米 jg 跑）	62 分钟
F2：2×（200 米 R 跑 + 200 米 jg 跑）+ 2×（800 米 R 跑 + 800 米 jg 跑）+ 2×（200 米 R 跑 + 200 米 jg 跑）+ 4×（400 米 R 跑 + 400 米 jg 跑）+ 2×（200 米 R 跑 + 200 米 jg 跑）+ 2×（800 米 R 跑 + 800 米 jg 跑）+ 2×（200 米 R 跑 + 200 米 jg 跑）	64 分钟
F3：2×（200 米 R 跑 + 200 米 jg 跑）+ 3×（800 米 R 跑 + 800 米 jg 跑）+ 4×（600 米 R 跑 + 600 米 jg 跑）+ 2×（400 米 R 跑 + 400 米 jg 跑）	64 分钟
F4：2×（800 米 R 跑 + 800 米 jg 跑）+ 3×（600 米 R 跑 + 600 米 jg 跑）+ 4×（400 米 R 跑 + 400 米 jg 跑）+ 5×（200 米 R 跑 + 200 米 jg 跑）	63 分钟
F5：4 组 4×（400 米 R 跑 + 400 米 jg 跑）（组间跑 800 米 jg 跑）	79 分钟
F6：4 组 8×（200 米 R 跑 + 200 米 jg 跑）（组间跑 400 米 jg 跑）	74 分钟
训练 G：适用于周跑量大于 129 公里的跑者	
G1：5 组 8×（200 米 R 跑 + 200 米 jg 跑）（组间跑 400 米 jg 跑）	90 分钟
G2：20×（400 米 R 跑 + 400 米 jg 跑）	80 分钟
G3：16×（400 米 R 跑 + 400 米 jg 跑）+ 8×（200 米 R 跑 + 200 米 jg 跑）	80 分钟
G4：4×（200 米 R 跑 + 200 米 jg 跑）+ 4×（800 米 R 跑 + 800 米 jg 跑）+ 6×（400 米 R 跑 + 400 米 jg 跑）+ 1×（800 米 R 跑 + 800 米 jg 跑）+ 4×（200 米 R 跑 + 200 米 jg 跑）	80 分钟
G5：3 组 5×（200 米 R 跑 + 200 米 jg 跑）+ 2×（400 米 R 跑 + 400 米 jg 跑）+ 1×（800 米 R 跑 + 800 米 jg 跑）（每两组相隔 5 分钟）	88 分钟

注：该表格由"智跑"项目设计的杰克·丹尼尔斯跑步计算器创建。

记录训练强度

大部分长距离跑者都会详细记录自己每周完成的总跑量。记录这样的信息非常有用，因为这样不仅能提醒他们避免训练过度，还能让他们回顾过往训练和相关的跑步表现。前文曾说过，比较可取的做法是连续几周保持某个特定量的训练压力，然后再把压力提高到新的水平。此外，把整体计划中的各类型的压力量记录下来，这样的做法也很明智。

为了监控压力类型，我通常采取的第一个步骤是，让其他教练和经验丰富的跑者思考该如何在不同跑步强度间建立对应关系。例如，从总体训练压力的角度来说，多少 I 强度跑量与多少 T 强度跑量相当？我由此得到了一些可比较的计分倍数，可以让跑者根据跑步的总体压力来比较不同的强度或速度。对于上述信息，可见下文的汇总（见表 4-5）。如果你会在部分训练中监测心率，你也可以填写你与各训练强度关联的典型心率数据。记录心率数据有助于你更精确地监控训练强度。

- E 区（轻松跑）：尽管有许多跑步速度都可以算作 E 跑速度，但我将对应于跑者 VDOT 值 66% 的速度定为 E 跑平均强度，以该速度跑过的每 1 分钟都计 0.2 分。我将落在跑者 VDOT 值 59%～74% 之间的强度视为 E 区的跑步。

- M 区（马拉松配速跑）：这类跑步通常落在 VDOT 值的 75%～84% 之间。为了简化对 M 跑相关压力的记录，以 M 配速跑过的每 1 分钟都计 0.4 分。

- T 区（乳酸门槛跑）：该区的训练强度更高，是典型的 T 跑，即以达到 VDOT 值 85%～89% 的强度进行的跑步。T 跑是改善身体清除乳酸能力的最佳选择，简单地说，就是对提高耐力很有帮助。在 T 区每跑 1 分钟计 0.6 分，我认为这样计分比较方便。

- 10 公里区（10K）：有些跑者喜欢在 10 公里区训练。以我判断训练强度的标准来看，该区落在 T 强度和 I 强度之间。在该区中每跑 1 分钟计 0.8 分。

- I 区（间歇跑）：I 区最适合用来提高有氧能力，可以让身体在达到或接近最大摄氧量的情况下运动。在该区训练时，你可以大致将 I 强度下的每分钟训练计为 1 分。与 I 区关联的典型比赛距离介于 3～8 公里之间。

- R 区（重复跑）和 FR 区（快速重复跑）：此时，你始终是在以能达到最大心率的强度跑步。将此时的速度保持几分钟或更久，你就能达到最大心率。很多跑者都是在 R 区训练速度、无氧能力和跑步效率的。在这些区训练时，你可以将每分钟 R 强度训练计为 1.5 分，将每分钟 FR 强度训练计为 2.0 分。如果你是在以 VDOT 强度的 105%～110%（R 强度）训练或比赛，那么你的配速就对应于 4 分 40 秒到 7 分的比赛，这接近许多跑者在 1 500 米或 1.6 公里比赛中使用的配速。如果你的强度达到 VDOT 值的 115%～120%（FR 强度），那么你就是在以更接近 800 米比赛配速的速度跑步。

表 4-5　为各类训练计分

各类训练	计分标准	心率
E 跑 （包括热身跑、放松跑和恢复跑时间）	E 配速计 0.2 分 / 分钟	
M 跑	M 配速计 0.4 分 / 分钟	
T 跑	T 配速计 0.6 分 / 分钟	
10 公里强度训练	10 公里配速计 0.8 分 / 分钟	
I 跑 （恢复跑计 0.2 分 / 分钟）	I 配速计 1 分 / 分钟	
R 跑 （恢复跑计 0.2 分 / 分钟）	R 配速计 1 分 / 分钟	
FR 跑 （恢复跑计 0.2 分 / 分钟）	FR 配速计 2 分 / 分钟	
每日总分		
第 1 天：E____ + M____ + T____ + 10K____ + I____ + R____ + FR____ =____		
第 2 天：E____ + M____ + T____ + 10K____ + I____ + R____ + FR____ =____		
第 3 天：E____ + M____ + T____ + 10K____ + I____ + R____ + FR____ =____		
第 4 天：E____ + M____ + T____ + 10K____ + I____ + R____ + FR____ =____		
第 5 天：E____ + M____ + T____ + 10K____ + I____ + R____ + FR____ =____		

续表

各类训练		计分标准	心率
第 6 天: E____ + M____ + T____ + 10K____ + I____ + R____ + FR____=____			
第 7 天: E____ + M____ + T____ + 10K____ + I____ + R____ + FR____=____			
每周总分			
E____ + M____ + T____ + 10K____ + I____ + R____ + FR____=____			

注: R 跑和 FR 跑通常得分最高。如果心率数据有用，也可以记录下来。

资料来源: J. Daniels, *Daniels' Running Formula*, 4th ed. (Champaign, IL: Human Kinetics, 2022)。

当然了，我们在不同区中记录的时间都是相对用时，即便这些数值可能无法完全准确地反映各区奔跑之间的对应关系，但用以上计分倍数来记录训练依然有帮助。例如，假设训练季结束时，你在 I 区累积了 100 分，那这就意味着，下个训练季你可以向 110 分努力。

你还可以查看每周累计总分，尝试在下一训练季将这个数字提高一定的百分比，这类似于在本季基础上增加下一季的周跑量。

高中初跑者刚开始跑步时，或许可以争取每周累积 50 分，并在一两年后达到每周累积 100 分。到大学期间，总分数可能会增加到每周 150 分，毕业后可能会达到 200 分或更多。一些跑者的能力无疑比其他跑者更强，他们既能累积更多分数，同时还能避免受伤，这跟增加每周总跑量的情况一样。

05
用 VDOT 值设定训练配速

为每场比赛设定切实目标。

过去 35 年，我一直在为跑者和教练提供 VDOT 表。考虑到其普及性、实用性和简化性，本章将专门探讨 VDOT 系统。

VDOT 与最大摄氧量（$\dot{V}O_2max$）相关，它最初是作为 $\dot{V}O_2max$ 的简写使用的。当我们提到每分钟摄氧量（$\dot{V}O_2$）时（无论是要表述摄氧量的次最大值还是最大值），由于 V 上面有个点（$\dot{V}$），所以它的正确的发音是"V 点 O_2"。V 代表空气的体积，而 $\dot{V}$ 代表 1 分钟内空气的体积。

当 V 上不加点时，它所代表的体积有可能是在超过或不到 1 分钟的时间里测量的。因此，为了对不同体积进行比较，我们需要将体积换算成 1 分钟的值。举个例子，假设 A 正在跑步机或跑道上测试，我用 30 秒的时间收集了一袋他呼出的空气，比方说是 65 升，而 A 在这 30 秒里消耗的氧气体积是 2 升，我就可以说 A 的 V_E（在 30 秒里收集到呼出的空气的体积）是

65 升，他的摄氧量（用 VO_2 表示）是 2 升。

如果另一名测试对象 B，我收集他呼出空气的时间是 40 秒，得到的 V_E 为 75 升，摄氧量为 2.5 升，这时候，说 B 比 A 呼吸了更多空气或消耗了更多氧气并不成立，因为我收集两人呼出的空气的时长不同。

因此，我需要将 A 和 B 呼出的空气的体积都转换成 1 分钟的值，这样才能对两人更好地进行比较。本例中，A 的 V_E（在 1 分钟里收集到的呼出空气的体积）为 130 升，B 为 112.5 升。至于可比较的 VDOT O_2 值，A 在 1 分钟内消耗的氧气体积为 4 升，而 B 消耗了 3.75 升。

重点在于，为了正确地比较不同的数值，无论是比较不同的个体间，还是比较同一个体在不同条件下的情况，都必须先将数据换算成 1 分钟的值。对摄氧量而言，表述 1 分钟摄氧量的术语是 VDOT O_2，就是 $\dot{V}O_2$ 即每分钟摄氧量。

我和吉米·吉尔伯特在用收集到的数据生成原始 VDOT 表的时候，就是把我们计算得到的最大摄氧量伪值作为 VDOT，用在了当时编写的计算机程序里。实际上，那些程序的作者正是吉尔伯特。我在大学里指导过他，他后来在位于得克萨斯州休斯敦的美国国家航空航天局做程序员，现在依然生活在那里。在我写本书时，他刚刚跑完了他的第 16 万公里，这表示他 50 年来每周要跑大比约 62 公里（他一直都在很认真地记录自己的跑量）。我们创建的 VDOT 表便是他专注于细节的成果。

用 VDOT 值来建立训练强度

我们创建 VDOT 表的数据来自多年来对各水平跑者测试的结果。我们生成了 3 个最重要的变量，它们分别是最大摄氧量、以至少 4 种次最大速度奔跑的跑步效率，以及每位跑者跑过不同距离时（更确切地说，是跑了不同时长时）各自达到的最大摄氧量比例。

图 5-1 显示的是一条有代表性的效率曲线，它描述的是我们进行的所有次最大效率测试的结果。图 5-2 显示的曲线则描述了比赛时长与最大摄氧量比例的关系。

举个例子，由描述图 5-1 所示曲线的回归方程可得，当跑者以每公里 3 分 45 秒的配速跑步时，其每公斤体重每分钟一般需要消耗 51.7 毫升左右的氧气（有氧需求）。现在，假设有跑者在 30 分钟内跑完了 8 公里比赛（配速每公里 3 分 45 秒），那么由描述图 5-2 中曲线的方程式可得，其 30 分钟比赛的最大摄氧量的比例为 0.936，即达到了最大摄氧量的 93.6%。所以，如果比赛的氧气消耗是 51.7 毫升，而这名跑者是在以最大摄氧量的 93.6% 跑步，那么他的 VDOT 值（最大摄氧量伪值）就是 55.2。

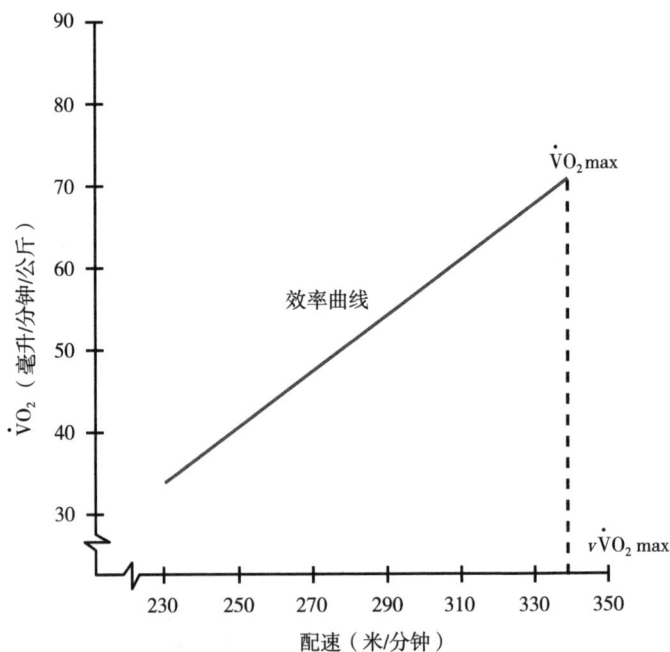

图 5-1　平均效率曲线及其对应的最大摄氧量速度和最大摄氧量

资料来源：J. Daniels, R. Fitts, and G. Sheehan, *Conditioning for Distance Running: The Scientific Aspects* (New York: John Wiley and Sons, 1978), 31。

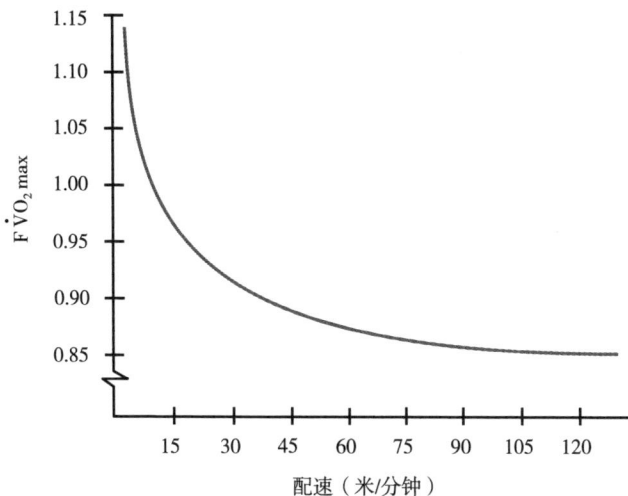

图 5-2　比赛时间与 $\dot{V}O_2max$ 比例的关系曲线

资料来源: J. Daniels, R. Fitts, and G. Sheehan, *Conditioning for Distance Running: The Scientific Aspects* (New York: John Wiley and Sons, 1978), 31。

　　有时候会有跑者联系我，说他在我的 VDOT 表里查到的值（比方说是 56.5）与他最近在实验室测试中测出来的最大摄氧量值（比方说是 61.6）不同，对此我并没有异议。因为我们的 VDOT 值依赖于特定的跑步效率，对他而言，他测量得到的最大摄氧量值高于计算得到的 VDOT 值，也只是说明他的实际跑步效率不如我们的方程式假定的跑步效率高。如果你在实验室测试中得到的最大摄氧量低于计算所得，那表示你的跑步效率高于方程式假定的跑步效率。这样的差异并不会造成问题，因为我们会结合你的实际比赛时间，使用相同的 VDOT 数据和更复杂的公式来算出恰当的训练强度，并估算出你完成其他距离所需要的比赛时间。

　　用个人比赛时间估算训练强度和其他比赛的表现，其预测效果比实验室测试的预测效果更好。比赛时间能反映出你的最大摄氧量、跑步效率、乳酸门槛和比赛时的心理状况。而所有这些都体现在一点上，那就是你跑完比赛所用的时间。

　　不过，也不是所有比赛时间都适合用来预测。比如，一场比赛条件理想，另一场条件恶劣，用前者的比赛时间来预测后者，这显然并不恰当；而要预测全程马拉松成绩，1 公里成绩的预测效果就不如半程马拉松成绩准确。我建议将 VDOT 值看作可以准确预测生理能力的指标。用这些值对你目前正在备战的比赛距离进行成绩预测，你将得到很好的预测效果。

我们在设计 VDOT 表时发现，一些世界纪录并不如 VDOT 值预测得那么好。例如，当时的 1 500 米和 3 000 米女子世界纪录都相当于 71 以上的 VDOT 值，而马拉松纪录的 VDOT 值则要低得多。面对这种情况，我们的意见是："基于相关的 VDOT 值，我们可以预言，女子马拉松成绩将打破 2 小时 20 分。"事实的确如此。

这个预测还挺准。男子和女子的所有世界纪录在 VDOT 值上都很接近，与男子成绩相关的 VDOT 值只比女子高出 11% 多一点。但 VDOT 值为 70 的女性跑者要比 VDOT 值在 65 左右的男性跑者表现得更好。更优秀的跑者，其 VDOT 值也更高，这无关年龄与性别，因为 VDOT 本来就是跑步表现的体现。

我们已经根据跑步表现将马拉松跑者安置在了不同的起跑区——跑得越慢的跑者排得越靠后。所以，我们也不妨用 VDOT 值来划分跑者。即便是对于跑者从未跑过的距离，我们也能依照他们在其他距离中的跑步表现，决定他们在比赛中的起跑位置。

我和吉尔伯特在 1979 年合写了《氧气的力量》（ *Oxygen Power* ），书里收录的 VDOT 表占据了 81 页的篇幅，涵盖了 40 多个不同距离的 VDOT 值，包括以米、码[①]、公里、英里为单位的距离，甚至还有 1 小时跑的 VDOT 值。表 5-1 列出了一些常见比赛距离的 VDOT 值。

如果你想从表中查询多个比赛时间相应的 VDOT 值，你可以用查到的最高值来确定进行不同类型训练的适宜速度，这个最高值就是代表你最近的最佳跑步表现的 VDOT 值。查到该值后，你就可以按照当前训练计划中的训练类型，在表 5-2 中查找适合的训练配速。

---

① 码：英制单位，1 码 ≈ 0.914 米。——译者注

表 5-1 与常见距离的比赛时间相对应的 VDOT 值

VDOT	1 500 米	1.6 公里	3 公里	3.2 公里	5 公里	10 公里	15 公里	半程马拉松	全程马拉松
30	8:30	9:11	17:56	19:19	30:40	63:46	98:14	2:21:04	4:49:17
31	8:15	8:55	17:27	18:48	29:51	62:03	95:36	2:17:21	4:41:57
32	8:02	8:41	16:59	18:18	29:05	60:26	93:07	2:13:49	4:34:59
33	7:49	8:27	16:33	17:50	28:21	58:54	90:45	2:10:27	4:28:22
34	7:37	8:14	16:09	17:24	27:39	57:26	88:30	2:07:16	4:22:03
35	7:25	8:01	15:45	16:58	27:00	56:03	86:22	2:04:13	4:16:03
36	7:14	7:49	15:23	16:34	26:22	54:44	84:20	2:01:19	4:10:19
37	7:04	7:38	15:01	16:11	25:46	53:29	82:24	1:58:34	4:04:50
38	6:54	7:27	14:41	15:49	25:12	52:17	80:33	1:55:55	3:59:35
39	6:44	7:17	14:21	15:29	24:39	51:09	78:47	1:53:24	3:54:34
40	6:35	7:07	14:03	15:08	24:08	50:03	77:06	1:50:59	3:49:45
41	6:27	6:58	13:45	14:49	23:38	49:01	75:29	1:48:40	3:45:09
42	6:19	6:49	13:28	14:31	23:09	48:01	73:56	1:46:27	3:40:43
43	6:11	6:41	13:11	14:13	22:41	47:04	72:27	1:44:20	3:36:28
44	6:03	6:32	12:55	13:56	22:15	46:09	71:02	1:42:17	3:32:23
45	5:56	6:25	12:40	13:40	21:50	45:16	69:40	1:40:20	3:28:26
46	5:49	6:17	12:26	13:25	21:25	44:25	68:22	1:38:27	3:24:39
47	5:42	6:10	12:12	13:10	21:02	43:36	67:06	1:36:38	3:21:00
48	5:36	6:03	11:58	12:55	20:39	42:50	65:53	1:34:53	3:17:29

丹尼尔斯经典跑步训练法（全新升级版）

续表

VDOT	1 500米	1.6公里	3公里	3.2公里	5公里	10公里	15公里	半程马拉松	全程马拉松
49	5:30	5:56	11:45	12:41	20:18	42:04	64:44	1:33:12	3:14:06
50	5:24	5:50	11:33	12:28	19:57	41:21	63:36	1:31:35	3:10:49
51	5:18	5:44	11:21	12:15	19:36	40:39	62:31	1:30:02	3:07:39
52	5:13	5:38	11:09	12:02	19:17	39:59	61:29	1:28:31	3:04:36
53	5:07	5:32	10:58	11:50	18:58	39:20	60:28	1:27:04	3:01:39
54	5:02	5:27	10:47	11:39	18:40	38:42	59:30	1:25:40	2:58:47
55	4:57	5:21	10:37	11:28	18:22	38:06	58:33	1:24:18	2:56:01
56	4:53	5:16	10:27	11:17	18:05	37:31	57:39	1:23:00	2:53:20
57	4:48	5:11	10:17	11:06	17:49	36:57	56:46	1:21:43	2:50:45
58	4:44	5:06	10:08	10:56	17:33	36:24	55:55	1:20:30	2:48:14
59	4:39	5:02	9:58	10:46	17:17	35:52	55:06	1:19:18	2:45:47
60	4:35	4:57	9:50	10:37	17:03	35:22	54:18	1:18:09	2:43:25
61	4:31	4:53	9:41	10:27	16:48	34:52	53:32	1:17:02	2:41:08
62	4:27	4:49	9:33	10:18	16:34	34:23	52:47	1:15:57	2:38:54
63	4:24	4:45	9:25	10:10	16:20	33:55	52:03	1:14:54	2:36:44
64	4:20	4:41	9:17	10:01	16:07	33:28	51:21	1:13:53	2:34:38
65	4:16	4:37	9:09	9:53	15:54	33:01	50:40	1:12:53	2:32:35
66	4:13	4:33	9:02	9:45	15:42	32:35	50:00	1:11:56	2:30:36
67	4:10	4:30	8:55	9:37	15:29	32:11	49:22	1:11:00	2:28:40

续表

VDOT	1 500 米	1.6 公里	3 公里	3.2 公里	5 公里	10 公里	15 公里	半程马拉松	全程马拉松
68	4：06	4：26	8：48	9：30	15：18	31：46	48：44	1：10：05	2：26：47
69	4：03	4：23	8：41	9：23	15：06	31：23	48：08	1：09：12	2：24：57
70	4：00	4：19	8：34	9：16	14：55	31：00	47：32	1：08：21	2：23：10
71	3：57	4：16	8：28	9：09	14：44	30：38	46：58	1：07：31	2：21：26
72	3：54	4：13	8：22	9：02	14：33	30：16	46：24	1：06：42	2：19：44
73	3：52	4：10	8：16	8：55	14：23	29：55	45：51	1：05：54	2：18：05
74	3：49	4：07	8：10	8：49	14：13	29：34	45：19	1：05：08	2：16：29
75	3：46	4：04	8：04	8：43	14：03	29：14	44：48	1：04：23	2：14：55
76	3：44	4：02	7：58	8：37	13：54	28：55	44：18	1：03：39	2：13：23
77	3：41+	3：58+	7：53	8：31	13：44	28：36	43：49	1：02：56	2：11：54
78	3：38.8	3：56.2	7：48	8：25	13：35	28：17	43：20	1：02：15	2：10：27
79	3：36.5	3：53.7	7：43	8：20	13：26	27：59	42：52	1：01：34	2：09：02
80	3：34.2	3：51.2	7：37.5	8：14.2	13：17.8	27：41	42：25	1：00：54	2：07：38
81	3：31.9	3：48.7	7：32.5	8：08.9	13：09.3	27：24	41：58	1：00：15	2：06：17
82	3：29.7	3：46.4	7：27.7	8：03.7	13：01.1	27：07	41：32	59：38	2：04：57
83	3：27.6	3：44.0	7：23.0	7：58.6	12：53.0	26：51	41：06	59：01	2：03：40
84	3：25.5	3：41.8	7：18.5	7：53.6	12：45.2	26：34	40：42	58：25	2：02：24
85	3：23.5	3：39.6	7：14.0	7：48.8	12：37.4	26：19	40：17	57：50	2：01：10

注：该表格由 "智跑" 项目设计的杰克·丹尼尔斯跑步计算器创建。

用 VDOT 值设定训练配速

表 5-2 基于当前 VDOT 值的训练强度

VDOT	E/L 配速		M配速		T配速			I配速				R配速				
	1公里	1.6公里	1公里	1.6公里	400米	1公里	1.6公里	400米	1公里	1 200米	1.6公里	200米	300米	400米	600米	800米
30	7:27~8:14	12:00~13:16	7:03	11:21	2:33	6:24	10:18	2:22	—	—	—	67	1:41	—	—	—
31	7:16~8:02	11:41~12:57	6:52	11:02	2:30	6:14	10:02	2:18	—	—	—	65	98	—	—	—
32	7:05~7:52	11:24~12:39	6:40	10:44	2:26	6:05	9:47	2:14	—	—	—	63	95	—	—	—
33	6:55~7:41	11:07~12:21	6:30	10:27	2:23	5:56	9:33	2:11	—	—	—	61	92	—	—	—
34	6:45~7:31	10:52~12:05	6:20	10:11	2:19	5:48	9:20	2:08	—	—	—	60	90	2:00	—	—
35	6:36~7:21	10:37~11:49	6:10	9:56	2:16	5:40	9:07	2:05	—	—	—	58	87	1:57	—	—
36	6:27~7:11	10:23~11:34	6:01	9:41	2:13	5:33	8:55	2:02	—	—	—	57	85	1:54	—	—
37	6:19~7:02	10:09~11:20	5:53	9:28	2:10	5:26	8:44	1:59	5:00	—	—	55	83	1:51	—	—
38	6:11~6:54	9:56~11:06	5:45	9:15	2:07	5:19	8:33	1:56	4:54	—	—	54	81	1:48	—	—
39	6:03~6:46	9:44~10:53	5:37	9:02	2:05	5:12	8:22	1:54	4:48	—	—	53	80	1:46	—	—
40	5:56~6:38	9:32~10:41	5:29	8:50	2:02	5:06	8:12	1:52	4:42	—	—	52	78	1:44	—	—
41	5:49~6:31	9:21~10:28	5:22	8:39	2:00	5:00	8:02	1:50	4:36	—	—	51	77	1:42	—	—
42	5:42~6:23	9:10~10:17	5:16	8:28	1:57	4:54	7:52	1:48	4:31	—	—	50	75	1:40	—	—
43	5:35~6:16	9:00~10:05	5:09	8:17	1:55	4:49	7:42	1:46	4:26	—	—	49	74	98	—	—
44	5:29~6:10	8:50~9:55	5:03	8:07	1:53	4:43	7:33	1:44	4:21	—	—	48	72	96	—	—
45	5:23~6:03	8:40~9:44	4:57	7:58	1:51	4:38	7:25	1:42	4:16	—	—	47	71	94	—	—
46	5:17~5:57	8:31~9:34	4:51	7:49	1:49	4:33	7:17	1:40	4:12	5:00	—	46	69	92	—	—
47	5:12~5:51	8:22~9:25	4:46	7:40	1:47	4:29	7:09	98	4:07	4:54	—	45	68	90	—	—

续表

VDOT	E/L配速		M配速		T配速			I配速				R配速				
	1公里	1.6公里	1公里	1.6公里	400米	1公里	1.6公里	400米	1公里	1 200米	1.6公里	200米	300米	400米	600米	800米
48	5:07~5:45	8:13~9:15	4:41	7:32	1:45	4:24	7:02	96	4:03	4:49	—	44	67	89	—	—
49	5:01~5:40	8:05~9:06	4:36	7:24	1:43	4:20	6:56	95	3:59	4:45	—	44	66	88	—	—
50	4:56~5:34	7:57~8:58	4:31	7:17	1:41	4:15	6:50	93	3:55	4:40	40	43	65	87	—	—
51	4:52~5:29	7:49~8:49	4:27	7:09	1:40	4:11	6:44	92	3:51	4:36	—	43	64	86	—	—
52	4:47~5:24	7:42~8:41	4:22	7:02	98	4:07	6:38	91	3:48	4:32	—	42	64	85	—	—
53	4:43~5:19	7:35~8:33	4:18	6:56	97	4:04	6:32	90	3:44	4:29	—	42	63	84	—	—
54	4:38~5:14	7:28~8:26	4:14	6:49	95	4:00	6:26	88	3:41	4:25	—	41	62	82	—	—
55	4:34~5:10	7:21~8:18	4:10	6:43	94	3:56	6:20	87	3:37	4:21	—	40	61	81	—	—
56	4:30~5:05	7:15~8:11	4:06	6:37	93	3:53	6:15	86	3:34	4:18	—	40	60	80	2:00	—
57	4:26~5:01	7:08~8:04	4:03	6:31	91	3:50	6:09	85	3:31	4:14	—	39	59	79	1:57	—
58	4:22~4:57	7:02~7:58	3:59	6:25	90	3:46	6:04	83	3:28	4:10	—	38	58	77	1:55	—
59	4:19~4:53	6:56~7:51	3:56	6:19	89	3:43	5:59	82	3:25	4:07	—	38	57	76	1:54	—
60	4:15~4:49	6:50~7:45	3:52	6:14	88	3:40	5:54	81	3:23	4:03	—	37	56	75	1:52	—
61	4:11~4:45	6:45~7:39	3:49	6:09	86	3:37	5:50	80	3:20	4:00	—	37	55	74	1:51	—
62	4:08~4:41	6:39~7:33	3:46	6:04	85	3:34	5:45	79	3:17	3:57	—	36	54	73	1:49	—
63	4:05~4:38	6:34~7:27	3:43	5:59	84	3:32	5:41	78	3:15	3:54	—	36	53	72	1:48	—
64	4:02~4:34	6:29~7:21	3:40	5:54	83	3:29	5:36	77	3:12	3:51	—	35	52	71	1:46	—
65	3:59~4:31	6:24~7:16	3:37	5:49	82	3:26	5:32	76	3:10	3:48	—	35	52	70	1:45	—
66	3:56~4:28	6:19~7:10	3:34	5:45	81	3:24	5:28	75	3:08	3:45	5:00	34	51	69	1:43	—

续表

VDOT	E/L配速 1公里	E/L配速 1.6公里	M配速 1公里	M配速 1.6公里	T配速 400米	T配速 1公里	T配速 1.6公里	I配速 400米	I配速 1公里	I配速 1200米	I配速 1.6公里	R配速 200米	R配速 300米	R配速 400米	R配速 600米	R配速 800米	R配速 —
67	3:53~4:24	6:15~7:05	3:31	5:40	80	3:21	5:24	74	3:05	3:42	4:57	34	51	68	1:42	—	—
68	3:50~4:21	6:10~7:00	3:29	5:36	79	3:19	5:20	73	3:03	3:39	4:53	33	50	67	1:40	—	—
69	3:47~4:18	6:06~6:55	3:26	5:32	78	3:16	5:16	72	3:01	3:36	4:50	33	49	66	99	—	—
70	3:44~4:15	6:01~6:50	3:24	5:28	77	3:14	5:13	71	2:59	3:34	4:46	32	48	65	97	—	—
71	3:42~4:12	5:57~6:46	3:21	5:24	76	3:12	5:09	70	2:57	3:31	4:43	32	48	64	96	—	—
72	3:40~4:09	5:53~6:41	3:19	5:20	76	3:10	5:05	69	2:55	3:29	4:40	31	47	63	94	—	—
73	3:37~4:07	5:49~6:37	3:16	5:16	75	3:08	5:02	69	2:53	3:27	4:37	31	47	63	93	—	—
74	3:34~4:04	5:45~6:32	3:14	5:12	74	3:06	4:59	68	2:51	3:25	4:34	31	46	62	92	—	—
75	3:32~4:01	5:41~6:28	3:12	5:09	74	3:04	4:56	67	2:49	3:22	4:31	30	46	61	91	—	—
76	3:30~3:58	5:38~6:24	3:10	5:05	73	3:02	4:52	66	2:48	3:20	4:28	30	45	60	90	—	—
77	3:28~3:56	5:34~6:20	3:08	5:02	72	3:00	4:49	65	2:46	3:18	4:25	29	45	59	89	2:00	—
78	3:25~3:53	5:30~6:16	3:06	4:58	71	2:58	4:46	65	2:44	3:16	4:23	29	44	59	88	1:59	—
79	3:23~3:51	5:27~6:12	3:03	4:55	70	2:56	4:43	64	2:42	3:14	4:20	29	44	58	87	1:58	—
80	3:21~3:49	5:24~6:08	3:01	4:52	70	2:54	4:41	64	2:41	3:12	4:17	29	43	58	87	1:56	—
81	3:19~3:46	5:20~6:04	3:00	4:49	69	2:53	4:38	63	2:39	3:10	4:15	28	43	57	86	1:55	—
82	3:17~3:44	5:17~6:01	2:58	4:46	68	2:51	4:35	62	2:38	3:08	4:12	28	42	56	85	1:54	—
83	3:15~3:42	5:14~5:57	2:56	4:43	68	2:49	4:32	62	2:36	3:07	4:10	28	42	56	84	1:53	—
84	3:13~3:40	5:11~5:54	2:54	4:40	67	2:48	4:30	61	2:35	3:05	4:08	27	41	55	83	1:52	—
85	3:11~3:38	5:08~5:50	2:52	4:37	66	2:46	4:27	61	2:33	3:03	4:05	27	41	55	82	1:51	—

注：该表格由"智跑"项目设计的杰克·丹尼尔斯跑步计算器创建。

例如，假设你当前的最佳成绩是 1.6 公里用时 5 分 44 秒，而这个成绩与表 5-1 中 VDOT 值 51 相对应。那么接下来，你就可以在表 5-2 中查找对应于 VDOT 值 51 的训练配速。你可以发现，对你来说，E 跑和 L 跑（采用 E 配速）的最佳配速是每公里 4 分 52 秒~5 分 29 秒或每 1.6 公里 7 分 49 秒~8 分 49 秒。这样的配速应该非常舒适，可以边跑边说话。

M 配速列适合备战马拉松的跑者使用。对于 VDOT 值为 51 的马拉松跑者，其 M 配速为每公里 4 分 27 秒或每 1.6 公里 7 分 09 秒。T 配速列出了适合乳酸门槛训练的配速，分别用每 400 米、每公里和每 1.6 公里（每英里）的用时表示。VDOT 值为 51 的跑者在进行 T 训练时，应分别采用每 400 米 1 分 40 秒、每公里 4 分 11 秒和每 1.6 公里 6 分 44 秒的配速。

至于用 I 训练，我建议每个训练回合不要超过 5 分钟。因此，不同距离的 I 训练速度均不适用于要跑 5 分钟以上的距离。

在以上的例子中，因为跑者的 VDOT 值是 51，所以每 400 米 92 秒（每 800 米 3 分 04 秒）、每公里 3 分 51 秒、每 1 200 米 4 分 36 秒都是合适的训练速度。但不应该用 I 配速跑 1.6 公里，因为用这样的速度跑步时，需要 5 分钟以上才能跑完 1.6 公里。根据表 5-2，要以 I 配速跑 1.6 公里，VDOT 值最低应为 66。

R 配速训练也是类似的状况（表 5-2 最右 5 列）。上例中，恰当的 R 训练速度是每 200 米 43 秒、每 300 米 64 秒和每 400 米 86 秒。由于 R 训练的单个训练回合不应该超过 2 分钟，因此对 VDOT 值为 51 的人来说，安排 600 米或 800 米的训练回合有点勉强。要在计划中安排 600 米的 R 跑，跑者的 VDOT 值必须至少达到 56；而要安排 800 米的 R 训练回合，VDOT 值必须在 77 左右或以上。

不过话说回来，偶尔稍稍超出建议范围完全没问题。VDOT 值为 70 的人应该能在 2 分 10 秒内跑完 800 米的 R 跑。尽管我们建议将 R 训练回合的时间控制在 2 分钟以内，但是 2 分 10 秒也不是不可以。

丹尼尔斯的 6 秒规则

在确定 R 训练速度时，我们会发现 R 配速与 1.6 公里或 1 500 米比赛的成绩非常接近，这点特别值得关注。此外，R 训练、I 训练和 T 训练的速度之间的常见对应关系也非常值得关注。例如，VDOT 值是 60 的人，其 1.6 公里比赛时间应该在 5 分钟左右（表 5-1 中所示的 1.6 公里成绩是 4 分 57 秒），这差不多是每 400 米 75 秒的配速。而在表 5-2 中，每 400 米 75 秒的配速恰好是适合 VDOT 值为 60 的人进行 R 训练的配速。

再在表 5-2 中继续查找同一名跑者的 I 配速和 T 配速，你会发现，VDOT 值为 60 的跑者，其 I 配速是每 400 米 81 秒（比他应该使用的 R 配速慢 6 秒），而他每 400 米 T 配速比 I 配速慢了 7 秒。如果继续查看更高的 VDOT 值，你会发现，每 400 米 T 配速通常要比 I 配速慢 6 秒，而 I 配速要比 R 配速慢 6 秒。我将之称为 "6 秒规则"。这个规则应用在较优秀的跑者身上最准确。不过，对于 VDOT 值为 50 或 40 的跑者，6 秒规则也可以变成 7 秒规则或 8 秒规则。

认识到不同类型训练配速之间的关系有一个好处，就是你只需要知道上一次的 1.6 公里或 1 500 米比赛成绩，就能知道所有你应该使用的训练配速。比如，你可以将 1.6 公里或 1 500 米配速换算成 400 米配速后用作 R 配速，还能很方便地将 R 配速转换成恰当的 I 配速和 T 配速，你甚至不用借助 VDOT 表就能做到。800 米选手的训练计划还包含更快的 R 配速，我称之为 "快速重复配速"，详见第 11 章。

适用于新手和 VDOT 值较低者的训练强度

备战并参加全程和半程马拉松正变得日益流行。我在本书后面的章节介绍了一些马拉松训练计划（见第 16 章），以供不同能力、不同体能水平的跑者参考，跑步经验有限或没有跑步经验的人群也可以参考。许多参赛者无法找到对应于非常低的 VDOT 值的训练配速，对此，我制作了一张适用于他们的 VDOT 表（见表 5-3）。

表 5-3 列出了 1.6 公里、5 公里的比赛时间和相应的 VDOT 值，以及针对不同类型训练的建议配速。M 配速列列出了对应的全程马拉松成绩。例如，如果你的 VDOT 值是 28，而你想要备战马拉松，那么你的 M 配速就是每公里 7 分 27 秒或每 1.6 公里 12 分 02 秒，与该平均配速对应的马拉松成绩是 5 小时 15 分。

表 5-3　训练强度表
（适用于新手和从较慢水平起步的跑者）

不同比赛用时			R 配速		I 配速		T 配速			M 配速		
1.6 公里	5 公里	VDOT	200 米	300 米	200 米	400 米	400 米	1 公里	1.6 公里	总耗时（小时：分钟）	每公里用时	每 1.6 公里用时
9:10	30:40	30	1:08	1:42	1:11	2:24	2:33	6:24	10:18	4:57	7:03	11:21
9:27	31:32	29	1:10	1:45	1:14	2:28	2:37	6:34	10:34	5:06	7:15	11:41
9:44	32:27	28	1:13	1:49	1:17	2:34	2:42	6:45	10:52	5:15	7:27	12:02
10:02	33:25	27	1:15	1:53	1:19	2:38	2:46	6:56	11:10	5:25	7:41	12:24
10:22	34:27	26	1:18	1:57	1:22	2:44	2:51	7:09	11:30	5:35	7:56	12:47
10:43	35:33	25	1:21	2:02	1:25	2:48	2:56	7:21	11:51	5:45	8:10	13:11
11:06	36:44	24	1:24	—	1:27	2:55	3:02	7:35	12:13	5:56	8:26	13:36
11:30	38:01	23	1:27	—	1:30	3:01	3:08	7:50	12:36	6:08	8:43	14:02
11:56	39:22	22	1:30	—	1:33	3:07	3:14	8:06	13:02	6:19	8:59	14:29
12:24	40:49	21	1:33	—	1:36	3:13	3:21	8:23	13:29	6:31	9:16	14:57
12:55	42:24	20	1:37	—	1:40	3:21	3:28	8:41	13:58	6:44	9:34	15:26

注：该表格由"智跑"项目设计的杰克·丹尼尔斯跑步计算器创建。只有 M 配速左则第一列配速计时单位为"小时：分钟"，其余列计时单位均为"分钟：秒"。

达到基于 VDOT 值和年龄组的表现等级

许多教练和年轻跑者（乃至一些不那么年轻的跑者）告诉我，他们很喜欢用 VDOT 值作为判断标准，以便让自己的跑步水平越来越高。我经常听到有人这样说："我们越野队前 5 名的 VDOT 值都在 50 以上。"这句话的意思是，他们队的前 5 名选手全都在 5 公里比赛中跑进了 20 分钟。有些人甚至会说他们队前 5 名选手的 VDOT 值全都是 60 或更高，也即他们的 5 公里成绩为 17 分 03 秒或更快。

为了为年轻跑者带来更多乐趣，我为男性和女性跑者算出了可比较的 VDOT 值，并据此划分了跑步表现等级，每升一级，VDOT 值递增 5 左右。如表 5-4 所示，我们可以按照跑步距离在 10 个跑步表现等级上对男女跑者进行比较。现在，教练们可以说"我们队有 7 个 6 级女生"或"我们队有 7 个 6 级男生"等。同一支队伍里拥有一群 7 级或 8 级跑者自然是项不小的成就，9 级跑者不会太多，10 级跑者更是凤毛麟角。

我最近进行的计算参考了对从年轻跑者到 70 多岁跑者的跨年龄研究，目的是比较不同年龄段跑者的跑步表现。因为我估计跑步表现下降的速度在各个年龄段都相当一致，所以，尽管我没有对所有年龄段进行测试，但我基于已知年龄段的数据进行了外推，以便稍微超出测试范围，以覆盖我没有测试过的年龄段。这样一来，年长以及年轻的跑者便都有了参考，可以知道自己与处于 18～38 岁跑步巅峰期的跑者相比，自己在当前年龄的跑步表现可能处于什么水平。在表 5-5 中，我将年轻男性和年轻女性的跑步表现按 VDOT 值和 1.6 公里成绩划分成 10 个等级，对他们进行了比较。你当然也可以从表 5-1 中查找与表 5-5 中的 VDOT 值对应的非 1.6 公里距离的成绩。如果 VDOT 值不是整数，你可能需要稍微估算一下这些距离的比赛时间。我并没有为许多年轻跑者列出 VDOT 值，而且从 13 岁降到 6 岁，分级也越来越少，因为我不想让年轻跑者受到激励，从而过分努力地投入训练。

从表 5-5 中可以看到，10 岁女孩 1.6 公里跑出 7 分 18 秒的成绩就能达标 6 级，而她能跑出这样的成绩，就表示她与 1.6 公里成绩为 5 分 26 秒的 18 岁女孩或 1.6 公里成绩为 4 分 55 秒的 18 岁男孩能力相当。

表 5-6 列出了对应于不同能力水平的 VDOT 值，覆盖了 18～80 岁的不同年龄段。我将 18～38 岁的所有被试都列入了同一体能类别，但从 39 岁开始，每增加 1 岁，我都针对年龄进行了调整。总的来说，静卧休息状态对应于 3.5 的 VDOT 值，散步对应于 10 左右的 VDOT 值。根据这张表，1.6 公里跑出 7 分钟的 58 岁女性同 1.6 公里跑出 5 分 04 秒的年轻女性（18～38 岁之间）能力相当。我目前处于 7 级，与 15 年前和 40 年前完全一样。

表5-4 女性和男性的跑步表现等级
(基于 VDOT 值和比赛时间)

等级	1	2	3	4	5	6	7	8	9	10
女性 VDOT	31.4	35.8	40.2	44.6	49.0	53.4	57.8	62.2	66.6	71.0
男性 VDOT	35.0	40.0	45.0	50.0	55.0	60.0	65.0	70.0	75.0	80.0
800米										
女性	3:59	3:33	3:12	2:55	2:41	2:29	2:19	2:10	2:02	1:56
男性	3:37	3:13	2:54	2:38	2:26	2:14	2:05	1:57	1:50	1:44.4
1 500米										
女性	8:10	7:17	6:34	5:59	5:30	5:05	4:44	4:26	4:11	3:57.2
男性	7:25	6:35	5:56	5:24	4:57	4:35	4:16	4:00	3:46	3:34.0
1.6公里										
女性	8:49	7:52	7:05	6:28	5:56	5:30	5:07	4:48	4:31	4:16.2
男性	8:01	7:07	6:25	5:50	5:21	4:57	4:37	4:19	4:04	3:51.1
2.4公里										
女性	13:41	12:14	11:03	10:05	9:17	8:36	8:00	7:30	7:03	6:40.1
男性	12:28	11:06	10:01	9:07	8:22	7:45	7:13	6:45	6:21	6:00.4
3公里										
女性	17:15	15:27	13:59	12:46	11:45	10:54	10:10	9:31	8:58	8:28.0
男性	15:45	14:02	12:40	11:33	10:37	9:50	9:09	8:34	8:04	7:37.6

续表

等级	1	2	3	4	5	6	7	8	9	10
					3.2公里和3000米障碍赛					
女性	18:36	16:39	15:04	13:46	12:41	11:46	10:58	10:17	9:41	9:08.8
男性	16:58	15:08	13:40	12:28	11:28	10:37	9:53	9:16	8:43	8:14.4
					4公里					
女性	23:22	20:57	18:59	17:22	16:01	14:54	13:52	13:00	12:15	11:35
男性	21:21	19:04	17:14	15:44	14:29	13:25	12:31	11:44	11:03	10:27
					5公里					
女性	29:32	26:29	24:01	21:59	20:17	18:50	17:36	16:31	15:34	14:44
男性	26:59	24:07	21:49	19:56	18:22	17:02	15:54	14:55	14:03	13:18
					6公里					
女性	35:46	32:04	29:05	26:38	24:35	22:50	21:20	20:02	18:54	17:53
男性	32:41	29:13	26:26	24:10	22:16	20:40	19:18	18:06	17:04	16:09
					6.4公里					
女性	38:31	34:32	31:19	28:41	26:28	24:35	22:59	21:35	20:21	19:16
男性	35:11	31:27	28:28	26:01	23:59	22:15	20:47	19:30	18:23	17:25
					8公里					
女性	48:27	43:25	39:22	36:02	33:15	30:54	28:52	27:07	25:35	24:14
男性	44:15	39:32	35:46	32:41	30:07	27:58	26:07	24:31	23:08	21:54
					10公里					
女性	1:01:24	55:00	49:51	45:37	42:04	39:05	36:31	34:17	32:20	30:37
男性	56:03	50:03	45:16	41:21	38:06	35:21	33:01	31:00	29:14	27:41

续表

距离	等级	1	2	3	4	5	6	7	8	9	10
15公里	女性	1:34:35	1:24:44	1:16:46	1:10:13	1:04:44	1:00:05	56:06	52:38	49:37	46:58
	男性	1:26:22	1:17:06	1:09:41	1:03:36	58:34	54:18	50:40	47:32	44:48	42:25
16公里	女性	1:41:57	1:31:21	1:22:46	1:15:42	1:09:47	1:04:46	1:00:28	56:44	53:28	50:36
	男性	1:33:07	1:23:07	1:15:07	1:08:34	1:03:07	58:32	54:36	51:13	48:17	45:41
20公里	女性	2:08:26	1:55:10	1:44:24	1:35:30	1:28:02	1:21:42	1:16:15	1:11:32	1:07:25	1:03:46
	男性	1:57:22	1:44:50	1:34:46	1:26:30	1:19:38	1:13:49	1:08:51	1:04:34	1:00:49	57:33
半程马拉松	女性	2:15:55	2:01:54	1:50:31	1:41:06	1:33:13	1:26:30	1:20:45	1:15:45	1:11:22	1:07:31
	男性	2:04:13	1:50:59	1:40:19	1:31:36	1:24:19	1:18:09	1:12:54	1:08:21	1:04:23	1:00:55
25公里	女性	2:42:30	2:25:53	2:12:21	2:01:09	1:51:44	1:43:43	1:36:49	1:30:49	1:25:35	1:20:57
	男性	2:28:39	2:12:55	2:00:14	1:49:48	1:41:05	1:33:43	1:27:24	1:21:57	1:17:11	1:13:00
30公里	女性	3:16:33	2:56:40	2:40:27	2:26:59	2:15:38	2:05:57	1:57:37	1:50:22	1:44:00	1:38:22
	男性	2:59:59	2:41:07	2:25:52	2:13:18	2:02:47	1:53:52	1:46:13	1:39:36	1:33:48	1:28:43
全程马拉松	女性	4:39:07	4:11:26	3:48:49	3:30:00	3:14:05	3:00:29	2:48:43	2:38:27	2:29:26	2:21:25
	男性	4:16:02	3:49:45	3:28:26	3:10:49	2:56:01	2:43:25	2:32:35	2:23:10	2:14:55	2:07:39

注：该表格由"智跑"项目设计的杰克·丹尼尔斯跑步计算器创建。

表5-5　6～18岁男女跑者的VDOT等级
（基于1.6公里成绩）

等级	新手 1		2		3		中级跑者 4		5		优秀跑者 6		7		8		精英跑者* 9		10	
年龄及对应成绩	男性	女性	男性	女性	男性	女性	男性	女性	男性	女性	男性	女性	男性	女性	男性	女性	男性	女性	男性	女性
18	35.0 7:58	31.4 8:46	40.3 7:03	35.8 7:49	45.0 6:22	40.2 7:03	50.0 5:47	44.7 6:24	55.0 5:19	49.1 5:53	60.0 4:55	53.6 5:26	65.0 4:35	58.1 5:04	70.0 4:17	62.5 4:44	75.0 4:02	67.0 4:28	80.0 3:49	71.4 4:13
17	33.5 8:17	30.2 9:04	38.4 7:20	34.6 8:03	43.3 6:35	38.9 7:15	48.2 5:59	43.2 6:36	53.1 5:29	47.5 6:04	58.0 5:04	51.8 5:37	62.9 4:43	56.1 5:13	67.7 4:25	60.4 4:53	72.5 4:10	64.7 4:36	77.3 3:56	69.0 4:21
16	32.0 8:37	29 9:23	36.8 7:37	33.3 8:19	41.5 6:51	37.5 7:30	46.2 6:13	41.7 6:49	50.9 5:42	45.9 6:15	55.6 5:16	50.1 5:47	60.3 4:54	54.3 5:23	65.0 4:35	58.5 5:01	69.7 4:18	62.7 4:44	74.4 4:04	66.9 4:28
15	30.5 8:59	27.8 9:44	35.1 7:57	31.9 8:39	39.7 7:07	36.0 7:46	44.3 6:27	40.1 7:04	48.9 5:55	44.2 6:28	53.4 5:28	48.3 5:58	57.9 5:05	52.4 5:33	62.4 4:45	56.5 5:11	66.9 4:28	60.6 4:53	71.4 4:13	64.7 4:36
14	28.9 9:25	26.5 10:08	33.3 8:19	30.5 8:59	37.7 7:28	34.5 8:04	42.1 6:46	38.5 7:19	46.5 6:11	42.5 6:42	50.9 5:42	46.5 6:11	55.3 5:17	50.5 5:44	59.7 4:56	54.5 5:22	64.0 4:39	58.5 5:02	68.3 4:23	62.4 4:45
13	27.3 9:53	25.2 10:35	31.5 8:44	29.1 9:22	35.7 7:50	33.0 8:23	39.9 7:05	36.9 7:36	44.1 6:29	40.8 6:57	48.3 5:58	44.7 6:24	52.5 5:33	48.6 5:56	56.7 5:10	52.4 5:33	60.9 4:51	56.2 5:13	—	—
12	25.7 10:24	23.9 11:03	29.8 9:10	27.7 9:46	33.8 8:13	31.5 8:44	37.8 7:26	35.3 7:54	41.8 6:48	39.0 7:14	45.8 6:16	42.7 6:40	49.8 5:49	46.4 6:12	53.8 5:25	50.1 5:47	—	—	—	—

续表

用 VDOT 值设定训练配速

等级	新手						中级跑者						优秀跑者				精英跑者*			
	1		2		3		4		5		6		7		8		9		10	
年龄及对应成绩	男性	女性	男性	女性	男性	女性	男性	女性	男性	女性	男性	女性	男性	女性	男性	女性	男性	女性	男性	女性
11	24.1	22.6	28.0	26.2	31.8	29.8	35.6	33.4	39.4	37	43.2	40.6	47.0	44.2	—	—	—	—	—	—
	10:59	11:34	9:40	10:14	8:40	9:10	7:51	8:18	7:10	7:35	6:36	6:59	6:07	6:28	—	—	—	—	—	—
10	22.5	21.3	26.2	24.8	29.8	28.3	33.4	31.8	37.0	35.2	40.6	38.6	—	—	—	—	—	—	—	—
	11:37	12:09	10:14	10:43	9:10	9:35	8:18	8:40	7:35	7:56	6:59	7:18	—	—	—	—	—	—	—	—
9	20.9	20.0	24.3	23.3	27.7	26.6	31.1	29.9	34.5	33.2	—	—	—	—	—	—	—	—	—	—
	12:20	12:46	10:54	11:17	9:46	10:06	8:50	9:09	8:04	8:21	—	—	—	—	—	—	—	—	—	—
8	19.3	18.7	22.5	21.8	25.7	24.9	28.9	28.0	—	—	—	—	—	—	—	—	—	—	—	—
	13:08	13:28	11:36	11:55	10:24	10:41	9:25	9:40	—	—	—	—	—	—	—	—	—	—	—	—
7	17.7	17.4	20.7	20.3	23.6	23.2	—	—	—	—	—	—	—	—	—	—	—	—	—	—
	14:03	14:14	12:26	12:37	11:10	11:20	—	—	—	—	—	—	—	—	—	—	—	—	—	—
6	16.1	16.1	18.8	18.8	—	—	—	—	—	—	—	—	—	—	—	—	—	—	—	—
	15:06	15:06	13:25	13:25	—	—	—	—	—	—	—	—	—	—	—	—	—	—	—	—

注：* 优秀跑者和精英跑者 18 岁的成绩实为 18～38 岁的成绩。"—"表示不需要成绩。该表格由 "智跑"项目设计的杰克·丹尼尔斯跑步计算器创建。

丹尼尔斯经典跑步训练法（全新升级版）

DANIELS'RUNNING FORMULA

表5-6 18～80岁男女跑者的 VDOT 等级
（基于 1.6 公里成绩）

等级 / 年龄及对应成绩	新手		中级跑者			优秀跑者			精英跑者	
	1	2	3	4	5	6	7	8	9	10
	男性 / 女性	男性 / 女性	男性 / 女性	男性 / 女性	男性 / 女性	男性 / 女性	男性 / 女性	男性 / 女性	男性 / 女性	男性 / 女性
18～38*	35.0 7:58 / 31.4 8:46	40.3 7:03 / 35.8 7:49	45.0 6:22 / 40.2 7:03	50.0 5:47 / 44.7 6:24	55.0 5:19 / 49.1 5:53	60.0 4:55 / 53.6 5:26	65.0 4:35 / 58.1 5:04	70.0 4:17 / 62.5 4:44	75.0 4:02 / 67.0 4:28	80.0 3:49 / 71.4 4:13
39	34.1 8:09 / 30.4 9:01	39.1 7:13 / 34.8 8:01	44.1 6:29 / 39.3 7:11	49.1 5:53 / 43.8 6:32	54.1 5:24 / 48.2 5:59	59.1 4:59 / 52.7 5:32	64.1 4:39 / 57.2 5:08	69.1 4:21 / 61.6 4:49	74.1 4:05 / 66.1 4:31	79.1 3:52 / 70.5 4:16
40	33.2 8:21 / 29.5 9:15	38.2 7:22 / 33.9 8:12	43.2 6:36 / 38.4 7:20	48.2 5:59 / 42.9 6:39	53.2 5:29 / 47.3 6:05	58.2 5:03 / 51.8 5:37	63.2 4:42 / 56.3 5:13	68.2 4:24 / 60.7 4:52	73.2 4:08 / 65.2 4:34	78.2 3:54 / 69.6 4:19
41	32.4 8:32 / 28.7 9:28	37.4 7:31 / 33.1 8:22	42.4 6:43 / 37.6 7:29	47.4 6:05 / 42.1 6:46	52.4 5:33 / 46.5 6:11	57.4 5:07 / 51.0 5:42	62.4 4:45 / 55.5 5:17	67.4 4:26 / 59.9 4:56	72.4 4:10 / 64.4 4:37	77.4 3:56 / 68.8 4:22
42	31.5 8:44 / 27.8 9:44	36.5 7:41 / 32.2 8:34	41.5 6:51 / 36.7 7:38	46.5 6:11 / 41.2 6:54	51.5 5:39 / 45.6 6:18	56.5 5:12 / 50.1 5:47	61.5 4:49 / 54.6 5:21	66.5 4:30 / 59.0 5:00	71.5 4:13 / 63.5 4:41	76.5 3:59 / 67.9 4:25
43	30.6 8:58 / 26.9 10:01	35.6 7:51 / 31.3 8:47	40.6 6:59 / 35.8 7:49	45.6 6:18 / 40.3 7:02	50.6 5:44 / 44.7 6:24	55.6 5:16 / 49.2 5:53	60.6 4:53 / 53.7 5:26	65.6 4:33 / 58.1 5:04	70.6 4:16 / 62.6 4:44	75.6 4:01 / 67.0 4:28
44	29.7 9:12 / 26.0 10:18	34.7 8:02 / 30.4 9:01	39.7 7:08 / 34.9 7:59	44.7 6:24 / 39.4 7:10	49.7 5:50 / 43.8 6:32	54.7 5:21 / 48.3 5:59	59.7 4:57 / 52.8 5:31	64.7 4:36 / 57.2 5:08	69.7 4:19 / 61.7 4:48	74.7 4:04 / 66.1 4:31

续表

等级	新手				中级跑者						优秀跑者						精英跑者			
	1		2		3		4		5		6		7		8		9		10	
年龄及对应成绩	男性	女性	男性	女性	男性	女性	男性	女性	男性	女性	男性	女性	男性	女性	男性	女性	男性	女性	男性	女性
45	28.8 9:27	25.1 10:37	33.8 8:13	29.5 9:15	38.8 7:16	34.0 8:10	43.8 6:32	38.5 7:19	48.8 5:55	42.9 6:39	53.8 5:26	47.4 6:05	58.8 5:01	51.9 5:36	63.8 4:40	56.3 5:13	68.8 4:22	60.8 4:52	73.8 4:06	65.2 4:34
46	28.0 9:40	24.3 10:54	33.0 8:24	28.7 9:28	38.0 7:25	33.2 8:21	43.0 6:38	37.7 7:28	48.0 6:01	42.1 6:46	53.0 5:30	46.6 6:10	58.0 5:04	51.1 5:41	63.0 4:43	55.5 5:17	68.0 4:24	60.0 4:55	73.0 4:08	64.4 4:37
47	27.1 9:57	23.4 11:15	32.1 8:36	27.8 9:44	37.1 7:34	32.3 8:33	42.1 6:46	36.8 7:37	47.1 6:07	41.2 6:54	52.1 5:35	45.7 6:17	57.1 5:09	50.2 5:46	62.1 4:46	54.6 5:21	67.1 4:27	59.1 4:59	72.1 4:11	63.5 4:41
48	26.2 10:14	22.5 11:37	31.2 8:48	26.9 10:01	36.2 7:44	31.4 8:46	41.2 6:54	35.9 7:48	46.2 6:13	40.3 7:02	51.2 5:40	44.8 6:24	56.2 5:13	49.3 5:52	61.2 4:50	53.7 5:26	66.2 4:31	58.2 5:03	71.2 4:14	62.6 4:44
49	25.3 10:33	21.6 12:01	30.3 9:02	26.0 10:18	35.3 7:55	30.5 8:59	40.3 7:02	35.0 7:58	45.3 6:20	39.4 7:10	50.3 5:46	43.9 6:31	55.3 5:18	48.4 5:58	60.3 4:54	52.8 5:31	65.3 4:34	57.3 5:08	70.3 4:17	61.7 4:48
50	24.4 10:52	20.7 12:26	29.4 9:17	25.1 10:37	34.4 8:05	29.6 9:13	39.4 7:10	34.1 8:09	44.4 6:27	38.5 7:19	49.4 5:51	43.0 6:38	54.4 5:22	47.5 6:04	59.4 4:58	51.9 5:36	64.4 4:37	56.4 5:12	69.4 4:20	60.8 4:52
51	23.6 11:10	19.9 12:49	28.6 9:30	24.3 10:54	33.6 8:16	28.8 9:27	38.6 7:18	33.3 8:20	43.6 6:33	37.7 7:28	48.6 5:57	42.2 6:45	53.6 5:27	46.6 6:10	58.6 5:02	51.0 5:40	63.6 4:40	55.5 5:17	68.6 4:22	59.9 4:56
52	22.7 11:32	19.0 13:18	27.7 9:46	23.4 11:15	32.7 8:28	27.9 9:42	37.7 7:28	32.4 8:32	42.7 6:41	36.8 7:37	47.7 6:03	41.3 6:53	52.7 5:32	45.8 6:16	57.7 5:06	50.2 5:46	62.7 4:44	54.7 5:21	67.7 4:25	59.1 4:59

丹尼尔斯经典跑步训练法（全新升级版） DANIELS' RUNNING FORMULA

等级	新手				中级跑者						优秀跑者						精英跑者			
	1		2		3		4		5		6		7		8		9		10	
年龄及对应成绩	男性	女性	男性	女性	男性	女性	男性	女性	男性	女性	男性	女性	男性	女性	男性	女性	男性	女性	男性	女性
53	21.8 11:55	18.1 13:49	26.8 10:03	22.5 11:37	31.8 8:40	27.0 9:59	36.8 7:37	31.5 8:44	41.8 6:48	35.9 7:48	46.8 6:09	40.4 7:01	51.8 5:37	44.9 6:23	56.8 5:10	49.3 5:52	61.8 4:48	53.8 5:26	66.8 4:29	58.2 5:03
54	20.9 12:20	17.2 14:22	25.9 10:20	21.6 12:01	30.9 8:53	26.1 10:16	35.9 7:48	30.6 8:58	40.9 6:56	35.0 7:58	45.9 6:15	39.5 7:09	50.9 5:42	44.0 6:30	55.9 5:15	48.4 5:58	60.9 4:51	52.9 5:30	65.9 4:32	57.3 5:08
55	20.0 12:46	16.3 14:57	25.0 10:39	20.7 12:26	30.0 9:07	25.2 10:35	35.0 7:58	29.7 9:12	40.0 7:05	34.1 8:09	45.0 6:22	38.6 7:18	50.0 5:48	43.1 6:37	55.0 5:19	47.5 6:04	60.0 4:55	52.0 5:36	65.0 4:35	56.4 5:12
56	19.2 13:11	15.5 15:31	24.2 10:56	19.9 12:49	29.2 9:20	24.4 10:52	34.2 8:08	28.8 9:27	39.2 7:12	33.3 8:20	44.2 6:28	37.8 7:27	49.2 5:53	42.2 6:45	54.2 5:23	46.6 6:10	59.2 4:59	51.1 5:41	64.2 4:38	55.5 5:17
57	18.3 13:42	14.6 16:13	23.3 11:17	19.0 13:18	28.3 9:35	23.5 11:13	33.3 8:20	27.9 9:42	38.3 7:21	32.4 8:32	43.3 6:36	36.9 7:36	48.3 5:59	41.4 6:52	53.3 5:28	45.8 6:16	58.3 5:03	50.3 5:46	63.3 4:42	54.7 5:21
58	17.4 14:14	13.7 16:58	22.4 11:40	18.1 13:49	27.4 9:51	22.6 11:34	32.4 8:32	27.0 9:59	37.4 7:31	31.5 8:44	42.4 6:43	36.0 7:46	47.4 6:05	40.5 7:00	52.4 5:33	44.9 6:23	57.4 5:07	49.4 5:51	62.4 4:45	53.8 5:26
59	16.5 14:49	12.8 17:48	21.5 12:03	17.2 14:22	26.5 10:08	21.7 11:58	31.5 8:44	26.6 10:06	36.5 7:41	30.6 8:58	41.5 6:51	35.1 7:57	46.5 6:11	39.6 7:08	51.4 5:39	44.0 6:30	56.5 5:12	48.5 5:57	61.5 4:49	52.9 5:30
60	15.6 15:20	11.9 18:42	20.6 12:29	16.3 14:57	25.6 10:26	20.8 12:23	30.6 8:58	25.7 10:24	35.6 7:51	29.7 9:12	40.6 6:59	34.2 8:08	45.6 6:18	38.7 7:17	50.7 5:43	43.1 6:37	55.6 5:16	47.6 6:03	60.6 4:53	52.0 5:36

续表

等级	新手				中级跑者						优秀跑者						精英跑者			
	1		2		3		4		5		6		7		8		9		10	
年龄及对应成绩	男性	女性	男性	女性	男性	女性	男性	女性	男性	女性	男性	女性	男性	女性	男性	女性	男性	女性	男性	女性
61	14.7 16:08	11.0 19:42	19.7 12:56	15.4 13:36	24.8 10:43	20.0 12:46	29.8 9:10	24.8 10:43	34.8 8:01	28.9 9:25	39.8 7:07	33.4 8:18	44.8 6:24	37.9 7:26	49.8 5:49	42.2 6:45	54.8 5:20	46.7 6:10	59.8 4:56	51.1 5:41
62	13.8 16:53	10.1 —	18.9 13:21	14.6 16:13	23.9 11:03	19.1 13:15	28.9 9:25	23.9 11:03	33.9 8:12	28.0 9:41	38.9 7:15	32.5 8:30	43.9 6:31	37.0 7:35	48.9 5:55	41.4 6:52	53.9 5:25	45.9 6:15	58.9 5:00	50.3 5:46
63	13.0 17:36	9.3 —	18.0 13:52	13.7 16:58	23.0 11:25	18.2 13:45	28.0 9:41	23.0 11:25	33.0 8:24	27.1 9:57	38.0 7:25	31.6 8:43	43.0 6:38	36.1 7:45	48.0 6:01	40.5 7:00	53.0 5:30	45.0 6:22	58.0 5:04	49.4 5:51
64	12.1 18:30	8.4 —	17.1 14:26	12.8 17:48	22.1 11:47	17.3 14:18	27.1 9:57	22.2 11:45	32.1 8:36	26.2 10:14	37.1 7:34	30.7 8:56	42.1 6:46	35.2 7:56	47.1 6:07	39.6 7:09	52.1 5:35	44.1 6:29	57.1 5:09	48.5 5:57
65	11.2 19:28	7.5 —	16.2 15:01	11.9 18:42	21.2 12:12	16.4 14:53	26.2 10:14	21.3 12:09	31.2 8:49	25.3 10:33	36.2 7:44	29.8 9:10	41.2 6:54	34.3 8:07	46.3 6:13	38.7 7:17	51.2 5:40	43.2 6:36	56.2 5:13	47.6 6:03
66	10.3 —	6.6 —	15.3 15:40	11.0 19:42	20.4 12:34	15.6 15:27	25.4 10:30	20.4 12:34	30.4 9:01	24.5 10:50	35.4 7:53	29.0 9:23	40.4 7:01	33.5 8:17	45.4 6:19	37.8 7:27	50.4 5:45	42.3 6:44	55.4 5:17	46.7 6:10
67	9.4 —	5.7 —	14.5 16:18	10.2 —	19.5 13:02	14.7 16:08	24.5 10:50	19.5 13:02	29.5 9:15	23.6 11:10	34.5 8:04	28.1 9:39	39.5 7:09	32.6 8:29	44.5 6:26	37.0 7:35	49.5 5:51	41.5 6:51	54.5 5:22	45.9 6:15
68	8.6 —	4.9 —	13.6 17:04	9.3 —	18.6 13:31	13.8 16:53	23.6 11:10	18.6 13:31	28.6 9:30	22.7 11:32	33.9 8:12	27.2 9:55	38.6 7:18	31.7 8:42	43.6 6:33	36.1 7:45	48.6 5:57	40.6 6:59	53.6 5:27	45.0 6:22

续表

等级	新手				中级跑者						优秀跑者						精英跑者			
	1		2		3		4		5		6		7		8		9		10	
年龄及对应成绩	男性	女性	男性	女性	男性	女性	男性	女性	男性	女性	男性	女性	男性	女性	男性	女性	男性	女性	男性	女性
69	7.7	4.0	12.7	8.4	17.7	12.9	22.7	17.8	27.7	21.8	33.1	26.3	37.7	30.8	42.7	35.2	47.7	39.7	52.7	44.1
	—	—	17:54	—	14:03	17:42	11:32	13:59	9:46	11:55	8:22	10:12	7:28	8:55	6:41	7:56	6:03	7:08	5:32	6:29
70	6.8	3.5	11.8	7.5	16.8	12.0	21.8	16.9	26.8	20.9	32.2	25.4	36.8	29.9	41.9	34.3	46.8	38.8	51.8	43.2
	—	—	18:49	—	14:37	18:36	11:55	14:33	10:03	12:20	8:34	10:30	7:37	9:09	6:47	8:07	6:09	7:16	5:37	6:36
71	5.9	3.5	10.9	6.6	16.0	11.2	21.0	16.0	26.0	20.1	31.3	24.6	36.0	29.1	41.0	33.4	46.0	37.9	51.0	42.3
	—	—	19:49	—	15:10	19:28	12:17	15:10	10:18	12:43	8:47	10:48	7:46	9:22	6:55	8:18	6:15	7:26	5:40	6:44
72	5.0	3.5	10.1	5.8	15.1	10.3	20.1	15.1	25.1	19.2	30.4	23.7	35.1	28.2	40.1	32.6	45.1	37.1	50.1	41.5
	—	—	—	—	15:50	—	12:43	15:50	10:37	13:11	9:01	11:08	7:57	9:37	7:04	8:29	6:21	7:34	5:47	6:51
73	4.2	3.5	9.2	4.9	14.2	9.4	19.2	14.2	24.2	18.3	29.5	22.8	34.2	27.3	39.2	31.7	44.2	36.2	49.2	40.6
	—	—	—	—	16:33	—	13:11	16:33	10:56	13:42	9:15	11:30	8:08	9:53	7:12	8:42	6:28	7:44	5:53	6:59
74	3.5	3.5	8.3	4.0	13.3	8.5	18.3	13.4	23.3	17.4	28.7	21.9	33.3	26.4	38.3	30.8	43.3	35.3	48.3	39.7
	—	—	—	—	17:20	—	13:42	17:14	11:17	14:14	9:28	11:53	8:20	10:10	7:21	8:55	6:36	7:55	5:59	7:08
75	3.5	3.5	7.4	3.5	12.4	7.6	17.4	12.5	22.4	16.5	27.8	21.0	32.4	25.5	37.5	29.9	42.4	34.4	47.4	38.8
	—	—	—	—	18:11	—	14:14	18:05	11:40	14:49	9:44	12:17	8:32	10:28	7:30	9:09	6:43	8:06	6:07	7:16
76	3.5	3.5	6.5	3.5	11.6	6.8	16.6	11.6	21.6	15.7	26.9	20.2	31.6	24.7	36.6	29.0	41.6	33.5	46.6	37.9
	—	—	—	—	19:02	—	14:45	19:02	12:01	15:23	10:01	12:40	8:43	10:45	7:40	9:23	6:50	8:17	6:10	7:26

续表

等级	年龄及对应成绩	新手				中级跑者						优秀跑者						精英跑者			
		1		2		3		4		5		6		7		8		9		10	
		男性	女性	男性	女性	男性	女性	男性	女性	男性	女性	男性	女性	男性	女性	男性	女性	男性	女性	男性	女性
77		3.5	3.5	5.7	3.5	10.7	5.9	15.7	10.7	20.7	14.8	26.0	19.3	30.7	23.8	35.7	28.2	40.7	32.7	45.7	37.1
		—	—	—	—	—	—	15:23	—	12:26	16:04	10:18	13:08	8:56	11:06	7:50	9:37	6:58	8:28	6:17	7:34
78		3.5	—	4.8	3.5	9.8	5.0	14.8	9.8	19.8	13.9	25.1	18.4	29.8	22.9	34.8	27.3	39.8	31.8	44.8	36.2
		—	—	—	—	—	—	16:04	—	12:53	16:48	10:37	13:38	9:10	11:27	8:01	9:53	7:07	8:40	6:24	7:44
79		3.5	—	3.9	3.5	8.9	4.1	13.9	9.0	18.9	13.0	24.3	17.5	28.9	22.0	33.9	26.4	38.9	30.9	43.9	35.3
		—	—	—	—	—	—	16:48	—	13:21	17:36	10:54	14:10	9:25	11:50	8:12	10:10	7:15	8:53	6:31	7:55
80		3.5	—	3.5	3.5	8.0	3.5	13.0	8.1	18.0	12.1	23.5	16.6	28.0	21.1	33.1	25.5	38.0	30.0	43.0	34.4
		—	—	—	—	—	—	17:36	—	13:53	18:30	11:13	14:45	9:41	12:14	8:22	10:28	7:25	9:07	6:38	8:06

注：* 处于 18～38 岁年龄段的跑者被认为在跑步方面的能力相当。"—" 表示不需要成绩。

该表格由 "智跑" 项目设计的杰克·丹尼尔斯跑步计算器创建。

06
应对环境和高海拔训练

每次比赛的时候，请露出一点微笑。

我在美国的加利福尼亚、蒙大拿、科罗拉多、威斯康星、新罕布什尔、纽约、密歇根、佐治亚、北卡罗来纳、夏威夷、得克萨斯、俄克拉何马和亚利桑那（包括气候炎热的菲尼克斯和高海拔城市弗拉格斯塔夫）居住过，也在瑞典、加拿大和秘鲁生活过，我自认相当了解不同天气条件和海拔对跑步的影响。每名跑者对温度和海拔的适应程度各不相同，接下来，我将介绍如何在炎热、寒冷或高海拔等条件下尽可能顺利地完成训练和比赛。

温度

先来讨论在不同条件下参加比赛的情况。首先，要为恶劣的比赛条件做好准备，训练条件最好与重要比赛举办时的条件相同。如果你生活和训练的地方气候宜人，最冷的时候也很少下雪，最热的时候也很少会出现跑一小时就汗流浃背的情况，那你通常可以相当准确地预测自己的训练和比赛成绩。而如果你习惯在某种天气条件下训练，但将在与之不同的天气条件下参加重要比赛，那你就需要好好备赛，最好的办法就是针对你将在比赛时遇到的天气进行训练。

如果你生活在相当凉爽的地区，而比赛地气候较为炎热，那么你可以偶尔在较热的时段训练。你甚至可以穿件长袖，把身体捂热，以模拟在天气较热时跑步的感觉。但是，不要试图在恶劣条件下过度训练，因为这种训练无法达到平时的训练强度。换句话说，别因为光顾着在恶劣条件下训练，而牺牲了体能。另外，由于室内通常没有风，身体不会变冷，因此你还可以做些室内跑步机训练，这能帮助你适应更温暖的气候。

我还建议你在每次长跑前后测量裸体体重，并绘制一个记录表，记录下你的跑步时间、跑步时的气温、跑完后体重的减少量、环境条件（如云量、风力）以及跑步时的感觉。在我做过的一项研究里，有 32 名选手一起参加了一场 25 公里的比赛，并各自记录了自己在比赛前后的体重和比赛期间的补水量。当时的气温在 29℃ 左右，湿度很低。其中两名选手的结果非常值得关注。两人的比赛成绩相差不到 1 分钟，且都在比赛中喝了 1 升水，赛前体重相差不到 0.45 公斤。但是，其中一人在赛后轻了 1.6 公斤，而另一人轻了 3.6 公斤。这正是我建议大家记录自己比赛前后体重的原因：只要持续记录，时间一长，你就可以根据记录表可靠地预估在不同环境条件下你身体水分的流失情况，以及你对跑步表现的主观感受。跑步时的感觉能明显地反映出环境条件对你的影响。如果你能根据个人数据来预测自己的跑步表现，那就不用再依靠公式来计算自己需要根据环境情况减少多少配速了。

而如果比赛天气异常炎热，你可以考虑以下建议：赛前适度热身，并将湿毛巾披在肩膀上用以降温；待在阴凉处放松，而不要待在太阳底下；在你的身体感到太累时，要"倾听"身体发出的信号。由于热身热的是用于跑步的肌肉，而让皮肤降温并不会造成肌肉降温，因此给皮肤降温不会影响热身效果。另外，我还建议你在跑步过程中佩戴墨镜，这有助于你面部肌肉的放松。总之，尽量让自己放松，这有助于提高你的比赛成绩。

如果你长期生活的地区不是很冷，那么你在寒冷天气参加大型比赛可能会跑出赛季最佳成绩，即便你跑步时需要穿长袖、戴手套。你可以多穿一件上衣并戴着手套开跑，等到跑热了再脱。在我参加某次马拉松比赛时，当时的气温只有 4℃，我跑出了我的个人最好成绩。那天天气晴朗，没有风，所以即便气温较低，我也感觉相当暖和，我在大约 8 公里时就摘掉了手套。比赛过程中我并没有补水，赛后比赛前轻了 2.7 公斤（体重的 3%），这样的减量对 42 公里的马拉松比赛来说并不算多。

如果你生活在经常下雪的寒冷地区，那么你可以在训练中尝试分层穿衣和穿外套，以便摸索出适合自己的着装方法。另外我还发现，在积雪有 2.5～5 厘米厚的雪地上跑步时，跑者会踩地更稳，因为雪后清扫过的街道或人行道通常比雪地更滑。

生活在严寒或炎热地区的跑者，如果遇到极端天气，无法在室外跑步，那就尽量在室内训练或使用跑步机训练。我指导过的一位杰出跑者的跑步机训练一是个很好的例子：他每周在跑步机上跑一个 32 公里，连续坚持了 12 周，后来在一次纽约马拉松赛中以 2 小时 09 分的成绩获得了第 2 名。可以想见，他习惯了在跑步机上跑 2 小时后，在室外地面上跑 2 小时肯定感觉更加轻松。

高海拔：最佳训练场地？

跑者希望训练场地提供怎样的训练环境呢？一般而言，跑者认为良好的训练环境要包括合适的天气、训练设施、住房、食物、医疗服务以及友好的社交氛围。但如果你拥有这一切，并且身在高海拔地区，这是否真的好过身在海平面拥有这一切？以下两种情况，你会选择哪一种：待在海平面地区，但拥有以上所有条件；待在高海拔地区，但只拥有少数几个条件，甚至一个都没有？如果高海拔地区不能让人惬意地训练，那还值得去吗？

高海拔训练已经成了长跑选手和教练经常热议的话题。他们中有人说，如果你的训练计划里没有高海拔训练，那么你就休想成为优秀的长跑选手。

听到这种说法我很难过。另外，我觉得把这种观念传递给年轻一代很糟。因为我不相信这种言论，它并没有事实依据。

如果真是高海拔造就了世界上最优秀的长跑选手，那么为什么海拔较高的南美国家没有诞生更多的长跑好手呢？要知道，那里的许多居民每天生活在高海拔环境里。另外，来自美国落基山脉的年轻人自小就在高海拔地区长大与训练，却并不擅长跑步。

我们应该多花点时间观察优秀跑者，并试着去发现所有优秀跑者的共同点。思考社会因素或基因遗传的影响或许不失为一个好主意。此外，我们还应该摒弃以下这样的想法：除非你来自地球上某个特殊地区，否则你永远没有机会成为佼佼者。

像许多长跑选手一样，美国前奥运障碍赛赛跑选手埃玛·科伯恩（Emma Coburn）也认为，美国科罗拉多州的博尔德是开展高海拔训练的理想场所。

高海拔对运动表现的影响

当试图分析某类训练会如何影响我们进行某种运动的表现时，我们务必要了解进行这种运动需要具备哪些素质，跑步也一样：是速度最重要，还是力量最重要？又或者是耐力最重要？高海拔对身体的影响无疑是多方面的，以下几点值得思考：

1. 就低速耐力项目（如持续两分钟以上的跑步项目）而言，人们在高海拔地区的运动表现要低于在海平面地区。相对来说，中长距离跑步是对抗空气阻力的缓慢移动。因此相对于海平面地区，跑者在高海拔地区（空气相对稀薄）移动时略微占优。然而，相对稀薄的空气也会让血液输送到用于运动的肌肉的氧气量变少，导致跑者的有氧能力下降，而跑者在移动上取得的轻微优势无法弥补有氧能力的损失。

2. 就高速项目（如短跑）而言，无论持续时间长短，高海拔地区相对稀薄的空气都有助于提高人们的运动表现。换句话说，空气阻力的减少足以弥补氧气压力的降低。

3. 当人们适应高海拔环境后（需要 2 周或 2 周以上的时间），他们在耐力项目中的高海拔运动表现将得到改善。我目睹过一些经历了 3 周适应期后的跑者，在高海拔地区的 1.6 公里成绩比初到之时提高了十几秒。可见，即便你只是在学习如何在高海拔环境中跑比赛，这样的学习也会让你取得进步。

4. 无论投入多少时间来适应高海拔环境，人们在低速耐力项目中的运动表现永远无法达到他们在海平面地区能达到的水平。

5. 据一些研究人员报告，高海拔训练将（或者可能会）连带改善人们在海平面地区的运动表现。对此，需要思考以下情况（我碰到过，而且我断定其他研究人员也碰到过）：有一群跑者，他们之前一直在期末备考，直到最近才刚刚结束了大学春季学期的学习和考试。当时他们所处的海平面地区的气温约为 32℃，湿度为 80%。后来，我们将他们带到一个高海拔地区，那里的气温约为 27℃，湿度为 10%。他们在高海拔地区什么也不干，只是吃饭、睡觉、训练。当回到海平面地区后，他们马上就在 5 公里比赛中刷新了个人最好成绩。可见，高海拔训练的确有效，不过，这样的改变到底是因为他们置身于高海拔地区，还是因为那段时间里他们发生的所有其他变化呢？

如上文第 3 点所述，相对于在高海拔地区比赛而言，在高海拔地区训练会带来两种类型的适应：一种是生理上的适应，另一种是竞技水平上的适应。这两类适应之间的一大不同是：前者所带来的生理收益（如学会呼吸更多空气）在人们回到海平面地区一段时间后便会消失；相对而言，后者所带来的许多竞技水平上的收益却不会消失，哪怕人们已经回到海平面地区几周或几个月。

换句话说，只要你实地经历过学习如何在高海拔地区跑比赛的过程，那么你收获的学习效果将保持相当长的时间。通常你会记住如何在这种环境下比赛是最好的，这就好比是学跑新的距离。例如，对跑1.6公里的选手来说，5 公里的比赛会不太一样，而当他跑了好几个 5 公里比赛后，他就会适应这种比赛。

需要提醒的是，我在讨论高海拔训练和比赛时提到的高海拔，是指中等海拔，通常在海拔 1 200 ～ 2 500 米之间。我的大部分高海拔研究、对运动员进行的大部分高海拔训练，都是在 2 130 ～ 2 255 米的海拔进行的。海拔要达到大约 914 米，才开始真正给跑者造成问题。因此，从海拔 1 524 米的地区前往海拔 2 130 米的地区，与从海平面地区前往海拔 1 524 米的地区的效果相似，2 130 米的海拔带来的压力也就是 1 524 米的海拔带来的压力的近两倍。

跑者到达高海拔地区后，虽然有氧能力会立即下降12% ～ 16%，但跑步表现只会受到 6% ～ 8% 的影响。因为你在高海拔地区跑步的"消耗"（有氧需求）要低于在海平面地区的"消耗"，原因在于你是在更稀薄的空气里跑步。因此可以说，你虽然损失了部分有氧能力，但在跑步效率上又扳回了一些局面。

图 6-1 显示的是普通长跑运动员在海平面和高海拔地区跑步的效率曲线、最大摄氧量值和最大摄氧量速度值。该图也说明了跑步运动员在高海拔地区的跑步表现和最大摄氧量速度损失为什么只有最大摄氧量损失的一半左右。

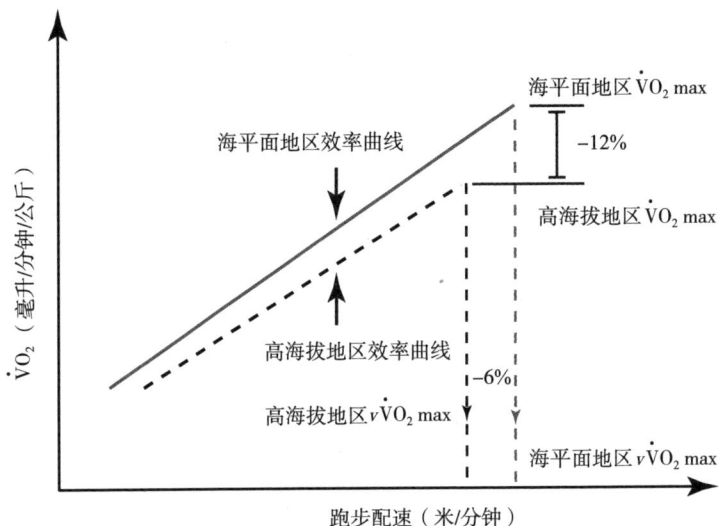

图 6-1　在高海拔地区和海平面地区的最大摄氧量、跑步效率和最大摄氧量速度的差异

高海拔训练和比赛

跑者通常会在决定尝试高海拔训练时遇到一个问题，即应该如何改变常规训练。我真心认为没必要改变海平面地区的常规训练量。比如，习惯每周在海平面地区跑 129 公里的跑者，到高海拔地区后应该能继续维持这个跑量，甚至能使 T 跑、I 跑、R 跑的跑步时间也维持不变。

另外，也没有必要减少任何类型训练的训练时间，因为进行各类型训练的速度将稍稍变慢。这和有氧能力的下降有关：有氧能力下降，即表示与跑步关联的最大有氧能力下降，比身在海平面地区时更低，而跑者在高海拔地区的所有跑步速度都与这个较低的最大有氧能力相对应。

至于训练速度，在高海拔地区训练时，有一类训练不应该进行调整，那就是 R 跑。跑者能够在高海拔地区的 R 跑中达到在海平面跑的速度，不过可能需要延长两次 R 跑之间的恢复时间。这样做并不会破坏训练效果，因为 R 跑的本意就是训练跑步速度和跑步效率。因此，跑者可以通过调整恢复时间来确保达到平时的跑步速度和跑步效率。

加入高海拔训练

我在高海拔（和海平面）地区参加过竞赛，接受过训练，进行过研究，也指导过长跑选手。作为一个过来人，我有一些关于高海拔训练的心得：

1. 我喜欢在高海拔训练期间不时地回海平面地区待几天，甚至偶尔去海拔更高的地区。高海拔地区的空气通常干燥清冽。在高海拔地区跑 E 跑往往要比在海平面地区时更加惬意，因为那里的天气非常宜人，这就好比是潮热地区迎来冷空气，能让人精神为之一振。对生活在海平面地区的普通跑者而言，在夏季前往高海拔地区训练可以远离潮热的天气，置身于更加凉爽、更加干燥的训练环境。另外，跑 E 跑时，用呼吸模式调节跑步强度始终不会有错。你的呼吸是否以一种感知的费力程度进行，这种程度并不比在海平面地区时费力？

2. 如果你住在海平面地区，那么在初到高海拔地区时不必减少跑量。但也别因为空闲时间变多，就立刻增加跑量。换句话说，你应该保持常规的训练量，用和在海平面地区一样的方式增加跑量。

3. 用你在海平面地区的跑步速度进行 R 训练，不过可以稍微延长两次跑步之间的恢复时间。在进行真正的 I 训练时，以每 400 米放慢 3～4 秒为标准，放慢距离稍长的 I 跑的速度，并按照正常恢复时间恢复。此外，T 配速也要放慢，每 1.6 公里放慢 12～16 秒（或每公里放慢 8～10 秒）。在进行 E 跑和 L 跑时，只需跟着感觉跑，并使用正常的呼吸模式呼吸即可。

4. 想要在高海拔地区赛出个人最佳水平，你需要参加一些高海拔练习赛，以便逐步适应当地环境，提高自己在高海拔地区的竞技能力，即便你需要在真正的高海拔比赛的前几个月完成适应过程。

5. 由于在训练中会遇到各种类型的训练压力，你不妨将高海拔训练也设想成一种压力。我发现，许多在高海拔地区训练的跑者会比在海平面地区时经历更多不适，他们也因此学会了如何忍受痛苦，并能更好地应对不适。

6. 高海拔训练后要给自己时间，让身体重新适应海平面地区的环境。我经常听跑者说，他们几乎一回到海平面地区就要比赛，认为这样才能发挥出最佳水平。但事实并非如此。如果他们在高海拔训练期间回过几次海平面地区，那就更不是这么回事了。

7. 不应该将高海拔训练带来的成绩进步看作是暂时的。许多运动员在经过高海拔训练后，体能水平都上了一个台阶，甚至在回到海平面地区数月以后仍然能维持这样的运动表现。其实关键在于，要在整体训练计划中将新的压力水平带来的成果维持下去。换句话说，如果你因为高海拔训练而提高了跑步表现，那么你的身体已然得到改善。只要对达到更高体能水平的身体继续施压（在回到海平面地区后提高训练速度），你就不会丧失相应的能力。这同通过增加周跑量来取得进步是一个道理。但是，无论你的体能提高了多少，你都必须继续对身体施加与体能水平相应的压力。

8. 如果你决定尝试高海拔训练，那你就要相信它会起效。但如果这种方式不管用，你就要果断改变训练方式。

9. 长距离跑者到高海拔地区后，第一天的跑步表现通常比几天之后好。初到前几天，跑者往往会出现一定程度的脱水，因此充分补水非常重要，这有助于维持血容量。另外，作息规律也很重要。

10. 一直待在高海拔地区的人似乎会经历一个适应压力的过程，而不时地回到海平面地区可以缩短适应过程。在一项针对跑者肾上腺素水平和去甲肾上腺素水平的研究中，研究人员通过每天收集跑者24小时的尿样，对其中所含的肾上腺素和去甲肾上腺素这两种激素进行了测量。研究结果显示，跑者返回海平面地区几天后，再重新回到高海拔地区，日常压力水平降低了。

11. 如果生活在低地的跑者前往高海拔地区训练，以备战之后的高海拔比赛，那么参加计时赛，或在经历海拔急剧变化后马上比赛（这与通常建议的做法相反），这两种方式都有帮助。这样做的好处是让跑者尽快面对现实，从而更愿意为取得高海拔比赛的好成绩而做出必要改变。此外，几周后对跑者进行第二次测试，结果发现，跑者的跑步表现无一例外地都有所提高。这是跑者正在进步的证据，是一种真正的心理激励。

12. 开展高海拔训练时，不用一开始就比海平面训练要求更高，保持正常的训练量及相应的强度即可。如果你想在重复训练中保持正常速度，那你每次用较快的速度跑完后，有时有必要花更多的时间恢复。如果某次训练的目的在于训练跑步速度和跑步效率，那么训练跑就要达到这些目的。

13. 在高海拔地区训练的耐力运动员可能不仅会适应高海拔的挑战，体能也将更上一层楼。如果事实果真如此，那么在高海拔和海平面地区都能看到跑者的进步，就一点也不稀奇了。

在高海拔地区维持速度

记住，你必须始终能够回答这个问题："这次训练的目的是什么？"。无论你身在何处，总有 5 种强度的训练，即 E 训练、M 训练、T 训练、I 训练以及 R 训练。接下来，我们来看看海拔会如何影响这些训练。

人们通常认为，持续时间久、配速稳定且舒适的跑步可以带来好成果。为了对构成人体整体生理结构和生物力学结构的各部分施压，我们会在训练季安排速度较快的跑步。跨步跳、上坡跑等抗阻力训练也是训练内容的一部分，旨在增强跑者的腿部力量。我们还会在训练计划中加入持续时间相对较短、速度较快的奔跑，以训练跑者的跑步速度、最大力量、速度力量，并让他们磨炼出能适应更快比赛速度的高效跑步技巧。T 跑和 I 跑也在训练计划中，目的是提高跑者的耐力，并对其有氧系统施压，使之达到极限。

问题是，就腿部力量或速度而言，跑者在哪类训练中无法达到预期的训练效果？答案当然不是占每周总跑量约 85% 的长时间 E 跑。E 跑的强度达到了最大摄氧量的 59% ~ 74%。由于最大摄氧量会因为海拔的升高而下降，如果你通常能达到最大摄氧量的 60%，现在达到了高海拔地区最大摄氧量的 68%，那说明你仍然在以相同的配速跑步。另外，我认为腿部力量或速度与达到最大摄氧量的 70% 的跑步并无密切关系。所以 E 跑并没发生任何变化。

从 800 米到半程马拉松，伯纳德·拉加特（Bernard Lagat）在不同距离赛事中都跑出过国际好成绩和破纪录成绩。他利用高海拔训练和"保持精力法"，在 20 年的跑步生涯中一直在取得成功。

接下来，我们再来思考一下训练计划中的快速 R 训练。人们普遍认为，就短时间奔跑而言，一个人在高海拔地区能跑出比在海平面地区更快的速度。R 训练通常持续 30～90 秒，只要你在每次跑步之间有充分的恢复时间，海拔就不会对这样的跑步造成负面影响。FR 跑的目的之一在于，让跑者磨炼出好技术和快速度，为了实现这些目的，他们就需要充分休息。

再来看持续时间较长的 I 跑和 T 跑。只有在这两类训练中，人们在高海拔地区的跑步速度通常会低于在海平面地区的速度。需要记住的是，即便是在着重进行这两类训练的阶段，也不要让这类高质量训练占每周训练量的10% 以上。此外，T 跑的主要目的是提高身体清除乳酸的能力。如果你在高海拔地区以稍慢的配速做到这一点，那你同样达到了训练目的。

至于 I 跑，其高海拔配速也会变慢。然而，I 跑的目的是让有氧系统达到最大极限，而在高海拔地区，组成有氧系统的核心器官（如肺、心脏、向用于运动的肌肉输送血液和氧气的血管）仍然在以与海平面地区一样的工作强度工作。尽管细胞在海平面地区有更多氧气进行有氧代谢，而在高海拔地区获得的氧气较少，但它们仍然在利用能够获得的氧气辛勤工作。

有人担心在进行达到最大摄氧量强度的 I 训练时，配速较慢会折损跑步速度或腿部力量。这个问题很好解决：找一条只有轻微坡度的下坡路线，让自己维持在海平面地区的跑步速度，或者在你离开高海拔地区后再安排训练。我个人认为，在高海拔地区进行 I 跑能让人学会忍受痛苦，这一点足以弥补 I 跑的速度下降。

另外，我还想就高海拔训练强度的降低这一问题补充一点，这点同训练过度和处理伤病有关。因为海拔原因，人们不得不在高海拔地区进行 T 跑，并在 I 训练时降低训练强度，而这样其实也会带来益处，我就见过好几位有这种经历的长跑选手。我们可以从以下两方面来解释：

- 许多跑者为了达到特定效果进行训练，但训练速度超过了实际需要。虽然他们在高海拔地区不得不降低配速，但降低后的配速对他们而言恰到好处。
- 正在养伤的跑者在高海拔地区跑步时，也不得不在部分训练中降低配速。这样训练几周后，他们往往已经不再有伤病困扰。

所以有时看似会对训练造成负面影响的因素，也能带来正面影响。

在高海拔地区比赛

如果跑者在高海拔地区停留期间安排了比赛，那么就必须对比赛的跑法
做出调整。最重要的是，在长距离比赛中，不要起跑过快，即不要试图达到
在海平面地区同距离比赛中习惯达到的起跑速度。

表6-1针对不同海拔列出了比赛用时的大致调整值。如果你是第一次在
高海拔地区参加某个距离的比赛，那么可以参考该表来调整配速。表中所示
的时间适用于已经在高海拔地区待了一段时间的跑者。如果你要跑高海拔比
赛，却没有时间适应，那么你的配速就应该比表中所示的再慢一些。另外，
即使你不觉得很吃力，还有余力提高配速，你也至少要等到高海拔比赛过半
程后再开始加速。

表6-1 对高海拔比赛的时间调整

海拔	1 000 米	1 500 米	2 000 米	2 250 米
比赛用时（分钟）	增加的时间（秒）			
5	1.4	3.75	6.0	7.75
10	4.25	12.5	21.0	25.5
20	9.75	30.0	51.0	61.0
30	15.25	47.5	81.0	96.5

注：该表格由"智跑"项目设计的杰克·丹尼尔斯跑步计算器创建。

有时，跑者需在高海拔地区全力以赴。虽然这种情况在锦标赛中不常见，
但在中度重要的比赛中却相当常见。对此，以下两个的问题需倍加关注：

1. 在高海拔地区，比赛用时应该慢多少？
2. 在高海拔地区，怎样比赛最好？

第一个问题的答案可参考表6-1，表中已经按海拔和比赛用时，为不同
距离的比赛列出了相应的建议时间调整值。

而要解答第二个问题，就需要考虑两个最重要的因素，即高海拔比赛的持续时间和最佳进攻方式。众所周知，短距离比赛不太受海拔的影响。所谓短距离，是指 800 米及 800 米以下的比赛。因此，在重大比赛中，你或许会比平时跑得更难受，但你的 800 米完赛时间应该和你在海平面地区时几乎一样。实际上，在 1968 年的墨西哥城奥运会上，800 米冠军获得者（长期生活在海平面地区）还在 800 米决赛中平了当时的奥运会纪录。

显然，战术可以在高海拔比赛中发挥重要作用。但撇开战术不谈，在高海拔地区跑长距离比赛的最佳方式，是在起跑时极尽小心——用与在海平面地区的速度一样快的速度起跑肯定需要更多无氧能量，而这必定会导致比赛后半段速度变慢。

往返于高海拔和海平面之间

长跑选手在高海拔地区训练两三周后，在高海拔地区的跑步表现通常会显著提升。如果一直待在高海拔地区，间或回到海平面地区训练或比赛，跑者就能取得更大的进步。这种做法能帮助跑者意识到这样一个事实：即便长期待在高海拔地区，他们仍然维持在海平面地区时的正常水准。

来自海平面地区的跑者如果有机会在高海拔地区待一段时间，那么在高海拔和海平面地区交替停留将对他们很有帮助：并不需要每天"上下两地"，可以在高海拔地区待几周，再回到海平面地区待一周左右，接着再返回高海拔地区，仅仅是这样做，收效就很好。这种方法的主要好处在于，在高海拔地区训练时，跑者可能会觉得自己的体能下降，但回到海平面地区几天，就会意识到自己的体能并没有退步，从而受到心理激励。实际上，在海平面地区的那几天，他们往往还能比之前在海平面地区外出跑步时表现得更好。

我通常会说，他们有这种"收益"是因为他们在高海拔地区"学会了忍受痛苦"。而现在，尽管痛苦还在，但他们在海平面地区跑步的速度却变得比以前更快了。我认为，高海拔训练确实能让跑者学会忍受痛苦，而这正是这种训练最重要的成果之一。

另外，说到回海平面地区长期训练，总绕不过"回海平面地区后体能会降低"的话题。有时候，你会听到以下这种说法，即回到海平面地区没几天，高海拔训练成果就会前功尽弃。但在我看来，事实并非如此。

我们可以这样来考虑这个问题：如果你在高海拔地区提高了体能水平，那表示你的体能变得比以前更好了，而不只是暂时更好。你可以这样想：这就好比是增加跑量。跑量增加几周后，你的比赛成绩会进步（体能提高）。只要你继续对必要的身体系统施加压力，那你就没必要担心因为跑量减少而使体能也跟着下降。

人们之所以说回到海平面地区几周，在高海拔地区取得的进步就会打水漂，是因为这种情况经常发生。但原因是什么呢？其实是因为跑者通常是去高海拔地区备战某个在海平面地区举办的锦标赛。等他们回到海平面地区参加完比赛，许多人的赛季也就结束了。那么，他们体能的下降是因为他们回到了海平面地区，还是因为他们停止了训练？

我曾让我带的跑者在高海拔训练一个月后去欧洲比赛，然后再回到高海拔地区。返回后，他们在高海拔地区跑得比去欧洲前更快了。有位跑者在高海拔地区待了 6 周，返回后跑出了 5 公里的个人最好成绩。他后来又在海平面地区待了 10 个月，其间跑出了许多个人最好成绩，并成为他那个项目的全美冠军和泛美运动会①冠军。虽然在这段时间里他没有回过高海拔地区，但即便已经回到海平面地区很久了，他仍然比以前跑得快。在海平面地区生活可能会面对一些严苛条件，如炎热、潮湿，可能存在的学习或工作要求，以及个人压力，耐力运动员在告别海平面地区的艰辛生活，去高海拔地区训练一段时间后，会在刚回到海平面地区后表现出巨大的进步，这种情况并不少见。

---

① 泛美运动会：美洲地区四年一度的体育盛事。——译者注

在高海拔训练后，回到海平面比赛

在高海拔地区取得的进步往往需要几周才显现。而对于回海平面地区后的最佳比赛时机，这点似乎因人而异。至于回去多久之后才能在海平面地区达到最佳跑步表现，天气是影响因素之一。高海拔地区的天气通常凉爽、干燥。如果你回到海平面地区后，要在温暖、潮湿的条件下比赛，那么你最好给自己一周或更久的时间来适应环境。而如果海平面地区的比赛天气恰巧也凉爽、干燥，那么你一离开高海拔地区，就已经做好了跑出好成绩的准备。

那么，比赛前应该提前多久回到海平面地区？对此并没有一定之规，而是因比赛项目而异。我认为，比赛距离越长，就要在海平面地区待得越久，这样才能赛出最佳水平。

前文提到的吉姆·莱恩是我的高海拔训练研究对象之一。他是杰出跑者，也是我的好友。他曾在高海拔地区待了 3 周后回到海平面地区，当晚就跑出了 1.6 公里世界纪录（3 分 51 秒 1，时间是 1967 年 6 月 23 日），后来又在回到海平面地区一天后跑出了 1 500 米世界纪录（3 分 33 秒 1）。需要注意的是，这些都是距离相当短的项目。在某种程度上，这些项目受高海拔地区停留经历的影响要小，因为在高海拔地区停留过后，再回到海平面地区经常会发生过度换气的情况，即呼吸过量的空气。而人之所以会出现过度换气，是因为在高海拔地区，人肯定会提高呼吸的空气量，但在回到海平面地区以后，要过几天才能意识到，自己已经不再需要大量地呼吸了。然而，在诸如 1 500 米或 1.6 公里这样距离相对较短的比赛中，等你意识到自己呼吸很吃力时，比赛早已经结束了，因此过度换气问题带来的影响自然也有限。

马拉松比赛则不一样。对马拉松比赛而言，相较于高海拔地区的环境条件，海平面地区的环境可能会带来相当大的压力，尤其表现在温度和湿度方面。高海拔地区的气候几乎总是很干燥，而且比海平面地区更凉爽。如果你回到海平面地区参加马拉松比赛，而且天气又热又潮，那么你的身体在 10 ～ 14 天内都将难以适应这样的环境。不过，当你在海平面地区待上一段时间后，你的呼吸将稳定下来，你会感觉更加舒服。

对大部分距离超过 1.6 公里的比赛而言，比起一回到海平面地区就参加比赛，跑者适应一周乃至更久可能效果更好，尤其是在海平面地区天气条件不同于高海拔地区的典型天气条件时。另外，与在高海拔地区待了很久，中途没有或很少返回海平面地区的跑者相比，在高海拔地区训练期间回过几次海平面地区的跑者一般更懂得如何准备海平面地区的比赛。因此，为了能在心理层面和生理层面都有收获，我建议你将返回海平面地区后的停留时间安排成每次一周。表 6-2 列出了不同温度对两个马拉松比赛成绩的影响。

表 6-2　不同气温对马拉松成绩的影响

马拉松成绩 2 小时 25 分					
温度		总时间增量		大致失水量（毫升）	
华氏度（℉）	摄氏度（℃）	全程	每 5 公里（秒）	每分钟	全程
55	12.8	0:00	0	13.0	1 885
60	15.6	1:07	8	14.5	2 105
65	18.3	2:14	16	15.7	2 275
70	21.1	3:21	24	16.9	2 450
75	23.9	4:28	32	18.1	2 625
80	26.7	5:35	40	19.4	2 815
85	29.4	6:42	48	20.7	3 000
90	32.2	7:49	56	22.1	3 200
55	12.8	0:00	0	16.5	2 145
60	15.6	0:59	7	18.1	2 350
65	18.3	1:58	14	19.6	2 550
70	21.1	2:57	21	21.2	2 755
75	23.9	3:56	28	22.8	2 965
80	26.7	4:55	35	24.4	3 170
85	29.4	5:54	42	25.9	3 370
90	32.2	6:53	49	27.5	3 575

注：该表格由"智跑"项目设计的杰克·丹尼尔斯跑步计算器创建。

07
跑步机训练

训练不一定非要吃苦才有益。

我们大都认为，跑步既简单又自由，这是跑者有而其他项目的运动员没有的重要优势，说得更简单点，是跑步有而许多其他有氧运动没有的重要优势。确实，我们在哪儿都能跑步，而且还不用花钱。那既然如此，我们为什么还要在跑步机上训练呢？

我曾在海湾战争期间指导过一名水手。他身高 1.9 米，体重 84 公斤。我训练了他一年，大部分时间里，他都在按照每周 129 公里的计划训练。乍一听，你可能会觉得这样的训练计划对备战马拉松的人而言相当合理，但他所有的训练只能在航空母舰的甲板上进行。这么一说，你是不是觉得跑跑步机似乎也不是那么不自由了？

另外，我还指导过在监狱服刑的囚犯，他们每年都会在监狱大墙内举办马拉松比赛。因为场地有限，他们只能绕圈跑，1.6 公里一圈，每圈他们都

要从草地跑到柏油路、土路，再跑到水泥地。其中有名囚犯平均每周要跑
64 公里。我还指导过一名跑者，他每天跑步上下班。如果天气很冷又刮风，
他有时也会搭车回家，到家后，他会在自己家的客厅原地跑，最多持续一个
半小时。他用这样的方式确保自己能达到足够的跑量。

还有一个法学院学生的例子，我在读研究生时常常看他跑步，他跑步的
400 米跑道紧邻我的实验室。他似乎每天都跑个不停。有一天，我下楼去见
了他，和他一起跑了几公里，我们一边跑步一边聊天。他告诉我，他每周跑
6 天，每次跑 80 圈。他是个光头，穿着高帮篮球鞋，脚上穿两双厚重的羊
毛袜，外加一条红色棉短裤，除此之外，他没穿别的。有人说，如果天气实
在很冷，他才会穿一件 T 恤，但我从没亲眼见过。当时正值 3 月，我们的
学校在密歇根，而不是在亚利桑那或其他气候温暖宜人的美国南方州。我问
他为什么不少跑几圈，提高点配速，他说："那不行，我跑步不是为了保持
身材，而是为了忘掉学业，有一点自己的时间。"按他这样的情况，跑跑步
机还真是枯燥，确实找不到比这更枯燥的事了。

再来举几个例子，你看完或许就不会再认为用跑步机跑步是个馊主意
了。你觉得 7 月在菲尼克斯跑步会怎么样？那 2 月在明尼苏达、科特兰（美
国纽约州中部城市）或纽约呢？又或 8 月在亚特兰大呢？

如果让世界顶尖的马拉松选手齐聚大型体育馆，各自在跑步机上面对
面站好，一定会轰动媒体：将室内气温保持在 15℃恒温，湿度保持在 30%。
发令枪一响，最快跑完 42.195 公里的选手将问鼎冠军。参赛者可以随时调
整跑步机速度，可以随意吃喝，也可以就近上厕所，甚至还能站到体重秤上
称体重，了解自己流失了多少水分。这听上去是不是特别方便？

最重要的是，跑步机训练对所有跑者都有帮助，比如在你需要控制训练
或养伤的时候，而且不仅是天气不好的时候，甚至天气好的时候也一样。你
其实可以在跑步机上做很多事情，而且不会无聊。

跑步机训练还有个很大的优点，那就是你可以准确地控制训练强度。如

果你在天气好的时候选择在地面上跑步，只能通过改变速度来控制强度。但如果在跑步机上跑步，速度和坡度可以任意调整，以便达到理想的训练强度。哪怕你是在用相当慢的配速跑步，只要设对坡度，你就能让你训练的能量消耗与你用理想速度跑步时的能量消耗相当。

跑步机训练最大的缺点，或许就是你无法与伙伴或其他跑者一同跑步。不过，你也可以采用两人轮流使用跑步机的方式训练，这样也会非常有效。例如，假设某次跑步机训练计划是跑 1 分钟高坡度，然后走下跑步机休息 1 分钟，那么两名跑者可以轮流跑步和休息，在轮到自己时跳上跑步机跑步，再在轮到对方时下来。我多年来一直在和我的大学队员采用这种方式训练，并取得了巨大的成功。

有的人喜欢独自跑步，我也是，而跑步机就可以提供这样的氛围。我记得有一段时间，自己经常提前一小时去实验室工作。我在实验室做过大量的跑步机测试，而我提前去实验室是为了赶在别人去那里之前，在跑步机上先跑一小时。在这种情况下，无论怎样跑，怎样呼吸，怎样摆动双臂，怎样迈动双腿，我唯一知道的就是我跑得多快、跑了多远。还有什么能比这更简单、更放松的呢？

诚然，在跑步机上训练时，某些定速跑的低压力水平可能会让人昏昏欲睡，但跑步机训练绝不是只有这一种方式。顺便说一句，我在跑步机上跑步时更愿意看钟表，而不是看腕表，而且最好是有长秒针的大钟面墙钟。钟表最好挂在侧墙，你必须转头才能看到，因为如果把它挂在你的正前方的话，你不得不看着每一分钟流逝。如果你有兴趣，也可以用时钟为你的训练和休息计时，并用秒针来计算心率。

另外，选择在跑步机上训练意味着你要放弃户外跑步的自由，但既然做出了这样的选择，你不妨卸掉多余的负担。如果是在自己家里的跑步机上跑步，那你甚至连上衣或短裤都不用穿。

Helen H. Richardson/The Denver Post via Getty Images

亨特·肯珀（Hunter Kemper）是史上最杰出的美国铁人三项运动员之一。他认为跑步机是非常重要的训练工具，全世界有许多精英或非精英长距离项目运动员都认同他的看法。

定速跑和间歇跑

人们只能进行两种训练：定速跑和间歇跑（即 I 跑）。定速跑是指以不变的强度不停顿地跑。定速跑可以采用非常轻松的强度，如在热身开始、跑后放松或高强度间歇回合后的恢复跑中采用该强度；也可以采用温和强度，比如 M 跑或 T 跑。

高于 T 配速的强度通常都涉及 I 跑，比如 I 训练或 R 训练。这些类型的训练会让身体的有氧系统承受最大限度的压力，或旨在提高跑步的技术、速度和效率。简单来说，I 跑是指穿插着高强度运动和恢复的训练，而恢复可能是低强度运动，也可能不是。通常，运动强度越大，恢复时间越长，而这在跑步机上很好控制。另外，你也可以在单次训练中将不同的强度和跑步时间混合安排，同时搭配不同的恢复时间，这通常被称为"法特莱克训练法"。

跑坡训练

较之在地面上跑步，在跑步机上跑步在跑坡训练方面具有很大的优势。地面跑坡训练始终有上坡和下坡两个部分。如果你两个部分都想练，这自然没有问题。可通常来说，跑者只想收获上坡跑的训练效果，并不想要下坡跑产生的相反效果。所以，为了继续练习上坡跑而先进行下坡跑，往往并非跑者所愿。相比之下，在跑步机上跑步就很容易避免这一点：你可以跑一会儿上坡，然后下跑步机恢复，接着再跳上跑步机，开始下一轮上坡跑。这种只有上坡跑的训练可能特别适合正在养伤的跑者，因为下坡跑时的落地冲击会加重伤势，而上坡跑时的冲击较少，不会有负面影响。另外，如果坡度够大，那即便你的配速很慢，你也能达到很大的训练强度。

想备战有大量上下坡比赛（如波士顿马拉松）的跑者不但能用跑步机进行上坡训练，还能用跑步机进行下坡训练。要想在常见的跑步机上创造下坡条件，你可以用结实的木板（如枕木）把跑步机后端垫高。比如，如果跑步机的最高坡度是20%，那你可以在跑步机后端垫块木头，同时用木工水平仪测量跑步机皮带的水平度。如果水平仪显示皮带呈水平状态，而跑步机的坡度为5%，那么你就知道，垫上木头后，将跑步机坡度设为0就能获得 -5% 的坡度效果，并且你的跑步机将能在 -5% ~ +15% 的范围内变化坡度。在进行这样的坡度调整时，务必确保跑步机和支撑板（可能是一块或多块）牢牢连接，以免跑步机因为震动而脱离木板或木板被人不小心撞下。

另外，我还想就下坡跑给出一些建议。首先，由于上坡跑和下坡跑是两个相反的过程，所以上坡跑会减少落地冲击，就意味着下坡跑会增加落地冲击。因此，明智的做法是在训练计划中逐步增加下坡跑的次数。其次，最好先在同一训练条件下训练大约4周，然后再调高坡度或速度，进行更大强度的训练。此外，跑得太快或下坡坡度过大，都很容易让股四头肌更加酸痛，因此要多加注意。最后，如果有比赛计划，不要在比赛前几周增加下坡训练的强度，也不要在距离重要比赛只剩4~6周时才开始下坡训练。

如果要尝试新的训练类型，一定要在休整期或长训练周期的初期开始进行。对大多数人来说，跑步机训练主要是在水平面进行或以正角度进行，而对于负角度训练，除非计划参加有下坡路段的比赛，不然普通跑者乃至精英跑者都不需要考虑。

跑步机训练强度

为了尽量减轻跑步机训练的无聊感，同时也为了增加训练变化，我设计了一张跑步机训练强度表，并列出了能对身体施加期望压力的速度和坡度组合。使用这张表开展训练，跑者既能达到期望的强度，又不用总是跑得很快。另外，虽然有些跑步机没法达到理想间歇训练的速度，但我们可以通过增加坡度来达到预期的训练效果。

表 7-1 显示了当跑步机达到表格标题行中各个速度时，我们要将坡度设成多少，才能让训练强度与表格左侧"每公里（时间）"列中的配速相当。例如，要达到与每公里配速 3 分 52 秒相当的训练效果，可以将速度设为9.6 公里 / 小时，将坡度设为 10.2%，或者将速度设为 11.2 公里 / 小时，将坡度设为 7%，还可以将速度设为 15.2 公里 / 小时，将坡度设为 2.3%。再比如，要想达到与每公里配速 2 分 38 秒（每 400 米 63 秒）相当的训练效果，可以将速度设为 9.6 公里 / 小时，将坡度设为 21.2%，也可以使用该行显示的其他组合，其中最高速度是 19.2 公里 / 小时，与之对应的坡度是 4.3%。每公里配速代表的是跑者的每分钟摄氧量（用 $\dot{V}O_2$ 表示），而有氧能力在表中以 5 为增量递增。

虽然将"慢速度"和"高坡度"组合起来，就能达到与许多训练同等的训练效果，但如果要进行与 R 训练相当的训练，最好还是使用较快的速度。跑步机最适合进行 I 训练、T 训练和定速跑。我认为，用"慢速度"和"高坡度"组合进行 I 训练可以收获非常好的训练效果。例如，你可以尝试进行 20 组 I 训练，每组跑 30 秒，组间休息 30 秒。如果你感觉这样做不是太累，也可以尝试训练 10 组，每组跑 1 分钟，组间休息 1 分钟。以上两种训练 - 休息回合有一个好处，即希望以相同强度训练的两个人可以共用一台跑步机。具体而言就是，两人中的一人在跑步机上跑步，另一人在跑步机旁休息，然后双方按照训练计划，每30秒或每1分钟交换一次。此外，将跑步机坡度增加1%，就能取得与将每公里配速提高约6.25～9.38秒相似的效果。

表 7-1　跑步机的坡度与速度组合
（速度范围：9.6 ～ 19.2 公里 / 小时）

$\dot{V}O_2$	每公里（时间）	跑步机速度（公里/小时）												
		9.6	10.4	11.2	12	12.8	13.6	14.4	15.2	16	16.8	17.6	18.4	19.2
		坡度（%）												
30	5：49	2.9	1.9	—	—	—	—	—	—	—	—	—	—	—
35	5：09	4.8	3.5	2.5	—	—	—	—	—	—	—	—	—	—
40	4：38	6.6	5.2	4.0	3.0	—	—	—	—	—	—	—	—	—
45	4：13	8.4	6.8	5.5	4.4	3.5	2.6	—	—	—	—	—	—	—
50	3：52	10.2	8.5	7.0	5.8	4.7	3.8	3.0	2.3	—	—	—	—	—
55	3：34	12.1	10.1	8.5	7.2	6.0	5.0	4.1	3.3	2.6	2.0	—	—	—
60	3：19	13.9	11.8	10.0	8.5	7.3	6.2	5.2	4.3	3.6	2.9	2.3	—	—
65	3：07	15.7	13.4	11.5	9.9	8.5	7.3	6.3	5.4	4.6	3.8	3.2	2.6	—
70	2：56	17.5	15.1	13.0	11.3	9.8	8.5	7.4	6.4	5.5	4.7	4.0	3.4	2.8
75	2：47	19.4	16.8	14.5	12.7	11.1	9.7	8.5	7.4	6.5	5.6	4.9	4.3	3.6
80	2：38	21.2	18.4	16.0	14.1	12.4	10.9	9.6	8.5	7.5	6.6	5.7	5.0	4.3
85	2：31	23.0	20.0	17.5	15.4	13.6	12.1	10.7	9.5	8.5	7.5	6.6	5.8	5.1
90	2：24	24.8	21.7	19.0	16.8	14.9	13.2	11.8	10.5	9.4	8.4	7.5	6.6	5.9

注：该表格由"智跑"项目设计的杰克·丹尼尔斯跑步计算器创建。

　　用跑步机训练的跑者也可以创建自己的跑步机训练强度表。方法是在每次用跑步机训练时，尝试不同的速度和坡度组合，并记录每种组合带给自己的感觉。我建议从 9.6 公里 / 小时和 2.5% 的坡度开始，然后维持 9.6 公里 / 小时，将坡度加到 5%，接着依然维持 9.6 公里 / 小时的配速，但将坡度分别加到 7.5%、10%、12.5%、15%、17.5%，最后加到 20%，逐一尝试同一配速与不同坡度的组合。而在另一次训练中，尝试用 11.2 公里 / 小时的速度与各种坡度组合，之后再将速度增加到 12.8 公里 / 小时、14.4 公里 / 小时、16 公里 / 小时，并尽自己所能将速度与不同的坡度搭配。

在进行这些尝试时，用各个速度与坡度组合定速跑五六分钟，在最后一分钟用 1 级到 5 级评估自己的感觉并记录下来：1 级代表非常轻松，2 级代表有点累，3 级代表累但舒服，4 级代表很累，5 级代表非常累或到了最大极限。1 级相当于轻松完成 L 跑的强度，2 级大约相当于 M 配速，3 级相当于 T 配速，4 级大约相当于 5 公里比赛强度，5 级相当于你只能坚持 5～6分钟的强度。注意，不要试图在同一次训练中尝试太多速度与坡度组合。等到你尽自己所能尝试过了尽可能多的速度与坡度组合后，你就可以从中选出适合自己的，并将它们填到你的跑步机训练强度表里。完成这张表可能需要几周的时间，完成之后，你就可以开始每周训练两次。记住，起初让你感觉困难的训练，可能会在日后变得简单，所以你要设法针对不同的训练强度调整训练内容。

进行这样的小型研究能使跑步机训练变得更有意义，你也会觉得训练时间过得更快。你会更关注自己的评级系统，而不是训练得有多辛苦。你还可以在尝试不同的速度与坡度组合时测量并记录自己的心率，你会因此获得额外的信息，帮助你决定要采用哪种训练计划。如果你要记录心率，请使用以下心率等级：1 级代表最大心率的 80% 及以下，2 级代表最大心率的 81%～85%，3 级代表最大心率的 86%～90%，4 级代表最大心率的 91%～99%，5 级代表最大心率或约等于你当前 1.6 公里比赛速度的水平。

跑步机校准

你或许和我一样，想要确切地知道自己跑得有多快，尤其是在进行 I 训练、T 训练或其他高质量训练的时候。而要做到这一点，就需要对跑步机进行校准。具体做法如下：

1. 关闭跑步机电源。用一小段白色胶带在跑步机皮带边缘做个标记。将卷尺放到皮带上，把零刻度对准该标记。慢慢推动皮带，在必要时用铅笔做些小记号[1]，以便调整皮带。同时还要注意测得的累计长度。一直测量下去，直到"回到"开始的标记。以卷尺上距离开始标记最近的 0.5 厘米刻度为终点，记录下总长度。假设你最后得到的皮带长度是 542.9 厘米。

2. 将以厘米为单位的长度换算成米。在本例中，皮带长度 = 542.9 厘米 ÷ 100 米 = 5.429 米。

3. 将皮带长度乘以 10，得到皮带运转 10 圈后的距离（用 D 表示）。D = 5.429 米 × 10 = 54.29 米。

4. 在开始测量的位置，用布基胶带之类的东西在皮带边缘做个标记。你应该能在皮带快速移动时看到它。

5. 计算皮带运转 10 圈所需的时间，用距离 D 除以该时间，即可得到跑步机的速度。具体做法如下：

a. 让皮带以你想要的速度移动，并在跑步机上选一个点，作为计时的开始位置。当你在皮带上所做的标记到达该点时，开始计时。

b. 在皮带标记到达该点时按下秒表。我通常会在标记在跑步机尽头消失时按下和按停秒表，但如果你在跑步的同时又在计时，就不太容易操作。理想情况下，计时工作应该在你在跑步机上跑步时进行，因为当你在跑步机上时，皮带可能会移动得更慢。最简单的办法是你在跑步机上跑，让另一个人计时。

c. 在按下秒表时数 0，之后在每次标记与计时点重合时数 1，以此类推。在每次重合时大声数出来，数到 10 时按停秒表。计时应重复一次以上，以确认每次得到的结果是否相同。一直重复这个过程，当计时差距在零点几秒内时即可停止。

d. 假设你的秒表显示这 10 圈用了 13.03 秒。将 10 圈用时记为 T，那么本例中，每分钟速度为（54.29 × 60）÷ 13.03 = 250 米 / 分钟，这就是皮带速度。

---

[1] 比如可以每隔一米做个记号，直到记号到第一个标记的距离小于 1 米。这样只需记住做了多少个 1 米记号，将这些 1 米距离相加后，再加上最后一个记号到最初标记的距离，即可得到皮带总长。——译者注

跑步机训练

e. 如果你希望达到特定的速度（用 V 表示），那你可以用如下
算式算得达到该速度所需要的时间 T，即 $T = (D \times 60) \div V$。
例如，如果你希望达到 268 米 / 分钟的速度，那么所需时间
为 $54.29 \times 60 \div 268 = 12.15$ 秒。

本例中，将跑步机速度调整到能在 12.15 秒内运转 10 圈，你就能达到每
分钟 268 米的速度，即每公里 3 分 45 秒的配速。了解每公里配速与以米 / 分
钟和公里 / 小时为单位的速度的对应关系非常有用，知道应该要将跑步机皮
带设置成多大的速度也很有帮助。

08
体能训练

跑步是一件你可以享受终生的事情。

我念高中时，有个很棒的体育课程，我经常向人提起。课程里最令人难忘的，要数我们当时用的颜色系统——每学年春秋季我们都要进行体育测验，学校会根据我们的体能水平，发给我们白色、红色、蓝色、紫色或金色的运动短裤。后来，我在为跑者制订训练计划时也使用了类似的方式，将适用于不同训练水平的不同计划用 4 种颜色命名，以示区分：白色初级计划适用于初跑者，也适用于以前跑过步但后来停了下来，想重新开始跑的人；红色中级计划适用于跑过步但水平相当有限的跑者；蓝色高级计划适用于想要更多地投入到跑步运动中的经验跑者；金色精英计划则针对的是想要进行结构化训练，并且有充足的时间认真训练的严肃型跑者。

用金色精英计划乃至蓝色高级计划备战重要比赛其实绰绰有余。已经根据蓝色高级计划或金色精英计划跑过一段时间的跑者，可以游刃有余地开始本书后面章节介绍的训练计划，这些计划的结构化程度更高。

而对初跑者而言，在开始跑步计划前，应该先做体检，确保身体能够承受跑步带来的压力。有关这方面的内容，可以参考本书前几个章节中关于身体如何应对并适应压力源的相关内容。此外，初跑者在选购跑鞋和服装时，应该先咨询专业跑步教练和比较懂行的经验跑者，以免投入过多金钱。

另外，也别忘了以下这条经验法则：开始跑步计划时，你的体能越差，那么你进行低压力训练的收获就越大。跑者只有在达到较高体能水平后，才需要提高训练要求，以求取得进步。所以，你应该坚持自己的训练计划，且尽量不要过度训练，尤其是在刚开始的时候。以下几条建议适用于所有跑者，包括初跑者和体能最好且最有经验的跑者：

- 休息不是逃避训练，而是训练的必要组成部分；
- 要使训练计划产生最大成效，休息、营养和训练都要跟上；
- 受伤或生病时切勿训练。

接下来，我们来详细探讨上文提到的 4 种计划。

白色初级计划

阅读白色初级计划（见表 8-1）时，你会发现我并没有建议你每天都要跑步。你当然可以每天都跑，时间充足的话，你或许还想跑得更勤。我要重申的是，开始跑步训练计划时，如果你的体力不太好，不用练得很苦、很勤，也能取得巨大的收获。

如果你从来没有跑过步，那每周跑三四天肯定会收效很好。另外，我还有个建议：如果你每周只跑 3 天，最好让第一训练日和第三训练日至少相隔 5 天，并分散安排这 3 天的训练，而不是连跑 3 天，再连休 4 天。不过，如果现实只允许你连跑 3 天再连休 4 天，你也可以这样跑，因为这样跑总好过不跑。

表 8-1 中的训练量（如阶段一的第 1 天、第 3 天、第 5 天等，下同）是建议的最小训练量。

白色初级计划为期 16 周，一开始只要求你每天抽出 30 分钟训练，之后会要求你在所有训练日达到更高的训练量，但最多也只有 45 分钟而已。计划后期要求你在部分训练中加入跨步跑（Stride，以下简称 ST 跑），即持续时间较短的轻量快速跑，两次 ST 跑间有充分的时间恢复。ST 跑有助于改善跑步效率，让你随着体能的提高为跑得更快做好准备。偶尔将 ST 跑和 E 跑结合起来，可以为单调的定速跑增添变化，还能让你增加动力，在 E 跑时跑到不同的地方，以便在平坦、柔软的路面上更舒适地练习 ST 跑。

有的人决定实行白色初级计划，但或许又觉得白色初级计划的训练要求不够高，而对已经参加过其他类型训练的人来说，的确如此。如果你的情况也是如此，你不妨先试几周阶段一的训练；如果你觉得压力确实很小，那再跳到后面的阶段。如果对于白色初级计划的阶段四，你仍然觉得自己还停留在舒适区，那你或许已经有能力开始红色中级计划了。

完成 16 周的白色初级计划后，你可能会对自己目前的感觉和体能状况感到非常满意。如果是这样的话，我建议你重复进行白色初级计划的阶段四，观察自己在这个级别上训练有多自如。如果你特别喜欢某一两天的日常训练（可以是白色初级计划的任一阶段），那你也可以在出门跑步时单单重复自己最喜欢的训练。

你很可能会在完成白色初级计划后参加一些不太重要的路跑赛。跑比赛固然很好，但在选择第一场路跑赛时，千万不要选择距离太长的比赛，建议最好不超过 40 分钟。此外，如果跑步带来的压力稍微超出了你目前的能力，那你完全可以在比赛中停下来走一会儿。另外，起跑的配速一定要稍微低于你认为自己可以全程维持的配速，毕竟完赛后认为自己还能跑得更快，总好过懊悔起跑时没有跑慢一些。

表 8-1 列出了白色初级计划的内容。W 表示步行，E 表示轻松跑，ST

跑是 15 ~ 20 秒的轻量快速跑，两次 ST 跑间休息 45 ~ 60 秒。

表 8–1　白色初级计划

阶段一			
训练日	第 1 ~ 4 周训练内容	跑步时间（分钟）	总时间（分钟）
第 1 天	5 分钟 W + 10 ×（1 分钟 E 跑 + 1 分钟 W 恢复）+ 5 分钟 W	10	30
第 2 天	如果今天训练，重复第 1 天的训练	10	30
第 3 天	5 分钟 W + 7 ×（2 分钟 E 跑 + 1 分钟 W 恢复）+ 4 分钟 W	14	30
第 4 天	如果今天训练，重复第 3 天的训练	14	30
第 5 天	5 分钟 W + 6 ×（1 分钟 E 跑 + 30 秒 W）+ 8 ×（30 秒 E 跑 + 1 分钟 W）+ 4 分钟 W	10	30
第 6 天	如果今天要训练，重复第 5 天的训练	10	30
第 7 天	如果今天要训练，重复第 1 天的训练	10	30
阶段二			
训练日	第 5 ~ 8 周训练内容	跑步时间（分钟）	总时间（分钟）
第 1 天	3 分钟 E 跑 + 3 分钟 W + 10 ×（2 分钟 E 跑 + 1 分钟 W 恢复）+ 4 分钟 W	23	40
第 2 天	如果今天要训练，重复第 1 天的训练	23	40
第 3 天	3 分钟 E 跑 + 3 分钟 W + 6 ×（3 分钟 E 跑 + 2 分钟 W 恢复）+ 4 分钟 W	21	40
第 4 天	如果今天要训练，重复第 3 天的训练	21	40
第 5 天	3 分钟 E 跑 + 3 分钟 W + 20 ×（1 分钟 E 跑 + 30 秒 W 恢复）+ 4 分钟 W	23	40
第 6 天	如果今天要训练，重复第 5 天的训练	23	40
第 7 天	如果今天要训练，重复第 1 天的训练	23	40
阶段三			
训练日	第 9 ~ 12 周训练内容	跑步时间（分钟）	总时间（分钟）
第 1 天	10 分钟 E 跑 + 3 分钟 W + 10 分钟 E 跑 + 3 分钟 W + 10 分钟 E 跑 + 4 分钟 W	30	40
第 2 天	如果今天要训练，重复第 1 天的训练	30	40
第 3 天	2 分钟 W + 4 ×（8 分钟 E 跑 + 1 分钟 W 恢复）+ 2 分钟 W	32	40
第 4 天	如果今天要训练，重复第 3 天的训练	32	40

阶段三			
训练日	第 9～12 周训练内容	跑步时间（分钟）	总时间（分钟）
第 5 天	5 分钟 W + 20 分钟 E 跑 + 5 分钟 W + 10 分钟 E 跑 + 5 分钟 W	30	45
第 6 天	第 5 天的训练可以在第 5 天、第 6 天中任选一天进行，也可以两天都练	0 或 30	0 或 45
第 7 天	如果今天要训练，进行 30 分钟 W	0	30
阶段四			
训练日	第 13～16 周训练内容	跑步时间（分钟）	总时间（分钟）
第 1 天	30 分钟 E 跑 + 9.6 公里 ST 跑 + 6 分钟 E 跑	约 38	约 44
第 2 天	如果今天要训练，重复第 1 天的训练	约 38	约 44
第 3 天	10 分钟 E 跑 + 8 公里 ST 跑 + 10 分钟 E 跑 + 5 ST 跑 + 10 分钟 E 跑	约 33	约 43
第 4 天	如果今天要训练，重复第 3 天的训练	约 33	约 43
第 5 天	重复第 1 天的训练	约 38	约 44
第 6 天	第 5 天的训练可以在第 5 天、第 6 天中任选一天进行，也可以两天都练	0 或约 38	0 或约 44
第 7 天	如果今天要训练，进行 30 分钟 W	0	0

红色中级计划

红色中级计划是为已经完成白色初级计划四阶段训练的跑者设计的，也适用于已经在跑步且认为白色初级计划太过轻松的跑者。使用红色中级计划能让跑者很好地为休闲赛道或路跑赛做好准备，即便完成比赛需要 1 小时或更长时间。

如果你决定跳过白色初级计划，直接开始红色中级计划，那么我建议你至少先浏览一下白色初级计划，了解它建议的训练内容。你或许也有兴趣了解要求更高的蓝色高级计划，想看看自己是否达到了相应的训练水平，或者只是单纯地了解一下，在完成红色中级计划后，要想接受更多挑战，接下来要做些什么。

完成红色中级计划后，你将有能力进行一些短距离比赛。不过，我建议你不要贸然去跑马拉松，而应该再多进行一些训练。如果跑马拉松是你开始训练的主要目的，你可参考本书第 16 章的内容。

红色中级计划要求每周最少训练 4 天，如表 8-2 所示。如果你决定训练 4 天以上，可以参考表中给出的针对额外训练日的训练建议。你可以自由调换各训练日的训练内容，以便更好地利用时间更充裕的日子，并避免在天气不好时训练。

当你一周只训练 4 天时，尽量避免连续训练 3 天。如果你每周训练 5 天，那每周就有两个非训练日，这两天一般要分开安排，但连续休息两天也不一定不好。

另外，我会在给出训练计划前先将各种训练介绍一遍，因此你要对这种介绍方式熟悉起来。如果你恰好要在训练期间参加比赛，就要先确认与比赛时间关联的 VDOT 值（参见第 5 章），然后在红色中级计划的训练中采用相应的训练配速。

完成红色中级计划后，你应该会非常熟悉自己跑 E 配速、T 配速和 I 配速以及进行 L 跑时的感觉。你可能想尝试更有挑战性的计划，如蓝色高级计划和金色精英计划，或更高要求的训练计划，又或想尝试针对特定距离的训练（参见后面章节的相关内容）。

你也可能想暂停结构化训练，只进行一些不同距离的 E 跑。你甚至可能想停跑一段时间。如果你真的决定彻底休息几周，那开始复训后最好只跑 E 跑，适应几周后再加入高质量训练。

表 8-2 给出了红色中级计划的详细内容。

表 8-2　红色中级计划

阶段一			
训练日	第 1～4 周训练内容	跑步时间（分钟）	总时间（分钟）
第 1 天	30 分钟 E 跑 + 9.6 公里 ST 跑	约 32	约 38
第 2 天	如果今天要训练，重复第 1 天的训练	约 32	约 38
第 3 天	10 分钟 E 跑 + 3 ×（1.6 公里 T 跑 + 1 分钟组间休息）+ 10 分钟 E 跑	约 40	约 45
第 4 天	如果今天要训练，重复第 1 天的训练	约 32	约 38
第 5 天	10 分钟 E 跑 + 6 ×（1 公里 T 跑 + 1 分钟组间休息）+ 10 分钟 E 跑	约 50	约 55
第 6 天	如果今天要训练，重复第 1 天的训练	约 32	约 38
第 7 天	E 跑（40 分钟和 9.6 公里之间的较小值）	约 40	约 40
阶段二			
训练日	第 5～8 周训练内容	跑步时间（分钟）	总时间（分钟）
第 1 天	30 分钟 E 跑 + 9.6 公里 ST 跑	约 32	约 38
第 2 天	如果今天要训练，重复第 1 天的训练	约 32	约 38
第 3 天	10 分钟 E 跑 + 3.2 公里 T 跑 + 2 分钟休息 + 1.6 公里 T 跑 + 10 分钟 E 跑	约 40	约 42
第 4 天	如果今天要训练，重复第 1 天的训练	约 32	约 38
第 5 天	10 分钟 E 跑 + 2 ×（1.6 公里 T 跑 + 1 分钟组间休息）+ 2 ×（1 公里 T 跑 + 1 分钟组间休息）+ 10 分钟 E 跑	约 42	约 45
第 6 天	如果今天要训练，重复第 1 天的训练	约 32	约 38
第 7 天	40～50 分钟 E 跑配速定速 L 跑	40～50	40～50
阶段三			
训练日	第 9～12 周训练内容	跑步时间（分钟）	总时间（分钟）
第 1 天	30 分钟 E 跑 + 9.6 公里 ST 跑	约 32	约 38
第 2 天	如果今天要训练，重复第 1 天的训练	约 32	约 38
第 3 天	10 分钟 E 跑 + 9.6 公里 ST 跑 + 5 ×（3 分钟 H 跑 + 2 分钟 jg 跑）+ 10 分钟 E 跑	约 47	约 50
第 4 天	如果今天要训练，重复第 1 天的训练	约 32	约 38
第 5 天	10 分钟 E 跑 + T 跑配速定速跑（4.8 公里和 20 分间的较小值）+ 10 分钟 E 跑	约 40	约 40
第 6 天	如果今天要训练，重复第 1 天的训练	约 32	约 38
第 7 天	40～50 分钟 E 跑配速定速 L 跑	40～50	40～50

续表

	阶段四		
训练日	第 13 ～ 16 周训练内容	跑步时间（分钟）	总时间（分钟）
第 1 天	30 分钟 E 跑 + 12.8 公里 ST 跑	约 33	约 41
第 2 天	如果今天要训练，重复第 1 天的训练	约 33	约 41
第 3 天	10 分钟 E 跑 + 6.4 公里 ST 跑 + 2 ×（5 分钟 I 跑 + 4 分钟 jg 跑 + 3 分钟 I 跑 + 2 分钟 jg 跑）+ 10 分钟 E 跑	约 50	约 53
第 4 天	如果今天要训练，重复第 1 天的训练	约 33	约 41
第 5 天	10 分钟 E 跑 + 9.6 公里 ST 跑 + 3.2 公里 T 跑 + 2 分钟休息 + 3.2 公里 T 跑 + 10 分钟 E 跑	约 50	约 55
第 6 天	如果今天要训练，重复第 1 天的训练	约 33	约 41
第 7 天	40 ～ 50 分钟 E 配速定速 L 跑 + 6.4 公里 ST 跑	41 ～ 51	41 ～ 55

蓝色高级计划

蓝色高级计划适用于刚刚完成红色中级计划的跑者，也适用于跑步经验相当丰富且会时常参加一些比赛的跑者。蓝色高级计划要求跑者每周训练5 ～ 7 天。要达到理想的周跑量目标，有些日子可能要跑一次以上。表 8–3 中的训练日是我建议的高质量训练日。

表 8–3　蓝色高级计划

	阶段一		
训练日	第 1 ～ 4 周训练内容	跑步时间（分钟）	总时间（分钟）
第 1 天	60 分钟 E 跑（一次性完成或分两次完成，跑满 60 分钟）	60	约 60
第 2 天	10 分钟 E 跑 + 8 ×（400 米 R 跑 + 400 米恢复性 jg 跑）+ 10 分钟 E 跑	约 50	约 50
第 3 天	如果今天要训练，重复第 1 天的训练	60	60
第 4 天	30 ～ 45 分钟 E 跑 + 12.8 公里 ST 跑	33 ～ 48	40 ～ 56
第 5 天	15 分钟 E 跑 + 4 ×（4 分钟 H 跑 + 3 分钟 jg 跑作为恢复）+ 15 分钟 E 跑	约 60	约 60
第 6 天	如果今天要训练，重复第 4 天的训练	33 ～ 48	40 ～ 56
第 7 天	60 ～ 90 分钟 L 跑	60 ～ 90	60 ～ 90

阶段二			
训练日	第 5～8 周训练内容	跑步时间（分钟）	总时间（分钟）
第 1 天	60 分钟 E 跑（一次性完成或分两次完成，跑满 60 分钟）	60	60
第 2 天	15 分钟 E 跑 + 4 ×（200 米 R 跑 + 200 米 jg 跑 + 200 米 R 跑 + 200 米 jg 跑 + 400 米 R 跑 + 400 米 jg 跑）+ 15 分钟 E 跑	约 60	约 60
第 3 天	如果今天要训练，重复第 1 天的训练	60	60
第 4 天	30～45 分钟 E 跑 + 12.8 公里 ST 跑	33～48	40～56
第 5 天	15 分钟 E 跑 + 20 分钟 T 跑 + 6.4 公里 ST 跑 + 15 分钟 E 跑	约 55	约 55
第 6 天	如果今天要训练，重复第 4 天的训练	33～48	40～56
第 7 天	60～90 分钟 L 跑	60～90	60～90
阶段三			
训练日	第 9～12 周训练内容	跑步时间（分钟）	总时间（分钟）
第 1 天	60 分钟 E 跑	60	60
第 2 天	15 分钟 E 跑 + 9.6 公里 ST 跑 + 6 ×（400 米 R 跑 + 400 米 jg 跑 + 200 米 R 跑 + 200 米 jg 跑）+ 15 分钟 E 跑	约 65	约 65
第 3 天	如果今天要训练，跑 30 分钟 E 跑 +9.6 公里 ST 跑	约 35	约 35
第 4 天	30～45 分钟 E 跑 + 12.8 公里 ST 跑	33～48	40～56
第 5 天	15 分钟 E 跑 + 4 ×（4 分钟 H 跑 + 3 分钟 jg 跑作为恢复）+ 15 分钟 E 跑	约 60	约 60
第 6 天	如果今天要训练，重复第 4 天的训练	33～48	40～56
第 7 天	60～90 分钟 L 跑	60～90	60～90
阶段四			
训练日	第 13～16 周训练内容	跑步时间（分钟）	
第 1 天	60 分钟 E 跑	60	60
第 2 天	15 分钟 E 跑 + 3 ×（1 公里 T 跑 + 1 分钟休息）+ 3 ×（3 分钟 H 跑 + 2 分钟 jg 跑）+ 15 分钟 E 跑	约 60	约 65
第 3 天	如果今天要训练，跑 30 分钟 E 跑 +6.4 公里 ST 跑	约 32	约 35
第 4 天	30～45 分钟 E 跑 + 9.6 公里 ST 跑	32～47	38～53

阶段四			
训练日	第 13 ~ 16 周训练内容	跑步时间（分钟）	总时间（分钟）
第 5 天	20 分钟 E 跑 + 2 ×（200 米 R 跑 + 200 米 jg 跑）+ 3 ×（1 公里 T 跑 + 1 分钟休息）+ 2 ×（200 米 R 跑 + 200 米 jg 跑）+ 5 分钟 E 跑	约 50	约 55
第 6 天	如果今天要训练，重复第 4 天的训练	32 ~ 47	38 ~ 53
第 7 天	60 ~ 90 分钟 L 跑	60 ~ 90	60 ~ 90

蓝色高级计划的周跑量为每周 64 ~ 84 公里或每周 4.5 ~ 7 小时以上，具体取决于训练速度。如果你在实行蓝色高级计划期间有参加比赛的计划，那你就要重新安排训练日程，让自己在比赛前至少有两个 E 日。要做到这一点，你有时甚至可能要减少一个训练日。记住，比赛是训练中非常重要的一部分，对改善体能起着重要作用。

如果在实行蓝色高级计划的过程中，你觉得训练要求对你来说有些高，那你可以考虑回到红色中级计划，甚至可以考虑停跑几周再重新开始结构性计划。如果你选择休息一段时间，建议你阅读第 9 章关于如何从运动量较低或没有运动的状态慢慢回到训练中的相关内容。

完成蓝色高级计划后，你便会熟悉不同强度的训练，以及在各类型训练中和训练后的感觉。不过，即便你经验丰富，已经进行过不同训练量和不同训练强度的训练，你可能依然没有做好应对马拉松的准备，但此时你的体能已经相当好，所以你可以开始考虑参加马拉松。如果马拉松是你的目标，那你不妨看看本书后文介绍的马拉松训练计划。如果你想针对某个比赛距离训练，可以参考我给出的针对许多长距离项目的训练计划。

如果蓝色高级计划让你很受激励，你想更加努力地训练，那你可以尝试金色精英计划。而如果你自觉能胜任金色精英计划，你或许想了解针对特定比赛距离的计划，对此，可参考后面的相关章节。

表 8-3 中是蓝色高级计划的详细内容。E 代表轻松跑，L 代表轻松的长距离定速跑。ST 跑是轻量的 15 ～ 20 秒快速跑（非冲刺跑），两次 ST 跑之间休息 45 ～ 60 秒。R 跑配速为你能在比赛中坚持 5 分钟的配速。H 跑本质上就是 I 跑，配速为你能在比赛中坚持 10 ～ 15 分钟的配速。T 跑强度为舒适偏艰苦。jg 跑应该采用轻松配速。

金色精英计划

金色精英计划适用于已经完成蓝色高级计划第四阶段的跑者，也适用于经验丰富、训练时间充裕，且想为不同距离的比赛做好准备的跑者。金色精英计划要求跑者每周跑六七天，有些日子甚至一天两跑。金色精英计划的周跑量通常在 97 公里以上，具体情况因天气和个人投入程度而异。虽然你也可以用金色精英计划备战马拉松比赛，但我仍然建议你参考第 16 章中具体的马拉松训练计划。

David Kamerman/The Boston Globe via Getty Images

琼·贝努瓦·塞缪尔森（Joan Benoit Samuelson，图中 14 号选手）是波士顿马拉松两届冠军兼 1985 年奥运会马拉松冠军。她为常年保持竞争力调整了训练方案。身为美国跑步大使，她鼓励女性参与这项运动。

金色精英计划要求每周训练6次（见表8-4），每周第4天为机动训练日。不过，如果你因为环境条件有限或个人事务而无法训练，你可以减少一个训练日。我通常将周日作为每周第一天，你也可以根据自己的日程将一周中的任意一天作为第一天。

另外，每次训练时，除了投入训练的时间，你还要另花时间拉伸、做辅助训练、洗澡、换装、去训练场地，等等。我之所以要明确地说明，是避免你误以为要完成训练，只要留出计划里列出的时间就够了。

实行金色精英计划期间，你应该在比赛前安排两三个轻松日训练；比赛结束后，你应以3 000米为标准，比赛距离每多3 000米就多安排一个轻松日，比如在10公里比赛后安排3个轻松日，在15公里比赛后安排5个轻松日。我还建议你将T训练作为赛前最后一次高质量训练，具体而言，就是以T配速跑3个1.6公里，在每两次T跑间安排2分钟休息。

金色精英计划应该几乎能让你为任何距离的比赛做好准备，尽管如此，你可能仍然想在备战重要比赛时，了解针对特定距离的训练计划。对此，可参见本书后面章节的相关介绍。

表8-4　金色精英计划

阶段一			
训练日	第1～4周训练内容	跑步时间（分钟）	总时间（分钟）
第1天	75分钟E跑（一次性完成或分两次完成）	75	75
第2天	20分钟E跑 + 10×（400米R跑 + 400米jg跑）+ 10分钟E跑	约60	约60
第3天	60分钟E跑（一次性完成或分两次完成）+ 9.6公里ST跑	约62	约65
第4天	如果今天要训练，重复第3天的训练	约62	约65
第5天	20分钟E跑 + 9.6公里ST跑 + 20分钟T跑 + 9.6公里ST跑 + 10分钟E跑	约54	约66
第6天	60分钟E跑	60	60
第7天	120分钟L跑	120	120

阶段二			
训练日	第 5 ～ 8 周训练内容	跑步时间 （分钟）	总时间 （分钟）
第 1 天	75 分钟 E 跑	75	75
第 2 天	20 分钟 E 跑 + 5 ×（3 分钟 H 跑 + 2 分钟恢复性 jg 跑）+ 20 分钟 E 跑	约 65	约 65
第 3 天	1 ～ 2 次 E 跑（每次 30 ～ 40 分钟）+ 9.6 公里 ST 跑	32 ～ 82	38 ～ 88
第 4 天	如果今天要训练，重复第 3 天的训练	32 ～ 82	38 ～ 88
第 5 天	20 分钟 E 跑 + 9.6 公里 ST 跑 + 8 ×（200 米 R 跑 + 200 米 jg 跑）+ 5 分钟 E 跑 + 8 ×（200 米 R 跑 + 200 米 jg 跑）+ 5 分钟 E 跑	约 55	约 55
第 6 天	60 分钟 E 跑（一次性完成或分两次完成）	60	60
第 7 天	120 分钟 L 跑	120	120
阶段三			
训练日	第 9 ～ 12 周训练内容	跑步时间 （分钟）	总时间 （分钟）
第 1 天	75 分钟 E 跑（一次性完成或分两次完成）	75	75
第 2 天	20 分钟 E 跑 + 9.6 公里 ST 跑 + 5 ×（4 分钟 H 跑 + 3 分钟 jg 跑）+ 20 分钟 E 跑	约 80	约 80
第 3 天	75 分钟 E 跑（一次性完成或分两次完成）	75	75
第 4 天	如果今天要训练，重复第 3 天的训练	75	75
第 5 天	20 分钟 E 跑 + 5 ×（1.6 公里 T 跑 + 1 分钟休息）+ 9.6 公里 ST 跑 + 10 分钟 E 跑	约 70	约 70
第 6 天	60 分钟 E 跑（一次性完成或分两次完成）	60	60
第 7 天	120 分钟 L 跑	120	120
阶段四			
训练日	第 13 ～ 16 周训练内容	跑步时间 （分钟）	总时间 （分钟）
第 1 天	75 分钟 E 跑（最好分两次完成）	75	75
第 2 天	20 分钟 E 跑 + 3 ×（3 分钟 H 跑 + 2 分钟 jg 跑）+ 8 ×（200 米 R 跑 + 200 米 jg 跑）+ 10 分钟 E 跑	约 60	约 60
第 3 天	75 分钟 E 跑（一次性完成或分两次完成）	75	75
第 4 天	如果今天要训练，重复第 3 天的训练	75	75
第 5 天	20 分钟 E 跑 + 6 ×（1 公里 T 跑 + 1 分钟休息）+ 9.6 公里 ST 跑 + 20 分钟 E 跑	约 70	约 70
第 6 天	60 分钟 E 跑（一次性完成或分两次完成）	60	60
第 7 天	120 分钟 L 跑	120	120

体能训练

　　完成金色精英计划的跑者应该能完成任何类型的训练项目或训练计划。如果你发现金色精英计划要求太高，那就回到要求稍低的计划，或者在本书介绍过的训练计划中挑选一部分，在时间允许时训练。总之，有很多方法能让你完全发挥出自己的能力。不过，对一个人有效的方法，对另一个人不一定有效。因此，我给出了不同的训练方法和训练类型，希望每个人都能找到感觉最对、效果最好的训练。

09
休整期和辅助训练

做决定要慎重，这样才能为身体带来好处。

前文强调过，我们应该把休息看作训练的一部分，而不是把它看作对训练的逃避。对此，我还想补充一点：有时候，彻底休整一段时间也会带来好处。所谓彻底休整，就是在一段时间里完全不跑步，可以是几天、几周，甚至是一两个月。

有时候，这样的休整期更长一些。例如，如果伤病严重到需要手术，自然就要停跑很久。另外，当对训练进展感到沮丧时，我们也会停跑较长时间。

休整一般有两种类型：计划外的休整和计划内的休整。这两类休整的主要区别在于：关于前者，你可能是因为受伤或生病而完全没法跑步，甚至没法做其他运动；关于后者，你随时可以跑步，也可以进行其他训练。

无论休整的原因何在，我都不建议你在重新开始训练时立刻恢复休整前的训练量，因为你此时的体能肯定会下降，所以调整训练是必然的。另外，体能有所下降时，不用达到休整前的运动强度也能从中获益。换言之，不要试图通过额外努力训练来弥补失去的时间。

休整

我从未遇到过没在职业生涯中停下来休整过的跑者，艰苦训练后的一两天休息也可以看作休整。再比如赛前减量期，那段时间的训练量会大幅下降，这算不算休整呢？

在需要休整时休整，在这一点上，我的一位好友可谓最佳范例。他是美国大学体育协会的全美冠军、泛美运动会冠军，同时也是奥运会选手，40岁时仍能在 10 公里比赛里跑进 30 分钟。我曾在他 24 岁时对他做过测试，当时他的最大摄氧量高达 78.6。在他 50 岁那年，我再度对他做了测试，而他当时的最大摄氧量为 76.0——我从未听说过哪个同年纪的人还能拥有如此强大的有氧能力！

我问他，两次测试相隔 25 年，在这 25 年里，他一共休整了多少天。他说他把没有训练的日子全都记了下来，加起来有 1 200 多天。他基本每逢小伤或生病都会休息几天。可见，虽然这些年他休息了那么多天，但这显然并没有对他产生不好的影响。

此外，他冬天很少跑步，但他会进行大量越野滑雪。这证明了辅助训练对他维持跑步体能起到了很大的帮助——虽然他没有在滑雪日跑步，但这些日子并不算休整日。

我这位好朋友的例子很好地说明了即便有多次短期休整，人体仍然能够维持某些能力。这无疑也告诉我，受伤时最好休息几天，让伤势恢复，带伤训练只会延长恢复时间（小伤病也是如此，带病训练可能反而会导致体能的严重倒退）。

无论休整的原因为何，我都建议你思考一下：你的身体在没有日常运动时都经历了什么？我们的体能固然会下降，但下降的幅度和速度通常小于预期，因为常规训练带给身体的许多益处都是长期的，很久之后才会消退。

例如，经过几周的训练，心肌或用于跑步的肌肉的力量都会增强，此后肌肉的流失过程将非常缓慢。肌纤维和为肌纤维供血的血管会有一些小变化，这些变化会维持一段时间。

图 9-1 展示的是训练效果随时间慢慢累积，并随时间慢慢消失的过程。事实上，当我们刚刚开始训练计划时，相对较少的训练就能产生可观的效果，而随着时间的推移，这种效果会越来越不显著。停止训练后，这些效果的"流失"最初很缓慢。所以，偶尔休息几天，就算有负面影响，影响也不会太大。毕竟，在重要比赛前，人们普遍都会减量（少训练，多休息），以期在比赛时超常发挥。

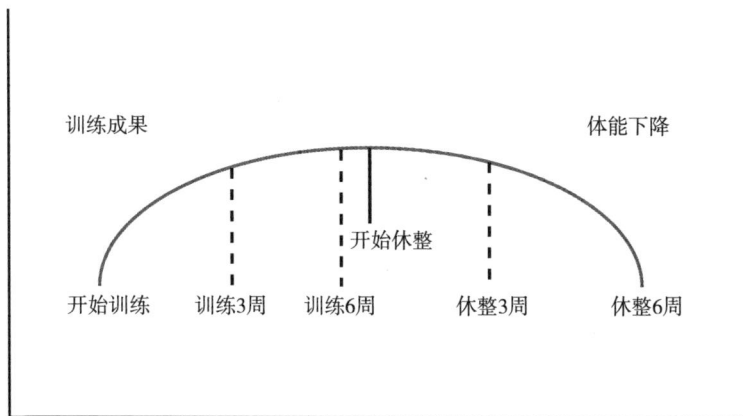

图 9-1 训练和休整带来的影响

另外，由于跑者（尤其是周跑量很大的跑者）习惯了每天消耗一定的热量，也习惯了维持理想的体重，所以在休整期必须考虑热量摄入的问题。跑者通常会在休整期保持热量摄入不变，而这样做很容易导致体重上升。虽然对有些人来说，不改变热量摄入或许效果不错，但如果休整期较长，为了避免身体增加多余脂肪，势必要在某一刻开始调整饮食习惯。因为当你无法保持平时的运动量时，保持健康便是首要原则。

计划外的休整

当训练遇到计划外的休整时，就必须考虑某些问题。最重要的问题就是要接受需要休整的现实，并尽一切努力来解决问题。另外，如果你必须恢复正常训练，那你可以在停跑期间做些辅助训练，以尽量减少体能的下降。

事实上，某些类型的交叉训练可以增强你抵御伤病的能力，避免你在恢复常规跑步训练后问题进一步恶化，而且还有助于你跑得比以前更好。例如，抗阻力训练可以改善你身体的平衡能力，让你拥有更高效的跑步技巧。此外有研究表明，练习轻负重半蹲可以提高跑步表现。在某种意义上，计划外的休整可能最终会让你因祸得福。如果你能找到新的运动方式，让跑步表现全面提高，那就更是如此。

因伤休整通常有两种情况：一种是完全无法用腿，另一种是能使用腿部的部分用于跑步的肌肉进行有氧活动。如果你是腿部骨折，那你肯定不能再进行会对伤腿造成冲击的活动，只能用胳膊来进行有氧训练，比如游泳。而如果你是脚踝或脚部受伤，那你即便无法跑步，仍然可以练习深水跑，让臀部和许多腿部肌肉得到充分的训练。

其他不会产生冲击力的训练方式还包括椭圆仪训练、单车训练等。一些暂时无法跑步的跑者甚至只用跑步机练习上坡走也能收获效果。总之，在受伤时进行交叉训练，重点是要确保训练不会加重伤痛，避免不能跑步的时间变长。如果受伤几天后仍未康复，你最好去看物理治疗师、运动防护师或医生。在你看来一些问题可能是小事，但小问题可能会发展成大问题。而有时看似严重的问题，只要遵循恰当的建议，解决起来相当简单。

计划内的休整

大部分跑者都会计划好一整年的训练，以便安排好休整时间，这是很好的做法。而说到休整，我倾向于将之视为训练的一部分。休整带来的效果与轻松日类似：在两次高质量训练间安排轻松日，会让身体反应良好；而停训一段时间，也会让身体和精神在恢复常规训练日程后达到新的运动表现水平。

规划休整期时，最好先想好要在未来几个月内参加哪些比赛，然后基于比赛安排规划。换言之，你要做一个包含休整的长期训练计划，而在制订计划的同时，你还要充分认识到，这个计划可能会需要因为计划外的休整进行调整。

计划内的休整期的长度取决于前几周或前几个月的训练压力。如果这一年你已经因为小伤小病停过训练，那你可能没有必要再另外计划休整期。而且你不用过度悲观，也无须认为自己未来几个月一定会遭遇伤病，就不需要计划休整期。

我个人喜欢将计划内的休整期定为 2 ～ 6 周，前提，休整期过后会准备继续正常跑步。计划外的休整期显然要更长一些。

表 9-1 就如何根据停跑时间来调整训练强度提供了指导，你可以参考表中的 VDOT 调整值调整你的训练速度。你之所以需要进行这样的调整，是因为你的训练速度是由你当前的 VDOT 值决定的：当你跑得更好时，你的训练 VDOT 值就会上升。相应地，休整一段时间后，你当前的 VDOT 值在一定程度上会下降。

表 9-1 还根据休整时间长短、腿部是否进行过有氧训练这两个因素，列出了 VDOT 值的调整幅度。如果你完全没有进行腿部有氧训练，那就采用 FVDOT-1 列中的值，反之则采用 FVDOT-2 列中的值。

你看一下与停跑 6 周相对应的值会发现，如果不进行腿部训练，你的 VDOT 值会下降 11% 左右，即将现在的 VDOT 值与体能状况良好时的

VDOT 值作比，比值为 0.889。而 FVDOT-2 列显示，与在休整期间不进行任何运动相比，如果在休整期间进行了一些效果不错的交叉训练，那么 VDOT 值会下降约 5.5%，仅为 11% 的一半左右，即将现在的 VDOT 值与体能状况良好时的 VDOT 值作比，比值为 0.944。

表9-1 休整导致的 VDOT 调整

休整时间（天）	FVDOT-1	FVDOT-2
≤ 5	1.000	1.000
6	0.997	0.998
7	0.994	0.997
10	0.985	0.992
14	0.973	0.986
21	0.952	0.976
28	0.931	0.965
35	0.910	0.955
42	0.889	0.944
49	0.868	0.934
56	0.847	0.923
63	0.826	0.913
70	0.805	0.902
≥ 72	0.800	0.900

如表 9-1 所示，5 天不训练不会造成任何损失。而停跑大约 10 周以后，你的 VDOT 值的下降可能会达到极限，约为 20%。当然了，说 20% 就是 VDOT 值下降的极限其实存在误导，因为如果你增加了相当多不必要的体重，那在你恢复到理想的跑步体重前，你的 VDOT 值会进一步下降。可按以下步骤估算恢复期的 VDOT 值 [1]：

1. 写下退步前的体重，单位为公斤：_____(A)；

2. 写下退步前的 VDOT 值（由最近的比赛时间得到）：_____(B)；

3. 用 A 乘以 B：_____(C)；

4. 用 C 除以你现在的体重（公斤）：_____(D)。

---

[1] 资料来源：J. Daniels, *Daniels' Running Formula*, 4th ed. (Champaign, IL: Human Kinetics, 2022)。

D 是根据体重调整后的 VDOT 值。将表 9-1 中的 FVDOT 值乘以刚才算出来的 D 值，就能得到你当前的 VDOT 估算值，你应该基于该值进行恢复训练。当然，开始比赛后，你就能得到最准确的 VDOT 值，之后便可以参考该值训练。以下是与体重变化相关的 VDOT 值调整示例：

假设你退步前的体重是 60 公斤（A），VDOT 值是 50（B），那么 A × B = 3 000（C）。

假设你现在的体重是 63.1 公斤，那么调整后的 VDOT 值 D = 3 000 ÷ 63.1 = 47.5（调整后的 VDOT 值）。

调整训练跑量或时长

表 9-2 就长期休整（无论是计划内的，还是计划外的）后如何调整训练量给出了一些指导和例子。我按照停跑时间将恢复期的调整分成了以下 4 类：5 天及 5 天以内（类别一）、最长 4 周（类别二）、4 ~ 8 周（类别三）和大于 8 周（类别四）。

表 9-2　休整后训练量的调整

类别	休整时间（天）	训练量调整	占休整前 VDOT 的百分比
一	≤ 5	5 天 E 跑（训练量 ≤ 100%）	100%
二	6 ~ 28	前半段 E 跑（50% 的量）	93.1% ~ 99.7% 或 96.5% ~ 99.8%（见表 9-1）
		后半段 E 跑（75% 的量）	93.1% ~ 99.7% 或 96.5% ~ 99.8%（见表 9-1）
	6	3 天 E 跑（50% 的量）+ 3 天 E 跑（75% 的量）	99.7% ~ 99.8%
	28	14 天 E 跑（50% 的量）+ 14 天 E 跑（75% 的量）	93.1% ~ 96.5%

类别	休整时间（天）	训练量调整	占休整前 VDOT 的百分比
三	28～56	前 1/3 E 跑（33% 的量）	84.7%～93.1% 或 92.3%～96.5%（见表 9-1）
		中间 1/3 E 跑（50% 的量）	84.7%～93.1% 或 92.3%～96.5%（见表 9-1）
		最后 1/3 E 跑（75% 的量）	84.7%～93.1% 或 92.3%～96.5%（见表 9-1）
	29	9天（33%的量）+ 10天（50%的量）+ 10天（75%的量）+ 若干次 ST 跑	93.0%～96.4%
	56	18 天 E 跑（33% 的量）+ 19 天 E 跑（50% 的量）+ 19 天 E 跑（75% 的量）+ 若干 ST 跑	84.7%～92.3%
四	≥56	3 周 E 跑（33% 的量，每周不超过 48 公里）	80.0%～84.7% 或 90.0%～92.3%（见表 9-1）
		3 周 E 跑（50% 的量，每周不超过 64 公里）	80.0%～84.7% 或 90.0%～92.3%（见表 9-1）
		3 周 E 跑（70% 的量 + ST 跑，每周不超过 96 公里）	80.0%～84.7% 或 90.0%～92.3%（见表 9-1）
		3 周 E 跑（85% 的量 + ST 跑 + R 跑，每周不超过 120 公里）	80.0%～84.7% 或 90.0%～92.3%（见表 9-1）
		3 周 E 跑（100% 的量 + ST 跑 + T 跑 + R 跑，每周不超过 144 公里）	80.0%～84.7% 或 90.0%～92.3%（见表 9-1）

举例来说，类别二的跑者在恢复训练的前半段，总跑量不应该超过休整前总跑量的 50%，而到了恢复训练的后半段，就可以将跑量提高到休整前跑量的 75%。如果类别二的跑者未在休整期进行任何交叉训练，那么如表 9-1 中的 FVDOT-1 列所示，其恢复期 VDOT 值将为休整前 VDOT 值的 93.1%。

而如果有跑者停跑 6 周，但在这期间坚持进行包含腿部有氧运动的交叉训练，那么他就属于类别三。得益于交叉训练，这类跑者的 VDOT 值只降到了退步前的 94.4%（见表 9–1）。如表 9–2 所示，在恢复训练的前 1/3，他们的恢复期跑量不应该超过休整前跑量的 33%。例如，假设某人之前的周跑量累计达 96 公里，那么在恢复期前两周，他的周跑量都不应该超过 32 公里，而之后两周的周跑量就可以达到 48 公里，最后两周的周跑量则可以达到 72 公里。此外，类别三的跑者还可以在部分 E 跑期间或结束后加入一些常规 ST 跑。

当你结束休整，并用调整过的训练量和训练强度完成恢复训练之后，就可以恢复到休整前的正常训练量了。如果你的体重有所增加，那你就按照上文描述的方法计算恢复期的 VDOT 调整值。

加入辅助训练

当人们决定开始跑步时，首先考虑的通常是时间问题，包括每天能跑多长时间，以及每周或每月能跑几天。为跑步安排日程固然重要，但与此同时，留给其他活动的时间往往非常有限，甚至根本没有，而某些非跑步活动其实可以帮助人跑得更好，如拉伸、抗阻力训练、按摩、冰浴、瑜伽。虽然这些活动有的很花时间，有的还要花钱，但如果你既有时间又有预算，不妨尝试某些活动，或许它们能让你有所收益。

在这些非跑步活动中，抗阻力训练是一种经证明能提高跑步表现的辅助训练，我建议所有跑者都把它纳入自己的周计划中。

如果你能去配备重训器械的健身房训练，那你可以尝试俯卧弯腿、坐姿伸膝、髋外展、髋内收、腹部和背部训练等，这些训练都会对你的跑步有帮助。如果你既有时间又有兴趣，不妨做些手臂训练。虽然练手臂一般对跑步没有实际的帮助，但这么做往往会让你在总体上感觉更好。如果你决定用杠铃、哑铃等自由重量器材进行抗阻力训练，首先要下功夫练好技巧，然后再随着训练经验的增加慢慢增加阻力。

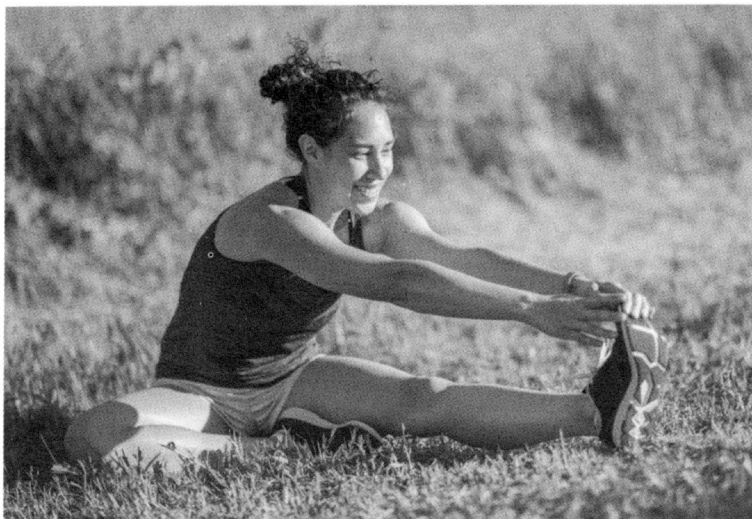

FatCameraE+/Getty Images

拉伸和抗阻力训练是跑步训练的重要补充，有助于跑者预防常见伤病。

此外，加强腿部力量能提高身体抵御常见跑步伤病的能力，这或许也是练腿最大的好处。换言之，比起提高跑步能力，抗阻力训练可能更有助于提高身体抵御伤病的能力，让你在跑得更多、更快时不会受伤。这样你才能进行更艰苦的训练，从而成为更好的跑者。

除了有助于抵御伤病，部分抗阻力训练还能提高跑步效率，即减少跑步的能量需求。我们尚不清楚个中原因，但据估计，这可能是因为变强壮能让你拥有更加结实的"底盘"，更容易控制自己的步伐，还能让你在跑步时减少不必要的移动。另外，跑坡（包括上坡跑和下坡跑）同样有助于增强力量和提高跑步效率。

说到跑坡，我必须就下坡跑给出一些忠告。在太陡的下坡道或坚硬的路面上奔跑会增加臀部、膝盖、脚部等部位的受伤概率。下坡跑的关键是使用坡度只有 2% ~ 3% 的缓坡，在美国，州际高速公路允许的最大坡度是 6%。在跑下坡时，一定要避免步伐过大，落地尽量要轻，步频要快。让你的下坡跑感觉像是在"滚"下坡，而不是"跳"下坡。此外，用后脚掌而不是前脚掌落地可能也有帮助。

而上坡跑几乎可以用任何坡度进行，因为上坡跑时脚与地面的撞击不如在平地上大。因此，上坡跑带来的好处是双重的：既减少了与平地或下坡跑相关的落地冲击，又加强了蹬地用到的肌肉和髋关节屈肌群。如果你是在户外进行上坡跑，那么在之后下坡时要格外小心。在此，我不得不再提起用跑步机上坡跑的巨大优势：可以想跑多久就跑多久，需要休息时，只要从跑步机上下来就行了，根本不用为了重新上坡而跑下坡。

有人将辅助训练称为交叉训练，其实用什么样的术语并不重要，关键是要着重训练跑步时会遭受撞击的身体部位，尤其是在跑步距离很长的时候。如果你一直在循序渐进地增加跑量，但突然跑了超出进度的距离，那你本来很好的跑步技巧有可能会"走样"，继而很可能引起伤病。实际上，只要你在跑步时觉得自己的跑步技巧开始变得"笨拙"，那就应该停止训练。所以，在跑步训练之余，不妨去健身房多做点负重训练，也可以做些循环训练或其他活动。这样训练下来，你会发现自己更加享受跑步，也会在常规训练中切实感觉到自己在变强。

另外，如果你在整体计划中加入了辅助训练，那么为辅助训练加量时，要和提高跑量和速度时一样谨慎。我采用的一般规则是，在加量前，先让身体在某个训练压力下适应4周，在我看来，训练不足要好过训练过度。就拿跑量来说，在增加跑量前，最好先保持固定的周跑量，并一直保持4周。等到真的要加跑量时，你可以稍微多加一点，而不是只在当前周跑量的基础上增加3.2公里或4.8公里。同样的方法也适用于抗阻力训练：先将某个训练压力保持4周左右，然后再将训练压力提高到新的水平。

总之，尽量在整体计划中加入辅助训练，哪怕只是在家就能做的训练。变强壮会让你更有信心，也会提高你的跑步效率，还能帮你抵御常常困扰各水平跑者的小伤病。

以下是我设计的一套比较简单的常规循环训练，它不需要使用任何工具，自身体重是唯一的阻力。在这套训练中，第1组和第4组动作要求做一分钟最大量的一半。以第1组动作俯卧撑为例，由于你需要做一分钟最大量的一半，因此在开始循环训练前，你要先知道自己一分钟能做多少个俯卧撑，这样才能知道每次做俯卧撑时要做多少。

1. **第 1 组动作：俯卧撑**

   第 1 组动作是做一分钟俯卧撑最大量的一半。具体做法是：用双手和脚趾支撑身体，呈平板撑姿势，手臂与肩膀垂直。放低身体，让胸部几乎触及地面。用双臂将身体推回，直到恢复起始姿势。

2. **第 2 组动作：侧卧抬腿**

   第 2 组动作要求每条腿各侧抬 10 下。具体做法是：侧卧在地上，双腿伸直。一条手臂肘部弯曲，用前臂负担身体重量支撑起身体。抬起搁在上面的那条腿，将脚举过肩膀，然后回到起始姿势。

3. **第 3 组动作：高抬腿**

   第 3 组动作是在原地跑时，每条腿各做 30 下高抬腿（见右图）。具体做法是：以站姿开始，迅速抬起一条腿的膝盖，然后不断交换左右膝，重复进行。

4. **第 4 组运作：仰卧起坐**

   第 4 组动作要求做一分钟仰卧起坐最大量的一半。具体做法是：平躺在地上，弯起双膝，双脚置于地面。将双手放在后脑勺上（不要抱住头）或耳朵后面，也可以在胸前交叉双手。平稳地将头和肩膀抬离地面，直到身体坐直，然后回到起始姿势。

5. **第 5 组动作：恢复跑**

   第 5 组动作是跑一分钟或跑 400 米。

6. 第 6 组动作：拉伸

第 6 组动作是做两分钟拉伸，拉伸类型不限。

7. 第 7 组动作：深蹲俯卧接跳跃

第 7 组动作是做 10 个深蹲俯卧接跳跃。具体做法是：从站姿开始，下蹲到深蹲姿势，双手在双脚外侧撑地（见下图 a）。接着，双腿向后跳跃，让身体呈俯卧撑姿势（见下图 b），然后再跳回深蹲姿势，最后跳回站姿，结束动作（见下图 c）。

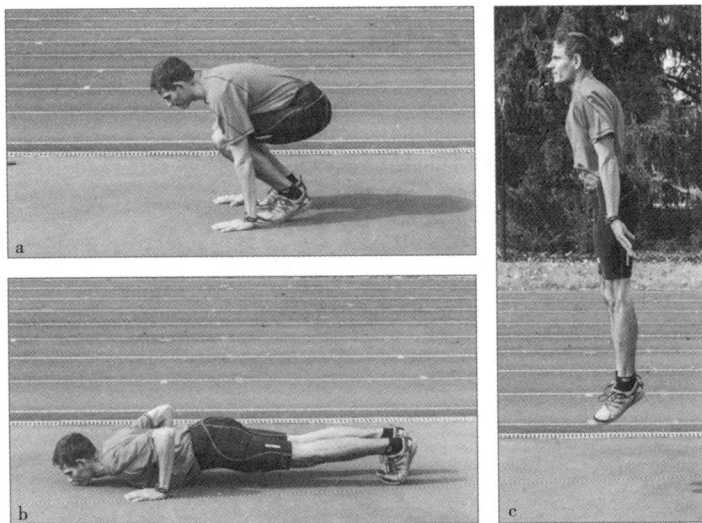

8. 第 8 组动作：抬腿

第 8 组动作由两部分组成：首先，用前臂支撑身体，面朝上，臀部离地；一条腿折起以保持平衡，另一条腿至少抬到折起腿的高度，每条腿各完成 10 次抬腿。然后，翻身，用前臂支撑身体，面朝下；一条腿保持伸直，另一条腿抬离地面，在舒适范围内尽量抬高，每条腿各完成 10 次抬腿。

9. 第 9 组动作：手脚摆动

第 9 组动作的具体做法是：俯卧，双臂前伸举过头部，双腿笔直伸出。双臂和双腿交替上下摆动，每条手臂、每条腿都抬起放下各 20 次。

10. 第 10 组动作：恢复跑

第 10 组动作要求跑两分钟或跑 800 米。

我建议将以上这整套动作做 3 遍，最好每周练习 2 ～ 3 次。第 5 组和第 10 组动作分别是一分钟跑和两分钟跑，因为这两组是恢复动作，所以不要跑得太快。做这两组动作的目的，是让你在开始下一组抗阻力训练前，先从之前的抗阻力练习中恢复过来。

进行这套常规循环训练时，可以每隔几周计一次时，看看自己把整套动作做完 3 遍需要多久。到那时你会惊奇地发现，原来自己将 10 组动作完整地做 3 遍的速度变快了很多。

DANIELS'
RUNNING
FORMULA

第二部分

在比赛中应用公式

10
训练季训练

在新训练季换个方法训练，效果可能更好。

不同跑步项目的训练会涉及许多方面，而安排训练季是最难找到通用方法的。由于有太多因素需要考虑，因此几乎不存在能完美适用于所有人的标准方法的。就拿典型的高中越野赛季来说，教练要带新人，有些新人可能之前从未跑过，即使是有训练经验的人，可能也情况各异：有些可能每周跑 32 公里或 48 公里，还参加过一些比赛，有些可能经验非常丰富，有能力参加重要的运动会或锦标赛，甚至还能取胜。

教练最难做的决定之一，或许就是如何让训练计划适用于所有跑者。对独自训练或没有教练的跑者来说，开始新赛季时一定要小心谨慎，千万不要太密集地训练。另外，要想从训练中获益，体能越差的人需要的训练强度越低。

我们每个人都不一样，都需要区别对待。所以，并不存在对所有跑者都是最佳选择的训练方法。尽管如此，还是有一些适用于所有跑者的训练原则，对此，可参考第 2 章的相关讨论。我在为运动员或运动队安排训练季时，倾向于让事情尽量简单化，这样我就不用一直陪跑者外出训练了。

要做到这一点，跑者和教练必须在安排训练季前先收集一些必要信息。收集到所有信息后，安排训练季计划就会变得简单，让计划适用于所有相关的跑者也更容易。

首先，要按照每名跑者在训练季各训练项目中的当前跑量和速度来确定其体能水平，以便他们为所有类型的训练确立好正确的 VDOT 值。

其次，为当前训练季选出最重要的目标比赛，同时还要选出跑者可以或希望在目标比赛前参加的比赛。有些跑者更希望参加距离短于训练季目标比赛的比赛，有些则恰恰相反。当前训练季的比赛信息会影响训练季每周的训练安排。

Rich Vintage/E+/Getty Images

要坚持执行训练计划，且在户外条件不适合跑步时也不中断，就需要灵活变通和对训练的全身心投入。

再次，充分了解可以使用哪些设施进行训练。比如，天气不好时有没有室内跑道可用？天气太冷、风很大或天很热时，是不是可以用跑步机训练代替户外训练？能否找到平整的草地来进行某些训练？

另外，在安排训练季计划时，还要考虑有多少时间可以用来训练，每周哪几天的时间最充裕。你也可以先想好自己有哪些事务安排，然后在此基础上，想想每个训练日什么时间训练最好，这或许会有帮助。可支配时间一般会因人所处的人生阶段而异：高中跑者的日程安排通常相对固定；但对于大学跑者，每个人的课程安排可能差异很大；已经大学毕业的跑者大都有工作，因此他们的可支配时间都会受到工作的影响。

划分训练季阶段

我将训练季分成以下 4 个阶段：

- 阶段一是基础训练阶段，重点是打基础和预防受伤，用 B/FIP（Base Training with Foundation and Injury-Prevention）表示。
- 阶段二是高质量训练初级阶段，用 IQ（Initial Quality）表示。
- 阶段三是高质量训练过渡阶段，用 TQ（Transition Quality）表示。阶段三通常是 4 个阶段中要求最高的阶段。
- 阶段四是高质量训练最后阶段，用 FQ（Final Quality）表示，该阶段旨在让跑者达到最佳跑步表现。

在规划训练时，我们应将阶段一作为训练季的起始。高中生和大学生可以在开学前的暑假进行这一阶段的训练，而目前没有学业、不受学校跑步赛季约束的跑者可以自由选择合适的开始时间，为即将到来的赛季中最重要的比赛做好准备。既然阶段一是起始阶段，阶段四自然就是当前训练季的最后阶段，这个阶段的比赛也就是赛季中最重要的比赛。至于中间的阶段二和阶段三，其主要目的是让跑者在阶段一和阶段四之间提高体能和竞技能力，如图 10-1 所示。

阶段一	阶段二	阶段三	阶段四
B/FIP	IQ	TQ	FQ
1	4	3	2

图 10-1　训练季 4 阶段

对于每个训练阶段，我分别用数字 1～4 来表示安排训练计划时的思考顺序：阶段一是 1，表示我们应该首先考虑在阶段一安排哪些类型的训练。也就是说，我们需要先决定每名跑者在每个训练季初期的训练内容。

因此，我们必须在阶段一谨慎地考虑每名跑者的情况，即在训练季开始前收集的信息，如每个人的周跑量是多少，他们在过去几周的训练中跑过的最长距离是多少，有没有跑过比赛，比赛能不能作为参考以了解其当前的体能状况，以及在进入下一阶段训练前需要着重训练哪些方面。我会请我指导的每位跑者填写个人概况，对此可参考第 3 章结尾的相关内容。

另外，要询问每位跑者最近都在进行什么类型的训练。在某些情况下，跑者甚至可以跳过阶段一，直接进入阶段二，如已经规律地跑了 6 周或更久的跑者。在之前的三四周做过要求相对较高的训练且没有任何不适的跑者，甚至可以直接进入阶段三。

我用数字 2 来表示阶段四，这是因为，我认为第二个要考虑的训练阶段应该是最后的阶段，即你期望达到最佳跑步表现的阶段。换句话说，你要思考以下问题：你认为什么样的训练类型和训练量能给你带来最佳跑步表现？800 米跑者和 10 公里跑者显然会在最后阶段侧重于不同类型的训练。因此，我们必须分别考虑每位跑者的情况。

在决定了阶段四的训练内容后，我会回到阶段三，目的是确定什么类型的训练可以让跑者为阶段四的训练做好准备。例如，800 米跑者需要侧重于速度训练，而 10 公里跑者需要更多的 T 训练。虽然这两类跑者都需要在阶段三进行扎实的 I 训练，但他们在每个阶段的侧重点都有所不同。

在阶段三之后，我会回到阶段二，这时需要考虑的内容也和之前一样，即怎样安排阶段二，才能让跑者为阶段三的训练做好准备。要知道，阶段三是4个训练阶段中要求最高的阶段。

此外，教练或独自训练的跑者务必要想好初期阶段可能要参加哪些比赛。我会记下训练季所有比赛的日期和距离，以便为日常训练做好相应安排。

阶段一 为训练季的4个训练阶段安排计划时，我通常会把大部分E跑安排在阶段一。如果阶段一有3周以上的时间，那我会让跑者在日常的E跑中加入一些轻量的ST跑，还会在训练后加入一些辅助训练，如轻量的抗阻力训练和动力性柔韧练习[①]。另外，我还建议每周的轻松L跑应占每周总跑量的25%～30%。

阶段二 完成阶段一后，我倾向于在阶段二中加入R训练。因为我希望尽量只在新阶段的训练中给跑者加入一种新压力，而从E跑到R训练只需要增加速度压力，几乎不需要动用身体的有氧系统或乳酸清除系统。如果我让跑者从E跑进展到I训练，那这样的变化就会给他们增加两个新压力：一是提高速度带来的压力，二是带给他们的有氧系统的压力。

我倾向于在进展到阶段三前，让跑者先在计划中加入轻量的快跑。因为阶段二的R训练的速度更快，所以I训练的速度不会成为新的压力。另外，千万不要以前一赛季的最佳比赛成绩来确定合适的R训练配速，而应该尽量使用目前的比赛时间，或使用自认为目前能跑到的1.6公里最佳估算时间。

在阶段二，我会继续每周给跑者安排一次L跑。另外，每周还会给他们安排两次R训练，中间穿插两个E日。

阶段三 阶段三以I训练为主，增加了有氧压力，而没有提高速度。速

---

① 动力性柔韧性是指根据动力性技术动作需要，将肌肉、肌腱、韧带拉伸到解剖学允许的最大限度的能力。——译者注

度变快会让身体承受额外的新压力，这不是我们想要的。此外，根据目标比赛的不同，阶段三的训练也会因人而异。短距离选手可能每周只有一次I训练，同时继续进行R训练，因为他们需要更好地维持速度。而对于长距离选手，每周为他们安排两次I训练会让他们取得更好的效果。但长距离选手需要记住的是，如果阶段三的某周有3公里或更长距离的比赛，那比赛也应该算作艰苦的有氧训练，所以那一周只进行一次I训练就够了。另外，我还建议在阶段三的各周加入轻松L跑。

阶段四 我通常会在阶段四为跑者安排T跑。虽然T跑依然是高质量训练，但压力较之前的I训练更轻，也能让跑者感觉更好，从而为参加阶段四的重要比赛做好准备。

在阶段四，根据备战比赛的不同，每个人的训练会有相当大的差异。就长距离选手而言，我会让他们将训练重点放在T训练上，同时不再进行I训练（除非比赛将其有氧系统逼到极限），这样训练的效果通常最好。如果每周有一次L跑和一场比赛，那每周进行一次T训练就足够了，因为这时候的比赛通常都相当重要。另外，即便是对长距离选手而言，在每次T训练结束时做些短距离R跑也是不错的选择，比如4～6个200米R跑。而短距离选手如果将Q训练和T训练以及R训练结合起来，可能会达到更好的训练效果，从而为该训练阶段中的短距离比赛做好准备。

总之，我更倾向于让跑者从 E 跑进展到 R 训练，再进展到 I 训练，最后进展到 T 训练。不过，从 E 跑进展到 R 训练时，我会继续在 R 训练周的大部分日子为跑者安排 E 跑。而从 R 训练进展到 I 训练时，我偶尔可能仍会安排 R 训练，以便让他们维持住 R 阶段的训练成果。

要想理解这样的安排方式，最简单的方法可能是把每个阶段的训练都分为主要训练和次要训练，次要训练的目的是维持上一阶段的训练成果。按照这样的思路，在训练进入以 T 训练为主的阶段四时，我还会继续安排一些 R 训练，安排的时间点通常是在 T 训练结束的时候。

另外还要记住，比赛是训练的一部分，而比赛带来的训练效果取决于比赛的持续时间。由于持续 5 ～ 20 分钟的比赛会将身体的有氧系统逼到极限，因此这些比赛起到的最终效果与 I 训练是一样的。所以，如果你在定期参加中等距离的比赛，那么停止 I 训练不会产生太大的影响。正因如此，我往往会从普通的学校训练计划中去掉阶段四的 I 训练——因为进行艰苦的 I 训练会达到的效果，跑者已经通过比赛达到了。

根据需要调整阶段长度

按照我的安排，训练季的 4 个阶段一共持续 24 周，每个阶段持续 6 周。当然了，我们并不总能保证有 24 周的训练，从而让 4 个阶段都能达到 6 周的时长，尤其是在高中和大学的越野赛季期间。对于时间不够的情况，我有两种处理办法。

第一种办法是在夏季完成前两个阶段的训练，也就是在秋季越野赛季开始前完成。换句话说，在春季径赛赛季结束后，一入夏就要让跑者进行阶段一的基础训练，接着再进行阶段二的训练，而这一阶段仍然处于暑假的后半段。这表示秋季开学时，跑者将在新学年前 6 周进行阶段三的训练，也就是训练季中最艰巨的部分。而由于重要比赛都集中在训练季的最后 6 周，因此我们可以赶在比赛开始前就完成阶段三的训练。

第二个办法是缩短训练季计划的各个训练阶段的时间，将 4 个完整的阶段都缩短到 6 周以内。图 10-2 说明了我是如何衡量整个训练季的，也说明了我倾向于减少哪些训练阶段的时间。如图所示，我在每个阶段都标出了 6 个数字，你可以根据这些数字对训练阶段进行调整。

我们来仔细分析一下图 10-2。首先请注意数字 1 ～ 12，其中 1、2、3 位于阶段一，4、5、6 位于阶段四，7、8、9 位于阶段二，10、11、12 位于阶段三。这表示，如果你在整个训练季只有 3 周的时间可用来训练，那你应该把这 3 周都用于阶段一的训练。

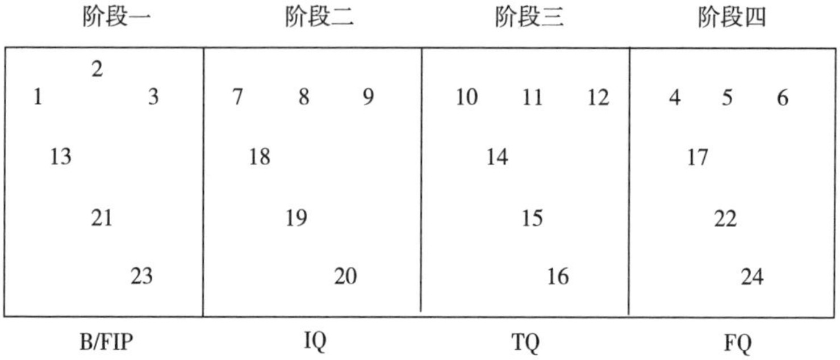
阶段一
阶段二
阶段三
阶段四
2
1
3
7
8
9
10
11
12
4
5
6
13
18
14
17
21
19
15
22
23
20
16
24
B/FIP
IQ
TQ
FQ

图 10–2　确定训练周数的数字系统

资料来源：*Rumeris World Magazine*. Copyright 1993, Rodale Press Inc. All rights reserved。

举例来说，假设距离越野赛季结束仅剩 3 周，这时有一名跑者入队，他完全没有接受过训练，但你的队伍有个名额，可以让他加入。在这种情况下，只要求他进行简单的基础训练最合适，因为以他的情况，要求他进行 3 周强度更大的高质量训练根本没有意义。

因为伤病休息了一段时间的跑者也应该使用这种方法。对于这类跑者，最不应该做的事就是苛求他们严格训练，以期弥补失去的时间。记住，身体在近期训练中受到的压力越小，就越能在不施加太多压力的情况下受益。此外，只要身体健康，即使体能水平未达最佳状态，也始终要好过因为训练过度或生病而没法比赛。

再如，如果有跑者在整个训练季只有 6 周时间，那么如图 10–2 所示，我会安排他将前 3 周用于阶段一的基础训练，再在后 3 周安排阶段四训练。如果有 9 周时间，那么我选择不安排任何阶段三的训练，而是在 3 周的阶段一训练后，立即让他们进行 3 周的阶段二训练，然后是后 3 周的阶段四训练。

你也可以根据自己在训练季的时间，用图 10–2 倒推。例如，如果你只有 23 周时间，那么可以从阶段四去掉 1 周（第 24 周）时间。如果你有 20 周时间，那么你可以进行 4 周的阶段一训练（去掉第 21 周和第 23 周），之后分别进行 6 周阶段二训练和 6 周阶段三训练，阶段四训练将被减至 4 周（去掉第 22 周和第 24 周）。这种方法的原则是根据你的时间，去掉可能对你达到理想跑步表现最没效果的那几周。

周计划样例

图 10-3 是一个周计划样例。如图所示，我倾向于让跑者在每周第一天（周日）进行 L 跑。如果是在训练的阶段二，那么 Q1、Q2、Q3 可能都是 R 训练（Q 表示高质量训练日），或 Q1 和 Q2 是 R 训练，而 Q3 是 T 训练。我会为正在备战较短或较长距离比赛的跑者安排后面这种训练，因为他们仍然处在训练季初期，而 R 训练对这一阶段非常重要，而且偶尔进行一次 T 训练也很有帮助。对于只有不到 4 周时间进行阶段一训练的跑者，在阶段二，我只会在 Q1 和 Q2 为他们安排 R 训练，并将 Q2 安排到周四。

第1天	第2天	第3天	第4天	第5天	第6天	第7天
L跑	Q1 E训练	（Q1） E训练 或Q1	Q2 （Q2） E训练 或Q1	E训练	E训练	Q3 （Q3） 比赛 （Q训练）

图 10-3　训练周计划样例

如果你没有比赛要跑，那么我建议把 Q1、Q2 和 Q3 分别放到每周的第 2 天、第 4 天和第 7 天；如果你觉得连训两天效果不错，也可以将这些高质量训练日分别安排在第 3 天、第 4 天和第 7 天。当然，Q3 的训练也可以用比赛来替代，比赛日绝对是高质量训练日。

无论你处在哪个训练阶段，始终都要将 Q1 作为一周中最重要的训练来对待，并在这一天重点安排相应阶段的重点训练类型。我之所以这样安排，是因为就算天气不好或发生其他不理想的状况使整周的训练受到影响，你至少也已经完成了相应阶段最重要的训练，即便那周只有一次 Q 训练。

进展到阶段三时，可以这样安排训练周：Q1 安排 I 训练，Q2 安排 T 训练（加几次 R 训练），Q3 再安排一次 I 训练，或安排一场比赛。而到了阶段四，短距离跑者的 Q1 和 Q2 可以都安排成 T 训练加 R 训练，Q3 可以安排比赛或扎实的 R 训练。对于长距离选手，Q1 和 Q2 则都安排成 T 训练，或许还可以在训练结束时加上一些短距离 R 训练。如果当周周末有重要比赛，那么我建议所有跑者只进行 Q1，即 T 训练加上一些 R 训练，且最好是在比赛前 4 天进行，然后以比赛作为那周的 Q2 来结束那一周。

训练季计划样例

以下是为备战秋季越野赛的跑者制订的训练季计划样例：

阶段一　周日安排L跑，其他日子都是E跑（在其中3天加上ST跑）。

阶段二　周日安排L跑；Q1安排200米R跑；Q2安排200米R跑和400米R跑；Q3安排400米R跑；其他日子都是E跑。

阶段三　周日安排L跑；Q1安排I训练，每组1 000米；Q2安排T配速20分钟定速跑＋4 × 200米R跑；Q3安排比赛或1 200米I跑。

阶段四　周日安排L跑；Q1安排T跑＋几次200米R跑；Q2安排T跑；Q3安排比赛或T跑、I跑、R跑混合训练；如果当周有重要比赛，那么Q2安排比赛，同时去掉Q3。

尽量在各训练季开始前做好整季计划，同时还要根据比赛日期、天气变化、跑者日程以及可能出现的变故灵活调整计划。此外，可以调整训练速度，以便每名跑者适应其当前的体能状况。安排整体计划时，每次进入新阶段都要引入一种新压力，而在新阶段，跑者也要能维持住之前每一阶段收获的成果。

由于每个人都不一样，因此在安排训练季计划时，还要考虑个人的强项和弱项。例如，有些跑者练速度收获更大，有些则在耐力训练中更有收获。为此，我设计了一张"速度耐力对比表"，如表 10-1 所示。表中有 4 列内容，从左到右分别是跑完 4 种不同距离的时间：400 米，800 米，1 500 米和1.6 公里。在各列中圈出你的最好成绩，把圈出来的时间用线连起来，你会得到一条向右下或右上倾斜的斜线，或一条水平的直线。

如果你的线是水平的，那说明你在速度和耐力方面能力相当。如果你的线向右下倾斜，那说明你的速度能力优于耐力。这种情况在年轻跑者中比较常见。而如果你的线向右上倾斜，说明你的耐力优于速度。如果你的线在400 ～ 800 米段向下倾斜，而在 800 ～ 1 500 米段折向上，说明你的速度和耐力都优于你目前的 800 米成绩所体现的水平，你应该能跑出比目前成绩更好的 800 米比赛。

如果出现以其他方式弯折的非直线线条，通常表明你在某个项目上的跑步表现不如其他项目，原因可能是你在该项目中跑得不够多或你不太重视它。如果情况相反，即你一个项目的跑步表现高于其他项目，那说明比起其他距离，你在这个跑步距离上更具有先天的生理优势（可能是因为肌纤维的类型），也可能是因为它是你比赛最多或更热爱的项目。

以这样一位跑者来举例：他的 400 米最好成绩是 60 秒，800 米最好成绩是 2 分 20.8 秒，而 1 500 米最好成绩是 5 分 06 秒。他的成绩说明他的速度优于耐力，那么对他而言，合理的训练方法就是多练耐力。而如果他在经过一个训练季的耐力训练后，曲线斜率并没有变小，那么作为跑者，他的速度可能始终优于耐力。这种情况下，在之后的训练中，他可能就需要采取更侧重速度的训练方法。

对此类跑者而言，速度训练可能会同时改善他的速度和耐力。要验证这一点，只需看他在表 10-1 中最好成绩连接线的斜率是否始终大致相同即可。总之，你要先补短板，如果没有效果，那就重点加强强项，这样你或许还能在强弱项上同时取得进步。别的姑且不谈，你至少可以在每个训练季结束时参考表 10-1，看看经过一整季的训练，你的速度和耐力都发生了哪些变化。

表 10-1　速度耐力对比表

400 米用时 （分：秒）	800 米用时 （分：秒）	1 500 米用时 （分：秒）	1.6 公里用时 （分：秒）
46.0	1：41.2	3：27.6	3：44.1
47.0	1：43.4	3：32.0	3：48.9
48.0	1：45.6	3：36.5	3：53.8
49.0	1：47.8	3：41.0	3：58.6
50.0	1：50.0	3：45.5	4：03.5
51.0	1：52.2	3：50.0	4：08.3
52.0	1：54.4	3：54.5	4：13.2
53.0	1：56.6	3：59.0	4：18.0
54.0	1：58.8	4：03.5	4：22.9
55.0	2：01.0	4：08.0	4：27.7
56.0	2：03.2	4：12.5	4：32.6
57.0	2：05.4	4：17.0	4：37.5
58.0	2：07.6	4：21.5	4：42.4
59.0	2：09.8	4：26.0	4：47.3
60.0	2：12.0	4：30.5	4：52.2
61.0	2：14.2	4：35.0	4：57.1
62.0	2：16.4	4：39.5	5：02.0
63.0	2：18.6	4：44.0	5：06.8
64.0	2：20.8	4：48.5	5：11.7
65.0	2：23.0	4：53.0	5：16.6
66.0	2：25.2	4：57.5	5：21.5
67.0	2：27.4	5：02.0	5：26.3
68.0	2：29.6	5：06.5	5：31.2
69.0	2：31.8	5：11.0	5：36.0
70.0	2：34.0	5：15.5	5：40.9
71.0	2：36.2	5：20.0	5：45.7

400 米用时 （分：秒）	800 米用时 （分：秒）	1 500 米用时 （分：秒）	1.6 公里用时 （分：秒）
72.0	2：38.4	5：24.5	5：50.6
73.0	2：40.6	5：29.0	5：55.5
74.0	2：42.8	5：33.5	6：00.4
75.0	2：45.0	5：38.0	6：05.2
76.0	2：47.2	5：42.5	6：10.1
77.0	2：49.4	5：47.0	6：14.9
78.0	2：51.6	5：51.5	6：19.8
79.0	2：53.8	5：56.0	6：24.7
80.0	2：56.0	6：00.5	6：29.6
81.0	2：58.2	6：05.0	6：34.4
82.0	3：00.4	6：09.5	6：39.3
83.0	3：02.6	6：14.0	6：44.2
84.0	3：04.8	6：18.5	6：49.1
85.0	3：07.0	6：23.0	6：53.9
86.0	3：09.2	6：27.5	6：58.8
87.0	3：11.4	6：32.0	7：03.6
88.0	3：13.6	6：36.5	7：08.5
89.0	3：15.8	6：41.0	7：13.4
90.0	3：18.0	6：45.5	7：18.3
91.0	3：20.2	6：50.0	7：23.1
92.0	3：22.4	6：54.5	7：28.0
93.0	3：24.6	6：59.0	7：32.8
94.0	3：26.8	7：03.5	7：37.7
95.0	3：29.0	7：08.0	7：42.5
96.0	3：31.2	7：12.5	7：47.4
97.0	3：33.4	7：17.0	7：52.3
98.0	3：35.6	7：21.5	7：57.2
99.0	3：37.8	7：26.0	8：02.0
1：40	3：40.0	7：30.5	8：06.9

400 米用时 （分：秒）	800 米用时 （分：秒）	1 500 米用时 （分：秒）	1.6 公里用时 （分：秒）
1：41	3：42.2	7：35.0	8：11.8
1：42	3：44.4	7：39.5	8：16.6
1：43	3：46.6	7：44.0	8：21.5
1：44	3：48.8	7：48.5	8：26.4
1：45	3：51.0	7：53.0	8：31.3
1：46	3：53.2	7：57.5	8：36.1
1：47	3：55.4	8：02.0	8：41.0
1：48	3：57.6	8：06.5	8：45.9
1：49	3：59.8	8：11.0	8：50.8
1：50	4：02.0	8：15.5	8：55.7

11
800 米训练

要知道自己为什么以某种方式训练，

这样才能跑出好成绩。

　　跑者通常会在 800 米训练中采取两种策略：主攻速度或主攻耐力。同样的情况在距离更长的项目中也存在，但要少一些。换句话说，有些杰出的 800 米跑者主要是跑 400 米的好手，有些则更多依靠耐力，较少全速奔跑。800 米确实是一项非常特殊的径赛项目，或许还是最难训练的项目之一，且肯定也在最艰巨的项目之列，而 800 米跑者可以说是速度飞快的耐力运动员。

　　800 米项目需要同时具有很强的有氧能力和无氧能力，而要为每位跑者都制订出较好的训练方案，并不总是那么容易。这些年来，我观看过一些杰出的 800 米跑者比赛，还有幸见证了许多辉煌时刻，比如彼得·斯内尔（Peter Snell）在 1960 年罗马奥运会夺冠，阿尔伯托·胡安托雷纳（Alberto Juantorena）在 1976 年蒙特利尔奥运会摘金，还有在 1984 年洛杉矶奥运会上，乔亚基姆·克鲁兹（Joaquim Cruz）在 800 米比赛中始终保持领先，只有大约一圈的时间除外。此外，我也旁观了吉姆·莱恩打破880码^①世界纪录的过程。

以上4人中，斯内尔和莱恩更注重耐力，而胡安托雷纳绝对是杰出的400米跑者，克鲁兹则速度、耐力俱佳。考虑到800米项目的特殊性，我设计了一些足够灵活的训练计划，其中部分训练可以调整，以便适应所有800米跑者的需要，无论他们是更偏向速度还是更偏向耐力。

优秀的800米跑者会在整体计划中加入相当数量的抗阻力训练，比如克鲁兹和莱恩。克鲁兹会进行循环训练，而莱恩从训练初期就开始在鲍勃·蒂蒙斯（Bob Timmons）教练的指导下进行了大量重量训练。

近年来，让800米跑者增加耐力训练的做法越来越普遍，因为有证据表明，有氧能力在800米比赛中起到的作用比人们预想的更大。对于800米训练，我仍然按照一贯的做法，设计了一个包含4个阶段的24周计划，当然这4个阶段可以缩减，以适应时间有限的情况。

训练4阶级

阶段一

我在第10章说过，我倾向于将训练季划分为4个训练阶段，而阶段一的目的是让跑者打好基础，同时增强抵御伤病的能力。这个阶段的训练应当包含抗阻力训练，一般每周3次。至于抗阻力训练的形式，有些教练和跑者更喜欢自由重量训练，而有些更喜欢循环训练或自重抗阻力训练，如仰卧起坐、俯卧撑、双杠臂屈伸、深蹲俯卧接跳跃等。无论你选择哪种形式，都要先在最小阻力下学习技巧，等你能做出高质量动作后再增加阻力。

---

① 880码是800米项目的前身，后逐渐为800米项目所取代。——译者注

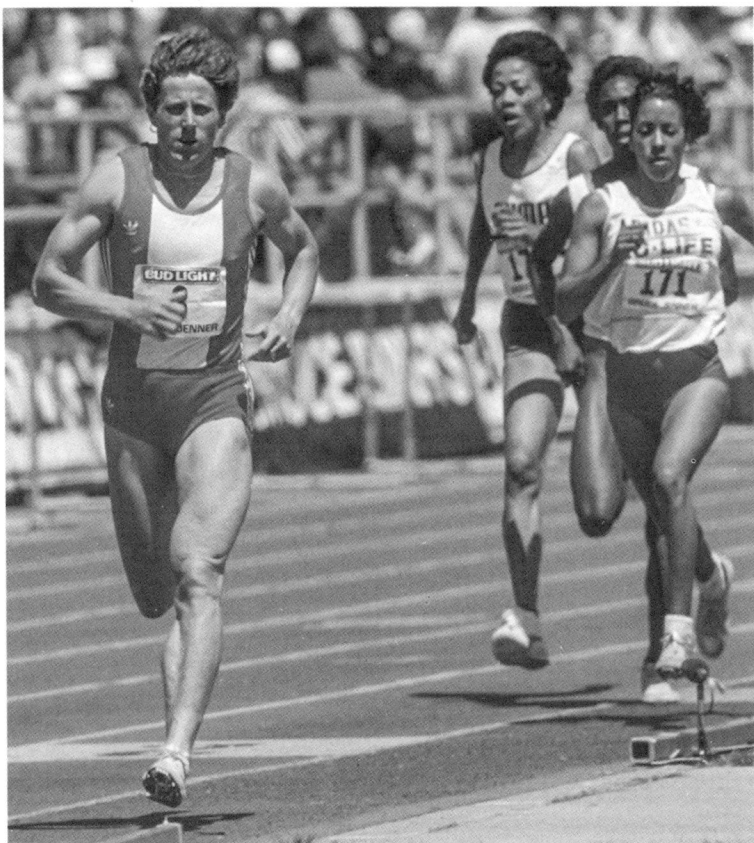

凭借着干农活培养出来的力量和每天两次的 I 训练，娅尔米拉·克拉托赫维洛娃（Jarmila Kratochvílová）曾一度称霸赛场，并在 32 岁时刷新了 800 米世界纪录。她认为增强耐力不会有损速度，而她的训练也体现了她的这种观念。

每个人在阶段一训练的周数可能差异巨大：高中跑者只有几周时间，而其他跑者可以投入两个多月。不过时间长短并不重要，重要的是要为整个训练季制订好整体计划，并确保你在每个新的训练阶段都能从前一训练阶段获益。

阶段二

阶段二每周都有 3 次 Q 训练，不过我并未规定要将 Q 训练具体安排到哪几天。一般来说，你可以在每周一和每周二分别进行 Q1 和 Q2，将 Q3 安排在周五。但如果你正处于赛季中，而且大部分周五或周六都要跑一到两场比赛，那你自然不会把 Q 训练安排在周五进行。不过也别忘了，比赛也是 Q 训练，所以因为比赛关系而取消一场周五的 Q 训练，并不会减少你当周的 Q 训练次数。

有些教练和跑者更喜欢把 Q 训练放在周一、周三、周五或周六中的一天，甚至放在周二、周三和周六。你可以用不同的排法来安排 Q 训练，这种做法很值得尝试。例如，我会在周末安排 L 跑，有时安排在周六运动会后（作为一两场比赛后的附加放松），有时则单独将之安排在周日。而安排 Q 训练时，最重要的就是安排好训练间隔，让跑者先从前一次 Q 训练或比赛的疲劳中恢复过来，再投身到下一次 Q 训练。需要注意的是，如果你感觉体力达不到高质量训练的要求，那偶尔取消一次 Q 训练也没有问题，因为休整终归也是训练的一部分。

由于阶段二并非训练季中压力最大的阶段，因此你要始终想象自己在每次训练中都能比计划安排的训练量做得更多。毕竟，如果你在每次 Q 训练结束后感觉还能继续，这远远好过"但愿这次训练没有那么艰难"。我还建议你回顾第 4 章介绍的各种训练类型。另外，如果你想提高训练强度，务必给自己一个理由以督促自己，通常是在比赛速度较先前的训练计划参考速度有所提升时，具体如第 5 章的 VDOT 表所示。

阶段三

阶段三的训练是所有阶段中最艰苦的。我建议你在这一阶段的每周六（如果不比赛）或每周日（如果周六有比赛）跑个长距离。另外，如果周六有径赛运动会，你还可以在比赛后进行 E 跑作为附加，它可以算作当周的 L 跑。

在美国，对大部分跑者而言，阶段三恰逢赛季中段，而这又是最艰苦的训练阶段。所以，我建议每周进行 3 次 Q 训练，包含周末的 L 跑。逢周六比赛时，周中的两次 Q 训练可以分别安排在周一和周三，或者分别安排在周二和周三，周四和周五则留作周六运动会前的 E 日。周五有比赛时，可以把周中的两次 Q 训练分别放到周一和周二。

要使用适当的 VDOT 值来找到合适你的训练配速。然而，即便比赛成绩表明你可以提高配速，你也不要让提高训练速度的频率高于每 3 周一次或每 4 周一次。你要先让身体在一个压力级别上适应几周，然后再进入下一级别。

阶段四

在这一阶段，每周大都有 3 次 Q 训练，比赛周往往还要再多出一个 Q 日。不过，如果比赛非常重要，比如锦标赛或锦标赛的达标赛，那我建议你只在当周前半周安排一次 Q 训练，并对时长进行控制，速度也不要超过近期训练使用的常规速度。

所有非 Q 日都是 E 日。在 E 日可以跑一次或两次，甚至完全不跑也可以，具体取决于你期望达到的周跑量。要学会合理安排 Q 日和 E 日，让自己精力充沛地迎接重要比赛。

另外，尽量把 L 跑安排在比赛后，可以紧接在运动会之后，或者安排在第二天清早。至于比赛周的最后一次 Q 训练，我倾向于安排在比赛前 3 天乃至前 4 天。这次 Q 训练应该采用 T 配速强度，还可以加上一些轻量的 200 米 R 跑。总之，在训练季中尝试用不同的方法迎接比赛，始终是有益的，因为这样你就能知道，什么方法对你最有效。

每周 32 ～ 48 公里的训练

阶段一　每周安排3次Q训练，包含L跑。我没有规定固定的Q训练日，因为训练安排可能会受客观情况和天气的影响。你可以按照自己的日程安排这3次Q训练。

所有非Q日都可以安排E跑。E日可以少跑一些，如果你偶尔想要休息一天，那甚至可以干脆不跑。另外，你要利用E日累积跑量，以达到理想的周跑量。如果当周有比赛，你可以在赛前安排两个E日。如果遇到锦标赛或同等重要的其他比赛，你可以就在赛前安排3个E日。

先用近期比赛时间来确定你当前的VDOT值，再用VDOT值来设定训练配速。如果没有近期比赛可供参考，你可以保守估计自己目前的1英里比赛时间，并将这个时间作为你的R配速。然后，你就可以利用R配速推导出其他配速：I配速要比R配速每400米慢8秒，T配速要比I配速每400米慢8秒。

安排ST跑，即15~20秒的轻量快速跑（非冲刺跑），每两轮间有45~60秒恢复时间。在平缓坡面进行上坡ST跑时，可以放开跑。而在返回原地开始下一轮的过程中，下坡时要格外小心。M配速要比通常的E配速（或L配速）每公里快12.5~18.75秒。

阶段二　每周的Q1安排持续40~60分钟的L跑（长度不超过周跑量的30%），外加6组ST跑。另外，在每周的其中两次E跑的中间阶段或结束阶段加入6~8组ST跑（可选择缓坡进行上坡跑）。加入jg跑或E跑。

阶段三　阶段三的R配速应比阶段二最后3周使用的R配速每200米快1秒，或每400米快2秒、每600米快3秒。至于I配速，可参考你最近的比赛和相应的VDOT值来确定，也可以将当前的R配速每400米减慢8秒作为I配速。FR配速则要比当前的R配速每200米快3秒，或每400米快6秒、每600米快12秒。而T配速要比当前的R配速每400米慢16秒，即比I配速每400米慢8秒。

在每周的其中两次E跑中加入8组ST跑（平地跑或上坡跑）。H跑采用I配速强度。中长距离（用Mod表示）配速要比通常的E配速（或L配速）每公里快12.5~18.75秒。

周末有比赛时，去掉当周训练计划中的Q3。另外，比赛日如果你感觉压力不大且时间充足，可以在比赛结束后进行6 ×（200米 R跑＋200米 jg跑）。

阶段四 阶段四的R配速应比阶段三最后3周使用的R配速每200米快1秒，或每400米快2秒、每600米快3秒。阶段三的其他安排也适用于阶段四。

表 11-1 的 24 周训练计划适用于周跑量在 32 ～ 48 公里之间的 800 米跑者。表中未关联具体距离的数字，表示公里数，如 12.8 ST 跑表示 12.8 公里 ST 跑，后同，不再赘述。

表 11-1　周跑量在 32 ～ 48 公里之间的 800 米训练计划

阶段一			
周次	Q1	Q2	Q3
第 1 周	40 ～ 45 分钟 L 跑	20 分钟 E 跑 + 12.8 ST 跑 + 10 分钟 E 跑	20 分钟 E 跑 + 12.8 ST 跑 + 10 分钟 E 跑
第 2 周	40 ～ 45 分钟 L 跑	30 分钟 E 跑 + 12.8 ST 跑 + 10 分钟 E 跑	10 分钟 E 跑 + 12.8 ST 跑 + 20 分钟 E 跑
第 3 周	45 分钟 L 跑	10 分钟 E 跑 + 12.8 ST 跑 + 20 分钟 E 跑	30 分钟 E 跑 + 12.8 ST 跑 + 10 分钟 E 跑
第 4 周	40 分钟 M 跑	40 分钟 E 跑 +12.8 ST 跑 + 5 分钟 E 跑	10 分钟 E 跑 + 16 ST 跑 + 20 分钟 E 跑
第 5 周	45 分钟 L 跑 + 9.6 ST 跑	20 分钟 E 跑 + 20 分钟 M 跑 + 9.6 ST 跑	20 分钟 E 跑 + 16 ST 跑 + 10 分钟 E 跑
第 6 周	40 分钟 M 跑 + 9.6 ST 跑	40 分钟 E 跑 + 12.8 ST 跑 + 5 分钟 E 跑	10 分钟 E 跑 + 16 ST 跑 + 20 分钟 E 跑
阶段二			
周次	Q1	Q2	Q3
第 7 周	40 ～ 60 分钟 L 跑 + 9.6 ST 跑	20 分钟 E 跑 + 6 ×（200 米 R 跑 + 200 米 jg 跑）+ 10 分钟 E 跑	10 分钟 E 跑 + 8 ×（200 米 R 跑 + 200 米 jg 跑）+ 10 分钟 E 跑
第 8 周	40 ～ 60 分钟 L 跑 + 9.6 ST 跑	20 分钟 E 跑 + 4 ×（200 米 R 跑 + 200 米 jg 跑）+ 2 ×（400 米 R 跑 + 400 米 jg 跑）+ 10 分钟 E 跑	20 分钟 E 跑 + 8 ～ 10 ×（200 米 R 跑 + 200 米 jg 跑）+ 10 分钟 E 跑
第 9 周	40 ～ 60 分钟 L 跑 + 9.6 ST 跑	10 分钟 E 跑 + 4 ×（400 米 R 跑 + 400 米 jg 跑）+ 10 分钟 E 跑	10 分钟 E 跑 + 4 ～ 6 ×（200 米 R 跑 + 200 米 jg 跑）+ 10 分钟 E 跑 + 4 ～ 6 ×（200 米 R 跑 + 200 米 jg 跑）+ 5 分钟 E 跑
第 10 周	40 ～ 60 分钟 L 跑 + 9.6 ST 跑	10 分钟 E 跑 + 3 ×（200 米 R 跑 + 200 米 jg 跑 + 200 米 R 跑 + 400 米 jg 跑 + 400 米 R 跑 + 200 米 jg 跑）+ 10 分钟 E 跑	10 分钟 E 跑 + 4 ～ 6 ×（400 米 R 跑 + 400 米 jg 跑）+ 10 分钟 E 跑

阶段二			
周次	Q1	Q2	Q3
第 11 周	40～60 分钟 L 跑 + 9.6 ST 跑	20 分钟 E 跑 + 2 ×（200 米 R 跑 + 200 米 jg 跑）+ 2 ×（600 米 R 跑 + 600 米 jg 跑）+ 4 ×（200 米 R 跑 + 200 米 jg 跑）+ 10 分钟 E 跑	10 分钟 E 跑 + 4 ST 跑 + 600 米 R 跑 + 600 米 jg 跑 + 2 ×（400 米 R 跑 + 400 米 jg 跑）+ 4 ×（200 米 R 跑 + 200 米 jg 跑）+ 10 分钟 E 跑
12	40～60 分钟 L 跑 + 9.6 ST 跑	10 分钟 E 跑 + 4 ×（200 米 R 跑 + 200 米 jg 跑）+ 2 ×（400 米 R 跑 + 400 米 jg 跑）+ 1 × 600 米 R 跑 + 15 分钟 E 跑	10 分钟 E 跑 + 6 ×（200 米 R 跑 + 200 米 jg 跑）+ 4 ×（300 米 R 跑 + 300 米 jg 跑）+ 20 分钟 E 跑

阶段三			
周次	Q1	Q2	Q3
第 13 周	60 分钟 L 跑 + 9.6 ST 跑	15 分钟 E 跑 + 5 ×（3 分钟 H 跑 + 2 分钟 jg 跑）+ 4 ×（200 米 FR 跑 + 200 米 jg 跑）+ 15 分钟 E 跑	10 分钟 E 跑 + 3 ×（600 米 R 跑 + 30 秒休息 + 200 米 FR 跑 + 7 分钟 E 跑）+ 20 分钟 E 跑
第 14 周	20 分钟 E 跑 + 3 ×（1.6 T 跑 + 2 分钟休息）+ 20 分钟 E 跑	15 分钟 E 跑 + 4 ×（800 米 I 跑 + 3 分钟 jg 跑）+ 9.6 ST 跑 + 15 分钟 E 跑	10 分钟 E 跑 + 600 米 R 跑 + 600 米 jg 跑 + 500 米 R 跑 + 500 米 jg 跑 + 400 米 FR 跑 + 400 米 jg 跑 + 2 ×（300 米 FR 跑 + 300 米 jg 跑）+ 10 分钟 E 跑
第 15 周	60 分钟 L + 9.6 ST 跑	15 分钟 E 跑 + 8 ×（2 分钟 H 跑 + 1 分钟 jg 跑）+ 1.6 E 跑 + 4 ×（200 米 R 跑 + 200 米 jg 跑）+ 15 分钟 E 跑	20 分钟 E 跑 + 3 ×（400 米 R 跑 + 400 米 jg 跑）+ 4 ×（300 米 FR 跑 + 300 米 jg 跑）+ 10 分钟 E 跑
第 16 周	15 分钟 E 跑 + 定速 4.8 T 跑 + 4 ×（200 米 R 跑 + 200 米 jg 跑）+ 10 分钟 E 跑	15 分钟 E 跑 + 4 ×（1 000 米 I 跑 + 3 分钟 jg 跑）+ 9.6 ST 跑 + 20 分钟 E 跑	20 分钟 E 跑 + 2 ×（400 米 R 跑 + 400 米 jg 跑）+ 2 ×（600 米 R 跑 + 600 米 jg 跑）+ 2 ×（300 米 FR 跑 + 300 米 jg 跑）+ 15 分钟 E 跑
第 17 周	60 分钟 L 跑 + 12.8 ST 跑	20 分钟 E 跑 + 4 ×（4 分钟 H 跑 + 3 分钟 jg 跑）+ 10 分钟 E 跑	10 分钟 E 跑 + 4 ×（400 米 FR 跑 + 400 米 jg 跑）+ 10 分钟 E 跑 + 4 ×（400 米 R 跑 + 400 米 jg 跑）+ 10 分钟 E 跑

阶段四		
周次	Q1	Q2	Q3
第 18 周	10 分钟 E 跑 + 40 分钟 Mod + 9.6 ST 跑	15 分钟 E 跑 + 4 ×（1 200 米 I 跑 + 3 分钟 jg 跑）+ 9.6 ST 跑 + 10 分钟 E 跑	10 分钟 E 跑 + 3×（600 米 R 跑 + 30 秒休息 + 200 米 FR 跑 + 7 分钟 E 跑）+ 20 分钟 E 跑
第 19 周	45 ～ 60 分钟 L 跑 + 12.8 ST 跑	10 分钟 E 跑 + 4 ST 跑 + 定速 20 分钟 T 跑 + 4 ×（200 米 R 跑 + 200 米 jg 跑）+ 10 分钟 E 跑	20 分钟 E 跑 + 600 米 FR 跑 + 1 000 米 jg 跑 + 600 米 FR 跑 + 1 000 米 jg 跑 + 600 米 FR 跑 + 15 分钟 E 跑
第 20 周	50 ～ 60 分钟 L 跑 + 9.6 ST 跑	10 分钟 E 跑 + 4 ×（200 米 R 跑 + 200 米 jg 跑）+ 2 ×（1.6 T 跑 + 2 分钟休息）+ 9.6 ST 跑 + 10 分钟 E 跑	20 分钟 E 跑 + 600 米 FR 跑 + 1 000 米 jg 跑 + 2 ×（400 米 FR 跑 + 400 米 jg 跑）+ 4 ×（200 米 R 跑 + 200 米 jg 跑）+ 10 分钟 E 跑

阶段四		
周次	Q1	Q2	Q3
第 21 周	20 分钟 E 跑 + 定速 4.8 T 跑 + 12.8 ST 跑 + 20 分钟 E 跑	20 分钟 E 跑 + 3 ×（1.6 T 跑 + 2 分钟休息）+ 6 ×（200 米 R 跑 + 200 米 jg 跑）	20 分钟 E 跑 + 600 米 FR 跑 + 600 米 jg 跑 + 2 ×（300 FR 跑 + 500 米 jg 跑）+ 3 ×（200 米 R 跑 + 200 米 jg 跑）+ 10 分钟 E 跑
第 22 周	60 分钟 L 跑 + 12.8 ST 跑	20 分钟 E 跑 + 5 ×（1 T 跑 + 1 分钟休息）+ 6 ×（200 R 跑 + 200 jg 跑）+ 10 分钟 E 跑	20 分钟 E 跑 + 8 ×（200 FR 跑 + 200 jg 跑）+ 20 分钟 E 跑
第 23 周	60 分钟 L 跑 + 9.6 ST 跑	10 分钟 E 跑 + 3 ×（1.6 T 跑 + 2 分钟休息）+ 6 ×（200 米 R 跑 + 200 米 jg 跑）+ 20 分钟 E 跑	20 分钟 E 跑 + 2 ×（200 米 FR 跑 + 400 米 jg 跑）+ 2 ×（600 米 FR 跑 + 1 000 米 jg 跑）+ 4 ×（200 米 R 跑 + 200 米 jg 跑）+ 10 分钟 E 跑
第 24 周	50 分钟 L 跑 + 9.6 ST 跑	10 分钟 E 跑 + 2 ×（200 米 R 跑 + 200 米 jg 跑）+ 2 ×（1.6 T 跑 + 2 分钟休息）+ 2 ×（200 米 R 跑 + 200 米 jg 跑）+ 10 分钟 E 跑	20 分钟 E 跑 + ST 跑 + 重要比赛日

注：该表格由"智跑"项目设计的杰克·丹尼尔斯跑步计算器创建。

800 米训练

每周 64 公里的训练

阶段一　每周安排3次Q训练，包含L跑。我没有规定固定的Q训练日，因为训练安排可能会受客观情况和天气的影响。你可以按照自己的日程安排这3次Q训练。所有非Q日都是E日。E日可以少跑一<u>些</u>，如果你偶尔想要休息一天，那甚至可以干脆不跑。另外，你要利用E日累积跑量，以达到理想的周跑量。如果当周有比赛，可以在赛前安排两个E日。如果遇到锦标赛或同等重要的其他比赛，你可以在赛前安排3个E日。

先用近期比赛时间来确定你当前的VDOT值，再用VDOT值来设定训练配速。如果没有近期比赛可供参考，你可以保守估计自己目前的1.6公里比赛时间，并将这个时间作为你的R配速。然后，你可以利用R配速推导出其他配速：I配速要比R配速每400米慢8秒，T配速要比I配速每400米慢8秒。

安排ST跑，即15～20秒的轻量快速跑（非冲刺跑），每两轮间有45～60秒恢复时间。在平缓坡面进行上坡ST跑时，可以放开跑。而在返回原地开始下一轮的过程中，下坡时要格外小心。Mod配速要比通常的E配速（或L配速）每公里快12.5～18.75秒。

阶段二　每周的Q1是持续60分钟的L跑（长度不超过周跑量的25%），外加6组ST跑。另外，在每周的其中两次E跑的中间阶段或结束阶段也应加入6～8组ST跑（可选择缓坡进行上坡跑）。

阶段三　阶段三的R配速应当比阶段二最后3周使用的R配速每200米快1秒，或每400米快2秒、每600米快3秒。至于I配速，可以参考你最近的比赛和相应的VDOT值来确定，也可以对当前的R配速进行每400米减慢8秒来作为I配速。FR配速要比当前的R配速每200米快3秒，每400米快6秒，或每600米快12秒。而T配速要比当前的R配速每400米慢16秒，即比I配速每400米慢8秒。在每周的其中两次E跑中加入8组ST跑（平地跑或上坡跑）。Mod配速要比通常的E配速（或L配速）每公里快12.5～18.75秒。H跑采用I配速强度。周末有比赛时，去掉当周训练计划中的Q3。比赛日如果你感觉压力不大且时间充足，可以在比赛结束后进行6 ×（200米 R跑 + 200米 jg跑）。

阶段四　阶段四的R配速应比阶段三最后3周使用的R配速每200米快1秒，或每400米快2秒、每600米快3秒。阶段三的其他安排也适用于阶段四。

表 11-2 的 24 周训练计划适用于周跑量在 64 公里左右的 800 米跑者。表中类如"12.8 ST 跑"代表 12.8 公里 ST 跑，省略了单位"公里"。

表 11-2　周跑量为 40 英里（64 公里）的 800 米训练计划

阶段一			
周次	Q1	Q2	Q3
第 1 周	60 分钟 L 跑	30 分钟 E 跑 + 12.8 ST 跑 + 20 分钟 E 跑	20 分钟 E 跑 + 12.8 ST 跑 + 10 分钟 E 跑
第 2 周	60 分钟 L 跑	40 分钟 E 跑 + 12.8 ST 跑 + 10 分钟 E 跑	10 分钟 E 跑 + 12.8 ST 跑 + 20 分钟 E 跑
第 3 周	60 分钟 L 跑	30 分钟 E 跑 + 12.8 ST 跑 + 20 分钟 E 跑	30 分钟 E 跑 + 12.8 ST 跑 + 10 分钟 E 跑
第 4 周	50 分钟 Mod 跑	40 分钟 E 跑 + 12.8 ST 跑 + 10 分钟 E 跑	10 分钟 E 跑 + 16 ST 跑 + 20 分钟 E 跑
第 5 周	70 分钟 L 跑 +9.6 ST 跑	30 分钟 E 跑 + 20 分钟 Mod 跑 + 9.6 ST 跑	20 分钟 E 跑 + 16 ST 跑 + 10 分钟 E 跑
第 6 周	50 分钟 Mod 跑 + 9.6 ST 跑	40 分钟 E 跑 + 12.8 ST 跑 + 5 分钟 E 跑	10 分钟 E 跑 + 16 ST 跑 + 20 分钟 E 跑
阶段二			
周次	Q1	Q2	Q3
第 7 周	60 分钟 L 跑 + 9.6 ST 跑	20 分钟 E 跑 + 8 ×（200 米 R 跑 + 200 米 jg 跑）+ 20 分钟 E 跑	20 分钟 E 跑 + 8 ×（200 米 R 跑 + 200 米 jg 跑）+ 10 分钟 E 跑
第 8 周	60 分钟 L 跑 + 9.6 ST 跑	20 分钟 E 跑 + 6 ×（200 米 R 跑 + 200 米 jg 跑）+ 4 ×（400 米 R 跑 + 400 米 jg 跑）+ 10 分钟 E 跑	20 分钟 E 跑 + 10 ×（200 米 R 跑 + 200 米 jg 跑）+ 20 分钟 E 跑
第 9 周	60 分钟 L 跑 + 9.6 ST 跑	20 分钟 E 跑 + 6 ×（400 米 R 跑 + 400 米 jg 跑）+ 20 分钟 E 跑	20 分钟 E 跑 + 6 ×（200 米 R 跑 + 200 米 jg 跑）+ 10 分钟 E 跑 + 6 ×（200 米 R 跑 + 200 米 jg 跑）+ 10 分钟 E 跑

丹尼尔斯经典跑步训练法（全新升级版）

阶段二			
周次	Q1	Q2	Q3
第 10 周	60 分钟 L 跑 + 9.6 ST 跑	15 分钟 E 跑 + 4 ×（200 米 R 跑 + 200 米 jg 跑 + 400 米 jg 跑 + 400 米 R 跑 + 200 米 jg 跑）+ 10 分钟 E 跑	15 分钟 E 跑 + 6 ×（400 米 R 跑 + 400 米 jg 跑）+ 15 分钟 E 跑
第 11 周	60 分钟 L 跑 + 9.6 ST 跑	20 分钟 E 跑 + 4 ×（200 米 R 跑 + 200 米 jg 跑）+ 2 ×（600 米 R 跑 + 600 米 jg 跑）+ 4 ×（200 米 R 跑 + 200 米 jg 跑）+ 10 分钟 E 跑	15 分钟 E 跑 + 6.4 ST 跑 + 600 米 R 跑 + 600 米 jg 跑 + 3 ×（400 米 R 跑 + 400 米 jg 跑）+ 6 ×（200 米 R 跑 + 200 米 jg 跑）+ 10 分钟 E 跑
第 12 周	60 分钟 L 跑 + 9.6 ST 跑	15 分钟 E 跑 + 4 ×（200 米 R 跑 + 200 米 jg 跑）+ 4 ×（400 米 R 跑 + 400 米 jg 跑）+ 1 × 600 米 R 跑 + 20 分钟 E 跑	15 分钟 E 跑 + 6 ×（200 米 R 跑 + 200 米 jg 跑）+ 6 ×（300 米 R 跑 + 300 米 jg 跑）+ 20 分钟 E 跑

阶段三			
周次	Q1	Q2	Q3
第 13 周	60 分钟 L 跑 + 12.8 ST 跑	20 分钟 E 跑 + 6 ×（3 分钟 H 跑 + 2 分钟 jg 跑）+ 6 ×（200 米 FR 跑 + 200 米 jg 跑）+ 15 分钟 E 跑	20 分钟 E 跑 + 3 ×（600 米 R 跑 + 30 秒休息 + 200 米 FR 跑 + 7 分钟 E 跑）+ 20 分钟 E 跑
第 14 周	15 分钟 E 跑 + 4 ×（1.6 T 跑 + 2 分钟休息）+ 15 分钟 E 跑	15 分钟 E 跑 + 6 ×（800 米 I 跑 + 3 分钟 jg 跑）+ 9.6 ST 跑 + 15 分钟 E 跑	15 分钟 E 跑 + 600 米 R 跑 + 600 米 jg 跑 + 500 米 R 跑 + 500 米 jg 跑 + 400 米 FR 跑 + 400 米 jg 跑 + 3 ×（300 米 FR 跑 + 300 米 jg 跑）+ 10 分钟 E 跑
第 15 周	60 分钟 L 跑 + 9.6 ST 跑	15 分钟 E 跑 + 8 ×（2 分钟 H 跑 + 1 分钟 jg 跑）+ 1.6 E 跑 + 4 ×（200 米 R 跑 + 200 米 jg 跑）+ 2 ×（200 米 FR 跑 + 200 米 jg 跑）+ 15 分钟 E 跑	20 分钟 E 跑 + 4 ×（400 米 R 跑 + 400 米 jg 跑）+ 4 ×（300 米 FR 跑 + 300 米 jg 跑）+ 10 分钟 E 跑
第 16 周	15 分钟 E 跑 + 定速 4.8T 跑 + 6 ×（200R 跑 + 200 米 jg 跑）+ 10 分钟 E 跑	15 分钟 E 跑 + 5 ×（1 000 米 I 跑 + 3 分钟 jg 跑）+ 9.6 ST 跑 + 20 分钟 E 跑	20 分钟 E 跑 + 2 ×（400 米 R 跑 + 400 米 jg 跑）+ 3 ×（600 米 R 跑 + 600 米 jg 跑）+ 2 ×（300 米 FR 跑 + 300 米 jg 跑）+ 15 分钟 E 跑

阶段三			
周次	Q1	Q2	Q3
第 17 周	60 分钟 L 跑 + 12.8 ST 跑	20 分钟 E 跑 + 4 × (4 分钟 H 跑 + 3 分钟 jg 跑) + 10 分钟 E 跑	20 分钟 E 跑 + 4 ×（400 米 FR 跑 + 400 米 jg 跑) + 10 分钟 E 跑 + 4 ×（400 米 R 跑 + 400 米 jg 跑) + 10 分钟 E 跑
第 18 周	10 分钟 E 跑 + 40 分钟 Mod 跑 + 9.6 ST 跑	15 分钟 E 跑 + 5 ×（1 200 米 I 跑 + 3 分钟 jg 跑) + 9.6 ST 跑 + 10 分钟 E 跑	10 分钟 E 跑 + 3×（600 米 R 跑 + 30 秒休息 + 200 米 FR 跑 + 7 分钟 E 跑) + 20 分钟 E 跑

阶段四			
周次	Q1	Q2	Q3
第 19 周	60 分钟 L 跑 + 12.8 ST 跑	15 分钟 E 跑 + 6.4 ST 跑 + 定速 20 分钟 T 跑 + 6 × (200 米 R 跑 + 200 米 jg 跑) + 10 分钟 E 跑	20 分钟 E 跑 + 600 米 FR 跑 + 1 000 米 jg 跑 + 600 米 FR 跑 + 1 000 米 jg 跑 + 600 米 FR 跑 + 20 分钟 E 跑
第 20 周	60 分钟 L 跑 + 9.6 ST 跑	15 分钟 E 跑 + 6 × (200 米 R 跑 + 200 米 jg 跑) + 2 × (1.6 T 跑 + 2 分钟休息) + 9.6 ST 跑 + 10 分钟 E 跑	20 分钟 E 跑 + 600 米 FR 跑 + 1 000 米 jg 跑 + 2 × (400 米 FR 跑 + 400 米 jg 跑) + 4 × (200 米 FR 跑 + 200 米 jg 跑) + 10 分钟 E 跑
第 21 周	20 分钟 E 跑 + 定速 4.8 T 跑 + 12.8 ST 跑 + 20 分钟 E 跑	20 分钟 E 跑 + 4 × (1.6 T 跑 + 2 分钟休息) + 6 × (200 米 R 跑 + 200 米 jg 跑)	20 分钟 E 跑 + 600 米 FR 跑 + 600 米 jg 跑 + 3 × (300 米 FR 跑 + 500 米 jg 跑) + 3 × (200 米 R 跑 + 200 米 jg 跑) + 10 分钟 E 跑
第 22 周	60 分钟 L 跑 + 12.8 ST 跑	20 分钟 E 跑 + 4 × (1.6 T 跑 + 1 分钟休息) + 8 × (200 米 R 跑 + 200 米 jg 跑) + 10 分钟 E 跑	20 分钟 E 跑 + 8 × (200 米 FR 跑 + 200 米 jg 跑) + 20 分钟 E 跑
第 23 周	60 分钟 L 跑 + 9.6 ST 跑	10 分钟 E 跑 + 3 × (1.6 T 跑 + 2 分钟休息) + 6 × (200 米 R 跑 + 200 米 jg 跑) + 20 分钟 E 跑	20 分钟 E 跑 + 4 × (200 米 FR 跑 + 400 米 jg 跑) + 2 × (600 米 FR 跑 + 1 000 米 jg 跑) + 4 × (200 米 R 跑 + 200 米 jg 跑) + 10 分钟 E 跑
第 24 周	50 分钟 L 跑 + 9.6 ST 跑	10 分钟 E 跑 + 4 × (200 米 R 跑 + 200 米 jg 跑) + 2 × (1.6 T 跑 + 2 分钟休息) + 2 × (200 米 R 跑 + 200 米 jg 跑) + 10 分钟 E 跑	20 分钟 E 跑 + ST 跑 + 重要比赛日

注：该表格由"智跑"项目设计的杰克·丹尼尔斯跑步计算器创建。

每周 80 ～ 97 公里的训练

阶段一　在阶段一训练期间，建议每周轻松完成80～97公里的跑者在某几天里一天两跑。也就是说，可以在Q训练当天跑两次。如果要在计划中加入晨跑，那要将晨跑安排为至少持续30分钟的E跑，并在跑步过程中或跑完后再加上8～10组ST跑。

塞巴斯蒂安·科（Sebastian Coe，图右）虽然在年少时并非精英跑者，但后来却借助他父亲的训练方法，在1981年打破了800米世界纪录，并在其竞技生涯中创下了多个中距离项目纪录。他用"系统化"、"有条理"和"苛刻"来形容他父亲的训练方法。

你可以在阶段一了解到，自己是在晨跑日还是非晨跑日的下午跑步感觉更好。如果你的日常学习或工作安排非常紧张，那就试着在休息或恢复时间充裕的日子晨跑。你也可以尝试在不同的日子晨跑，看看哪几天效果最好。比如你可以每隔一天晨跑一次，或者连续晨跑两天，然后一天不晨跑或连续两天乃至3天不晨跑。无论跑步日程怎样安排，关键是要适合自身情况，并且你要利用晨跑（或在Q训练日任选时间，进行Q训练以外的第二次跑步训练）来达到理想的周跑量。另外，如果你的健康出现问题或感觉压力过大，你可以随时减少每周的总跑量。

阶段一的日程基本与每周约64公里跑量的日程一样，唯一的不同是，Q训练从由时间计量变成了由距离计量。Mod配速要比通常的E配速（或L配速）每公里快12.5～18.75秒。

阶段二 在16公里和周跑量的25%之间取较小值，作为每周Q1的跑步距离，同时再加6组ST跑。另外，在每周的其中两次E跑的中间阶段或结束阶段加入6～8组ST跑（可选择缓坡进行上坡跑）。

阶段三 阶段三的R配速应比阶段二最后3周使用的R配速每200米快1秒，或每400米快2秒、每600米快3秒。至于I配速，可参考你最近的比赛和相应的VDOT值来确定，也可以将当前的R配速每400米减慢8秒来作为I配速。FR配速要比当前的R配速每200米快2～3秒，每400米快4～6秒，每600米快9～12秒。T配速要比当前的R配速每400米慢16秒，即比I配速每400米慢8秒。

在每周的其中两次E跑中加入8组ST跑（平地跑或上坡跑）。Mod配速要比通常的E配速（或L配速）每公里快12.5～18.75秒。H跑采用I配速强度。周末有比赛时，可去掉当周训练计划中的Q3。如果你在比赛日感觉压力不大且时间充足，可以在比赛结束后进行6 ×（200米 R跑 + 200米 jg跑）。

阶段四 阶段四的R配速应比阶段三最后3周使用的R配速每200米快1秒，或每400米快2秒、每600米快3秒。阶段三的其他安排也适用于阶段四。

表 11–3 的 24 周训练计划适用于周跑量在 80 ～ 97 公里的 800 米跑者，

表中省略了单位"公里"。

表 11–3 周跑量为 80 ～ 97 公里的 800 米训练计划

阶段一			
周次	Q1	Q2	Q3
第 1 周	16 L 跑	4.8 E 跑 + 12.8 ST 跑 + 3.2 E 跑	4.8 E 跑 + 12.8 ST 跑 + 3.2 E 跑
第 3 周	12.8 L 跑	4.8 E 跑 + 12.8 ST 跑 + 4.8 E 跑	3.2 E 跑 + 12.8 ST 跑 + 4.8 E 跑
第 3 周	16 L 跑	4.8 E 跑 + 12.8 ST 跑 + 3.2 E 跑	4.8 E 跑 + 12.8 ST 跑 + 3.2 E 跑
第 4 周	12.8 Mod 跑	4.8 E 跑 + 12.8 ST 跑 + 4.8 E 跑	3.2 E 跑 + 16 ST 跑 + 4.8 E 跑
第 5 周	19.2 L 跑 + 9.6 ST 跑	4.8 E 跑 + 4.8 Mod 跑 + 9.6 ST 跑	4.8 E 跑 + 16 ST 跑 + 3.2 E 跑
第 6 周	12.8 Mod 跑 + 9.6 ST 跑	6.4 E 跑 + 12.8 ST 跑 + 1.6 E 跑	3.2 E 跑 + 16 ST 跑 + 4.8 E 跑

阶段二			
周次	Q1	Q2	Q3
第 7 周	16 L 跑 + 9.6 ST 跑	4.8 E 跑 + 10 ×（200 米 R 跑 + 200 米 jg 跑）+ 4.8 E 跑	4.8 E 跑 + 12 ×（200 米 R 跑 + 200 米 jg 跑）+ 4.8 E 跑
第 8 周	16 L 跑 + 9.6 ST 跑	4.8 E 跑 + 8 ×（200 米 R 跑 + 200 米 jg 跑）+ 6 ×（400 米 R 跑 + 400 米 jg 跑）+ 3.2 E 跑	4.8 E 跑 + 12 ×（200 米 R 跑 + 200 米 jg 跑）+ 3.2 E 跑
第 9 周	16 L 跑 + 9.6 ST 跑	4.8 E 跑 + 8 ×（400 米 R 跑 + 400 米 jg 跑）+ 4.8 E 跑	4.8 E 跑 + 8 ×（200 米 R 跑 + 200 为 jg 跑）+ 1.6 E 跑 + 8 ×（200 米 R 跑 + 200 米 jg 跑）+ 3.2 E 跑
第 10 周	16 L 跑 + 9.6 ST 跑	3.2 E 跑 + 5×（200 米 R 跑 + 200 米 jg 跑 + 200 米 R 跑 + 400 米 jg 跑 + 400 米 R 跑 + 200 米 jg 跑）+ 3.2 E 跑	3.2 E 跑 + 8 ×（400 米 R 跑 + 400 米 jg 跑）+ 3.2 E 跑
第 11 周	16 L 跑 + 9.6 ST 跑	4.8 E 跑 + 4 ×（200 米 R 跑 + 200 米 jg 跑）+ 4 ×（600 米 R 跑 + 600 米 jg 跑）+ 4 ×（200 米 R 跑 + 200 米 jg 跑）+ 3.2 E 跑	3.2 E 跑 + 6.4 ST 跑 + 2 ×（600 米 R 跑 + 600 米 jg 跑）+ 4 ×（400 米 R 跑 + 400 米 jg 跑）+ 6 ×（200 米 R 跑 + 200 米 jg 跑）+ 3.2 E 跑

阶段二			
周次	Q1	Q2	Q3
第 12 周	16 L 跑 + 9.6 ST 跑	3.2 E 跑 + 6 × （200 米 R 跑 + 200 米 jg 跑）+ 6 × （400 米 R 跑 + 400 米 jg 跑）+ 2 × 600 米 R 跑 + 3.2 E 跑	3.2 E 跑 + 6 × （200 米 R 跑 + 200 米 jg 跑）+ 8 × （300 米 R 跑 + 300 米 jg 跑）+ 3.2 E 跑

阶段三			
周次	Q1	Q2	Q3
第 13 周	16 L 跑 + 8 ST 跑	4.8 E 跑 + 7 ×[3 分钟 H（或 6×1 000 米 I 跑）+ 2 分钟 jg 跑]+ 6 × （200 米 FR 跑 + 200 米 jg 跑）+ 3.2 E 跑	4.8 E 跑 + 4 × （600 米 R 跑 + 30 秒休息 + 200 米 FR 跑 + 1.6 E 跑）+ 4.8 E 跑
第 14 周	3.2 E 跑 + 5 × （1.6 T 跑 + 2 分钟休息）+ 3.2 E 跑	3.2 E 跑 + 8 × （800 米 I 跑 + 2 分钟 jg 跑）+ 9.6 ST 跑 + 3.2 E 跑	3.2 E 跑 + 600 米 R 跑 + 600 米 jg 跑 + 500 米 R 跑 + 500 米 jg 跑 + 400 米 FR 跑 + 400 米 jg 跑 + 3 × （300 米 FR 跑 + 300 米 jg 跑）+ 3.2 E 跑
第 15 周	16 L 跑 + 12.8 ST 跑	3.2 E 跑 + 10 × （2 分钟 H 跑 + 1 分钟 jg 跑）+ 1.6 E 跑 + 4 × （200 米 R 跑 + 200 米 jg 跑）+ 4 × （200 米 FR 跑 + 200 米 jg 跑）+ 3.2 E 跑	4.8 E 跑 + 6 × （400 米 R 跑 + 400 米 jg 跑）+ 4 × （300 米 FR 跑 + 300 米 jg 跑）+ 3.2 E 跑
第 16 周	3.2 E 跑 + 定速 4.8 T 跑 + 6 × （200 米 R 跑 + 200 米 jg 跑）+ 3.2 E 跑	3.2 E 跑 + 6 × （1 000 米 I 跑 + 3 分钟 jg 跑）+ 9.6 ST 跑 + 4.8 E 跑	4.8 E 跑 + 2 × （400 米 R 跑 + 400 米 jg 跑）+ 4 × （600 米 R 跑 + 600 米 jg 跑）+ 2 × （300 米 FR 跑 + 300 米 jg 跑）+ 3.2 E 跑
第 17 周	16 L 跑 + 12.8 ST 跑	4.8 E 跑 + 5 × （4 分钟 H 跑 + 3 分钟 jg 跑）+ 3.2 E 跑	4.8 E 跑 + 4 × （400 米 FR 跑 + 400 米 jg 跑）+ 10 分钟 E 跑 + 4 × （400 米 R 跑 + 400 米 jg 跑）+ 3.2 E 跑
第 18 周	3.2 E 跑 + 12.8 跑 Mod 跑 + 9.6 ST 跑	3.2 E 跑 + 6 × （1 200 米 I 跑 + 3 分钟 jg 跑）+ 9.6 ST 跑 + 3.2 E 跑	3.2 E 跑 + 4 组（600 米 R 跑 + 30 秒休息 + 200 米 FR 跑 + 1.6 E 跑）+ 4.8 E 跑

阶段四			
周次	Q1	Q2	Q3
第 19 周	16 L 跑 + 12.8 ST 跑	3.2 E 跑 + 4 ST 跑 + 4.8 T 跑 + 8 ×（200 米 R 跑 + 200 米 jg 跑）+ 3.2 E 跑	4.8 E 跑 + 600 米 FR 跑 + 1 000 米 jg 跑 + 600 米 FR 跑 + 1 000 米 jg 跑 + 600 米 FR 跑 + 4.8 E 跑
第 20 周	16 L 跑 + 9.6 ST 跑	3.2 E 跑 + 8 ×（200 米 R 跑 + 200 米 jg 跑）+ 3 ×（1.6 T 跑 + 2 分钟休息）+ 9.6 ST 跑 + 3.2 E 跑	4.8 E 跑 + 600 米 FR 跑 + 1 000 米 jg 跑 + 2 ×（400 米 FR 跑 + 400 米 jg 跑）+ 6 ×（200 米 FR 跑 + 200 米 jg 跑）+ 3.2 E 跑
第 21 周	4.8 E 跑 + 4.8 T 跑 + 12.8 ST 跑 + 4.8 E 跑	4.8 E 跑 + 5 ×（1.6 T 跑 + 2 分钟休息）+ 8 ×（200 米 R 跑 + 200 米 jg 跑）+ 3.2 E 跑	4.8 E 跑 + 600 米 FR 跑 + 600 米 jg 跑 + 4 ×（300 米 FR 跑 + 500 米 jg 跑）+ 4 ×（200 米 R 跑 + 200 米 jg 跑）+ 3.2 E 跑
第 22 周	16 L 跑 + 12.8 ST 跑	4.8 E 跑 + 5 ×（1.6 T 跑 + 1 分钟休息）+ 10 ×（200 米 R 跑 + 200 米 jg 跑）+ 3.2 E 跑	4.8 E 跑 + 6 ×（200 米 FR 跑 + 200 米 jg 跑）+ 1.6 E 跑 + 4 ×（200 米 FR 跑 + 200 米 jg 跑）+ 4.8 E 跑
第 23 周	16 L 跑 + 9.6 ST 跑	3.2 E 跑 + 3 ×（1.6 T 跑 + 2 分钟休息）+ 6 ×（200 米 R 跑 + 200 米 jg 跑）+ 4.8 E 跑	4.8 E 跑 + 4 ×（200 米 FR 跑 + 400 米 jg 跑）+ 2 ×（600 米 FR 跑 + 1 000 米 jg 跑）+ 4 ×（200 米 R 跑 + 200 米 jg 跑）+ 3.2 E 跑
第 24 周	12.8 L 跑 + 9.6 ST 跑	3.2 E 跑 + 4 ×（200 米 R 跑 + 200 米 jg 跑）+ 2 ×（1.6 T 跑 + 2 分钟休息）+ 2 ×（200 米 R 跑 + 200 米 jg 跑）+ 3.2 E 跑	4.8 E 跑 + ST 跑 + 重要比赛日

注：该表格由"智跑"项目设计的杰克·丹尼尔斯跑步计算器创建。

12
1 500 米～ 3.2 公里训练

抓住一切机会告诉你的队友，

他们跑步时看起来很棒。

正如许多 800 米选手会认真对待 1 500 米和 1.6 公里比赛，许多 1 500 米选手和 1.6 公里选手也会郑重地对待 3 公里和 3.2 公里比赛。所以，我设计了一个涵括 1 500 米～ 3.2 公里的 4 阶段训练计划。另外，一些 1 500 米选手也会参加 800 米比赛以及室内赛季的 1 000 米项目，而且跑起来同样认真。本章要介绍的训练能很好地帮助跑者为不同中距离项目做好准备。

1 500 米比赛是一项艰巨的有氧运动项目，同时也非常依赖跑者的速度和无氧系统。跑者努力完成 1 500 米比赛时所达到的强度，会超出其最大摄氧量速度的 10% ～ 12%。而在 3 公里比赛和 3.2 公里比赛中，跑者将恰好达到自己的最大摄氧量速度，这个速度与 I 训练所要求的速度差不多。

在为比赛项目部署整个训练季时，我对阶段一的安排与 800 米训练的阶段一大致相仿，都加入了大量 E 跑，每周还会安排几次 ST 跑或上坡跑。

由于跑者往往会在 4 ～ 12 分钟长的比赛中起跑太快，因此我强烈建议你在起跑时要极尽谨慎。要想在 1 500 米比赛或 1.6 公里比赛中跑出好成绩（不考虑战术不佳和天气不好的因素），有一种方法可以提供帮助，即在跑第 1 个 400 米时保守一些，在跑第 2 个 400 米时加快速度，以实现完成时间比第 1 个 400 米快两秒左右。这种方法通常收效很好，因为年轻跑者起跑时常常会跑快几秒，导致在跑第 2 个 400 米时掉速不少。

Andy Lyons/Getty Images

谢尔比·霍利亨（Shelby Houlihan）凭借扎实的训练和昂扬的斗志刷新了美国女子 1 500 米纪录，她说想"冲出去，把对手击垮"。

你如果观看过很多 1.6 公里比赛，或许已经注意到，大多数跑者第 3 个 400 米的成绩通常与第 2 个 400 米一致。也就是说，第 1 分钟跑太快会导致第 2 分钟大幅掉速，这通常又会造成跑第 3 个 400 米时的速度也比较慢，最终失去跑出好成绩的机会。而如果跑者第 1 个 400 米跑得比较谨慎，集中火力在第 2 个 400 米加快速度，那他的第 3 个 400 米通常会跑得不错，接下来就只是怎样努力"守住"最后一个 400 米了。与所有距离的比赛一样，你要尝试多种方法，找到对自己最有效的那种。

我认识很多 1 500 米和 1.6 公里选手，并且专门问过他们，是否喜欢跑比自己最擅长的项目距离更短的比赛，以及是否喜欢跑更长的距离。结果，他们说都喜欢，不过稍微偏爱更短的距离。确实，当你跑过 1.6 公里比赛后，3.2 公里比赛的配速似乎会让你感觉舒服一些；而当你跑过 3.2 公里比赛或 3 公里比赛后，你可能会感觉 1 500 米或 1.6 公里就是短距离项目。

训练 4 阶段

阶段一

在我建议的所有训练计划中，阶段一都是以 E 跑为主，再加上 E 日 ST 跑训练和一些辅助训练，如轻量的抗阻力训练或循环训练。需要注意的是，做完辅助训练后，尽量不要马上跑步，而要休息几小时再跑或者最好在辅助训练前跑。

阶段一主要是 E 跑，而且不规定在多少时间内跑满多少距离，所以几乎任何人都能选择最适合自己的时间，独自完成这个阶段的训练。而就校队而言，由于队员通常会在同一时间一起训练，因此就需要按照他们的体能和能力水平将其分组。分组可以避免以下情况：体能较好的队员将全队速度带得太快，导致体能不太好的队员不得不拼命跟跑。

阶段二

一如我在制订训练计划时的惯常做法，在该阶段我开始加入 Q 训练，包括每周一次的 L 跑以及每周次数的 R 训练。如果跑者刚刚结束赛季，其有氧能力还处在不错的状态，那他们可以直接从阶段二开始训练。例如，刚刚结束秋季越野赛季的训练和比赛的跑者不用再开展阶段一的训练，因为这时恰恰是加强 R 训练的好时机，而 R 训练正是阶段二训练计划的常规内容。再比如，处于赛季末的越野跑者，此时他们的有氧能力正处于最佳水平，只要他们在跑步速度和跑步效率上花些工夫，他们就能为室内径赛赛季做好准备，因为相关比赛项目的距离通常更短。

另外，由于 R 训练带给身体的压力一般比 I 训练更小，因此中长距离跑者常常希望做 R 训练。在他们看来，R 训练就是高强度 I 跑和 5 ～ 12 公里重要比赛之余的一种休息方式。

阶段三

由于阶段三是整个训练季中要求最高的阶段，因此我除了在这个阶段安排训练压力更大的 I 训练，还会在每周安排 T 训练，T 训练非常有助于增强耐力。可以说，阶段三对跑者能在训练季中取得多少进步起着决定性的作用。

这个阶段的训练非常苛刻。要取得进步，关键是要有应对 I 训练的意愿和能力，同时还要尽量不做过头。I 训练的目标是以最少量的训练收获最大成效，当然这也意味着你要按照恰当的训练速度训练。至于训练速度要达到多少，只需要将最近的比赛成绩对照 VDOT 表就能确定。

阶段四

径赛赛季竞争激烈，有时难免会出现过度比赛的情况。对于 1 500 米、1.6 公里、3 公里、3.2 公里等项目的选手来说，关键要做到两点：一是要交替安排不同距离的比赛，二是在比赛周有多场比赛时调整训练日程。

就第一点而言，你可以这样来看待不同距离的比赛：400 米、800 米和1 000 米（乃至 1 500 米和 1.6 公里）的比赛要比 3 公里和 3.2 公里的比赛更侧重无氧能力和速度。所以，你要好好抓住机会参加不同距离的比赛，磨炼不同方面的能力，而径赛赛季绝对是理想的好时机。相对而言，越野赛季就不一样了，越野赛季所有比赛的持续时间几乎都相同。

第二点则意味着，你要随时做好调整训练计划的准备。这在进入户外赛季后特别重要，因为在户外赛季，天气对什么样的训练在心理和生理上的收效最好会产生重要影响。此外，如果你一周安排了两个 Q 日，但无法在周五或周六的重要比赛到来时完全恢复，那你必须去掉一个 Q 日。

每周 48 公里的训练

阶段一　阶段一每周有 3 次 Q 训练，但它们的要求都不是很高。我之所以将这些训练列为 Q 训练，仅仅是因为它们都不止包含 E 跑。3 次 Q 训练中，一次是距离相对较长的 L 跑或 Mod 跑，另外两次则包含了 ST 跑。你可以在平地进行 ST 跑，如果你能找到平缓的坡面，也可以进行上坡 ST 跑。但是，ST跑不应该是全速冲刺跑。如果你选择进行上坡 ST 跑，尽量换到平地或跑道上完成最后两轮，以感受下好的步频和轻快的移动。无论你进行的是上坡ST 跑还是平地 ST 跑，都务必要在跑后充分恢复。

Mod 配速要比通常的 E 跑和 L 跑每公里快 12.5～18.75 秒。此外，所有非 Q日都是 E 日，要进行至少持续 30 分钟的 E 跑。利用 E 日累积跑量，以达到理想的周跑量。如果不用每天都跑就能达到周跑量，E 日也可以不跑。而如果在开始阶段一之前，你已经好几周没有跑步了，那你就选择训练计划建议的跑量下限。

阶段二　每周安排一次 L 跑（Q1），一般安排在周日。不过，如果周六压力不大，你也可以在周六训练结束后再多跑几公里。对每周跑量大约在48公里的人来说，L跑的距离应该占周跑量的30%。如果L跑次日是E日，那就在E日的训练结束后再加上6～8组ST跑。此外，还要在每周另外两个E日的训练后加上6～8组ST跑。ST跑同样既可以在平地上进行，也可以在平缓的坡面上以上坡跑的方式进行。不过，在完成上坡ST跑后，下坡时要小心。

除了Q1的L跑外，每周还有两个Q日。尽量在这两个Q日之间安排两个E日。如果一切进展顺利，可以每隔1～2周，在当周再加一场Q训练，同时我建议你在新加的Q4训练中重复Q2的训练内容。如果一周有3次L跑和3次Q训练，将这些训练分别安排在周日（Q1）、周一、周四和周五可能是最合适的，这样你就能在周六或周日安排每周的例行L跑。当周只有两次L跑和两次Q训练时，把Q2和Q3训练分别安排在周一和周四或周二和周五都是最合适的选择。另外，在第7～12周，每周安排一次Q1的L跑。至于R训练，你要保守估计自己目前的1.6公里比赛成绩，并在这个成绩的基础上设定R配速。

阶段三 将阶段二使用的R配速每200米加快1秒、每400米加快2秒或每600米加快3秒，作为阶段三的R配速。如果进展顺利，那么在阶段三的第3周结束后，你可以将R配速每200米再加快1秒。设定I配速时，你可以根据近期比赛的VDOT值来设定，也可以将已经适应的R配速每400米减慢6秒作为I配速。

跑者通常会在这个训练阶段开始比赛。周末有比赛时，如果比赛是在周六，那就把另外两个Q日分别安排在周一（或周二）和周三；如果比赛是在周五，那就把另外两个Q日分别安排在周一和周二。如果比赛日相对轻松，你可以在当天最后一场比赛结束后进行6 ×（200米 R跑 + 200米 jg跑），以此来结束全天的训练。

阶段四 用近期比赛成绩估算出VDOT值，根据该值来调整训练配速。如果没有可供参考的比赛数据，你可以将所有训练配速在原来的基础上每400米加快1秒。在美国，到了这个训练阶段，周末赛事非常常见，大部分周末都有比赛。所以，如果第19、第20和第22周的周六有比赛，那就将Q2和Q3分别安排在周一和周三；如果周五有比赛，则分别安排在周一和周二。由于连续进行两天Q训练的效果通常优于在中间插入一个E日，因此我建议尝试连续安排两个Q日，比如可以分别安排在周六比赛前的周二和周三。如果周五有比赛或周六有重要比赛，那就去掉Q3。

表12-1中的24周4阶段训练计划适用于周跑量在48公里左右的跑者，表中类如"12.8 ST跑"代表"12.8公里ST跑"，省略了"公里"，后同。

表 12-1　周跑量达 48 公里的 1 500 米～3.2 公里训练计划

阶段一		
周次	Q1	Q2	Q3
第 1 周	40～60 分钟 L 跑跑	20 分钟 E 跑 + 12.8 ST 跑 + 20 分钟 E 跑	20 分钟 E 跑 + 12.8 ST 跑 + 10 分钟 E 跑
第 2 周	40～60 分钟 L 跑跑	30 分钟 E 跑 + 12.8 ST 跑 + 10 分钟 E 跑	10～20 分钟 E 跑 + 12.8 ST 跑 + 20 分钟 E 跑
第 3 周	45 分钟 L 跑	20 分钟 E 跑 + 12.8 ST 跑 + 20 分钟 E 跑	20～30 分钟 E 跑 + 12.8 ST 跑 + 10 分钟 E 跑
第 4 周	40 分钟 Mod 跑	30 分钟 E 跑 + 12.8 ST 跑 + 10 分钟 E 跑	20 分钟 E 跑 + 16 ST 跑 + 20 分钟 E 跑
第 5 周	40～60 分钟 L 跑 + 9.6 ST 跑	20 分钟 E 跑 + 20 分钟 Mod 跑 + 9.6 ST 跑	20 分钟 E 跑 + 16 ST 跑 + 10 分钟 E 跑
第 6 周	40 分钟 Mod 跑 + 9.6 ST 跑	30～40 分钟 E 跑 + 12.8 ST 跑 + 10 分钟 E 跑	10～20 分钟 E 跑 + 16 ST 跑 + 20 分钟 E 跑

阶段二		
周次	Q1	Q2	Q3
第 7 周	60 分钟 L 跑	20 分钟 E 跑 + 8 ×（200 米 R 跑 + 200 米 jg 跑）+ 10 分钟 E 跑	10 分钟 E 跑 + 10 ×（200 米 R 跑 + 200 米 jg 跑）+ 20 分钟 E 跑
第 8 周	60 分钟 L 跑	20 分钟 E 跑 + 2 ×（200 米 R 跑 + 200 米 jg 跑）+ 4 ×（400 米 R 跑 + 400 米 jg 跑）+ 10 分钟 E 跑	20 分钟 E 跑 + 10 ×（200 米 R 跑 + 200 米 jg 跑）+ 10 分钟 E 跑

阶段二			
周次	Q1	Q2	Q3
第9周	60分钟L跑	10分钟E跑 + 2×（200米R跑 + 200米jg跑）+ 6×（400米R跑 + 400米jg跑）+ 10分钟E跑	10分钟E跑 + 6×（200米R跑 + 200米jg跑）+ 10分钟E跑 + 4×（200米R跑 + 200米jg跑）+ 10分钟E跑
第10周	60分钟L跑	20分钟E跑 + 3×（200米R跑 + 200米jg跑 + 200米R跑 + 400米jg跑 + 400米R跑 + 200米jg跑）+ 10分钟E跑	10分钟E跑 + 6×（400米R跑 + 400米jg跑）+ 2×（200米R跑 + 200米jg跑）+ 10分钟E跑
第11周	60分钟L跑	20分钟E跑 + 4×（200米R跑 + 200米jg跑）+ 2×（600米R跑 + 600米jg跑）+ 4×（200米R跑 + 200米jg跑）+ 10分钟E跑	10分钟E跑 + 4 ST跑 + 600米R跑 + 600米jg跑 + 2×（400米R跑 + 400米jg跑）+ 4×（200米R跑 + 200米jg跑）+ 20分钟E跑
第12周	60分钟L跑	10分钟E跑 + 2×（200 R跑 + 200米jg跑）+ 2×（400米R跑 + 400米jg跑）+ 2×（600米R跑 + 600米jg跑）+ 15分钟E跑	10分钟E跑 + 6×（200米R跑 + 200米jg跑）+ 4×（300米R跑 + 300米jg跑）+ 20分钟E跑

阶段三			
周次	Q1	Q2	Q3
第13周	60～70分钟L跑 + 12.8 ST跑	10分钟E跑 + 16×（200米R跑 + 200米jg跑）+ 1.6 E跑	20分钟E跑 + 4×（600米R跑 + 600米jg跑）+ 4×（200米R跑 + 200米jg跑）+ 15分钟E跑
第14周	10分钟E跑 + 8×（400米R跑 + 400米jg跑）+ 20分钟E跑	15分钟E跑 + 4×（800米I跑 + 3分钟jg跑）+ 9.6 ST跑 + 15分钟E跑	20分钟E跑 + 3×（1.6 T跑 + 2分钟休息）+ 20分钟E跑
第15周	60～70分钟L跑 + 12.8 ST跑	20分钟E跑 + 4×（600米R跑 + 600米jg跑）+ 4×（200米R跑 + 200米jg跑）+ 10分钟E跑	15分钟E跑 + 8×（2分钟H跑 + 1分钟jg跑）+ 1.6 E跑 + 4×（200米R跑 + 200米jg跑）+ 15分钟E跑

	阶段三		
周次	Q1	Q2	Q3
第 16 周	20 分钟 E 跑 + 8 ×（400 米 R 跑 + 400 米 jg 跑）+ 15 分钟 E 跑	20 分钟 E 跑 + 4 ×（1 000 米 I 跑 + 3 分钟 jg 跑）+ 9.6 ST 跑 + 15 分钟 E 跑	15 分钟 E 跑 + 定速 4.8 T 跑 + 6 ×（200 米 R 跑 + 200 米 jg 跑）+ 10 分钟 E 跑
第 17 周	60 ~ 70 分钟 L 跑 + 12.8 ST 跑	20 分钟 E 跑 + 4 ×（600 米 R 跑 + 600 米 jg 跑）+ 4 ×（200 米 R 跑 + 200 米 jg 跑）+ 10 分钟 E 跑	10 分钟 E 跑 + 4 ×（800 米 I + 400 米 jg 跑）+ 4 ×（200 米 R 跑 + 200 米 jg 跑）+ 20 分钟 E 跑
第 18 周	20 分钟 E 跑 + 2 ×（600 米 R 跑 + 600 米 jg 跑）+ 3 ×（400 米 R 跑 + 400 米 jg 跑）+ 4 ×（200 米 R 跑 + 200 米 jg 跑）+ 10 分钟 E 跑	15 分钟 E 跑 + 4 ×（1 200 米 I 跑 + 3 分钟 jg 跑）+ 9.6 ST 跑 + 10 分钟 E 跑	10 分钟 E 跑 + 4 ×（1.6 T 跑 + 1 分钟休息）+ 4 ×（200 米 R 跑 + 200 米 jg 跑）+ 10 分钟 E 跑

	阶段四		
周次	Q1	Q2	Q3
第 19 周	60 分钟 L 跑 + 12.8 ST 跑	10 分钟 E 跑 + 4 ×（600 米 R 跑 + 600 米 jg 跑）+ 15 分钟 E 跑	20 分钟 E 跑 + 3.2 T 跑 + 4 ×（200 米 R 跑 + 200 米 jg 跑）+ 2 ×（1.6 T 跑 + 1 分钟休息）+ 4 ×（200 米 R 跑 + 200 米 jg 跑）+ 10 分钟 E 跑
第 20 周	60 分钟 L 跑 + 9.6 ST 跑	10 分钟 E 跑 + 2 ×（600 米 R 跑 + 1 000 米 jg 跑）+ 2 ×（400 米 R 跑 + 400 米 jg 跑）+ 4 ×（200 米 R 跑 + 200 米 jg 跑）+ 10 分钟 E 跑	20 分钟 E 跑 + 4 ×（200 米 R 跑 + 200 米 jg 跑）+ 4 ×（400 米 R 跑 + 400 米 jg 跑）+ 9.6 ST 跑 + 10 分钟 E 跑
第 21 周	20 分钟 E 跑 + 定速 4.8 T 跑 + 12.8 ST 跑 + 20 分钟 E 跑	20 分钟 E 跑 + 600 米 R 跑 + 600 米 jg 跑 + 2 ×（400 米 R 跑 + 400 米 jg 跑）+ 4 ×（200 米 R 跑 + 200 米 jg 跑）+ 10 分钟 E 跑	20 分钟 E 跑 + 3 ×（1.6 T 跑 + 2 分钟休息）+ 6 ×（200 米 R 跑 + 200 米 jg 跑）（周末有比赛时就去掉 Q3）
第 22 周	60 分钟 L 跑 + 12.8 ST 跑	20 分钟 E 跑 + 8 ×（400 米 R 跑 + 400 米 jg 跑）+ 10 分钟 E 跑	20 分钟 E 跑 + 3 ×（1.6 T 跑 + 1 分钟休息）+ 8 ×（200 米 R 跑 + 200 米 jg 跑）+ 10 分钟 E 跑

续表

阶段四		
周次	Q1	Q2	Q3
第 23 周	10 分钟 E 跑 + 4 ×（1.6 T 跑 + 1 分钟休息）+ 4 ×（200 米 R 跑 + 200 米 jg 跑）+ 10 分钟 E 跑	20 分钟 E 跑 + 2 ×［1.6 T 跑 + 400 米 jg 跑 + 4 ×（200 米 R 跑 + 200 米 jg 跑）］+ 1.6 E 跑	10 分钟 E 跑 + 2 ×（1000 米 I 跑 + 3 分钟 jg 跑）+ 4 ×（400 米 R 跑 + 400 米 jg 跑）+ 15 分钟 E 跑（周末有比赛时就去掉 Q3）
第 24 周	50 分钟 L 跑 + 9.6 ST 跑	10 分钟 E 跑 + 2 ×（200 米 R 跑 + 200 米 jg 跑）+ 2 ×（1.6 T 跑 + 2 分钟休息）+ 2 ×（200 米 R 跑 + 200 米 jg 跑）+ 10 分钟 E 跑	20 分钟 E 跑 + ST 跑 + 重要比赛日

注：该表格由"智跑"项目设计的杰克·丹尼尔斯跑步计算器创建。

每周 72 公里的训练

阶段一　阶段一每周有3次Q训练，但它们的要求都不是很高，且它们都不止包含E跑。3次Q训练中，一次是距离相对较长的L跑或Mod跑，另外两次则包含了200米R跑或ST跑。ST跑可以在平地进行，如果能找到平缓的坡面，也可以进行上坡ST跑。但是，跨步跑不应该是全速冲刺跑。如果你选择进行上坡ST跑，尽量换到平地或跑道上完成最后两轮，以便感受下好的步频和轻快的移动。无论你进行的是上坡ST跑还是平地ST跑，都务必要在每轮跨步跑后充分恢复。

Mod配速要比通常的E跑和L跑每公里快12.5～18.75秒。此外，所有非Q日都是E日，要进行至少持续30分钟的E跑。利用E日累积跑量，以达到理想的周跑量。如果不用每天都跑就能达到周跑量，E日也可以不跑。由于按照本计划训练的跑者应该已经规律地跑了几周时间，所以计划建议的距离并不算太苛刻。

阶段二　每周都应该安排一次L跑，一般安排在周日。不过，如果周六压力不大，也可以在周六训练结束后再多跑几公里。对每周跑量大约在72公里的人来说，L跑的距离应该占周跑量的25%。如果L跑次日是E日，那就在E日的训练结束后再加上6~8组ST跑。此外，在每周另外两个E日的训练后加上6~8组ST跑。ST跑同样既可以在平地上进行，也可以在平缓的坡面上以上坡跑的方式进行。不过，在完成上坡ST跑后，下坡时要小心。

尽量在每周的Q2和Q3日之间安排两个E日。如果一切进展顺利，可以每隔1~2周在当周再加一场Q训练，并在新加的Q4训练中重复Q1的训练内容。如果你当周除了L跑以外还有3场Q训练，那么把这3场训练分别安排在周一、周四和周五可能是最合适的，这样你就能在周六或周日安排每周的例行L跑。当周只有3次Q训练时，把Q训练分别安排在周日、周一、周四或周日、周二、周五都是最合适的选择。另外，在第7~12周，每周安排一次Q1的L跑，外加6组ST跑。

阶段三 将阶段二使用的R配速每200米加快1秒、每400米加快2秒或每600米加快3秒，作为阶段三的R配速。如果进展顺利，那么在阶段三的第3周结束后，可以将R配速每200米再加快1秒。设定I配速时，可以根据近期比赛的VDOT值来设定，也可以将已经适应的R配速每400米减慢6秒作为I配速。

跑者通常会在这个训练阶段开始比赛。如果第14、第16或第18周的周末有比赛，那就去掉Q2或Q3，只在当周安排两次Q训练，另外再加上比赛。这两次Q训练可以分别安排在周一和周三（如果周六比赛）或周一和周二（如果周五比赛）。如果比赛日相对轻松，你可以在当天最后一场比赛结束后进行6 ×（200米 R跑 + 200米 jg跑）。

阶段四 用近期比赛成绩估算出VDOT值，根据该值来调整训练配速。如果没有可供参考的比赛数据，那就将所有训练配速在原来的基础上每400米加快1秒。到了这个训练阶段，周末赛事非常常见，大部分周末都有比赛。所以，如果第19、第20和第22周的周六有比赛，那就将Q2和Q3分别安排在周二和周三；如果周五有比赛，那就去掉Q2和Q3之中任意一个。由于连续进行两天Q训练的效果通常优于在中间插入一个E日，因此我建议你在周六比赛前尝试连续安排两个Q日。

表 12-2 总结了 24 周计划的建议训练类型和训练日（表中省略了单位"公里"）。如果你没有 24 周的时间，完全可以减少几周。

表 12-2　周跑量达 72 公里的 1 500 米～ 3.2 公里训练计划

阶段一		
周次	Q1	Q2	Q3
第 1 周	16 L 跑 + 9.6 ST 跑	4.8 L 跑 + 6.4 Mod 跑 + 12.8 ST 跑 + 3.2 L 跑	4.8 L 跑 + 12.8 ST 跑 + 3.2 L 跑
第 2 周	16 L 跑 + 9.6 ST 跑	6.4 L 跑 + 12.8 ST 跑 + 6.4 跑	4.8 L 跑 + 12.8 ST 跑 + 4.8 L 跑
第 3 周	12.8 ～ 16 L 跑 + 12.8 ST 跑	4.8 L 跑 + 8 Mod 跑 + 12.8 ST 跑 + 3.2 L 跑	6.4 L 跑 + 12.8 ST 跑 + 4.8 L 跑
第 4 周	1.6 L 跑 + 12.8 Mod 跑 + 9.6 ST 跑	3.2 L 跑 + 8 ×（200 米 R 跑 + 200 米 jg 跑）+ 4.8 L 跑	4.8 L 跑 + 8 ×（200 米 R 跑 + 200 米 jg 跑）+ 3.2 L 跑
第 5 周	16 L 跑 + 12.8 ST 跑	3.2 L 跑 + 8 ×（200 米 R 跑 + 200 米 jg 跑）+ 4.8 L 跑	4.8 L 跑 + 8 ×（200 米 R 跑 + 200 米 jg 跑）+ 3.2 L 跑
第 6 周	1.6 L 跑 +16 Mod 跑 +12.8 ST 跑	3.2 L 跑 + 8 ×（200 米 R 跑 + 200 米 jg 跑）+ 4.8 L 跑	4.8 L 跑 + 8 ×（200 米 R 跑 + 200 米 jg 跑）+ 3.2 L 跑

阶段二		
周次	Q1	Q2	Q3
第 7 周	16 L 跑 + 9.6 ST 跑	3.2 L 跑 + 12 ×（200 米 R 跑 + 200 米 jg 跑）+ 1.6 L 跑 + 2 ×（400 米 R 跑 + 400 米 jg 跑）+ 3.2 L 跑	3.2 L 跑 + 6 ×（400 米 R 跑 + 200 米 jg 跑）+ 4 ×（200 米 R 跑 + 200 米 jg 跑）+ 3.2 L 跑
第 8 周	16 L 跑 + 9.6 ST 跑	3.2 L 跑 + 4 ×（200 米 R 跑 + 200 米 jg 跑 + 200 米 R 跑 + 200 米 jg 跑 + 400 米 R 跑 + 400 米 jg 跑）+ 3.2 L 跑	3.2 L 跑 + 10 ×（200 米 R 跑 + 200 米 jg 跑）+ 1.6 L 跑 + 6 ×（200 米 R 跑 + 200 米 jg 跑）+ 3.2 L 跑
第 9 周	16 L 跑 + 9.6 ST 跑	3.2 L 跑 + 4 ×（200 米 R 跑 + 200 米 jg 跑）+ 6 ×（400 米 R 跑 + 400 米 jg 跑）+ 3.2 L 跑	3.2 L 跑 + 4 ×（200 米 R 跑 + 200 米 jg 跑）+ 1.6 L 跑 + 4 ×（600 米 R 跑 + 600 米 jg 跑）+ 3.2 L 跑

	阶段二		
周次	Q1	Q2	Q3
第 10 周	16 L 跑 + 9.6 ST 跑	3.2 L 跑 + 5 ×（200 米 R 跑 + 200 米 jg 跑 + 200 米 R 跑 + 400 米 jg 跑 + 400 米 R 跑 + 200 米 jg 跑）+ 3.2 L 跑	3.2 L 跑 + 8 ×（400 米 R 跑 + 400 米 jg 跑）+ 2 ×（200 米 R 跑 + 200 米 jg 跑）+ 3.2 L 跑
第 11 周	16 L 跑 + 9.6 ST 跑	3.2 L 跑 + 4 ×（200 米 R 跑 + 200 米 jg 跑）+ 2 ×（600 米 R 跑 + 600 米 jg 跑）+ 4 ×（200 米 R 跑 + 200 米 jg 跑）+ 3.2 L 跑	3.2 L 跑 + 4 ST 跑 + 2 ×（600 米 R 跑 + 600 米 jg 跑）+ 3 ×（400 米 R 跑 + 400 米 jg 跑）+ 4 ×（200 米 R 跑 + 200 米 jg 跑）+ 3.2 L 跑
第 12 周	16 L 跑 + 9.6 ST 跑	3.2 L 跑 + 6 ×（200 米 R 跑 + 200 米 jg 跑）+ 6 ×（300 米 R 跑 + 300 米 jg 跑）+ 3.2 L 跑	3.2 L 跑 + 5 ×（600 米 R 跑 + 600 米 jg 跑）+ 3.2 L 跑

	阶段三		
周次	Q1	Q2	Q3
第 13 周	16 L 跑	3.2 L 跑 + 6 ×（800 米 I 跑 + 400 米 jg 跑）+ 3.2 L 跑	3.2 L 跑 + 8 ×（400 米 R 跑 + 400 米 jg 跑）+ 3.2 L 跑
第 14 周	3.2 L 跑 + 5 ×（600 米 R 跑 + 600 米 jg 跑）+ 4 ×（200 米 R 跑 + 200 米 jg 跑）+ 3.2 L 跑	3.2 L 跑 + 5 ×（1 000 米 I 跑 + 3 分钟 jg 跑）+ 9.6 ST 跑 + 3.2 L 跑	3.2 L 跑 + 4 ×（1.6 T 跑 + 2 分钟休息）+ 3.2 L 跑
第 15 周	16 L 跑 + 12.8 ST 跑	3.2 L 跑 + 6 ×（3 分钟 H 跑 + 2 分钟 jg 跑）+ 1.6 L 跑 + 4 ×（200 米 R 跑 + 200 米 jg 跑）+ 3.2 L 跑	3.2 L 跑 + 5 ×（600 米 R 跑 + 600 米 jg 跑）+ 4 ×（200 米 R 跑 + 200 米 jg 跑）+ 3.2 L 跑
第 16 周	3.2 L 跑 + 8 ×（400 米 R 跑 + 400 米 jg 跑）+ 3.2 L 跑	3.2 L 跑 + 4 ×（1 000 米 I 跑 + 3 分钟 jg 跑）+ 9.6 ST 跑 + 3.2 L 跑	3.2 L 跑 + 定速 4.8 T 跑 + 6 ×（200 米 R 跑 + 200 米 jg 跑）+ 3.2 L 跑
第 17 周	16 L 跑 + 12.8 ST 跑	3.2 L 跑 + 6 ×（800 米 I 跑 + 400 米 jg 跑）+ 4 ×（200 米 R 跑 + 200 米 jg 跑）+ 3.2 L 跑	3.2 L 跑 + 5 ×（600 米 R 跑 + 600 米 jg 跑）+ 4 ×（200 米 R 跑 + 200 米 jg 跑）+ 3.2 L 跑

丹尼尔斯经典跑步训练法（全新升级版）

阶段三		
周次	Q1	Q2	Q3
第18周	3.2 L 跑 + 2 ×（600米 R 跑 + 600 米 jg 跑）+ 3 ×（400 米 R 跑 + 400 米 jg 跑）+ 4 ×（300 米 R 跑 + 300 米 jg 跑）+ 3.2 L 跑	3.2 L 跑 + 4 ×（1 200米 I + 3分钟 jg 跑）+ 9.6 ST 跑 + 3.2 L 跑	3.2 L 跑 + 4 ×（1.6 T 跑 + 1 分钟休息）+ 4 ×（200 米 R 跑 + 200 米 jg 跑）+ 3.2 L 跑

阶段四		
周次	Q1	Q2	Q3
第19周	16 L 跑 + 12.8 ST 跑	3.2 L 跑 + 5 ×（600米 R 跑 + 600 米 jg 跑）+ 3.2 L 跑	3.2 L 跑 + 3.2 T 跑 + 4 ×（200 米 R 跑 + 200 米 jg 跑）+ 3 ×（1.6 T 跑 + 1 分钟休息）+ 4 ×（200 米 R 跑 + 200 米 jg 跑）+ 3.2 L 跑
第20周	16 L 跑 + 9.6 ST 跑	3.2 L 跑 + 2 ×（600米 R 跑 + 1 000 米 jg 跑）+ 2 ×（400 米 R 跑 + 400 米 jg 跑）+ 3 ×（300 米 R 跑 + 300 米 jg 跑）+ 3.2 L 跑	3.2 L 跑 + 4 ×（200米 R 跑 + 200 米 jg 跑）+ 4 ×（400 米 R 跑 + 400 米 jg 跑）+ 2 ×（200 米 R 跑 + 200 米 jg 跑）+ 3.2 L 跑
第21周	3.2 L 跑 + 2 ×（200米 R 跑 + 200 米 jg 跑）+ 定速 4.8 T 跑 + 6 ×（200 米 R 跑 + 200 米 jg 跑）+ 3.2 L 跑	3.2 L 跑 + 1 200米 I 跑 + 800 米 jg 跑 + 600 米 R 跑 + 600 米 jg 跑 + 1.6 T 跑 + 400 米 jg 跑 + 2 ×（200 米 R 跑 + 200 米 jg 跑）+ 3.2 L 跑	3.2 L 跑 + 4 ×（1.6 T 跑 + 2 分钟休息）+ 6 ×（200 米 R 跑 + 200 米 jg 跑）+ 3.2 L 跑（周末有比赛时就去掉 Q3）
第22周	16 L 跑 + 12.8 ST 跑	3.2 L 跑 + 4 ×（200米 R 跑 + 200 米 jg 跑 + 200 米 R 跑 + 400 米 jg 跑 + 400 米 R 跑 + 200 米 jg 跑）+ 3.2 L 跑	3.2 L 跑 + 4.8 T 跑 + 1.6 L 跑 + 6 ×（200 米 R 跑 + 200 米 jg 跑）+ 3.2 L 跑
第23周	3.2 L 跑 + 3 ×[1.6 T 跑 + 400 米 jg 跑 + 2 ×（200 米 R 跑 + 200 米 jg 跑）] + 3.2 L 跑	3.2 L 跑 + 3 ×（1.6 T 跑 + 1 分钟休息）+ 4 ×（200 米 R 跑 + 200 米 jg 跑）+ 3.2 L 跑	3.2 L 跑 + 2 ×（1 000米 I 跑 + 3 分钟 jg 跑）+ 4 ×（400 米 R 跑 + 400 米 jg 跑）+ 3.2 L 跑（周末有比赛时就去掉 Q3）
第24周	12.8 L 跑 + 9.6 ST 跑	3.2 L 跑 + 2 ×（200米 R 跑 + 200 米 jg 跑）+ 3 ×（1.6 T 跑 + 2 分钟休息）+ 2 ×（200米 R 跑 + 200 米 jg 跑）+ 3.2 L 跑	3.2 L 跑 + ST 跑 + 重要比赛日

注：该表格由"智跑"项目设计的杰克·丹尼尔斯跑步计算器创建。

每周 97 公里的训练

对于周跑量能达到 97 公里的跑者，我们自然会默认，他们在开始这个建议计划前已经进行了大量跑步训练。他们或许是刚刚结束了周跑量稍低的训练计划，或许是最近停跑了几周，但无论是哪种情况，他们肯定非常习惯每周 97 公里左右的跑量。

阶段一　如果你在开始这个4阶段计划前已经达到了比较大的跑量，阶段一对你来说可能并不必要，你可以直接从阶段二开始训练。然而，如果你虽然很适应比较高的周跑量，但最近并没有进行足够多的高质量训练，那花些时间执行阶段一的计划对你仍有好处。你可能只需要进行2～3周的阶段一训练，就能为阶段二做好准备。

要判断自己能在训练计划中承受多大的训练量，你最好先思考下未来，想想接下去自己将面对什么样的情况，这一点始终非常重要。如果你有时间且想要逐步提高跑步速度，那你不妨先执行阶段一，接着再开始更高阶的阶段。

需要注意的是，你始终可以选择在平缓的坡面上进行上坡ST跑，不过每组的最后几次ST跑一定要在平地完成。另外，在周跑量达97公里及以上的跑者中，很多人每周会有好几天一天两跑时感觉恢复得更好。分两次跑能让身体在两次跑步间补充水分并得到恢复。比起一次性完成一天的跑量，分次跑可能让你感觉更好，你也更可能跑出更好的成绩。

阶段二　阶段二安排大量的R训练。如果你在早晨以轻松配速晨跑，那么下午进行R训练时，你通常会感觉更好。因此，你需要在每周的大部分日子进行规律的晨跑，而且每次晨跑都应该持续30分钟左右，在晨跑过程中或结束时还应该加上8～10组ST跑。晨跑时的ST跑最好在平地进行。每周的Q1（通常是在周日）应该是配速舒适的L跑，距离介于16～19公里之间，另外再加上6～8组ST跑。

阶段三　我倾向于在大部分训练计划的阶段三加入大量I训练。I训练既可以是距离确定的I跑，也可以是时长确定的H跑。宗旨始终不变，即用你自觉能在比赛中维持10～12分钟左右的强度训练。

阶段四　用近期比赛成绩估算出VDOT值，根据该值来调整训练配速。如果没有可供参考的比赛数据，可以将所有训练配速在原来的基础上每400米加快1秒。到了这个训练阶段，周末赛事非常常见，大部分周末都有比赛。所以，如果第19、第20和第22周的周六有比赛，那就将Q2和Q3分别安排在周二和周三；如果周五有比赛，则分别安排在周一和周二。由于连续进行两天Q训练的效果通常优于在中间插入一个E日，因此我建议尝试连续安排两个Q日。另外，要利用非Q日和晨跑累积跑量，以达到理想的周跑量。

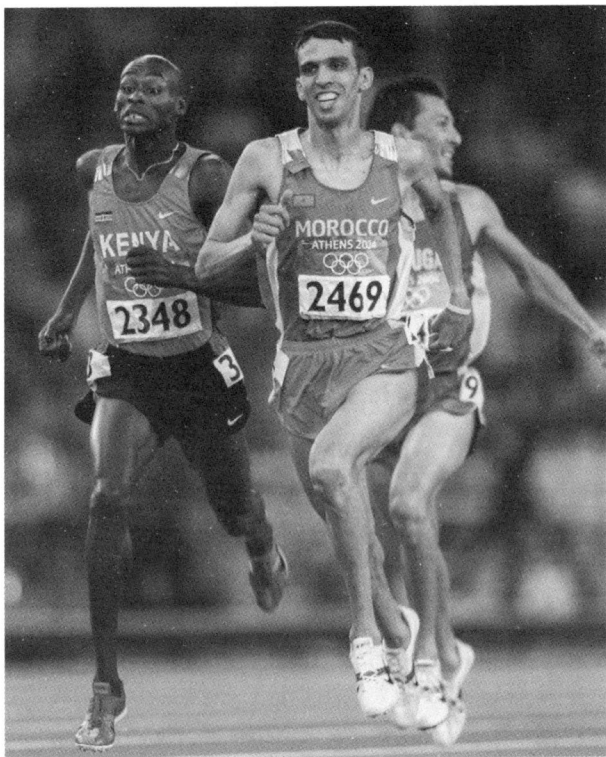

TonyMarshall-PA Images via Getty Images

希沙姆·格鲁杰（Hicham El Guerrouj，图中2469号选手）在训练时重质而不重量。1998年，他在1 500米项目中跑出了3分26秒的惊人成绩，刷新了世界纪录，这个纪录至今无人能破。有不少人认为，他是有史以来最优秀的长跑运动员。

表 12-3 总结了 4 阶段训练计划的建议训练内容，适用于周跑量在 97 公里左右的 1 500 米～ 3.2 公里跑者（表中省略了单位"公里"）。如果你没有 24 周的时间，可以减少几周。

表 12-3　周跑量达 97 公里的 1 500 米～ 3.2 公里训练计划

阶段一		
周次	**Q1**	**Q2**	**Q3**
第 1 周	16 ～ 19.2 L 跑 + 9.6 ST 跑	3.2 E 跑 + 6.4 Mod 跑 + 12.8 ST 跑 + 3.2 跑	3.2 E 跑 + 12.8 ST 跑 + 12.8 E 跑
第 2 周	1.6 E 跑 + 16 Mod 跑 + 9.6 ST 跑	6.4 E 跑 + 12.8 ST 跑 + 6.4 跑	9.6 E 跑 + 12.8 ST 跑 + 4.8 E 跑
第 3 周	16 ～ 19.2 L 跑 + 12.8 ST 跑	3.2 E 跑 + 8 Mod 跑 + 12.8 ST 跑 + 3.2 E 跑	6.4 E 跑 + 12.8 ST 跑 + 6.4 跑
第 4 周	1.6 E 跑 + 12.8 Mod 跑 + 9.6 ST 跑	6.4 E 跑 + 8 ×（200 米 R 跑 + 200 米 jg 跑）+ 4.8 E 跑	4.8 E 跑 + 8 ×（200 米 R 跑 + 200 米 jg 跑）+ 3.2 E 跑
第 5 周	16 L 跑 + 12.8 ST 跑	3.2 E 跑 + 8 ×（200 米 R 跑 + 200 米 jg 跑）+ 4.8 E 跑	4.8 E 跑 + 8 ×（200 米 R 跑 + 200 米 jg 跑）+ 3.2 E 跑
第 6 周	1.6 E 跑 + 16 Mod 跑 + 12.8 ST 跑	6.4 E 跑 + 8 ×（200 米 R 跑 + 200 米 jg 跑）+ 4.8 E 跑	4.8 E 跑 + 8 ×（200 米 R 跑 + 200 米 jg 跑）+ 3.2 E 跑
阶段二		
周次	**Q1**	**Q2**	**Q3**
第 7 周	16 ～ 19.2 L 跑 + 6 ～ 12.8 ST 跑	3.2 E 跑 + 5 ×（200 米 R 跑 + 200 米 jg 跑 + 200 米 R 跑 + 200 米 jg 跑 + 400 米 R 跑 + 400 米 jg 跑）+ 3.2 E 跑	3.2 E 跑 + 5 ×（1.6 T 跑 + 1 分钟休息）+ 6 ×（200 米 R 跑 + 200 米 jg 跑）+ 3.2 跑
第 8 周	16 ～ 19.2 L 跑 + 6 ～ 12.8 ST 跑	3.2 E 跑 + 6 ×（200 米 R 跑 + 200 米 jg 跑）+ 4 ×（600 米 R 跑 + 600 米 jg 跑）+ 4 ×（200 米 R 跑 + 200 米 jg 跑）+ 3.2 E 跑	3.2 E 跑 + 6 ×（400 米 R 跑 + 400 米 jg 跑）+ 6 ×（200 米 R 跑 + 200 米 jg 跑）+ 3.2 E 跑
第 9 周	16 ～ 19.2 L 跑 + 6 ～ 12.8 ST 跑	3.2 E 跑 + 4 ×（200 米 R 跑 + 200 米 jg 跑）+ 2 ×（800 米 R 跑 + 800 米 jg 跑）+ 4 ×（200 米 R 跑 + 200 米 jg 跑）+ 3.2 E 跑	3.2 E 跑 + 4 ×（200 米 R 跑 + 200 米 jg 跑）+ 4 ×（1.6 T 跑 + 1 分钟休息）+ 4 ×（200 米 R 跑 + 200 米 jg 跑）+ 3.2 E 跑

丹尼尔斯经典跑步训练法（全新升级版）

续表

阶段二			
周次	Q1	Q2	Q3
第 10 周	16 ～ 19.2 L 跑 + 6 ～ 12.8 ST 跑	3.2 E 跑 + 5 ×（200 米 R 跑 + 200 米 jg 跑 + 200 米 R 跑 + 200 米 jg 跑 + 400 米 R 跑 + 400 米 jg 跑）+ 3.2 E 跑	3.2 E 跑 + 2 ×（800 米 R 跑 + 800 米 jg 跑）+ 2 ×（600 米 R 跑 + 600 米 jg 跑）+ 2 ×（400 米 R 跑 + 400 米 jg 跑）+ 2 ×（200 米 R 跑 + 200 米 jg 跑）+ 3.2 E 跑
第 11 周	16 ～ 19.2 L 跑 + 6 ～ 12.8 ST 跑	3.2 E 跑 + 4 ×（200 米 R 跑 + 200 米 jg 跑）+ 3 ×（600 米 R 跑 + 600 米 jg 跑）+ 6 ×（200 米 R 跑 + 200 米 jg 跑）+ 3.2 E 跑	3.2 E 跑 + 2 ×（400 米 R 跑 + 400 米 jg 跑）+ 2 ×（600 米 R 跑 + 600 米 jg 跑）+ 2 ×（800 米 R 跑 + 800 米 jg 跑）+ 2 ×（200 米 R 跑 + 200 米 jg 跑）+ 3.2 E 跑
第 12 周	16 ～ 19.2 L 跑 + 6 ～ 12.8 ST 跑	3.2 E 跑 + 4 ×（200 米 R 跑 + 200 米 jg 跑）+ 4.8 T 跑 + 800 米 E 跑 + 4 ×（200 米 R 跑 + 200 米 jg 跑）+ 3.2 E 跑	3.2 E 跑 + 3 ×（200 米 R 跑 + 200 米 jg 跑 + 200 米 R 跑 + 200 米 jg 跑 + 800 米 R 跑 + 400 米 jg 跑）+ 3.2 E 跑
阶段三			
周次	Q1	Q2	Q3
第 13 周	8 E 跑 + 12.8 ST 跑 + 8 E 跑 + 9.6 ST 跑	3.2 E 跑 + 6 ×（800 米 I 跑 + 400 米 jg 跑）+ 3.2 E 跑	3.2 E 跑 + 8 ×（400 米 R 跑 + 400 米 jg 跑）+ 3.2 E 跑
第 14 周	3.2 E 跑 + 5 ×（600 米 R 跑 + 600 米 jg 跑）+ 4 ×（200 米 R 跑 + 200 米 jg 跑）+ 3.2 E 跑	3.2 E 跑 + 5 ×（1 000 米 I 跑 + 3 分钟 jg）+ 9.6 ST 跑 + 3.2 E 跑	3.2 E 跑 + 4 ×（1.6 T 跑 + 2 分钟休息）+ 3.2 E 跑
第 15 周	16 L 跑 + 12.8 ST 跑	3.2 E 跑 + 6 ×（3 分钟 H 跑 + 2 分钟 jg）+ 1.6 E 跑 + 4 ×（200 米 R 跑 + 200 米 jg 跑）+ 3.2 E 跑	3.2 E 跑 + 5 ×（600 米 R 跑 + 600 米 jg 跑）+ 4 ×（200 米 R 跑 + 200 米 jg 跑）+ 3.2 E 跑
第 16 周	3.2 E 跑 + 8 ×（400 米 R 跑 + 400 米 jg 跑）+ 3.2 E 跑	3.2 E 跑 + 4 ×（1 000 米 I 跑 + 3 分钟 jg）+ 9.6 ST 跑 + 3.2 E 跑	3.2 E 跑 + 定速 4.8 T 跑 + 6 ×（200 米 R 跑 + 200 米 jg 跑）+ 3.2 E 跑

阶段三		
周次	Q1	Q2	Q3
第 17 周	16 L 跑 + 12.8 ST 跑	3.2 E 跑 + 6 ×（800 米 I 跑 + 400 米 jg 跑）+ 4 ×（200 米 R 跑 + 200 米 jg 跑）+ 3.2 E 跑	3.2 E 跑 + 5 ×（600 米 R 跑 + 600 米 jg 跑）+ 4 ×（200 米 R 跑 + 200 米 jg 跑）+ 3.2 E 跑
第 18 周	3.2 E 跑 + 2 ×（600 米 R 跑 + 600 米 jg 跑）+ 3 ×（400 米 R 跑 + 400 米 jg 跑）+ 4 ×（300 米 R 跑 + 300 米 jg 跑）+ 3.2 E 跑	3.2 E 跑 + 4 ×（1 200 米 I 跑 + 3 分钟 jg）+ 9.6 ST 跑 + 3.2 E 跑	3.2 E 跑 + 4 ×（1.6 T 跑 + 1 分钟休息）+ 4 ×（200 米 R 跑 + 200 米 jg 跑）+ 3.2 E 跑

阶段四		
周次	Q1	Q2	Q3
第 19 周	16 L 跑 + 12.8 ST 跑	3.2 E 跑 + 4 ×（800 米 R 跑 + 800 米 jg 跑）+ 3.2 E 跑	3.2 E 跑 + 4.8 T 跑 + 4 ×（200 米 R 跑 + 200 米 jg 跑）+（3.2 T 跑 +1 分钟休息）+ 4 ×（200 米 R 跑 + 200 米 jg 跑）+ 3.2 E 跑
第 20 周	16 L 跑 + 12.8 ST 跑	3.2 E 跑 + 2 ×（600 米 R 跑 + 1 000 米 jg 跑）+ 2 ×（400 米 R 跑 + 400 米 jg 跑）+ 2 ×（600 米 R 跑 + 600 米 jg 跑）+ 3.2 E 跑	3.2 E 跑 + 4 ×（400 米 R 跑 + 400 米 jg 跑）+ 3 ×（1.6 T 跑 + 1 分钟休息）+ 4 ×（200 米 R 跑 + 200 米 jg 跑）+ 3.2 E 跑
第 21 周	3.2 E 跑 + 1200 米 I 跑 + 800 米 jg 跑 + 600 米 R 跑 + 600 米 jg 跑 + 1.6 T 跑 + 400 米 jg 跑 + 2 ×（200 米 R 跑 + 200 米 jg 跑）+ 3.2 E 跑	3.2 E 跑 + 2 ×（200 米 R 跑 + 200 米 jg 跑）+ 定速 4.8 T 跑 + 6 ×（200 米 R 跑 + 200 米 jg 跑）+ 3.2 E 跑	3.2 E 跑 + 4 ×（1.6 T 跑 + 2 分钟休息）+ 6 ×（200 米 R 跑 + 200 米 jg 跑）+ 3.2 E 跑（周末有比赛时就去掉 Q3）
第 22 周	16 L 跑 + 12.8 ST 跑	3.2 E 跑 + 4 ×（200 米 R 跑 + 200 米 jg 跑 + 200 米 R 跑 + 400 米 jg 跑 + 400 米 R 跑 + 200 米 jg 跑）+ 3.2 E 跑	3.2 E 跑 + 4.8 T 跑 + 1.6 E 跑 + 8 ×（200 米 R 跑 + 200 米 jg 跑）+ 3.2 E 跑
第 23 周	3.2 E 跑 + 4 ×[1.6 T 跑 + 400 米 jg 跑 + 2 ×（200 米 R 跑 + 200 米 jg 跑）] + 3.2 E 跑	3.2 E 跑 + 3 ×（1.6 T 跑 + 1 分钟休息）+ 4 ×（200 米 R 跑 + 200 米 jg 跑）+ 3.2 E 跑	3.2 E 跑 + 2 ×（1 000 米 I 跑 + 3 分钟 jg）+ 4 ×（400 米 R 跑 + 400 米 jg 跑）+ 3.2 E 跑（周末有比赛时就去掉 Q3）

阶段四			
周次	Q1	Q2	Q3
第 24 周	12.8 L 跑 + 9.6 ST 跑	3.2 E 跑 + 2 ×（200 米 R 跑 + 200 米 jg 跑）+ 3 ×（1.6 T 跑 + 2 分钟休息）+ 2 ×（200 米 R 跑 + 200 米 jg 跑）+ 3.2 E 跑（比赛前 3 天）	3.2 E 跑 + ST 跑 + 重要比赛日

注：该表格由"智跑"项目设计的杰克·丹尼尔斯跑步计算器创建。

13
5 公里和 10 公里训练

你无法控制别人的行为，

别人也无法控制你的。

　　虽然 5 公里比赛与 10 公里比赛有很大的差异，但这两个项目的训练却可以非常相似。事实上，参加 5 公里比赛有助于提高你的 10 公里比赛成绩，而跑过 10 公里比赛后，你会觉得 5 公里的距离似乎很短。我一般认为，无论是什么距离的比赛，真正的比赛是从赛程过了大约 2/3 开始的。所以，在5 公里比赛中，你要在跑完前两公里后做好比赛的准备；而在 10 公里比赛中，比赛是从你跑到 6.5 公里标记处才真正开始的。跑完 2/3 的距离后，你需要留意自己的状态，看看自己在维持计划配速或跟上对手配速时感觉如何，以及你跑得是否放松。

　　5 公里和 10 公里都是以有氧为主的运动项目。跑者在大部分 5 公里比赛中都会达到最大摄氧量的 95% ～ 98%，在 10 公里比赛中会达到最大摄氧量的 90% ～ 94%。要长时间维持这样的强度并不容易，跑完这些距离需要具备很强的心理素质。

我在第 3 章谈到了与跑步有关的生理系统，包括涉及最大摄氧量、跑步效率、乳酸门槛和心率在内的系统。5 公里跑者和 10 公里跑者都需要确保自己的训练能最大限度地提高有氧能力、跑步效率和乳酸门槛，而要做到这一点，需要在训练中将 R 跑、I 训练和 T 跑充分结合起来。不过，虽然这些类型的训练都很重要，但有些跑者觉得侧重其中某一类型效果更好，有些则觉得注重另一类型效果更好。因此，跑者必须投入大量时间，对每种类型的训练都重点进行尝试，以找出相对于投入时间回报最丰厚的训练方法。

埃塞俄比亚长跑选手克内尼萨·贝克莱（Kenenisa Bekele，图中 423 号选手）在某次比赛最后一圈跑出 50 秒出头的惊人成绩，这在一定程度上帮助他打破了海尔·格布雷塞拉西（Haile Gebrselassie，图中 426 号选手）的 5 公里和 10 公里纪录。他认为他能做到这一点，要归功于自己相对少量的山地训练和高海拔训练（每周 128 公里）。

第 3 章的图 3-4 展示了 3 位女跑者的情况。虽然她们在同一个中距离项目中跑步速度相同，但各自的最大摄氧量和跑步效率差异很大。不同跑者在生理数值上的差异有时是先天因素造成的，有时则是注重不同训练的结果。因此，训练计划必须始终包含各类训练，确保没有忽略或重视不够的部分。

在过去，跑者在备战 5 公里比赛和 10 公里比赛时，通常已经针对较短距离进行了大量训练，然后才决定参加距离更长的径赛项目或路跑比赛，然而这种情况在近几年发生了改变。如今，许多参与跑步运动的人第一次参加正式比赛就会直接选择 5 公里比赛或 10 公里比赛，甚至直接选择马拉松比赛。考虑到这种情况，我会介绍几种训练方法，适用于距离较长的径赛项目或热门路跑比赛。

总的说来，无论你备战什么样的跑步比赛，在开始更有针对性的训练前，你都应该先安排几周相对轻松的跑步训练。而在初期训练阶段，你可能需要跑走结合才能完成训练。本章介绍的计划适用于有一些跑步经验，并有兴趣进阶到距离更长项目的跑者。而如果你是第一次跑马拉松，可参考第 16 章提供的比较稳妥的训练方法，当然该方法也适用于第一次参加 5 公里或 10 公里项目的跑者。

训练 4 阶段

阶段一

如果你计划备战 5 公里比赛或 10 公里比赛，且最近备战过其他跑步比赛，那一般可以认为，你之前的备战训练足以让你直接进入第二阶段的训练。然而，如果你最近停过训练，那么我建议你花 4 ～ 6 周的时间来执行阶段一的计划。

我曾在第 2 章说过，进入训练季后，训练的某些基本原则会为你带来很大的帮助。例如，根据其中一项原则，如果你的体能不是太好，那你不用跑得很辛苦（或跑很长距离）也能取得很大的收获。所以，你不妨放轻松，计划你觉得合理的周跑量，保持该跑量 3 ～ 4 周后再增加跑量。

说到增加周跑量，我的建议是每 3 ～ 4 周将每周的单次跑量增加 1.6 公里。所以，如果你每周跑 5 次，那增加周跑量时就要增加 8 公里。不过，对于一天跑两次的跑者，我建议在 3 ～ 4 周后，最多只将周跑量增加 16 公里。

由于阶段一的训练旨在增强你抵御伤病的能力，因此，当你开始增加训练压力时，务必要采取保守策略。日常跑步应该是舒适的 E 跑，可以先从跑 30 分钟开始。此外，你也可以考虑进行辅助训练，轻量的负重抗阻力训练或轻量的肌肉增强训练都是不错的选择。不过，我个人觉得，将循环训练作为辅助训练的效果很好，对此可参考第 9 章的内容。如果你选择进行抗阻力训练，那在开始任何训练计划时，务必先从学习技巧开始。另外，不要急于增加阻力，先适应相对较轻的重量。

至于阶段一的跑步训练，你可以选择以下 3 种类型：E 跑、轻量的上坡跑和 ST 跑。ST 跑是轻量的快速跑，每组持续 15 ～ 20 秒，两组之间休息 45 ～ 60 秒。所以，进行 ST 跑时，千万不要全速冲刺。

上坡跑时也一样，你应该保持舒适的配速，而不是一通猛跑。此外，你也可以在平缓的坡面上轻轻跳跃着上坡。不过，每次上坡跑后，下坡时务必要小心，因为下坡不容易控制，可能会造成轻微的冲击损伤。

你可以在跑了几周 E 跑后，考虑每周安排一次距离稍长的 L 跑。L 跑的距离不应超过每周总跑量的 25%，并应当采用能边跑边说话的舒适配速。另外，如果你在跑步过程中发现技术开始变得笨拙，你应当立即停下来。

跑步时，要注意步频（争取达到每分钟 180 步）和呼吸节奏（使用舒适的 2–2 呼吸节奏）。总的来说，阶段一的训练要全部采用 E 配速奔跑，包括每周一次的 L 跑在内，其中三四次 E 跑的中间或结尾再加上 8 ～ 10 组 ST 跑。另外，还应继续进行辅助训练，并把重点放在加强技巧和轻量抗阻力训练上。

阶段二

在本阶段，我始终建议用 R 训练开始真正的高质量训练。以 R 配速奔跑的总距离不应超过每周总跑量的 5%。设置 R 跑配速时，保守估计自己目前的 1.6 公里完赛时间，然后将这个配速作为 R 配速。

如果你在开始本阶段前不久刚刚跑过其他距离的比赛，那就用其中一项比赛的成绩来确定相关的 VDOT 值，并根据该 VDOT 值找到适合你的 R 配速。你也可以参考第 4 章中的表格来制订部分 R 训练，并确定每次 R 训练的训练量。

阶段三

这个阶段的训练非常适合希望认真跑好 5 公里比赛和 10 公里比赛的跑者。相应地，它的要求也很高。这个阶段的重点是 I 训练，每次进行 I 训练时，以 I 配速奔跑的总距离不应超过每周总跑量的 8%，而且无论周跑量是多少，总距离都不应该超过 10 公里。

另外，每周安排两次 I 训练即可。至于 I 配速多少才合适，你可以参考最近的比赛成绩以及与比赛成绩对应的 VDOT 值。如果没有比赛可以参考，你可以将最近使用的 R 配速每 400 米减慢 6 ～ 8 秒，得到的结果就是你的 I 配速。

阶段四

阶段四的训练有助于你做好准备，从而在 5 公里和 10 公里的距离上取得出色的表现。这个阶段的训练不应该像阶段三那样苛刻，也不会有太多 I 训练，而会以 T 训练为重点，偶尔搭配 R 训练和 I 训练。

如果你在这个阶段可以参加比赛，那么你可以选择 5 公里比赛的热身赛，这有助于你为更重要的 5 公里比赛或 10 公里比赛调整好状态。如果你确实有一两场比赛要跑，务必在比赛前安排两三个 E 日，这意味着那一周你至少要去掉一次 Q 训练。

我还建议你在比赛结束后安排几个 E 日：比赛距离每增加 3 公里，就多安排 1 个 E 日。为了从比赛中恢复过来，你要在 10 公里比赛后安排 3 个 E 日，在 5 公里比赛后安排 2 个 E 日。如果比赛距离更长，恢复日也要相应增多，比如 15 公里比赛后要安排 5 个 E 日。

接下来，我会介绍两个 5 公里和 10 公里训练计划，但仅涉及阶段二、阶段三和阶段四，因为你应该已经进行过阶段一的训练，或因为刚刚结束一个训练阶段或刚刚完成其他比赛而不需要阶段一的训练。

两个训练计划中，一个针对的是周跑量在 64 ~ 80 公里的跑者，另一个适用于周跑量在 97 ~ 112 公里的跑者。无论你跑得多或少，这两个计划都可以提供充分的信息，你可以据此制订出周跑量更高或更低的训练计划。记住，E 日的目的是帮助你达到目标周跑量，而如果有需要，你也可以在 E 日休息一天。

每周 64 ~ 80 公里的训练

阶段二　阶段二的第1、第2、第4、第5周，每周都安排一次L跑、一次R训练，以及一次包含T训练和R训练的训练；第3周和第6周，每周都安排一次M跑，外加一次R训练和一次H训练。按照惯例，建议以R训练为主，但也要加入少量T训练，并偶尔跑几次M配速、I配速或H配速。H跑会让你为阶段三做好准备。

阶段三　如果阶段三的某个周六有比赛，那你可以将Q2和Q3分别安排到周二和周三。如果周六的比赛比较重要，那你可以干脆去掉Q2，将Q3作为那周的Q2，即将Q3放到周二。

如果你在这个阶段有比赛，你可以根据比赛表现来调整你的训练 VDOT 值。不过，即便比赛结果表明你应该增加 VDOT 值，增加的频率也不要大于每 3 周一次。我对这个阶段的 L 跑和 M 跑的安排是：一周 L 跑，下一周 M 跑，以此类推。至于另外两次 Q 训练，我将它们分别安排在了相连的两天，第一天是 I 日或 H 日，第二天是 T 日或 T 和 R 日。

阶段四　阶段四的训练计划前提是默认你在本阶段有周末赛事。因此，如果你周六有比赛，那就按照日程表的安排训练，周三、周四、周五都是E日，可以让你为周六比赛做好准备。如果你周日有比赛，那就将Q2安排到赛前的周三，这样一来，周四、周五、周六都是E日，可以让你为周日比赛做好准备。另外，在所有Q2和Q3前都要有热身跑。

表 13-1 给出了针对 5 ～ 10 公里比赛距离的 3 个阶段的训练，适用于周跑量在 64 ～ 80 公里的跑者（表中省略了单位"公里"）。当然，你可以根据天气和个人需要进行调整。

表 13-1　周跑量在 64 ～ 80 公里的 5 ～ 10 公里训练计划

阶段二		
第 1 周	**Q 训练**	**训练内容**
周日	Q1	L 跑（在周量的 25% 和 120 分钟之间取较小值，先达到哪个就以哪个为限）
周一		E 日 + 16 ST 跑
周二	Q2	3.2 E 跑 + 2×[8 ×（200 米 R 跑 + 200 米 jg 跑）+ 组间 800 米 jg 跑] + 3.2 E 跑
周三		E 日 + 9.6 ST 跑
周四		E 日
周五	Q3	3.2 E 跑 + 4 ×（200 米 R 跑 + 200 米 jg 跑）+ 2 ×（1.6 T 跑 + 1 分钟休息）+ 4 ×（200 米 R 跑 + 200 米 jg 跑）+ 3.2 E 跑
周六		E 日 + 9.6 ST 跑
第 2 周	**Q 训练**	**训练内容**
周日	Q1	L 跑（在周量的 25% 和 120 分钟之间取较小值，先达到哪个就以哪个为限）
周一		E 日 + 16 ST 跑

阶段二		
第 2 周	**Q 训练**	**训练内容**
周二	Q2	3.2 E 跑 + 4×（200 米 R 跑 + 200 米 jg 跑 + 200 米 R 跑 + 200 米 jg 跑 + 400 米 R 跑 + 400 米 jg 跑）+ 3.2 E 跑
周三		E 日 + 9.6 ST 跑
周四		E 日
周五	Q3	3.2 E 跑 + 3×（1.6 T 跑 + 1 分钟休息）+ 6×（200 米 R 跑 + 200 米 jg 跑）+ 3.2 E 跑
周六		E 日 + 9.6 ST 跑
第 3 周	**Q 训练**	**训练内容**
周日	Q1	1.6 E 跑 + 14.4 M 跑 + 9.6 ST 跑
周一		E 日 + 16 ST 跑
周二	Q2	3.2 E 跑 + 4×（200 米 R 跑 + 200 米 jg 跑）+ 4×（400 米 R 跑 + 400 米 jg 跑）+ 4×（200 米 R 跑 + 200 米 jg 跑）+ 3.2 E 跑
周三		E 日 + 9.6 ST 跑
周四		E 日
周五	Q3	3.2 E 跑 + 7×（2 分钟 H 跑 + 1 分钟 jg 跑）+ 3.2 E 跑
周六		E 日 + 9.6 ST 跑
第 4 周	**Q 训练**	**训练内容**
周日	Q1	L 跑（在周量的 25% 和 120 分钟之间取较小值，先达到哪个就以哪个为限）
周一		E 日 + 16 ST 跑
周二	Q2	3.2 E 跑 + 4×（400 米 R 跑 + 400 米 jg 跑）+ 1.6 E 跑 + 4×（400 米 R 跑 + 400 米 jg 跑）+ 3.2 E 跑
周三		E 日 + 9.6 ST 跑
周四		E 日
周五	Q3	3.2 E 跑 + 4×（200 米 R 跑 + 200 米 jg 跑）+ 定速 4.8 T 跑 + 4×（200 米 R 跑 + 200 米 jg 跑）+ 3.2 E 跑
周六		E 日 + 9.6 ST 跑
第 5 周	**Q 训练**	**训练内容**
周日	Q1	L 跑（在周量的 25% 和 120 分钟之间取较小值，先达到哪个就以哪个为限）
周一		E 日 + 16 ST 跑

阶段二		
第 5 周	**Q 训练**	**训练内容**
周二	Q2	3.2 E 跑 + 5 ×（200 米 R 跑 + 200 米 jg 跑 + 200 米 R 跑 + 400 米 jg 跑 + 400 米 R 跑 + 200 米 jg 跑）+ 3.2 E 跑
周三		E 日 + 9.6 ST 跑
周四		E 日
周五	Q3	3.2 E 跑 + 4 ×（1.6 T 跑 + 1 分钟休息）+ 4 ×（200 米 R 跑 + 200 米 jg 跑）+ 3.2 E 跑
周六		E 日 + 9.6 ST 跑
第 6 周	**Q 训练**	**训练内容**
周日	Q1	1.6 E 跑 + 14.4 M 跑 + 9.6 ST 跑
周一		E 日 + 16 ST 跑
周二	Q2	3.2 E 跑 + 10 ×（400 米 R 跑 + 400 米 jg 跑）+ 3.2 E 跑
周三		E 日 + 9.6 ST 跑
周四		E 日
周五	Q3	3.2 E 跑 + 3 ×（3 分钟 H 跑 + 2 分钟 jg 跑）+ 4 ×（2 分钟 H 跑 + 2 分钟 jg 跑）+ 3.2 E 跑
周六		E 日 + 9.6 ST 跑
阶段三		
第 1 周	**Q 训练**	**训练内容**
周日	Q1	L 跑（在周量的 25% 和 120 分钟之间取较小值，先达到哪个就以哪个为限）
周一		E 日 + 16 ST 跑
周二		E 日
周三	Q2	3.2 E 跑 + 4 ×（1 200 米 I 跑 + 3 分钟 jg 跑）+ 3.2 E 跑
周四	Q3	3.2 E 跑 + 4 ×（1.6 T 跑 + 1 分钟休息）+ 3.2 E 跑
周五		E 日 + 9.6 ST 跑
周六		E 日 + 9.6 ST 跑
第 2 周	**Q 训练**	**训练内容**
周日	Q1	1.6 E 跑 + 16 M 跑 + 6.4 ST 跑
周一		E 日 + 16 ST 跑
周二		E 日 + 9.6 ST 跑
周三	Q2	3.2 E 跑 + 5 ×（1 000 米 I 跑 + 400 米 jg 跑）+ 3.2 E 跑

阶段三		
第 2 周	**Q 训练**	**训练内容**
周四	Q3	3.2 E 跑 + 4.8 T 跑 + 4 ×（200 米 R 跑 + 200 米 jg 跑）+ 3.2 E 跑
周五		E 日
周六		E 日 + 9.6 ST 跑
第 3 周	**Q 训练**	**训练内容**
周日	Q1	L 跑（周量的 25% 和 120 分钟之间取较小值，先达到哪个就以哪个为限）
周一		E 日 + 16 ST 跑
周二		E 日 + 9.6 ST 跑
周三	Q2	3.2 E 跑 + 6 ×（800 米 I 跑 + 400 米 jg 跑）+ 3.2 E 跑
周四	Q3	3.2 E 跑 + 5 ×（1.6 T 跑 + 1 分钟休息）+ 9.6 ST 跑 + 1.6 E 跑
周五		E 日
周六		E 日 + 9.6 ST 跑
第 4 周	**Q 训练**	**训练内容**
周日	Q1	1.6 E 跑 + 8 M 跑 + 1.6 E 跑 + 8 M 跑
周一		E 日 + 16 ST 跑
周二		E 日 + 9.6 ST 跑
周三	Q2	3.2 E 跑 + 4 ×（1 200 米 I 跑 + 3 分钟 jg 跑）+ 3.2 E 跑
周四	Q3	3.2 E 跑 + 1.6 T 跑 + 2 分钟休息 + 3.2 T 跑 + 1 分钟休息 + 1.6 T 跑 + 4 ×（200 米 R 跑 + 200 米 jg 跑）+ 1.6 E 跑
周五		E 日
周六		E 日 + 9.6 ST 跑
第 5 周	**Q 训练**	**训练内容**
周日	Q1	L 跑（在周量的 25% 和 120 分钟之间取较小值，先达到哪个就以哪个为限）
周一		E 日 + 16 ST 跑
周二		E 日 + 9.6 ST 跑
周三	Q2	3.2 E 跑 + 5 ×（1 000 米 I 跑 + 400 米 jg 跑）+ 3.2 E 跑
周四	Q3	3.2 E 跑 + 定速 4.8 T 跑 + 4 ×（200 米 R 跑 + 200 米 jg 跑）+ 1.6 E 跑
周五		E 日
周六		E 日 + 9.6 ST 跑

阶段三		
第 6 周	**Q 训练**	**训练内容**
周日	Q1	1.6 E 跑 + 16 M 跑 + 9.6 ST 跑
周一		E 日 + 16 ST 跑
周二		E 日 + 9.6 ST 跑
周三	Q2	3.2 E 跑 + 6 ×（3 分钟 H 跑 + 2 分钟 jg 跑）+ 3.2 E 跑
周四	Q3	3.2 E 跑 + 5 ×（1.6 T 跑 + 1 分钟休息）+ 9.6 ST 跑 + 1.6 E 跑
周五		E 日
周六		E 日 + 9.6 ST 跑
阶段四		
第 1 周	**Q 训练**	**训练内容**
周日	Q1	L 跑（在周量的 25% 和 120 分钟之间取较小值，先达到哪个就以哪个为限）
周一		E 日 + 9.6 ST 跑
周二	Q2	如果周六有比赛，3 ×（1.6 T 跑 + 2 分钟休息）+ 3.2 E 跑；如果没有比赛，5 ×（1.6 T 跑 + 1 分钟休息）+ 3.2 E 跑
周三		E 日
周四		E 日
周五		如果周末没有比赛，Q3 = 6 ×（1 000 米 I 跑 + 400 米 jg 跑）+ 1.6 E 跑；如果周六有比赛，把今天当 E 日
周六		如果今天有比赛，把比赛当 Q3；如果没有比赛，把今天当 E 日
第 2 周	**Q 训练**	**训练内容**
周日	Q1	L 跑（在周量的 25% 和 120 分钟之间取较小值，先达到哪个就以哪个为限）
周一		E 日 + 9.6 ST 跑
周二	Q2	如果周六有比赛，3 ×（1.6 T 跑 + 2 分钟休息）+ 3.2 E 跑；如果没有比赛，定速 4.8 T 跑 + 3.2 E 跑
周三		E 日
周四		E 日
周五		如果周末没有比赛，Q3 = 5 ×（1 200 米 I 跑 + 3 分钟 jg 跑）+ 1.6 E 跑；如果周六有比赛，把今天当 E 日
周六		如果今天有比赛，把比赛当 Q3；如果没有比赛，把今天当 E 日

丹尼尔斯经典跑步训练法（全新升级版）

阶段四		
第 3 周	**Q 训练**	**训练内容**（如果接下来 4 周的任意一周有重要比赛，将 L 缩减到 90 分钟）
周日	Q1	L 跑（在周量的 25% 和 120 分钟之间取较小值，先达到哪个就以哪个为限）
周一		E 日 + 9.6 ST 跑
周二	Q2	如果周六有比赛，3 ×（1.6 T 跑 + 2 分钟休息）+ 3.2 E 跑；如果没有比赛，5 ×（1.6 T 跑 + 1 分钟休息）+ 3.2 E 跑
周三		E 日
周四		E 日
周五		如果周末没有比赛，Q3 = 6 ×（1 000 米 I 跑 + 400 米 jg 跑）+ 1.6 E 跑；如果周六有比赛，把今天当 E 日
周六		如果今天有比赛，把比赛当 Q3；如果没有比赛，把今天当 E 日
第 4 周	**Q 训练**	**训练内容**
周日	Q1	L 跑（在周量的 25% 和 120 分钟之间取较小值，先达到哪个就以哪个为限）
周一		E 日 + 9.6 ST 跑
周二	Q2	如果周六有比赛，3 ×（1.6 T 跑 + 2 分钟休息）+ 1.6 E 跑；如果没有比赛，定速 4.8 T 跑 + 1.6 E 跑
周三		E 日
周四		E 日
周五		如果周末没有比赛，Q3 = 5 ×（1 200 米 I 跑 + 3 分钟 jg 跑）+ 1.6 E 跑；如果周六有比赛，把今天当 E 日
周六		如果今天有比赛，把比赛当 Q3；如果没有比赛，把今天当 E 日
第 5 周	**Q 训练**	**训练内容**
周日	Q1	L 跑（在周量的 25% 和 120 分钟之间取较小值，先达到哪个就以哪个为限）
周一		E 日 + 9.6 ST 跑
周二	Q2	如果周六有比赛，3 ×（1.6 T 跑 + 2 分钟休息）+ 3.2 E 跑；如果没有比赛，2 ×（3.2 T 跑 + 2 分钟休息）+ 3.2 E 跑
周三		E 日
周四		E 日
周五		如果周末没有比赛，Q3 = 6 ×（1 000 米 I 跑 + 400 米 jg 跑）+ 1.6 E 跑；如果周六有比赛，把今天当 E 日

阶段四		
第 5 周	**Q 训练**	**训练内容**
周六		如果今天有比赛，把比赛当 Q3；如果没有比赛，把今天当 E 日
第 6 周	**Q 训练**	**训练内容**
周日	Q1	L 跑（在周量的 25% 和 120 分钟之间取较小值，先达到哪个就以哪个为限）
周一		E 日 + 9.6 ST 跑
周二	Q2	3 ×（1.6 T 跑 + 2 分钟休息）（如果周六有比赛）
周三		E 日
周四		E 日
周五		如果周末没有比赛，Q3 = 6 ×（1 000 米 I 跑 + 400 米 jg 跑）+ 1.6 E 跑；如果周六有比赛，把今天当 E 日
周六		如果今天有比赛，把比赛当 Q3；如果没有比赛，把今天当 E 日

注：该表格由"智跑"项目设计的杰克·丹尼尔斯跑步计算器创建。

每周 97 ～ 112 公里的训练

阶段二　　阶段二的第1周和第4周各安排一次L跑、一次R训练，以及一次R加T加R的训练；第2周和第5周各安排一次L跑、一次R训练，以及一次包含T训练和R训练的训练；第3周和第6周各安排一次M跑，外加一次R训练和一次H训练。按照惯例，建议以R训练为主，并加入少量T训练，偶尔跑几次M配速、I配速或H配速。H配速会让你为阶段三做好准备。

阶段三　　如果阶段三的某个周六有比赛，你可以将Q2和Q3分别安排到周二和周三。如果周六的比赛比较重要，那你可以去掉Q2，并将Q3作为那周的Q2（将Q3放到周二）。

如果你在这个阶段有比赛，你可以根据比赛表现来调整你的训练VDOT值。不过，即便比赛结果表明你应该增加VDOT值，增加的频率也不要大于每3周一次。我对这个阶段的L跑和M跑的安排是：一周L跑，下一周M跑，以此类推。至于另外两次Q训练，我会将它们分别安排在相连的两天，第一天是I日或H日，第二天是T日或T和R日。

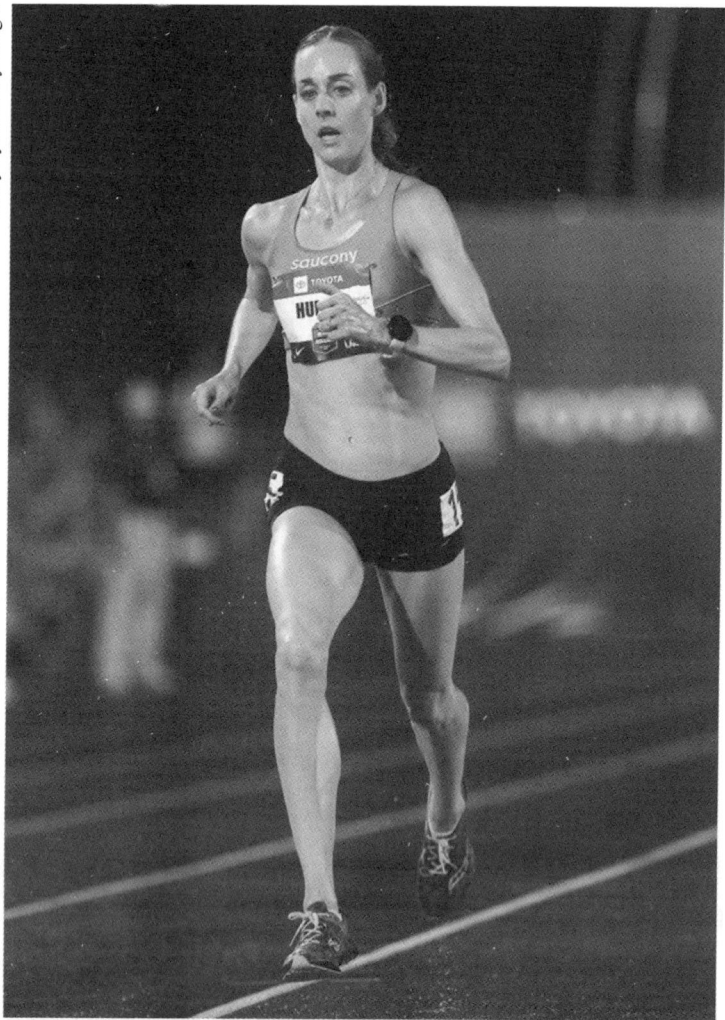

莫莉·赫德尔（Molly Huddle）刷新了 5 公里和 10 公里项目的美国女子纪录。她的成功来源于其平均周跑量约 136 公里的训练计划，以及有助于她在训练和比赛中提高跑步表现的合理营养计划。

阶段四 关于阶段四的训练计划，前提是默认你在本阶段有周末赛事。因此，如果你周六有比赛，那就按照日程表的安排训练。如果你周日有比赛，那就将Q2安排到赛前的周三，这样一来，周四、周五、周六都是E日，可以让你为周日比赛做好准备。另外，你需要在所有Q2和Q3前进行热身跑。

表 13-2 给出了针对 5 ～ 10 公里比赛距离的 3 阶段训练，适用于周跑量在 97 ～ 112 公里的跑者（表中省略了单位"公里"）。同样，你也可以根据天气和个人需要进行调整。

表 13-2　周跑量在 97 ～ 112 公里的 5 ～ 10 公里训练计划

阶段二		
第 1 周	Q 训练	训练内容
周日	Q1	L 跑（在周跑量的 25% 和 120 分钟之间取较小值，先达到哪个就以哪个为限）
周一		E 日 + 16 ST 跑
周二	Q2	3.2 E 跑 + 4 ×（200 米 R 跑 + 200 米 jg 跑）+ 6 ×（400 米 R 跑 + 400 米 jg 跑）+ 4 ×（200 米 R 跑 + 200 米 jg 跑）+ 4.8 E 跑
周三		E 日 + 12.8 ST 跑
周四		E 日
周五	Q3	3.2 E 跑 + 4 ×（200 米 R 跑 + 200 米 jg 跑）+ 4 ×（1.6 T 跑 + 1 分钟休息）+ 4 ×（200 米 R 跑 + 200 米 jg 跑）+ 3.2 E 跑
周六		E 日 + 12.8 ST 跑
第 2 周	Q 训练	训练内容
周日	Q1	L 跑（在周跑量的 25% 和 120 分钟之间取较小值，先达到哪个就以哪个为限）
周一		E 日 + 16 ST 跑
周二	Q2	3.2 E 跑 + 6 ×（200 米 R 跑 + 200 米 jg 跑 + 200 米 R 跑 + 200 米 jg 跑 + 400 米 R 跑 + 400 米 jg 跑）+ 3.2 E 跑
周三		E 日 + 12.8 ST 跑
周四		E 日
周五	Q3	3.2 E 跑 + 5 ×（1.6 T 跑 + 1 分钟休息）+ 6 ×（200 米 R 跑 + 200 米 jg 跑）+ 3.2 E 跑
周六		E 日 + 12.8 ST 跑
第 3 周	Q 训练	训练内容
周日	Q1	1.6 E 跑 + 16 M 跑 + 9.6 ST 跑

阶段二		
第 3 周	**Q 训练**	**训练内容**
周一		E 日 + 16 ST 跑
周二	Q2	3.2 E 跑 + 4 ×（200 米 R 跑 + 200 米 jg 跑）+ 8 ×（400 米 R 跑 + 400 米 jg 跑）+ 4 ×（200 米 R 跑 + 200 米 jg 跑）+ 3.2 E 跑
周三		E 日 + 12.8 ST 跑
周四		E 日
周五	Q3	3.2 E 跑 + 10 ×（2 分钟 H 跑 + 1 分钟 jg 跑）+ 4.8 E 跑
周六		E 日 + 12.8 ST 跑
第 4 周	**Q 训练**	**训练内容**
周日	Q1	L 跑（在周跑量的 25% 和 120 分钟之间取较小值，先达到哪个就以哪个为限）
周一		E 日 + 16 ST 跑
周二	Q2	3.2 E 跑 + 2 ×（200 米 R 跑 + 200 米 jg 跑）+ 10 ×（400 米 R 跑 + 400 米 jg 跑）+ 1.6 E 跑 + 4 ×（200 米 R 跑 + 400 米 jg 跑）+ 3.2 E 跑
周三		E 日 + 12.8 ST 跑
周四		E 日
周五	Q3	3.2 E 跑 + 4 ×（200 米 R 跑 + 200 米 jg 跑）+ 4.8 T 跑 + 3 分钟休息 + 2 ×（1.6 T 跑 + 1 分钟休息）+ 4 ×（200 米 R 跑 + 200 米 jg 跑）+ 3.2 E 跑
周六		E 日 + 12.8 ST 跑
第 5 周	**Q 训练**	**训练内容**
周日	Q1	L 跑（在周跑量的 25% 和 120 分钟之间取较小值，先达到哪个就以哪个为限）
周一		E 日 + 16 ST 跑
周二	Q2	3.2 E 跑 + 6 ×（200 米 R 跑 + 200 米 jg 跑 + 200 米 R 跑 + 400 米 jg 跑 + 400 米 R 跑 + 200 米 jg 跑）+ 4.8 E 跑
周三		E 日 + 12.8 ST 跑
周四		E 日
周五	Q3	3.2 E 跑 + 6 ×（1.6 T 跑 + 1 分钟休息）+ 4 ×（200 米 R 跑 + 200 米 jg 跑）+ 3.2 E 跑
周六		E 日 + 12.8 ST 跑
第 6 周	**Q 训练**	**训练内容**
周日	Q1	1.6 E 跑 + 16 M 跑 + 9.6 ST 跑

		阶段二
第6周	**Q训练**	**训练内容**
周一		E日 + 16 ST 跑
周二	Q2	3.2 E 跑 + 12 ×（400 米 R 跑 + 400 米 jg 跑）+ 3.2 E 跑
周三		E日 + 12.8 ST 跑
周四		E日
周五	Q3	3.2 E 跑 + 2 ×（4 分钟 H 跑 + 3 分钟 jg 跑）+ 3 ×（3 分钟 H 跑 + 2 分钟 jg 跑）+ 2 ×（2 分钟 H 跑 + 1 分钟 jg 跑）+ 3.2 E 跑
周六		E日 + 12.8 ST 跑

		阶段三
第1周	**Q训练**	**训练内容**
周日	Q1	L 跑（在周跑量的 25% 和 120 分钟之间取较小值，先达到哪个就以哪个为限）
周一		E日 + 16 ST 跑
周二		E日
周三	Q2	3.2 E 跑 + 6 ×（1 200 米 I 跑 + 3 分钟 jg 跑）+ 4.8 E 跑
周四	Q3	3.2 E 跑 + 6 ×（1.6 T 跑 + 1 分钟休息）+ 3.2 E 跑（尽量在今天训练，当然也可以安排到周五或周六）
周五		E日 + 12.8 ST 跑
周六		E日 + 9.6 ST 跑
第2周	**Q训练**	**训练内容**
周日	Q1	6.4 E 跑 + 16 M 跑 + 6.4 ST 跑
周一		E日 + 16 ST 跑
周二		E日 + 12.8 ST 跑
周三	Q2	3.2 E 跑 + 5～8 ×（1 000 米 I 跑 + 400 米 jg 跑）（I 配速跑总共不超过 24 分钟）+ 3.2 E 跑
周四	Q3	3.2 E 跑 + 4.8 T 跑 + 4 ×（200 米 R 跑 + 200 米 jg 跑）+ 3.2 T 跑 + 3.2 E 跑
周五		E日
周六		E日 + 12.8 ST 跑
第3周	**Q训练**	**训练内容**
周日	Q1	L 跑（在周跑量的 25% 和 120 分钟之间取较小值，先达到哪个就以哪个为限）
周一		E日 + 16 ST 跑

阶段三		
第 3 周	**Q 训练**	**训练内容**
周二		E 日 + 12.8 ST 跑
周三	Q2	3.2 E 跑 + 8 ×（3 分钟 H 跑 + 2 分钟 jg 跑）+ 4.8 E 跑
周四	Q3	3.2 E 跑 + 6 ×（1.6 T 跑 + 1 分钟休息）+ 4 ×（200 米 R 跑 + 200 米 jg 跑）+ 1.6 E 跑
周五		E 日
周六		E 日 + 12.8 ST 跑
第 4 周	**Q 训练**	**训练内容**
周日	Q1	1.6 E 跑 + 12.8 M 跑 + 1.6 T 跑 + 3.2 M 跑（不停顿训练，M 跑、T 跑、M 跑之间不休息）
周一		E 日 + 16 ST 跑
周二		E 日 + 12.8 ST 跑
周三	Q2	3.2 E 跑 + 4 ~ 6 ×（1 200 米 I 跑 + 3 分钟 jg 跑）（H 跑总共不超过 24 分钟）+ 3.2 E 跑
周四		E 日 + 12.8 ST 跑
周五		E 日
周六	Q3	3.2 E 跑 + 3 × 3.2 T 跑 + 2 分钟休息 + 4 ×（200 米 R 跑 + 200 米 jg 跑）+ 3.2 E 跑
第 5 周	**Q 训练**	**训练内容**
周日	Q1	L 跑（在周跑量的 25% 和 120 分钟之间取较小值，先达到哪个就以哪个为限）
周一		E 日 + 16 ST 跑
周二		E 日 + 12.8 ST 跑
周三	Q2	3.2 E 跑 + 7 ×（3 分钟 H 跑 + 4 分钟 jg 跑）+ 3.2 E 跑
周四	Q3	3.2 E 跑 + 定速 4.8 T 跑 + 4 ×（200 米 R 跑 + 200 米 jg 跑）+ 4.8 T 跑 + 3.2 E 跑
周五		E 日
周六		E 日 + 12.8 ST 跑
第 6 周	**Q 训练**	**训练内容**
周日	Q1	1.6 E 跑 + 16 M 跑 + 3.2 E 跑 + 9.6 ST 跑
周一		E 日 + 16 ST 跑
周二		E 日 + 12.8 ST 跑
周三	Q2	3.2 E 跑 + 2 ×（4 分钟 H 跑 + 3 分钟 jg 跑）+ 3 ×（3 分钟 H 跑 + 2 分钟 jg 跑）+ 4 ×（2 分钟 H 跑 + 1 分钟 jg 跑）+ 3.2 E 跑

阶段三		
第 6 周	**Q 训练**	**训练内容**
周四	Q3	3.2 E 跑 + 4 ×（1.6 T 跑 + 1 分钟休息）+ 3.2 T 跑 + 9.6 ST 跑 + 1.6 E 跑
周五		E 日
周六		E 日 + 12.8 ST 跑
阶段四		
第 1 周	**Q 训练**	**训练内容**
周日	Q1	L 跑（在周跑量的 25% 和 120 分钟之间取较小值，先达到哪个就以哪个为限）
周一		E 日 + 9.6 ST 跑
周二	Q2	如果周六有比赛，3 ×（1.6 T 跑 + 2 分钟休息）+ 4.8 E 跑；如果没有比赛，3 ×（3.2 T 跑 + 2 分钟休息）+ 4.8 E 跑
周三		E 日
周四		E 日
周五		如果周末没有比赛，Q3 = 6 ×（4 分钟 H 跑 + 3 分钟 jg 跑）+ 1.6 E 跑；如果周六有比赛，把今天当 E 日
周六		如果今天有比赛，把比赛当 Q3；如果没有比赛，把今天当 E 日
第 2 周	**Q 训练**	**训练内容**
周日	Q1	L 跑（在周跑量的 25% 和 120 分钟之间取较小值，先达到哪个就以哪个为限）
周一		E 日 + 9.6 ST 跑
周二	Q2	如果周六有比赛，3 ×（1.6 T 跑 + 2 分钟休息）；如果没有比赛，进行定速 4.8 T 跑 + 3.2 E 跑 + 3.2 T 跑 + 3.2 E 跑
周三		E 日
周四		E 日
周五		如果周末没有比赛，Q3 = 6 ×（4 分钟 H 跑 + 3 分钟 jg 跑）+ 1.6 E 跑；如果周六有比赛，把今天当 E 日
周六		如果今天有比赛，把比赛当 Q3；如果没有比赛，把今天当 E 日
第 3 周	**Q 训练**	**训练内容** （如果接下来 4 周的任一周有重要比赛，将 L 跑跑缩减到 90 分钟）
周日	Q1	L 跑（在周跑量的 25% 和 120 分钟之间取较小值，先达到哪个就以哪个为限）

续表

阶段四		
第 3 周	**Q 训练**	**训练内容** （如果接下来 4 周的任一周有重要比赛，将 L 跑跑缩减到 90 分钟）
周一		E 日 + 9.6 ST 跑
周二	Q2	如果周六有比赛，3 ×（1.6 T 跑 + 2 分钟休息）+ 3.2 E 跑；如果没有比赛，3 ×（3.2 T 跑 + 2 分钟休息）+ 3.2 E 跑
周三		E 日
周四		E 日
周五		如果周末没有比赛，Q3 = 6 ×（4 分钟 H 跑 + 3 分钟 jg 跑）+ 1.6 E 跑；如果周六有比赛，把今天当 E 日
周六		如果今天有比赛，把比赛当 Q3；如果没有比赛，把今天当 E 日

阶段四		
第 4 周	**Q 训练**	**训练内容**
周日	Q1	L 跑（在周跑量的 25% 和 120 分钟之间取较小值，先达到哪个就以哪个为限）
周一		E 日 + 9.6 ST 跑
周二	Q2	如果周六有比赛，3 ×（1.6 T 跑 + 2 分钟休息）；如果没有比赛，进行定速 4.8 T 跑 + 2 分钟休息 + 3.2 T 跑 + 1.6 E 跑
周三		E 日
周四		E 日
周五		如果周末没有比赛，Q3 = 8 ×（3 分钟 H 跑 + 2 分钟 jg 跑）+ 3.2 E 跑；如果周六有比赛，把今天当 E 日
周六		如果今天有比赛，把比赛当 Q3；如果没有比赛，把今天当 E 日

第 5 周	**Q 训练**	**训练内容**
周日	Q1	L 跑（在周跑量的 25% 和 120 分钟之间取较小值，先达到哪个就以哪个为限）
周一		E 日 + 9.6 ST 跑
周二	Q2	如果周六有比赛，3 ×（1.6 T 跑 + 2 分钟休息）；如果没有比赛，进行 2 ×（3.2 T 跑 + 2 分钟休息）+ 3.2 E 跑
周三		E 日
周四		E 日
周五		如果周末没有比赛，Q3 = 10 ×（2 分钟 H 跑 + 1 分钟 jg 跑）+ 1.6 E 跑；如果周六有比赛，把今天当 E 日

阶段四		
第 5 周	**Q 训练**	**训练内容**
周六		如果今天有比赛，把比赛当 Q3；如果没有比赛，把今天当 E 日
第 6 周	**Q 训练**	**训练内容**
周日	Q1	L 跑（在周跑量的 25% 和 120 分钟之间取较小值，先达到哪个就以哪个为限）
周一		E 日 + 9.6 ST 跑
周二	Q2	如果周六有比赛，3 ×（1.6 T 跑 + 2 分钟休息）；如果没有比赛，进行 6 ×（1.6 T 跑 + 1 分钟休息）+ 3.2 E 跑
周三		E 日
周四		E 日
周五		如果周末没有比赛，Q3 = 10 ×（2 分钟 H 跑 + 1 分钟 jg 跑）+ 1.6 E 跑；如果周六有比赛，把今天当 E 日
周六		如果今天有比赛，把比赛当 Q3；如果没有比赛，把今天当 E 日

注：该表格由 "智跑" 项目设计的杰克·丹尼尔斯跑步计算器创建。

14
越野跑训练

起跑时宁慢勿快。

越野跑比赛与径赛乃至一些路跑赛非常不同，原因有几个方面。首先，越野跑比赛参赛选手众多，路面情况多有变化，比如可能会有水泥地、草地，甚至还有泥地。其次，许多越野跑比赛路线还包含各种坡度的上下坡。最后，越野跑比赛过程中是否会经过崎岖路段、当天是否逆风等，这些因素都会影响比赛的跑法。

尽管风对径赛也有影响，但在跑道上跑圈时，跑者会交替遇到顺风和逆风的情况。越野跑比赛却有所不同：在越野跑比赛中，跑者可能会逆风跑很长一段路。比赛策略会因此受到多大影响，必须谨慎考虑。逆风跑步时，最好跟在别人后面，因为在配速相同的情况下，一个人跑会比一群人跑消耗更多能量。

有些越野跑赛道的设计并不理想，某段路线可能会十分狭窄，只能一人通过或只能两人并排跑，这会让队伍拉得很长。因此，要在越野跑比赛前考虑到所有可能遇到的问题，在比赛当天最好提前探一下路，以便了解当天要面对哪些状况，以及会在什么时候碰上这些状况。

备战越野跑比赛时，应该在越野跑的典型地形中进行训练，就算大部分训练做不到这一点，起码部分训练要尽力做到。理由非常简单：如果你在跑道或水泥地上进行所有训练，你肯定不太适应跑草地或泥地。所以，尽量选择与赛季最重要比赛相似的地面来规划越野跑训练。

再来说 I 训练，对部分跑者而言，如果将目标定为跑满一定时间，而不是跑满一定距离，那他们将会取得更大的收获。这在训练路线难度较大或地形起伏较多的时候尤其明显。当路况不佳或地形起伏比较多时，如果你试图在指定时间内跑完指定距离，结果难免令人失望。越野跑的 I 训练在某种程度上类似于高海拔地区的 I 训练。但如果你以跑满一定时间为目标，即使你没有达到预期速度，你也不会感到沮丧，而且你也会意识到自己已经艰苦训练了一定时间，你已经达到了训练的目的。

如果有重要比赛将在你熟悉的路线上举办，那你就制订好计划，充分利用比赛中可能比较难跑的路段。比如，如果你知道跑到某个坡时自己该如何应对，以及你也知道翻过这个坡之后的路况会更好，那你就更清楚什么时候应该放松，什么时候应该加把劲儿，但又不至于像从来没有跑过这条路线的人那样过分发力，以致苦不堪言。

另外，为比赛制订团队战术可能也是一项挑战。在一些难度不大的比赛中，团队战术可以帮助初跑者尽量跟其他跑者一起，这就是人们所谓的团队跑。团队跑在比赛的大约前三分之一通常是个好方法，而跑到三分之一后，优秀的跑者会同速度较慢的跑者拉开距离，他们想知道自己能在比赛后半段跑多好。这种方法有时对优秀的跑者和经验较少的跑者都有好处——既能避免优秀跑者起跑过快，又能帮助速度较慢的跑者树立信心并优化比赛策略。

Gray Mortimore/Allsport/Getty Images

琳恩·詹宁斯（Lynn Jennings）在美国越野跑比赛中获 9 次冠军。她在九年级时加入男子越野队，从此开始了自己的跑步生涯。她在草地上训练 I 跑，在公路上练习法特莱克跑和节奏跑，欣然直面越野跑运动固有的天气和路况变化，这些成就了她的辉煌。

保守起跑

大部分越野跑比赛与径赛有一个主要的区别，即比赛的起跑速度。速度最快的跑者往往都会起跑过快，这在高中越野赛中尤为常见。虽然这些跑者常常因为起跑过快而经历大幅掉速，但他们最终仍然会赢，因为其他跑者为了跟上大部队也全都起跑过快。自然而然地，取得冠军的跑者便会基于成功经验误以为，快速起跑就是赢得比赛的好方法。然而，当水平相当不错的跑者在比赛中以更合理的配速起跑时，他们就能击败水平更高但起跑过快的跑者。

因此，我一直建议使用更适中的配速来起跑，而且我也在某届全美锦标赛上亲眼见证了这种方法的优势。在那届比赛上，我在赛前量出了赛道的前400 米，并要求我带的 7 名女选手在进行赛前最后准备时努力跑个 800 米，其中前 400 米要求她们跑进 85 秒。如果她们能全程保持这个配速，那 5 公里就能跑出 17 分 42 秒的成绩。我建议她们不要用更快的速度起跑，而当她们完成 800 米热身跑时，距离比赛开始大概还有 8 ～ 10 分钟的时间。

比赛开始后，她们全都在 84 ～ 87 秒之间跑完了前 400 米，她们在全场180 多名选手中跑在最后。部分领跑选手在 75 秒内就跑完了前 400 米，其余的也都在 75 ～ 82 秒之间就跑完了。而在接下来的比赛中，我带的其中一名选手在跑过第一个 1.6 公里标记后开始领跑。此后她一直保持领先，最终以 20 多秒的优势获胜，成绩约为 17 分 20 秒。而我带的另外几名选手也相继分别获得了第 5 名、第 8 名、第 15 名和第 26 名的好成绩，最终将团体冠军收入囊中。

当你采用保守起跑的方法时，需要记住以下几点：

- 越野跑的赛道往往会在比赛前期"变窄"，尤其是在高中赛事里。此时，你很难超过起跑快的领跑者。你很可能会被挤到后面，感到灰心，觉得自己再也赶不上去。然而事实上，即便你很早就被挤到了后面，你通常仍然有足够的时间在 5 公里比赛的中段追赶。另外，在比赛前期争抢领先位置会消耗大量体力，而因此你应该保存这些体力，这反而能让你在比赛后程更好地发力。
- 年轻选手采用慢速起跑的方法时，不免会在刚刚开赛时看到大批选手拥到自己前面，因此感到灰心。如果教练能让他们在平时的训练中提前练习保守起跑的策略，并在赛季前期的比赛中实战演练，那他们很快就会领略到这种方法的好处。等到哪天他们在比赛时变得更加谨慎，但仍然有信心能赶上许多起跑过快的选手，他们肯定会在比赛结束时收获丰硕的果实。

- 有一个效果很好的策略，即在比赛中段超过尽可能多的跑者（甚至可以每超一个就计一个数）。有些跑者喜欢在比赛中跑在人群中段，只在最后 100 米超过两三个人。这样的跑者并没有什么了不起的，因为这只能说明他们在比赛中段跑得不够卖力。我是这样计算的：在比赛中段超 20 个人，最后冲刺时被 3 个人反超，这样能为队伍赢 17 分；而在比赛中段没有超过任何人，只在最后超了 3 个人，这样只能为队伍赢 3 分。

如果你在越野跑比赛中跟许多跑者跑在一起，而且自觉状态不是很好，那你要知道，你周围的跑者其实感觉一样不好，不然他们也不会跟你跑在一起。如果他们感觉很好，早就超过你并把你甩到后面了。

关于越野赛起跑过快的问题，我还想提一下"比赛越重要，起跑配速就越快"的现象。换句话说，选手可能会在联盟比赛中起跑过快，在地区锦标赛中起跑也过快，而在州级或全国锦标赛中甚至会起跑得更快，即便跟你比赛的人可能是上周刚刚比过的同一群对手。我认为，这种现象说明当赛季进入锦标赛阶段时，在开赛时控制配速变得愈加重要。

赛前准备

教练不应该默认所有队员的水平都一样，并因此让所有人都做同样的热身活动。除非所有队员比赛成绩相当，否则让全队一起热身跑并没有多大意义。况且，即便比赛成绩相当，队员之间也会存在个人差异——有些人活动得更多效果更好，有些人则恰恰相反。

假设团队中有每公里配速 2 分 49 秒的跑者，也有每公里配速 3 分 26 秒的跑者，教练让两人做一样的热身活动，这样的安排合理吗？这样的热身活动是否会对两人起到同样的效果？在理想情况下，教练应该为团队中的每位队员量身打造不同的热身计划。但现实是，有些团队会这样训练：所有队员都穿着整洁的热身队服一起慢跑热身，彼此之间保持一臂的距离，跑完后还会一起拉伸、跨步，所有队员都被当作水平一样的选手来对待。看到这样的景象，我有时会不禁笑出声来。

队员和教练都应该尝试不同的日常热身活动，教练应该为每位队员找到最适合的方法。因为队员完赛时的差距很可能并不只是几步，而每个队员对同一套热身活动的反应也不会全都一样，比如有些队员要跑好几公里才感觉自己做好了准备，有些则没跑多远就已经厌倦了。

热身活动的目的应该是让所有队员为接下来的任务做好生理和心理准备。因此，这是一个需要深思熟虑的过程。有些跑者需要在准备过程中独处，有些则喜欢和其他人一起热身跑。我在执教期间遇到过各种跑者，有的在赛前最后一小时甚至都不想跟我说话或对视，有的却希望我关注他，直到发令枪响。

有个心理窍门对部分跑者效果很好，即在脑中回顾给自己带来正面经验的比赛。跑者记得那些令人满意的比赛，也记得那些比赛为什么令人满意。所以，你可以在任何一场新比赛开始前，花 10 ~ 15 秒的时间在脑海中"重跑"一遍那场比赛。换言之，要关注正面经验。不过，有时候你甚至可以把没跑好的比赛也在心里"重跑"一遍。在"重跑"时稍微改变方法，让结果更加积极，这同样能起到积极心理暗示的作用。

那赛前的生理热身有哪些注意事项呢？首先，天气在这个过程里起着很重要的作用。天冷时要多穿衣服，等到肌肉温度升高了再脱下来；天热时则要尽量少穿，以防在比赛开始前发生肌肉过热或脱水的情况。

大部分跑者都能觉察到自己的肌肉是否已经变热，或者是需要继续稍微活动一下还是剧烈活动一段时间。用于跑步的肌肉通常会在热身约 10 分钟后开始升温。虽然肌肉温度升高几度有助于提高跑步表现，但温度升高过多反而会起反作用。如果比赛距离相对较长，你肯定不希望开赛时体温太高，因为那样的话，你的身体很快就会变得太热。正如不同跑者会以不同的速度流失水分，每个人身体变热的速度也不一样。因此，每位跑者都需要尝试不同的热身方法，并找到在不同环境下最适合自己的。

其实，不但热身讲究最佳方法，比赛也同样讲究方法，而在比赛时专注于眼前的任务，就是特别重要的一点。换言之，与其操心还有多少距离要跑，或者已经跑了多少距离，不如想想自己当下的状况，比如呼吸节奏和步频。总之，比赛时不要过分担心。即便你以前的手下败将跑到了你的前面，你也大可放宽心，因为他的比赛配速可能很糟，而且之后他会为此付出代价。

当然，你的这位手下败将也可能当天状态奇佳。但无论如何，你不能用别人的比赛表现来评价自己的比赛，而是应该用自己的表现、自己的感觉来评价自己的比赛。另外，上坡也讲究方式方法。有的跑者喜欢冲上坡，而我会要求我带的跑者在上坡时尽量保留体力，只要"跟住"别人就行。其他跑者跑到坡顶后往往会放慢速度，恢复一下体力，而我会告诉我带的跑者，这时正是他们发力的时候。我会要求他们在到达坡顶后数自己的步数，等数到50 就开始加速。因为跑了 50 步后，跑者通常已经恢复了过来，而且还可能跑到了别人前面。

我时常建议跑者，在赛季早期参加比赛时，要在赛程的前三分之二练习2-2 呼吸节奏，以便在更重要的比赛中自然运用这种呼吸方法。比赛时的自我感觉或对运动强度的自我感知非常重要。学会在越野跑比赛中跟着感觉跑，这对你大有助益，尤其是在地形多变、刮风、遇到泥地的时候，这些情况都会让你的配速大幅下降。再次强调，一定要专注于眼前的状况，不要为途中听到的报时担忧。谁知道这些报时意味着什么？在长距离比赛中，这些时间可能甚至都没法准确地衡量什么。

制订赛季计划

在美国的大部分学校赛季中，整个越野跑赛季一共只有 10 周或 12 周的时间。所以，要在赛季中完成 4 个为期 6 周的训练阶段是不可能的。我在第 10 章介绍如何安排训练季时说过，可以用两种方式处理此类越野跑赛季时间不够的情况。我个人倾向于让跑者赶在秋季学期开学前，也就是在夏天就完成阶段一和阶段二的训练。这样秋季开学后，他们就能进入阶段三的训练。

新手跑者或没有在夏天进行太多跑步训练的人必须花时间进行阶段一的训练，开学后则可以稍微进行阶段二的训练，也可直接跳过阶段二。这些跑者在进行一些基础训练后，才会开始进行要求更高的 I 训练或参加赛季早期比赛。本章概述的训练计划包含 4 个为期 6 周的阶段，并考虑到了阶段二将被减少一部分甚至全部，此外阶段一也会被减少几周。

教练必须根据每位队员的周跑量，为每个人分别调整各类高质量跑的训练量。例如，我会规定在周跑量的 8% 和 10 公里之间取较小值，作为 I 训练的训练量。所以，对于周跑量为 48 公里的跑者，他在单次 I 训练中的 I 跑总距离应该在 3.84 公里（48 公里的 8%）以内，而周跑量为 97 公里的跑者则最多能在单次 I 训练中进行 7.76 公里（97 公里的 8%）的 I 跑。

另外，我还对 R 训练采用了"5% 规则"，即周跑量的 5%（下文同理），对 T 训练采用了"10% 规则"。需要注意的是，这些建议限制量针对的是每一次的训练，而不是每周的训练。所以，如果你一周有两次 R 训练，那你可以在两次训练中都达到建议的最大训练量。还要注意的是，这些百分比不是规定训练量，而是建议你不要超过的最大训练量。

阶段一 每周日安排一次 L 跑，并控制好距离：取周跑量的 30% 和 60 分钟中的较小值，将距离控制在该值以内。周日以外的时间，每天至少进行 30 分钟 E 跑，且不要让任何一天的跑量超过周跑量的 25%。

Rich Clarkson/Rich Clarkson & Assoc./Getty Images

传奇跑者史蒂夫·普雷方丹（Steve Prefontaine）的比赛格言是：虽然别人可能会击败我，但他们得付出血的代价。这种坚忍不拔的精神贯穿在他的训练中。他采用的是 30/40 训练：以 200 米为分割单位的 4.8 公里跑，要求交替在 30 秒内和 40 秒内跑完一个 200 米。周日，他还要进行距离在 24～27.2 公里的长跑。

近期不常跑步或相对初级的跑者可以将第8章介绍的白色初级计划的阶段四作为越野跑赛季的阶段一。下列计划更适合没有长期中断过训练的跑者和非初级跑者。如果你已经有超过4周没有跑步，那就去掉L跑，并将周跑量减少到32公里左右。这样进行3周，然后在接下来的3周，将周跑量调整到40～48公里。

表 14-1 给出了一个简单的阶段一训练计划。如果你找不出 6 周时间，

可以将计划缩短。不过，如果你是相对初级的跑者，至少要将阶段一进行3周或4周。

表 14-1　越野跑比赛的阶段一训练计划

第 1～3 周	
日期	训练内容
周日	L 跑（在 60 分钟和周跑量的 30% 中取较小值）
周一、周二、周四、周五	E 日，每天大约跑 30 分钟
周三、周六	30～40 分钟 E + 9.6 公里 ST 跑
第 4～6 周	
日期	训练内容
周日	L 跑（在 60 分钟和周跑量的 30% 中取较小值）
周一、周二、周五	E 日，每天跑 30～40 分钟
周三、周四、周六	20 分钟 E 跑 + 12.8 公里 ST 跑 + 10 分钟 E 跑

注：该表格由"智跑"项目设计的杰克·丹尼尔斯跑步计算器创建。

阶段二　通常，所有进行这个阶段训练的跑者都应该已经坚持跑了几周，且已经为进行轻量的R训练做好了准备。跑者在阶段二的周跑量比阶段一的最后3周更大，不过增量都应该控制在16公里以内。除此之外，每位跑者都要将单次R跑的跑量控制在周跑量的5%以内。而如果周跑量在160公里以上，那要确保每次R跑不要超过8公里。

根据每周的累计跑量，参考第4章的表4-4来选择训练项目。例如，周跑量约为56公里的跑者应该选择训练B类别下的R训练，而周跑量约为80公里的跑者则应该选择训练C类别或训练D类别下的R训练。另外，要利用E日累积跑量，以达到理想的周跑量。如果周跑量不是很高，在E日也可以偶尔停跑。

R训练可以在平地进行，也可以采用上坡跑的方式进行。上坡跑有助于提高跑步速度和跑步效率。所以，如果你在赛季后期需要在起伏地形中参加重要比赛，那么在坡上进行部分R训练尤为重要。虽然你在上坡跑时的跑步速度显然会下降，但这没有关系，你只要跟着感觉跑就行了，不要去想跑了多少，而且你应该将时间作为训练的单位。

例如，你可以这样安排某天的R训练：进行8轮60秒的上坡跑，在下坡过程中充分恢复。需要注意的是，因为下坡跑会对腿部造成很大的压力，所以下坡路线一定不能太陡。我习惯让跑者在完成上坡R训练后，再在平地进行R跑，这可以让他们在完成速度较慢的上坡跑后，重新体验到快的感觉。另外，我也习惯在重要比赛前几周避免让进行跑者上坡训练，以便他们从之前上坡跑带来的压力中更好地恢复过来。

我为每周的Q训练提供了3种选择（用R1、R2和R3表示）。L跑的距离要尽量控制在每周总跑量的25%以内。如果你感觉开始变得吃力，那就将L跑缩短。表14-2总结了越野跑赛季阶段二的3种训练方法。

表 14-2　越野跑比赛的阶段二训练计划

日期	R1	R2	R3
周日	L 跑	L 跑	L 跑
周一	Q1	E 日 + 12.8 公里 ST 跑	Q1
周二	E 日 + 12.8 公里 ST 跑	Q1	E 日 + 12.8 公里 ST 跑
周三	E 日 + 12.8 公里 ST 跑	Q2	Q2
周四	Q2	E 日 + 12.8 公里 ST 跑	E 日 + 12.8 公里 ST 跑
周五	Q3	E 日 + 12.8 公里 ST 跑	Q3
周六	E 日 + 12.8 公里 ST 跑	Q3	E 日 + 12.8 公里 ST 跑

注：该表格由"智跑"项目设计的杰克·丹尼尔斯跑步计算器创建。

如果你周二有比赛，而你执行的是R1或R3的日程，那就在比赛当周切换到R2的日程，即将周二的比赛作为Q1，在比赛次日进行Q2，在周六进行Q3。如果你周五有比赛，那就执行R3的日程，不过要将Q2从周三安排到周二，并用比赛代替周五的Q3。而如果你周六有比赛，那就执行R2的日程，唯一的调整是用周六的比赛代替Q3。

至于训练地点，我强烈建议参考赛季最重要比赛的举办地，选择与其地形相似的地方（通常是草地或土路）进行所有Q训练。而E跑和L跑的训练地点则可以选择公路或平整的道路。如果重要比赛的赛道有起伏，那你可以在局部起伏的地形中进行一两次Q训练，不过，要尽量在平地进行最后几次R跑。另外，比赛前要安排两个E日（将L跑看作E跑）。如果你处在赛季早期，那比赛次日可以按你自己的需要进行Q训练。

阶段三　我在前文说过，阶段三是所有训练阶段中压力最大的一个阶段，而且经常有比赛，而比赛总是会取代当周的其中一次Q训练。I训练是Q训练的训练内容之一。安排I训练时，可参考第4章的表4–3，根据每周总跑量来安排每次的训练量。另外，不要安排需要5分钟以上才能完成的I跑距离。例如，如果根据某位跑者的VDOT值，他应该以每公里3分45秒的配速进行I跑，那就不要让他以I配速跑1.6公里，他能够进行的I配速最长距离是1 200米。如果你是根据时间而不是距离跑步，那你最多可以跑5分钟H跑。在阶段三，每周都安排一次I训练。将这次训练作为每周的第一次Q训练，将它放在周末的L跑之后。在这个训练阶段，大多数时候都有比赛。由于比赛与认真完成I训练所带来的生理效果相似，因此我更倾向于将Q1安排成I训练，将Q2安排成T训练，并在T训练后安排几次200米R跑或ST跑。我习惯在越野跑赛季的阶段三和阶段四加入T跑。尽管比赛地形可能多样，但我仍然倾向于在平地进行T训练，以便控制训练配速。你也可以在起伏地形中训练，并使用心率监测器来监控跑步强度。但我通常不会让跑者用心率监测器，因为心率并不总是能反映出跑者在特定训练中想要达到的速度。

如果你在阶段三的某周没有安排任何比赛，而且感觉良好，那就将Q3加进日程。Q3的最佳训练内容既可以是根据时间而非距离进行的I训练，如5~6×3分钟H跑 + 2分钟jg跑，也可以是由T训练、I训练、R训练组成的混合训练，如3.2 T跑 + 3 ×（2分钟H跑 + 1分钟jg跑）+ 4 ×（200米R跑 + 200米jg跑）。表14–3列出了我个人最喜欢的阶段三日程。

表 14–3　越野跑比赛的阶段三训练计划

日期	训练内容
周日	L 跑
周一	E 日 + 12.8 公里 ST 跑
周二	Q1: I 训练
周三	Q2: T 训练 + 4 × 200 米 R 跑
周四	E 日
周五	E 日
周六	Q3: T-I-R 混合训练或比赛

注：该表格由"智跑"项目设计的杰克·丹尼尔斯跑步计算器创建。

如果你周二有比赛，那比赛就取代了日程中的Q1。如果你周六有比赛，那比赛就取代了日程中的Q3。如果你周五有比赛，那就去掉周三的Q2，将周五的比赛作为Q2，并去掉周六的Q3。表14-4针对3种情况，以周跑量64公里为例列出了一个训练计划（表中省略了单位"公里"）。这3种情况分别是：（1）当周没有比赛；（2）周六有比赛；（3）周二和周六都有比赛。

表 14–4　阶段三：适用于周跑量 64 公里的 3 种选择

日期	无比赛周	周六比赛	周二和周六比赛
周日	16 L 跑 + 9.6 ST 跑	16 L 跑 + 9.6 ST 跑	50 分钟 L 跑 + 9.6 ST 跑
周一	E 日 + 12.8 ST 跑	E 日 + 12.8 ST 跑	E 日
周二	3.2 E 跑 + 5 × （1 000 米 I 跑 + 2 分钟 jg 跑） + 3.2 E 跑	3.2 E 跑 + 5 × （1 000 米 I 跑 + 2 分钟 jg 跑） + 3.2 E 跑	比赛日
周三	1.6 E 跑 + 4 × （1.6 T 跑 + 1 分钟休息） + 3.2 E 跑	3.2 E 跑 + 3 × （1.6 T 跑 + 2 分钟休息） + 1.6 E 跑	1.6 E 跑 + 4 × （1.6 T 跑 + 1 分钟休息） + 3.2 E 跑
周四	E 日 + 12.8 ST 跑	E 日 + 12.8 ST 跑	E 日 + 12.8 ST 跑
日期	无比赛周	周六比赛	周二和周六比赛
周五	E 日	E 日	E 日
周六	3.2 E 跑 + 4 × （4 分钟 H 跑 + 3 分钟 jg 跑） + 3.2 E 跑	比赛日	比赛日

注：该表格由"智跑"项目设计的杰克·丹尼尔斯跑步计算器创建。

阶段四 阶段四的训练期间经常穿插比赛，而且这些比赛通常很重要，需要好好休息。一般来说，如果周六的比赛相对不太重要，我建议根据阶段三的"周六比赛"日程进行训练（见表14-4）。而如果周六的比赛比较重要，我建议在周日进行一次L跑，并在周二进行一次T训练，其他几天则都是E日（见表14-5）。我甚至常常让跑者暂停后半周E跑后的跨步训练。

表 14-5　越野跑比赛的阶段四训练计划

天	无比赛周	周六有重要比赛
周日	16 公里 L 跑 + 9.6 公里 ST 跑	50～60 分钟 L 跑 + 9.6 公里 ST 跑
周一	E 日 + 12.8 公里 ST 跑	E 日 + 12.8 公里 ST 跑
周二	3.2 公里 E 跑 + 4 ×（1.6 公里 T 跑 + 1 分钟休息）+ 3.2 公里 E 跑	3.2 公里 E 跑 + 3 ×（1.6 公里 T 跑 + 2 分钟休息）+ 4 ×（200 米 R 跑 + 200 米 jg 跑）+ 1.6 公里 E 跑
周三	E 日 + 12.8 公里 ST 跑	E 日 + 9.6 ST 跑
周四	E 日 + 12.8 公里 ST 跑	E 日
周五	3.2 公里 E 跑 + 4 ×（1 200 米 I 跑 + 3 分钟 jg 跑）+ 3.2 公里 E 跑	E 日
周六	E 日	比赛日

注：该表格由"智跑"项目设计的杰克·丹尼尔斯跑步计算器创建。

总的来说，在备战越野跑比赛时，需要记住以下几点：

- 每周一次 L 跑，最好安排在每周日。
- 在与比赛条件相似的草地或土路上进行大部分 Q 训练。
- 尽量在大部分赛季中期比赛前安排两天 E 跑。
- 每周比赛前的最后一次 Q 训练要以 T 训练为主。
- 比赛可以起到与 I 训练相似的效果。
- 在重要比赛前几周停止跑坡训练。
- 为每场比赛制订合理目标。
- 避免在赛季最后几周加大训练强度。
- 保守起跑，且要随着比赛的进行提高运动强度。
- 专注于眼前的状况。

15
15～30公里训练

多关注训练时间，少关注跑了多远。

　　15～30公里比赛并非典型径赛项目，而是常在公路上举办，因此，其大部分训练也都是在公路上进行的。不过，为了方便与过往成绩进行比较，最好将大部分乃至全部R训练都安排在田径场上。此外，你也可以在田径场上进行部分I训练。但就T跑而言，为了避免枯燥，我建议你尽量把大部分T跑都放到公路上进行。另外，我还建议你选择平坦的公路，以便你在T跑期间保持恒定的跑步速度，让训练满足T跑的主要目的。

　　按照有效的10公里训练计划训练，无疑能让任何跑者为15～20公里比赛做好准备，而马拉松训练则足以让跑者为25～30公里的比赛做好准备。如果你是比较初级的跑者，我建议你先按照第16章的新手马拉松计划训练，然后再开始本章介绍的训练计划。话虽如此，本章介绍的训练计划其实适用于已经进行过大量训练且准备认真对待15～30公里比赛的跑者。

我将在本章介绍一个相对通用的"外星人"训练计划，建议你根据计划中建议的训练类型挑选适合自己的训练项目。例如，假设某项训练是 R 训练，你就可以从表 4-4 列出的 R 训练中任选一项。你应该首先根据自己的近期比赛成绩或预估比赛成绩，在第 5 章的表格中查找你当前的 VDOT 值，再根据 VDOT 值和当前的周跑量找出适合自己的 R 训练。记住，单次训练中 R 跑的总距离不应超过 8 公里或周跑量的 5%（取两者中的较小值）。同样的原则也适用于 I 训练：单次训练中，I 跑的总距离不应超过 10 公里或周跑量的 8%（取两者中的较小值）。而 T 跑的总距离则不应超过周跑量的 10%。你可以参考第 4 章中相应的表格选择具体的训练项目。

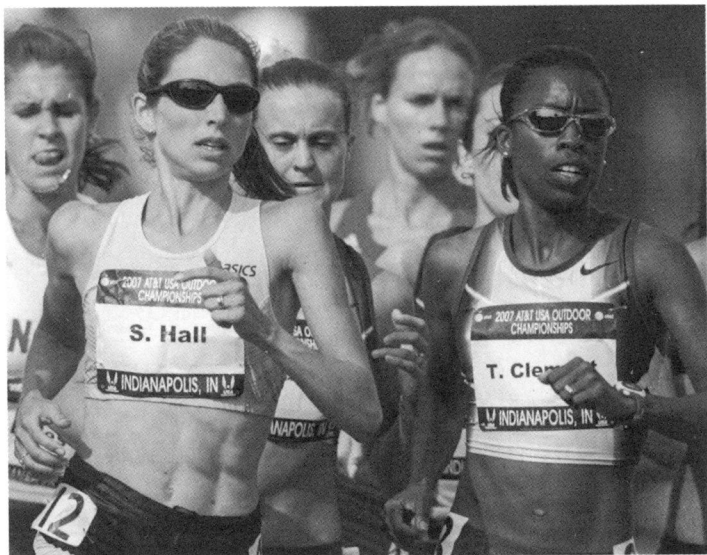

我第一次见到萨拉·霍尔（Sara Hall，图左）是在她上完高中二年级时。我很高兴有机会帮她改进训练，但愿这对她在跑步生涯中取得成就有所帮助。

"外星人"训练

我为本章涵盖的不同距离的比赛设计了一个训练计划。因为它与我通常建议的训练不太一样，所以我称之为"外星人"训练计划。这个计划有两个前提：其一，准备按照本计划训练的跑者应该已经规律地跑了一段时间；其二，跑者应该熟悉我提供的各种训练类型，包括 E 训练、L 训练、M 训练、T 训练、I 训练、H 训练和 R 训练，也清楚如何调整训练速度和训练量。了解了这些概念，跑者就能决定各项训练具体要做些什么。换句话说，如果某个训练是 R 训练，那么跑者就知道要用什么速度，有多少恢复时间，R 跑的最大跑量是多少，并能从第 4 章介绍的训练中选出合适的训练。另外，"外星人"训练计划不划分训练阶段，而是给出了一系列每两周重复一次的训练。

尝试"外星人"训练计划几周后，你或许会觉得它对自己有效，你甚至觉得可以按照它来备战比 15 公里更短或比 30 公里更长的比赛。事实上对一些跑者来说，我认为它是个不错的马拉松训练计划，对此可参见我在表 16-2 中为新手跑者设计的 18 周马拉松训练计划。

在表 15-1 所示的"外星人"训练计划中，我为每周列出了 7 个训练日（从第 1 天到第 7 天）。这个两周计划可以根据需要重复进行。至于每周具体把各训练日排到哪天，你可以按照个人日程自行决定。我通常把周日作为训练周的第 1 天，即每周的 Q1，因此 Q2 就是周二，而 Q3 就是周五。

你可能会因为个人日程不得不做出不同的训练日安排，我唯一的建议是，不要改变表中 Q1、Q2、Q3 的顺序，而且要在两次 Q 训练之间安排 E 日。关于 E 日的安排，建议每周在其中的两个 E 日加入 ST 跑。

另外，Q 训练的热身和放松可以根据需要进行，而在距离比赛还有一周时，你可以切换到赛前周的训练。在这个计划中，只有赛前周和赛后恢复期的训练安排不同于以两周为一个周期的训练安排。其中，赛后恢复期的安排方法是在任何比赛后，根据比赛距离，每 3 公里安排 1 个 E 日。例如，如果比赛距离是 15 公里，那么在重新开始"外星人"训练计划前，你留安排 5 个 E 日，如果是半程马拉松，赛后则要安排 7 个 E 日。

表 15–1 "外星人"训练计划

日期	Q 训练	训练内容
第 1、第 3、第 5、第 7、第 9 周及其他奇数周		
第 1 天	Q1	L 跑
第 2 天		E 日 + 12.8 公里 ST 跑
第 3 天	Q2	T 训练
第 4 天		E 日 + 12.8 公里 ST 跑
第 5 天		E 日
第 6 天	Q3	R 训练
第 7 天		E 日
第 2、第 4、第 6、第 8、第 10 周及其他偶数周		
第 1 天	Q1	M 跑
第 2 天		E 日 + 12.8 公里 ST 跑
第 3 天	Q2	T 训练
第 4 天		E 日 + 12.8 公里 ST 跑
第 5 天		E 日
第 6 天	Q3	I 训练
第 7 天		E 日
赛前周		
赛前第 6 天	Q1	L 跑的 2/3
赛前第 5 天		E 日
赛前第 4 天		E 日
赛前第 3 天	Q2	3 ×（1.6 公里 T 跑 + 2 分钟休息）
赛前第 2 天		E 日
赛前第 1 天		E 日或休息
比赛日	Q3	比赛日
恢复周		

恢复天数取决于比赛距离，且比赛距离每多 3 公里，恢复天数多加 1 天。根据你的具体情况决定要把下一个 Q 日排到哪天，然后完成那一周的训练

16
马拉松训练

比赛前三分之二用脑，跑完比赛用心。

　　马拉松训练或几乎任何跑步项目的训练都使我收获良多，而我收获的最重要经验或许是以下这点：每位跑者都需要个性化训练计划。按照同一份日程训练的人，有的能承受更多跑量，有的则没法频繁地进行艰苦的 Q 训练。况且，跑者中可能还有完全没有经验的新手，其中有些人在开始跑马拉松之前从来没有跑过步，甚至从来没有进行过任何体育活动。

　　本章将着重介绍马拉松训练。我将介绍这项运动的 6 种训练方法，每一种方法都提供了针对不同周跑量或跑步时间的方案，任何人都能从中找到适合自己的。如表 16-1 所示，该表列出了具体方法、每种方法的显著特点和建议。

　　记住，即便使用的是相同的训练计划，每个人按照计划训练后的反应仍可能略有差异。毕竟，没有任何训练计划能完美适合所有人。而除了训练，你还要始终保持良好的饮食习惯，适当补水，充分休息，你还要相信你正在进行的训练不仅能帮助你跑得更好，还能改善你的健康状况。只要你是在为乐趣而跑，你的每一天都会变得愉快。我在帮助别人跑步的过程中享受到了很多乐趣，所以，我也希望所有跑步的人都能享受到跟我一样的乐趣。

表 16-1　马拉松训练的 6 种方法

计划	特点	建议
新手	每周训练 3～5 天	你刚刚开始跑步或以前没怎么进行过跑步训练
2Q	每周两次 Q 训练	你很有规律地跑步； 你每周可以留出两天进行要求更高的 Q 训练
4 周周期	4 周中，其中的 3 周每周进行两次 Q 训练，第 4 周只进行 E 跑	你每周想要进行两次 Q 训练； 同时你也想把第 4 周安排为高跑量周，而不加入任何 Q 训练
5 周周期	5 周训练，可以在时间允许的情况下不断重复	你希望有规律地进行 L 跑和 M 跑，同时注重 T 跑； 本计划也会安排一些 R 训练和 I 训练； 本计划可以让你选择适合不同跑量的训练； 因为本计划可能要求很高，所以建议你在马拉松比赛前 3 周改用表 16-3 中的训练计划，并根据自己在表中所对应的跑量类别来训练
最后 18 周	提供了分别以英里、公里和时间为单位的训练计划	你倾向于根据英里数、公里数或根据时间而不是距离来规划训练； 这些计划通常适用于跑量很大且不想每周进行两次 Q 训练的跑者； 因为 Q 训练的频率是每 4 天或每 5 天一次，所以有几周可能只有一次 Q 训练，还有几周可能会有两次
最后 12 周	马拉松比赛前最后几周，要求相当高	你一直在有规律地训练，且想要有一个针对马拉松比赛前 12 周的训练计划

新手训练

在跑者中，新手跑者的人数可能是最多的。作为教练，我认为新手跑者包含两类人：一类是真正的初跑者，即从来没有进行过任何跑步训练的人；另一类是受过一定跑步训练，但已经很多年没跑，希望能谨慎地重新开始跑的人。我把第二类人称为"复跑者"。

对复跑者来说，最重要的是不要试图重复自己以前的跑量，或至少要等到自己有了合适的基础以后再说。复跑者受到的伤病困扰要多于初跑者，因为真正的初跑者不知道自己能做什么，他们取得的每一点进步可能都超出了自己的想象。

表 16-2 给出了一个适合新手跑者的 18 周计划。赛前 10～18 周训练的安排涵盖了每周训练 3 天、4 天或 5 天的情况（以训练 4 天或 5 天为佳）。如果一周训练 3 天，那就进行 A、C 和 E 训练，两次训练至少相隔一天；如果一周训练 4 天，那就做 A、C、E 训练，并在 B 和 D 训练之间任选一项；如果一周训练 5 天，那就所有训练都做。ST 跑每次持续 15～20 秒，以你可能会在 1 英里比赛中采用的舒适快速配速，每轮结束后休息 45～60 秒。T 跑是舒适的 H 跑，并选择你至少能坚持 30 分钟的配速。

在第 10 周试着完成一个定速 10 公里。如果你把这个 10 公里当成比赛来跑，务必要放轻松。进入最后 9 周时，试着加量到一周 5 天训练；如果之前就是如此，那就继续保持这个训练量。在最后阶段，每周应该有两次 Q 训练。将这两次 Q 训练安排在天气舒服且时间充足的日子，两次之间至少安排两个 E 日。每周的另外 5 天应该都是 E 日，你可以在 E 日休息或进行至少持续 30 分钟的 E 跑。

表 16-2　新手跑者 18 周马拉松训练计划

赛前 16～18 周	
训练计划	训练内容
A	15 次 1 分钟 E 跑，每次之间步行 1 分钟（写作 15×（1:00 E 跑 + 1:00 W，以下同理）； 以上训练是这一周的第一次训练，可以在前一天或当天进行
B	如果今天要跑，重复前一次的训练
C	9×（1:00 E 跑 + 1:00 W）+ 3×（2:00 E 跑 + 2:00 W）
D	如果今天要跑，重复前一次的训练
E	9×（1:00 E 跑 + 1:00 W）+ 2×（3:00 E 跑 + 3:00 W） 以上训练是这一周的最后一次训练，可以在前一天或者当天进行

赛前 14 ～ 15 周	
训练计划	训练内容
A	4 × （5：00 E 跑 + 5：00 W）； 以上训练是这一周的第一次训练，可以在前一天或当天进行
B	如果今天要跑，重复前一次的训练
C	10 × （2：00 E 跑 + 2：00 W）
D	如果今天要跑，重复前一次的训练
E	赛前 15 周：5 × （4：00 E 跑 + 4：00 W）； 赛前 14 周：3 × （4：00 E 跑 + 4：00 W）+ 15：00 ～ 20：00 E 跑 + 6：00 W； 以上训练是这一周的最后一次训练，可以在前一天或当天进行

赛前 12 ～ 13 周	
训练计划	训练内容
A	5：00 E 跑 + 3：00 W + 5 × （3：00 T 配速 + 2：00 W）+ 16 公里 ST 跑； 以上训练是这一周的第一次训练，可以在前一天或当天进行
B	如果今天要跑，进行 3 × （10：00 E 跑 + 5：00 W）；如果感觉不错， 步行时间可以少于 5 分钟
C	如果今天要训练，重复本周的 A 训练
D	3 × （10：00 E 跑 + 5：00 W）； 如果不需要那么多时间恢复，可以少走一会儿
E	赛前 13 周：5：00 E 跑 + 5：00 W + 3 × （5：00 T 跑 + 2：00 W 恢 复）+ 15：00 E 跑 + 4：00 W； 赛前 12 周：5：00 E 跑 + 5：00 W + 2 × （5：00 T 跑 + 2：00 W 恢 复）+ 25：00 ～ 30：00 E 跑 + 6：00 W； 第 6 天的训练是这一周的最后一次训练，可以在前一天或当天进行

赛前 10 ～ 11 周	
训练计划	训练内容
A	10：00 E 跑 + 5：00 W + 8 公里 ST 跑 + 5：00 W + 2 × （10： 00 E 跑 + 5：00 W）； 以上训练是这一周的第一次训练，可以在前一天或当天进行
B	如果今天要训练，重复本周的 A 训练
C	5：00 E 跑 + 5：00 W + 20：00 E 跑 + 5：00 W + 5：00 T 跑 + 5：00 W + 5：00 E 跑 + 5：00 W
D	如果今天要跑，进行 3 × （10：00 E 跑 + 5：00 W）； 恢复时间也可以少于 5 分钟
E	赛前 11 周：10：00 E 跑 + 5：00 W + 8 公里 ST 跑 + 5：00 W + 20：00 T 跑 + 5：00 W + 10 E 跑； 赛前 10 周：10：00 E 跑 + 5：00 W + 8 公里 ST 跑 + 5：00 W + 20：00 T 跑 + 5：00 W + 20 E 跑； 第 6 天的训练是这一周的最后一次训练，可以在前一天或当天进行

续表

赛前 2～9 周		
周次	第一次 Q 训练	第二次 Q 训练
第 9 周	定速 L 跑 1 小时 30 分钟	10：00 E 跑＋15：00 T 跑＋5：00 E 跑＋2×（10：00 T 跑＋2：00 W 恢复）＋5：00 T 跑＋10：00 E 跑
第 8 周	10：00 E 跑＋4×（6：00 T 跑＋2：00 W）＋1 小时 E 跑＋2×（8：00 T 跑＋2：00 W 恢复）	10：00 E 跑＋4×（6：00 T 跑＋2：00 W）＋10：00 W＋3×（6：00 T 跑＋2：00 W）
第 7 周	M 跑 1 小时 45 分钟（可以跑距离较短的比赛，但如果跑比赛，请采用 M 配速，不要跑得过快）	10：00 E 跑＋3×（10：00 T 跑＋2：00 W）＋40：00 E 跑
第 6 周	定速 L 跑 2 小时	10：00 E 跑＋6×（6：00 T 跑＋1：00 W）＋10：00 E 跑
第 5 周	10：00 E 跑＋4×（6：00 T 跑＋1：00 W）＋60：00 E＋3×（6：00 T 跑＋1：00 W 跑）	10：00 E 跑＋4×（10：00 T 跑＋2：00 W）＋10：00 E 跑
第 4 周	定速 L 跑 2 小时 30 分钟	10：00 E 跑＋4×（10：00 T 跑＋2：00 W）＋10：00 E 跑
第 3 周	定速 M 跑 2 小时 15 分钟	10：00 E 跑＋3×（12：00 T 跑＋2：00 W）＋10：00 E 跑
第 2 周	定速 L 跑 2 小时 15 分钟	10：00 E 跑＋7×（6：00 T 跑＋1：00 W）＋10：00 E 跑
赛前 1 周		
天	训练内容	
第 7 天	90 分钟 E 跑	
第 6 天	60 分钟 E 跑	
第 5 天	10：00 E 跑＋4×（5：00 T 跑＋2：00 W）＋10：00 E 跑	
第 4 天	30：00～45：00 E 跑	
第 3 天	30：00 E 跑；最后 3 天可任选一天休息，比如可以在前往比赛地的"旅行日"休息	
第 2 天	30：00 E 跑	
赛前 1 天	30：00 E 跑	

注：该表格由"智跑"项目设计的杰克·丹尼尔斯跑步计算器创建。

2Q 计划

启动持续 18 周的 2Q 计划的前提是，你已经至少跑了 6 周。所有的 2Q 计划，每周都包含两次 Q 训练。另外，每周要尽量跑至少 6 天。至于 Q 训练的安排，建议将 Q1 安排在周日，或根据你的马拉松比赛日安排 Q1：周几跑马拉松，Q1 就排在周几。如果周日进行 Q1，那 Q2 最好安排在周三或周四。你可以随意调整进行 Q1 和 Q2 训练的时间，使之契合你的个人日程，但尽量在两个 Q 日间安排 2 ~ 3 个 E 日。

E 日的目的有二：一是用来恢复，二是用 E 跑累积跑量，以达到目标周跑量。你可以视需要一天一跑、一天两跑或一天多跑。如果你必须休息一天，或者希望偶尔休息一天，那就利用当周其余的 E 日来跑，以便达到目标周跑量。另外，养成每周至少安排两个 E 日的习惯，在训练中间或结束时加上 6 ~ 8 组 ST 跑。

如果你在执行本计划期间安排了比赛，那么可以用比赛取代比赛周的 Q1，但同时要将原来的 Q1 安排到周中，并去掉那周的 Q2。这表示比赛周将以周日赛事拉开序幕，而下一场训练就是那周的 Q1（在比赛后几天进行）。之后一周则像平常一样，由 Q1 开启一周的训练。尽量重新安排比赛周的训练，在赛前留出 3 个 E 日，比赛后则按照比赛距离，每增加 3 ~ 4 公里就多安排一个 E 日。例如，如果你参加的是 10 公里比赛，那么赛后要安排 3 个 E 日。

我通常建议将周跑量定在每周最高跑量的 80% ~ 100% 之间。例如，如果你将 64 公里定为最高周跑量，那我建议你一周跑 51.2 公里。我在训练计划（见表 16-3）的第 2 列列出了每周跑量占最高周跑量的建议比例。

如果你使用 VDOT 值来得到 M 训练、T 训练、I 训练和 R 训练的训练速度，那尽量实际一点，而且要使用来自 10 公里或 10 公里以上比赛距离的 VDOT 值。比赛距离越长、比赛日期越接近现在越好。如果你有一段时间没有比赛了，那就保守估计：你认为你在与训练地形和马拉松比赛地形类似的路线上能跑出什么样的成绩？另外，你还要根据不同的训练阶段，选择不同的 VDOT 值来确定训练强度，具体方法如下：在本计划前 6 周，将你期望达到的马拉松 VDOT 值降两个单位，与近期比赛的 VDOT 值比较，取两者之间的较小值；在本计划中间 6 周，将 VDOT 值增加一个单位；到了本计划最后 6 周，将 VDOT 值再增加一个单位。

如果你不使用 VDOT 值来确定训练强度，那就选择一个现实可行的目标 M 配速，然后根据 M 配速来一步步推导出其他配速：最终的 T 配速比目标 M 配速每公里快 9.375 秒，最终的 I 配速比 T 配速每 400 米快 6 秒，而最终的 R 配速比 I 配速每 200 米快 3 秒。具体方法如下：假设预估的 M 配速为每公里 3 分 43 秒，那么你最终的 T 配速应该是每 400 米 86 秒或每公里 3 分 35 秒[①]，最终的 I 配速应该是每 400 米 80 秒或每公里 3 分 20 秒，而最终的 R 配速应该是每 400 米 74 秒或每 200 米 37 秒。

前 6 周使用的训练配速比马拉松比赛目标配速和各训练最终配速每公里慢 6 秒。到了中间 6 周，你应该将配速差距缩小到每公里 2.5 秒以内。而本计划的最后 6 周，你应该直接使用马拉松比赛目标配速和各训练的最终配速。

表 16-3 给出的计划适用于周跑量在 64～193 公里之间的跑者（表中"4.8 E跑"表示"4.8 公里 E 跑"，省略了"公里"，后同）。表中加粗的高质量训练表示，你可以在觉得太累或无法承受时去掉这些训练，用 E 日的训练代替。

表 16-3　2Q 马拉松训练计划
（适用周跑量：64～193 公里）

每周最多 64 公里			
赛前周数	占最高跑量的百分比	训练内容	Q 训练公里数
第 18 周	80%	Q1 = 4.8 E 跑 + 6.4 M 跑 + 1.6 T 跑 + 1.6 M 跑 + 3.2 E 跑（如果没有提到休息，表示这是不间断训练）；	17.6
		Q2 = 8 E 跑 + 3.2 T 跑 + 2 分钟休息 + 1.6 E 跑 + 2 ×（1.6 T 跑 + 1 分钟休息）+ 3.2 E 跑	19.2

[①] 上文每公里 9.375 秒为从每英里 15 秒转换而得，此处每公里 3 分 35 秒为作者提供，所以存在误差。下文可能存在相同情况，不再另注。——译者注

每周最多 64 公里			
赛前周数	占最高跑量的百分比	训练内容	Q 训练公里数
第 17 周	80%	**Q1 = 3.2 E 跑 + 2 × (1.6 T 跑 + 1 分钟休息) + 30 分钟 E 跑 + 2 × (1.6 T 跑 + 1 分钟休息) + 3.2 E 跑;** Q2 = 4.8 E 跑 + 6 × (2 分钟 I 跑 + 2 分钟 jg 跑) + 4 × (1 分钟 R 跑 + 2 分钟 jg 跑) + 3.2 E 跑	19.2 14.4
第 16 周	90%	Q1 = 定速 E 跑 90 ～ 110 分钟; Q2 = 8 E 跑 + 4 × (1.6 T 跑 + 1 分钟休息) + 3.2 E 跑	17.6 17.6
第 15 周	90%	Q1 = 3.2 E 跑 + 8 M 跑 + 1.6 T 跑 + 1.6 M 跑 + 3.2 E 跑; **Q2 = 40 分钟 E 跑 + 4 × (1.6 T 跑 + 1 分钟休息) + 3.2 E 跑**	17.6 14.4
第 14 周	90%	Q1 = 3.2 E 跑 + 2 × (1.6 T 跑 + 1 分钟休息) + 30 分钟 E 跑 + 2 × (1.6 T 跑 + 1 分钟休息) + 3.2 E 跑; Q2 = 40 分钟 E 跑 + 5 × (3 分钟 I 跑 + 2 分钟 jg 跑恢复) + 3.2 E 跑	17.6 14.4
第 14 周	90%	Q1 = 定速 E 跑 90 ～ 120 分钟; Q2 = 40 分钟 E 跑 + 2 × (3.2 T 跑 + 2 分钟休息) + 3.2 E 跑	19.2 16
第 12 周	100%	Q1 = 6.4 E 跑 + 9.6 M 跑 + 1.6 T 跑 + 1.6 E 跑; Q2 = 9.6 E 跑 + 4.8 T 跑 + 3 分钟 E 跑 + 1.6 T 跑 + 3.2 E 跑	19.2 19.2
第 11 周	90%	Q1 = 12.8 E 跑 + 4 × (1.6 T 跑 + 1 分钟休息) + 1.6 E 跑; Q2 = 9.6 E 跑 + 3 × (4 分钟 I 跑 + 3 分钟 jg 跑) + 4 × (1 分钟 R 跑 + 2 分钟 jg 跑) + 3.2 E 跑	20.8 17.6
第 10 周	100%	Q1 = 定速 E 跑 120 ～ 130 分钟; Q2 = 9.6 E 跑 + 9.6 M 跑 + 3.2 E 跑	22.4 22.4
第 9 周	100%	Q1 = 6.4 E 跑 + 1.6 T 跑 + 12.8 M 跑 + 3.2 E 跑; Q2 = 6.4 E 跑 + 3.2 T 跑 + 2 分钟 E 跑 + 3.2 T 跑 + 2 分钟 E 跑 + 1.6 T 跑 + 3.2 E 跑	24 17.6
第 8 周	90%	Q1 = 8 E 跑 + 14.4 M 跑 + 3.2 E 跑; Q2 = 12.8 E 跑 + 5 × (3 分钟 I 跑 + 2 分钟恢复性 jg 跑) + 3 × (2 分钟 I 跑 + 1 分钟 jg 跑) + 3.2 E 跑	25.6 20.8
第 7 周	90%	Q1 = 定速 E 跑 130 ～ 150 分钟; Q2 = 3.2 E 跑 + 16 M 跑 + 1.6 T 跑 + 3.2 E 跑	25.6 24

马拉松训练

续表

每周最多 64 公里			
赛前周数	占最高跑量的百分比	训练内容	Q 训练公里数
第 6 周	100%	Q1 = 4.8 E 跑 + 19.2 M 跑 + 1.6 E 跑； Q2 = 45 分钟 E 跑 + 2 ×（3.2 T 跑 + 2 分钟休息）+ 1.6 T 跑 + 1.6 E 跑	25.6 17.6
第 5 周	100%	**Q1 = 3.2 E 跑 + 3.2 T 跑 + 60 分钟 E 跑 + 2 ×（1.6 T 跑 + 1 分钟休息）+ 3.2 E 跑；** Q2 = 9.6 E 跑 + 5 ×（3 分钟 I 跑 + 2 分钟 jg）+ 4 ×（1 分钟 R 跑 + 2 分钟 jg 跑）+ 3.2 E 跑	24 19.2
第 4 周	90%	Q1 = 定速 E 跑 150 分钟； Q2 = 9.6 E 跑 + 5 ×（3 分钟 I 跑 + 3 分钟 jg 跑）+ 1.6 T 跑 + 6.4 E 跑	27.2 22.4
第 3 周	90%	Q1 = 1.6 E 跑 + 12.8 M 跑 + 1.6 E 跑 + 9.6 M 跑 + 1.6 E 跑； Q2 = 9.6 E 跑 + 4 ×（1.6 T 跑 + 1 分钟休息）+ 3.2 E 跑	27.2 19.2
第 2 周	90%	Q1 = 1.6 E 跑 + 2 ×（3.2 T 跑 + 2 分钟休息）+ 60 分钟 E 跑； Q2 = 6.4 E 跑 + 1.6 T 跑 + 3.2 M 跑 + 1.6 E 跑 + 1.6 T 跑 + 3.2 M 跑 + 1.6 E 跑	19.2 19.2
赛前 1 周	—	赛前第 7 天：Q1 = 90 分钟 E 跑；	16
		赛前第 6 天：60 分钟 E 跑；	11.2
		赛前第 5 天：Q2 = 3.2 E 跑 + 5 ×（800 米 T 跑 + 2 分钟 E 跑恢复性 jg）+ 1.6 E 跑	9.6
		赛前第 4 天：50 分钟 E 跑；	9.6
		赛前第 3 天：30 ～ 40 分钟 E 跑；	6.4
		赛前第 2 天：0 ～ 20 分钟 E 跑；	3.2
		赛前 1 天：20 ～ 30 分钟 E 跑	4.8

每周 66 ～ 89 公里			
赛前周数	占最高跑量的百分比	训练内容	Q 训练公里数
第 18 周	80%	Q1 = 6.4 E 跑 + 12.8 M 跑 + 1.6 T 跑 + 1.6 E 跑（不间断训练）； Q2 = 12.8 E 跑 + 2 ×（3.2 T 跑 + 2 分钟休息）+ 1.6 T 跑 + 3.2 E 跑	22.4 24
第 17 周	80%	**Q1 = 3.2 E 跑 + 4.8 T 跑 + 40 分钟 E 跑 + 3.2 T 跑 + 1.6 E 跑；** Q2 = 9.6 E 跑 + 5 ×（3 分钟 I 跑 + 2 分钟 jg 跑恢复）+ 6 ×（1 分钟 R 跑 + 2 分钟 jg 跑）+ 3.2 E 跑	20.8 20.8

每周 66 ~ 89 公里			
赛前周数	占最高跑量的百分比	训练内容	Q 训练公里数
第 16 周	90%	Q1 = 定速 E 跑 90 ~ 120 分钟； Q2 = 9.6 E 跑 + 3.2 T 跑 + 2 分钟 E 跑 + 3.2 T 跑 + 2 分钟 E 跑 + 1.6 T 跑 + 3.2 E 跑	24 20.8
第 15 周	90%	Q1 = 3.2 E 跑 + 12.8 M 跑 + 1.6 E 跑 + 3.2 M 跑 + 3.2 E 跑； Q2 = 40 分钟 E 跑 + 3 ×（3.2 T 跑 + 2 分钟休息）+ 3.2 E 跑	24 20.8
第 14 周	90%	Q1 = 1.6 E 跑 + 2 ×（3.2 T 跑 + 2 分钟休息）+ 60 分钟 E 跑 + 1.6 T 跑 + 1.6 E 跑； Q2 = 9.6 E 跑 + 5 ×（4 分钟 I 跑 + 3 分钟 jg 跑恢复）+ 3.2 E 跑	24 20.8
第 13 周	90%	Q1 = 定速 E 跑 100 ~ 120 分钟； Q2 = 40 分钟 E 跑 + 3 ×（3.2 T 跑 + 2 分钟休息）+ 3.2 E 跑	25.6 20.8
第 12 周	100%	Q1 = 3.2 E 跑 + 9.6 M 跑 + 1.6 E 跑 + 9.6 M 跑 + 1.6 E 跑； **Q2 = 9.6 E 跑 + 4.8 T 跑 + 3 分钟 E 跑 + 3.2 T 跑 + 2 分钟 E 跑 + 1.6 T 跑 + 3.2 E 跑**	25.6 22.4
第 11 周	90%	Q1 = 16 E 跑 + 2 ×（3.2 T 跑 + 2 分钟休息）+ 3.2 E 跑； Q2 = 12.8 E 跑 + 5 ×（3 分钟 I 跑 + 2 分钟 jg 跑）+ 6 ×（1 分钟 R 跑 + 2 分钟 jg 跑）+ 3.2 E 跑	25.6 24
第 10 周	100%	Q1 = 定速 E 跑 120 分钟； Q2 = 3.2 E 跑 + 19.2 M 跑 + 3.2 E 跑	25.6 25.6
第 9 周	100%	**Q1 = 3.2 E 跑 + 9.6 M 跑 + 1.6 E 跑 + 6.4 M 跑 + 1.6 T 跑 + 1.6 E 跑；** Q2 = 8 E 跑 + 3 ×（3.2 T 跑 + 2 分钟休息）+ 1.6 T 跑 + 3.2 E 跑	24 22.4
第 8 周	90%	Q1 = 60 分钟 E 跑 + 12.8 M 跑 + 1.6 E 跑； Q2 = 12.8 E 跑 + 4 ×（4 分钟 I 跑 + 3 分钟恢复性 jg 跑）+ 4.8 E 跑	27.2 22.4
第 7 周	90%	Q1 = 定速 E 跑 120 ~ 150 分钟； **Q2 = 3.2 E 跑 + 12.8 M 跑 + 3 ×（1.6 T 跑 + 1 分钟恢复）+ 3.2 E 跑**	27.2 24
第 6 周	100%	Q1 = 3.2 E 跑 + 22.4 M 跑 + 1.6 E 跑； Q2 = 60 分钟 E 跑 + 3 ×（3.2 T 跑 + 2 分钟休息）+ 1.6 T 跑 + 1.6 E 跑	27.2 24

马拉松训练

每周 66 ~ 89 公里			
赛前周数	占最高跑量的百分比	训练内容	Q训练公里数
第 5 周	100%	Q1 = 3.2 E 跑 + 4.8 T 跑 + 60 分钟 E 跑 + 3.2 T 跑 + 3.2 E 跑；	27.2
		Q2 = 12.8 E 跑 + 5 ×（3 分钟 I 跑 + 2 分钟 E 跑）+ 4 ×（1 分钟 R 跑 + 2 分钟 jg 跑）+ 4.8 E 跑	24
第 4 周	90%	Q1 = 定速 E 跑 150 分钟；	27.2
		Q2 = 9.6 E 跑 + 5 ×（3 分钟 I 跑 + 2 分钟 E 跑）+ 6.4 E 跑	20.8
第 3 周	90%	Q1 = 1.6 E 跑 + 12.8 M 跑 + 1.6 E 跑 + 9.6 M 跑 + 1.6 E 跑；	27.2
		Q2 = 6.4 E 跑 + 2 ×（3.2 T 跑 + 2 分钟休息）+ 3 ×（1.6 T 跑 + 1 分钟休息）+ 3.2 E 跑	20.8
第 2 周	90%	Q1 = 1.6 E 跑 + 3 ×（3.2 T 跑 + 2 分钟 E 跑恢复）+ 60 分钟 E 跑	24
		Q2 = 6.4 E 跑 + 1.6 T 跑 + 3.2 M 跑 + 1.6 E 跑 + 1.6 T 跑 + 3.2 M 跑 + 3.2 E 跑	20.8
赛前 1 周	—	赛前第 7 天：Q1 = 90 分钟 E 跑；	16
		赛前第 6 天：60 分钟 E 跑；	12.8
		赛前第 5 天：Q2 = 3.2 E 跑 + 3 ×（1.6 T 跑 + 2 分钟休息）+ 3.2 E 跑；	11.2
		赛前第 4 天：50 分钟 E 跑；	9.6
		赛前第 3 天：30 ~ 40 分钟 E 跑；	8
		赛前第 2 天：0 ~ 20 分钟 E 跑；	3.2
		赛前 1 天：20 ~ 30 分钟 E 跑	4.8

每周 90 ~ 113 公里			
赛前周数	占最高跑量的百分比	训练内容	Q训练公里数
第 18 周	80%	Q1 = 1.6 E 跑 + 9.6 M 跑 + 1.6 E 跑 + 9.6 M 跑 + 3.2 E 跑（不间断训练）；	25.6
		Q2 = 12.8 E 跑 + 4.8 T 跑 + 3 分钟休息 + 3.2 T 跑 + 3.2 E 跑	24
第 17 周	80%	**Q1 = 3.2 E 跑 + 4.8 T 跑 + 60 分钟 E 跑 + 1.6 T 跑 + 1.6 E 跑；**	24
		Q2 = 6.4 E 跑 + 5 ×（1 000 米 I 跑 + 3 分钟 jg 跑恢复）+ 4 ×（400 米 R 跑 + 400 米 jg 跑）+ 3.2 E 跑	20.8
第 16 周	90%	Q1 = 定速 E 跑，在 26 公里和 120 分钟之间取较小值；	26
		Q2 = 9.6 E 跑 + 4.8 T 跑 + 3 分钟 E 跑 + 3.2 T 跑 + 2 分钟 E 跑 + 1.6 T 跑 + 3.2 E 跑	22.4

赛前周数	占最高跑量的百分比	训练内容	Q训练公里数
		每周 90 ～ 113 公里	
第 15 周	90%	Q1 = 3.2 E 跑 + 12.8 M 跑 + 1.6 E 跑 + 4.8 M 跑 + 3.2 E 跑；	25.6
		Q2 = 40 分钟 E 跑 + 3 ×（3.2 T 跑 + 2 分钟休息）+ 2 ×（1.6 T 跑 + 1 分钟休息）+ 1.6 E 跑	24
第 14 周	90%	Q1 = 1.6 E 跑 + 2 ×（3.2 T 跑 + 2 分钟休息）+ 60 分钟 E 跑 + 3.2 T 跑 + 1.6 E 跑；	25.6
		Q2 = 12.8 E 跑 + 6 ×（1 000 米 I 跑 + 3 分钟 jg 跑恢复）+ 3.2 E 跑	22.4
第 13 周	80%	Q1 = 定速 E 跑，在 27 公里和 120 分钟之间取较小值；	27
		Q2 = 40 分钟 E 跑 + 4.8 T 跑 + 2 分钟休息 + 2 ×（3.2 T 跑 + 1 分钟休息）+ 3.2 E 跑	24
第 12 周	100%	Q1 = 1.6 E 跑 + 12.8 M 跑 + 1.6 E 跑 + 9.6 M 跑 + 1.6 E 跑；	27.2
		Q2 = 6.4 E 跑 + 4.8 T 跑 + 3 分钟 E 跑 + 3.2 T 跑 + 2 分钟 E 跑 + 3.2 T 跑 + 2 分钟 E 跑 + 1.6 T 跑 + 3.2 E 跑	22.4
第 11 周	90%	Q1 = 19.2 E 跑 + 4.8 T 跑 + 1.6 E 跑；	25.6
		Q2 = 12.8 E 跑 + 5 ×（1 000 米 I 跑 + 2 分钟 jg 跑）+ 4 ×（400 米 R 跑 + 400 米 jg 跑）+ 1.6 E 跑	24
第 10 周	90%	Q1 = 定速 E 跑，在 29 公里和 130 分钟之间取较小值；	29
		Q2 = 3.2 E 跑 + 19.2 M 跑 + 3.2 E 跑	25.6
第 9 周	100%	Q1 = 4.8 E 跑 + 9.6 M 跑 + 1.6 E 跑 + 6.4 M 跑 + 1.6 T 跑 + 1.6 E 跑；	25.6
		Q2 = 8 E 跑 + 4 ×（3.2 T 跑 + 2 分钟休息）+ 3.2 E 跑	24
第 8 周	100%	Q1 = 3.2 E 跑 + 3.2 T 跑 + 60 分钟 E 跑 + 3.2 T 跑 + 3.2 E 跑或 60 分钟 E 跑 + 12.8 M 跑 + 1.6 E 跑；	27.2
		Q2 = 12.8 E 跑 + 6 ×（1 000 米 I 跑 + 3 分钟 jg 跑）+ 3.2 E 跑	25.6
第 7 周	90%	Q1 = 定速 E 跑，在 32 公里和 150 分钟之间取较小值；	32
		Q2 = 3.2 E 跑 + 12.8 M 跑 + 2 ×（3.2 T 跑 + 2 分钟恢复）+ 3.2 E 跑	25.6
第 6 周	100%	Q1 = 4.8 E 跑 + 19.2 M 跑 + 3.2 E 跑；	27.2
		Q2 = 40 分钟 E 跑 + 4 ×（3.2 T 跑 + 2 分钟休息）+ 2 ×（1.6 T 跑 + 1 分钟休息）+ 1.6 E 跑	27.2

每周 90～113 公里			
赛前周数	占最高跑量的百分比	训练内容	Q训练公里数
第5周	90%	**Q1 = 9.6 E 跑 + 3.2 T 跑 + 9.6 E 跑 + 3.2 T 跑 + 1.6 E 跑；**	27.2
		Q2 = 12.8 E 跑 + 5×（1 000 米 I 跑 + 3 分钟 jg 跑）+ 6×（200 R 跑 + 200 jg 跑）+ 3.2 E 跑	25.6
第4周	90%	Q1 = 定速 E 跑，在 32 公里和 150 分钟之间取较小值；	32
		Q2 = 9.6 E 跑 + 5×（1 000 米 I 跑 + 3 分钟 E 跑）+ 6.4 E 跑	24
第3周	80%	Q1 = 3.2 E 跑 + 9.6 M 跑 + 1.6 E 跑 + 9.6 M 跑 + 3.2 E 跑；	27.2
		Q2 = 3.2 E 跑 + 4×（3.2 T 跑 + 2 分钟 E 跑）+ 3.2 E 跑	19.2
第2周	80%	Q1 = 3.2 E 跑 + 3×（3.2 T 跑 + 2 分钟休息）+ 11.2 E 跑；	24
		Q2 = 4.8 E 跑 + 1.6 T 跑 + 3.2 M 跑 + 1.6 T 跑 + 3.2 M 跑 + 3.2 E 跑	17.6
赛前1周	—	赛前第7天：Q1 = 90 分钟 E 跑；	20.8
		赛前第6天：60 分钟 E 跑；	12.8
		赛前第5天：Q2 = 4.8 E 跑 + 3×（1.6 T 跑 + 2 分钟休息）+ 3.2 E 跑；	12.8
		赛前第4天：50 分钟 E 跑；	11.2
		赛前第3天：30～40 分钟 E 跑；	8
		赛前第2天：0～20 分钟 E 跑；	4.8
		赛前1天：20～30 分钟 E 跑	4.8

每周 114～137 公里			
赛前周数	占最高跑量的百分比	训练内容	Q训练公里数
第18周	80%	Q1 = 8 E 跑 + 9.6 M 跑 + 1.6 T 跑 + 8 M 跑 + 1.6 E 跑（不间断训练）；	28.8
		Q2 = 12.8 E 跑 + 6.4 T 跑 + 4 分钟休息 + 6.4 T 跑 + 1.6 E 跑	27.2
第17周	80%	**Q1 = 4.8 E 跑 + 4.8 T 跑 + 60 分钟 E 跑 + 3.2 T 跑 + 3.2 E 跑；**	28.8
		Q2 = 9.6 E 跑 + 5×（1 000 米 I 跑 + 2 分钟 jg 跑）+ 6×（400 米 R 跑 + 400 米恢复性 jg 跑）+ 3.2 E 跑	24
第16周	90%	Q1 = 定速 E 跑 29 公里；	29
		Q2 = 8 E 跑 + 6.4 T 跑 + 4 分钟 E 跑 + 4.8 T 跑 + 3 分钟 E 跑 + 3.2 T 跑 + 2 分钟 E 跑 + 1.6 T 跑 + 3.2 E 跑	27.2

每周 114～137 公里			
赛前周数	占最高跑量的百分比	训练内容	Q训练公里数
第 15 周	90%	Q1 = 3.2 E 跑 + 12.8 M 跑 + 1.6 T 跑 + 3.2 M 跑 + 1.6 E 跑 + 3.2 M 跑 + 3.2 E 跑； **Q2 = 9.6 E 跑 + 4 ×（3.2 T 跑 + 2 分钟休息）+ 3.2 E 跑**	28.8 25.6
第 14 周	90%	Q1 = 3.2 E 跑 + 2 ×（3.2 T 跑 + 2 分钟休息）+ 60 分钟 E 跑 + 3.2 T 跑 + 3.2 E 跑； Q2 = 12.8 E 跑 + 8 ×（1 000 米 I 跑 + 2 分钟 jg 跑）+ 3.2 E 跑或 12.8 E 跑 + 5 ×（1.6 I 跑 + 4 分钟 jg 跑）+ 3.2 E 跑	28.8 27.2
第 13 周	80%	Q1 = 定速 E 跑 31 公里； Q2 = 11.2 E 跑 + 4 ×（3.2 T 跑 + 2 分钟休息）+ 3.2 E 跑	31 27.2
第 12 周	100%	Q1 = 6.4 E 跑 + 12.8 M 跑 + 1.6 T 跑 + 6.4 M 跑 + 3.2 E 跑； **Q2 = 6.4 E 跑 + 4.8 T 跑 + 4 分钟 E 跑 + 4.8 T 跑 + 3 分钟 E 跑 + 3.2 T 跑 + 2 分钟 E 跑 + 1.6 T 跑 + 3.2 E 跑**	30.4 24
第 11 周	90%	Q1 = 12.8 E 跑 + 4.8 T 跑 + 12.8 E 跑； Q2 = 12.8 E 跑 + 6 ×（1 000 米 I 跑 + 2 分钟 jg 跑）+ 4 ×（400 米 R 跑 + 400 米 jg 跑）+ 3.2 E 跑	30.4 27.2
第 10 周	80%	Q1 = 定速 E 跑 32 公里； Q2 = 3.2 E 跑 + 22.4 M 跑 + 3.2 E 跑	32 28.8
第 9 周	100%	**Q1 = 6.4 E 跑 + 9.6 M 跑 + 1.6 T 跑 + 8 M 跑 + 3.2 E 跑；** Q2 = 8 E 跑 + 2 ×（4.8 T 跑 + 3 分钟休息）+ 3.2 T 跑 + 4.8 E 跑	28.8 25.6
第 8 周	90%	Q1 = 1.6 E 跑 + 4.8 T 跑 + 16 E 跑 + 4.8 T 跑 + 1.6 E 跑或 6.4 E 跑 + 20.8 M 跑 + 1.6 E 跑； Q2 = 12.8 E 跑 + 8 ×（1 000 米 I 跑 + 2 分钟 jg 跑）+ 3.2 E 跑	28.8 27.2
第 7 周	90%	Q1 = 定速 E 跑 32 公里； **Q2 = 3.2 E 跑 + 12.8 M 跑 + 4.8 T 跑 + 3.2 E 跑**	32 24
第 6 周	100%	Q1 = 3.2 E 跑 + 12.8 M 跑 + 1.6 T 跑 + 6.4 M 跑 + 1.6 T 跑 + 1.6 M 跑 + 1.6 E 跑； Q2 = 6.4 E 跑 + 4 ×（3.2 T 跑 + 2 分钟休息）+ 3.2 E 跑	28.8 22.4
第 5 周	90%	Q1 = 3.2 E 跑 + 3.2 T 跑 + 12.8 E 跑 + 3.2 T 跑 + 3.2 E 跑； Q2 = 9.6 E 跑 + 5 ×（1 000 米 I 跑 + 2 分钟 jg 跑）+ 4 ×（400 米 R 跑 + 400 米 jg 跑）+ 3.2 E 跑	25.6 22.4

续表

每周 114～137 公里				
赛前周数	占最高跑量的百分比	训练内容		Q训练公里数
第4周	80%	Q1 = 定速 E 跑 28.8 公里； Q2 = 4.8 E 跑 + 3 ×（1.6 T 跑 + 1 分钟 jg 跑）+ 3 ×（1 000 米 I 跑 + 2 分钟 jg 跑）+ 3 ×（400 米 R 跑 + 400 米 jg 跑）+ 3.2 E 跑		28.8 19.2
第3周	80%	Q1 = 4.8 E 跑 + 9.6 M 跑 + 1.6 T 跑 + 9.6 M 跑 + 3.2 E 跑； **Q2 = 3.2 E 跑 + 4 ×（3.2 T 跑 + 2 分钟 E 跑）+ 3.2 E 跑**		28.8 19.2
第2周	70%	Q1 = 3.2 E 跑 + 3 ×（3.2 T 跑 + 2 分钟 E 跑恢复）+ 12.8 E 跑； Q2 = 6.4 E 跑 + 1.6 T 跑 + 3.2 M 跑 + 1.6 T 跑 + 3.2 M 跑 + 3.2 E 跑		25.6 19.2
赛前1周	—	赛前第 7 天：Q1 = 90 分钟 E 跑； 赛前第 6 天：60 分钟 E 跑； 赛前第 5 天：Q2 = 6.4 E 跑 + 3 ×（1.6 T 跑 + 2 分钟 E 跑恢复）+ 3.2 E 跑； 赛前第 4 天：50 分钟 E 跑； 赛前第 3 天：30～40 分钟 E 跑； 赛前第 2 天：0～20 分钟 E 跑； 赛前 1 天：20～30 分钟 E 跑		20.8 12.8 14.4 11.2 8 4.8 4.8

每周 138～161 公里				
赛前周数	占最高跑量的百分比	训练内容		Q训练公里数
第18周	80%	Q1 = 8 E 跑 + 9.6 M 跑 + 1.6 T 跑 + 8 M 跑 + 1.6 T 跑 + 1.6 M 跑 + 1.6 E 跑（不间断训练）； Q2 = 12.8 E 跑 + 6.4 T 跑 + 4 分钟休息 + 6.4 T 跑 + 3.2 E 跑		32 28.8
第17周	80%	**Q1 = 6.4 E 跑 + 4.8 T 跑 + 60 分钟 E 跑 + 4.8 T 跑 + 3.2 E 跑；** Q2 = 12.8 E 跑 + 5 ×（1 000 米 I 跑 + 2 分钟恢复性 jg 跑）+ 6 ×（400 米 R 跑 + 400 米 jg 跑）+ 3.2 E 跑		33.6 27.2
第16周	90%	Q1 = 定速 E 跑 35 公里； Q2 = 8 E 跑 + 6.4 T 跑 + 4 分钟休息 + 4.8 T 跑 + 3 分钟休息 + 3.2 T 跑 + 2 分钟休息 + 1.6 T 跑 + 3.2 E 跑		35 27.2
第15周	90%	Q1 = 3.2 E 跑 + 12.8 M 跑 + 1.6 T 跑 + 6.4 M 跑 + 1.6 T 跑 + 3.2 M 跑 + 3.2 E 跑； **Q2 = 9.6 E 跑 + 4 ×（3.2 T 跑 + 2 分钟休息）+ 3.2 E 跑**		32 25.6

		每周 138～161 公里	
赛前周数	占最高跑量的百分比	训练内容	Q 训练公里数
第 14 周	80%	Q1 = 3.2 E 跑 + 2 ×（3.2 T 跑 + 2 分钟休息）+ 60 分钟 E 跑 + 4.8 T 跑 + 3.2 E 跑； Q2 = 12.8 E 跑 + 8 ×（1 000 米 I 跑 + 2 分钟 jg 跑）+ 3.2 E 跑或 12.8 E 跑 + 5 ×（1.6 I 跑 + 4 分钟 jg 跑）+ 3.2 E 跑	32 27.2
第 13 周	90%	Q1 = 定速 E 跑 34 公里； Q2 = 40 分钟 E 跑 + 5 ×（3.2 T 跑 + 2 分钟休息）+ 3.2 E 跑	34 28.8
第 12 周	100%	Q1 = 6.4 E 跑 + 12.8 M 跑 + 1.6 T 跑 + 9.6 M 跑 + 1.6 T 跑 + 1.6 E 跑； Q2 = 9.6 E 跑 + 6.4 T 跑 + 4 分钟 E 跑 + 4.8 T 跑 + 3 分钟 E 跑 + 3.2 T 跑 + 2 分钟 E 跑 + 1.6 T 跑 + 3.2 E 跑	33.6 28.8
第 11 周	100%	Q1 = 12.8 E 跑 + 6.4 T 跑 + 16 E 跑； Q2 = 12.8 E 跑 + 6 ×（1 000 米 I 跑 + 2 分钟 jg 跑）+ 4 ×（400 米 R 跑 + 400 米 jg 跑）+ 3.2 E 跑	35.2 27.2
第 10 周	80%	Q1 = 定速 E 跑 34 公里； Q2 = 3.2 E 跑 + 24 M 跑 + 3.2 E 跑	34 30.4
第 9 周	100%	**Q1 = 6.4 E 跑 + 9.6 M 跑 + 1.6 T 跑 + 9.6 M 跑 + 1.6 E 跑；** Q2 = 4.8 E 跑 + 6.4 T 跑 + 4 分钟休息 + 4.8 T 跑 + 3 分钟休息 + 4.8 T 跑 + 3.2 E 跑	28.8 24
第 8 周	100%	Q1 = 3.2 E 跑 + 6.4 T 跑 + 16 E 跑 + 6.4 T 跑 + 1.6 E 跑或 8 E 跑 + 22.4 M 跑 + 3.2 E 跑； Q2 = 12.8 E 跑 + 3 ×（1.6 I 跑 + 4 分钟 jg 跑）+ 3 ×（1 000 米 I 跑 + 2 分钟 jg 跑）+ 3.2 E 跑	33.6 25.6
第 7 周	90%	Q1 = 定速 E 跑 35 公里； **Q2 = 3.2 E 跑 + 12.8 M 跑 + 6.4 T 跑 + 3.2 E 跑**	35 25.6
第 6 周	100%	Q1 = 4.8 E 跑 + 12.8 M 跑 + 1.6 T 跑 + 6.4 M 跑 + 1.6 T 跑 + 1.6 M 跑 + 1.6 E 跑； Q2 = 4.8 E 跑 + 6.4 T 跑 + 4 分钟 E 跑 + 3 ×（3.2 T 跑 + 2 分钟休息）+ 3.2 E 跑	30.4 24
第 5 周	80%	**Q1 = 3.2 E 跑 + 4.8 T 跑 + 12.8 E 跑 + 4.8 T 跑 + 3.2 E 跑；** Q2 = 9.6 E 跑 + 6 ×（1 000 米 I 跑 + 2 分钟 jg 跑）+ 4 ×（400 米 R 跑 + 400 米 jg 跑）+ 3.2 E 跑	28.8 24

续表

每周 138 ～ 161 公里			
赛前 周数	占最高跑量 的百分比	训练内容	Q 训练 公里数
第 4 周	90%	Q1 = 定速 E 跑 32 公里； Q2 = 9.6 E 跑 + 3 ×（1.6 T 跑 + 1 分钟休息）+ 3 ×（1 000 米 I 跑 + 2 分钟 jg 跑）+ 3 ×（400 米 R 跑 + 400 米 jg 跑）+ 3.2 E 跑	32 24
第 3 周	80%	Q1 = 6.4 E 跑 + 9.6 M 跑 + 1.6 T 跑 + 9.6 M 跑 + 3.2 E 跑； Q2 = 3.2 E 跑 + 4 ×（3.2 T 跑 + 2 分钟休息）+ 3.2 E 跑	30.4 19.2
第 2 周	70%	Q1 = 3.2 E 跑 + 3 ×（3.2 T 跑 + 2 分钟休息）+ 12.8 E 跑； Q2 = 6.4 E 跑 + 1.6 T 跑 + 3.2 M 跑 + 1.6 T 跑 + 3.2 M 跑 + 3.2 E 跑	25.6 19.2
赛前 1 周	—	赛前第 7 天：Q1 = 90 分钟 E 跑； 赛前第 6 天：60 分钟 E 跑； 赛前第 5 天：Q2 = 6.4 E 跑 + 3 ×（1.6 T 跑 + 2 分钟休息）+ 3.2 E 跑； 赛前第 4 天：50 分钟 E 跑； 赛前第 3 天：30 ～ 40 分钟 E 跑； 赛前第 2 天：0 ～ 20 分钟 E 跑； 赛前第 1 天：20 ～ 30 分钟 E 跑	22.4 14.4 14.4 11.2 9.6 4.8 6.4
每周 163 ～ 193 公里			
赛前 周数	占最高跑量 的百分比	训练内容	Q 训练 公里数
第 18 周	80%	Q1 = 8 E 跑 + 9.6 M 跑 + 1.6 T 跑 + 8 M 跑 + 1.6 T 跑 + 1.6 M 跑 + 3.2 E 跑（不间断训练）； Q2 = 16 E 跑 + 6.4 T 跑 + 4 分钟休息 + 6.4 T 跑 + 3.2 E 跑	33.6 32
第 17 周	80%	Q1 = 6.4 E 跑 + 4.8 T 跑 + 60 分钟 E 跑 + 4.8 T 跑 + 3.2 E 跑； Q2 = 12.8 E 跑 + 5 ×（1 000 米 I 跑或 3 分钟 H 跑 + 2 分钟 jg 跑）+ 6 ×（400 米 R 跑 + 400 米 jg 跑）+ 3.2 E 跑	33.6 27.2
第 16 周	90%	Q1 = 定速 E 跑 37 公里； Q2 = 8 E 跑 + 6.4 T 跑 + 4 分钟 E 跑 + 4.8 T 跑 + 3 分钟 E 跑 + 3.2 T 跑 + 2 分钟 E 跑 + 1.6 T 跑 + 3.2 E 跑	37 28.8
第 15 周	90%	Q1 = 3.2 E 跑 + 12.8 M 跑 + 1.6 T 跑 + 6.4 M 跑 + 1.6 T 跑 + 4.8 M 跑 + 3.2 E 跑； **Q2 = 12.8 E 跑 + 4 ×（3.2 T 跑 + 2 分钟休息）+ 3.2 E 跑**	33.6 28.8

每周 163～193 公里			
赛前周数	占最高跑量的百分比	训练内容	Q训练公里数
第 14 周	80%	Q1 = 3.2 E 跑 + 2 ×（3.2 T 跑 + 2 分钟休息）+ 60 分钟 E 跑 + 4.8 T 跑 + 3.2 E 跑； Q2 = 12.8 E 跑 + 8 ×（1 000 米 I 跑 + 2 分钟 jg 跑）+ 4.8 E 跑或 12.8 E 跑 + 5 ×（1.6 I 跑 + 4 分钟 jg 跑）+ 4.8 E 跑	32 28.8
第 13 周	100%	Q1 = 定速 E 跑 32 公里； Q2 = 12.8 E 跑 + 5 ×（3.2 T 跑 + 2 分钟休息）+ 3.2 E 跑	32 32
第 12 周	100%	Q1 = 6.4 E 跑 + 12.8 M 跑 + 1.6 T 跑 + 9.6 M 跑 + 1.6 T 跑 + 3.2 E 跑； **Q2 = 9.6 E 跑 + 6.4 T 跑 + 4 分钟休息 + 4.8 T 跑 + 3 分钟休息 + 3.2 T 跑 + 2 分钟休息 + 1.6 T 跑 + 3.2 E 跑**	35.2 28.8
第 11 周	90%	Q1 = 16 E 跑 + 6.4 T 跑 + 12.8 E 跑； Q2 = 12.8 E 跑 + 6 ×（1 000 米 I 跑 + 2 分钟 jg 跑）+ 4 ×（400 米 R 跑 + 400 米 jg 跑）+ 3.2 E 跑	35.2 27.2
第 10 周	80%	Q1 = 定速 E 跑 34 公里； Q2 = 3.2 E 跑 + 25.6 M 跑 + 3.2 E 跑	34 32
第 9 周	100%	Q1 = 6.4 E 跑 + 9.6 M 跑 + 1.6 T 跑 + 9.6 M 跑 + 3.2 E 跑； Q2 = 4.8 E 跑 + 6.4 T 跑 + 4 分钟 E 跑 + 6.4 T 跑 + 4 分钟 E 跑 + 3.2 T 跑 + 3.2 E 跑	30.4 25.6
第 8 周	90%	Q1 = 9.6 E 跑 + 20.8 M 跑 + 3.2 E 跑； Q2 = 12.8 E 跑 + 3 ×（1 200 米 I 跑 + 3 分钟 jg 跑）+ 3 ×（1 000 米 I 跑 + 3 分钟 jg 跑）+ 3.2 E 跑	33.6 27.2
第 7 周	100%	Q1 = 定速 E 跑 35 公里； **Q2 = 4.8 E 跑 + 12.8 M 跑 + 6.4 T 跑 + 3.2 E 跑**	35 27.2
第 6 周	100%	Q1 = 6.4 E 跑 + 12.8 M 跑 + 1.6 T 跑 + 6.4 M 跑 + 1.6 T 跑 + 1.6 M 跑 + 1.6 E 跑； Q2 = 4.8 E 跑 + 6.4 T 跑 + 4 分钟休息 + 2 ×（4.8 T 跑 + 3 分钟 jg 跑）+ 3.2 E 跑	32 24
第 5 周	80%	**Q1 = 3.2 E 跑 + 6.4 T 跑 + 12.8 E 跑 + 6.4 T 跑 + 3.2 E 跑；** Q2 = 9.6 E 跑 + 6 ×（1 000 米 I 跑 + 2 分钟 jg 跑）+ 4 ×（400 米 R 跑 + 400 米 jg 跑）+ 3.2 E 跑	32 24
第 4 周	90%	Q1 = 定速 E 跑 34 公里； Q2 = 8 E 跑 + 3 ×（1.6 T 跑 + 1 分钟 jg 跑）+ 3 ×（1 000 米 I 跑 + 2 分钟 jg 跑）+ 3 ×（400 米 R 跑 + 400 米 jg 跑）+ 3.2 E 跑	34 22.4

马拉松训练

每周 163～193 公里			
赛前周数	占最高跑量的百分比	训练内容	Q 训练公里数
第 3 周	80%	Q1 = 6.4 E 跑 + 9.6 M 跑 + 1.6 T 跑 + 9.6 M 跑 + 1.6 T 跑 + 3.2 E 跑；	32
		Q2 = 6.4 E 跑 + 4 ×（3.2 T 跑 + 2 分钟 E 跑）+ 3.2 E 跑	22.4
第 2 周	70%	Q1 = 3.2 E 跑 + 3 ×（3.2 T 跑 + 2 分钟休息）+ 12.8 E 跑；	25.6
		Q2 = 6.4 E 跑 + 1.6 T 跑 + 3.2 M 跑 + 1.6 T 跑 + 3.2 M 跑 + 3.2 E 跑	19.2
赛前 1 周	—	赛前第 7 天：Q1 = 90 分钟 E 跑；	22.4
		赛前第 6 天：60 分钟 E 跑；	14.4
		赛前第 5 天：Q2 = 6.4 E 跑 + 3 ×（1.6 T 跑 + 2 分钟休息）+ 3.2 E 跑；	14.4
		赛前第 4 天：50 分钟 E 跑；	11.2
		赛前第 3 天：30～40 分钟 E 跑；	8
		赛前第 2 天：0～20 分钟 E 跑；	4.8
		赛前 1 天：20～30 分钟 E 跑	4.8

每周大于 193 公里			
赛前周数	占最高跑量的百分比	训练内容	Q 训练公里数
第 18 周	80%	Q1 = 8 E 跑 + 9.6 M 跑 + 1.6 T 跑 + 8 M 跑 + 1.6 T 跑 + 1.6 M 跑 + 3.2 E 跑（不间断训练）；	33.6
		Q2 = 16 E 跑 + 6.4 T 跑 + 1.6 E 跑 + 6.4 T 跑 + 3.2 E 跑	33.6
第 17 周	80%	Q1 = 6.4 E 跑 + 4.8 T 跑 + 60 分钟 E 跑 + 4.8 T 跑 + 3.2 E 跑；	33.6
		Q2 = 12.8 E 跑 + 6 ×（1 000 米 I 跑 + 2 分钟 jg 跑）+ 6 ×（400 米 R 跑 + 400 米 jg 跑）+ 3.2 E 跑	27.2
第 16 周	90%	Q1 = 定速 E 跑 37 公里；	37
		Q2 = 8 E 跑 + 6.4 T 跑 + 4 分钟 E 跑 + 4.8 T 跑 + 3 分钟 E 跑 + 3.2 T 跑 + 2 分钟 E 跑 + 1.6 T 跑 + 3.2 E 跑	28.8
第 15 周	90%	Q1 = 3.2 E 跑 + 12.8 M 跑 + 1.6 T 跑 + 6.4 M 跑 + 1.6 T 跑 + 4.8 M 跑 + 3.2 E 跑；	33.6
		Q2 = 12.8 E 跑 + 4 ×（3.2 T 跑 + 2 分钟休息）+ 3.2 E 跑	28.8
第 14 周	80%	Q1 = 3.2 E 跑 + 2 ×（3.2 T 跑 + 2 分钟休息）+ 60 分钟 E 跑 + 4.8 T 跑 + 3.2 E 跑；	32
		Q2 = 12.8 E 跑 + 8 ×（1 000 米 I 跑 + 2 分钟 jg 跑）+ 4.8 E 跑或 12.8 E 跑 + 5 ×（1.6 I 跑 + 4 分钟 jg 跑）+ 4.8 E 跑	27.2

每周大于 193 公里			
赛前周数	占最高跑量的百分比	训练内容	Q 训练公里数
第 13 周	100%	Q1 = 定速 E 跑 32 公里； Q2 = 12.8 E 跑 + 5 ×（3.2 T 跑 + 2 分钟休息）+ 3.2 E 跑	32 32
第 12 周	100%	Q1 = 6.4 E 跑 + 12.8 M 跑 + 1.6 T 跑 + 9.6 M 跑 + 1.6 T 跑 + 3.2 E 跑； **Q2 = 9.6 E 跑 + 6.4 T 跑 + 4 分钟 E 跑 + 4.8 T 跑 + 3 分钟 E 跑 + 3.2 T 跑 + 2 分钟 E 跑 + 1.6 T 跑 + 3.2 E 跑**	35.2 30.4
第 11 周	90%	Q1 = 16 E 跑 + 6.4 T 跑 + 12.8 E 跑 Q2 = 12.8 E 跑 + 8 ×（1 000 米 I 跑 + 2 分钟 jg 跑）+ 4 ×（400 米 R 跑 + 400 米 jg 跑）+ 3.2 E 跑	35.2 28.8
第 10 周	80%	Q1 = 定速 E 跑 34 公里； Q2 = 3.2 E 跑 + 25.6 M 跑 + 3.2 E 跑	34 32
第 9 周	100%	Q1 = 6.4 E 跑 + 9.6 M 跑 + 1.6 T 跑 + 9.6 M 跑 + 3.2 E 跑； Q2 = 4.8 E 跑 + 6.4 T 跑 + 4 分钟 E 跑 + 6.4 T 跑 + 4 分钟 E 跑 + 3.2 T 跑 + 3.2 E 跑	30.4 25.6
第 8 周	100%	Q1 = 9.6 E 跑 + 20.8 M 跑 + 4.8 E 跑； Q2 = 12.8 E 跑 + 3 ×（1.6 I 跑 + 4 分钟 jg 跑）+ 3 ×（1 000 米 I 跑 + 2 分钟 jg 跑）+ 3.2 E 跑	35.2 27.2
第 7 周	90%	Q1 = 定速 E 跑 35 公里； **Q2 = 6.4 E 跑 + 12.8 M 跑 + 6.4 T 跑 + 3.2 E 跑**	35 28.8
第 6 周	100%	Q1 = 6.4 E 跑 + 12.8 M 跑 + 1.6 T 跑 + 6.4 M 跑 + 1.6 T 跑 + 1.6 M 跑 + 3.2 E 跑； Q2 = 4.8 E 跑 + 6.4 T 跑 + 4 分钟 E 跑 + 2 ×（4.8 T 跑 + 3 分钟休息）+ 3.2 E 跑	33.6 24
第 5 周	80%	Q1 = 3.2 E 跑 + 6.4 T 跑 + 12.8 E 跑 + 6.4 T 跑 + 3.2 E 跑； Q2 = 9.6 E 跑 + 6 ×（1 000 米 I 跑 + 2 分钟 jg 跑）+ 4 ×（400 米 R 跑 + 400 米 jg 跑）+ 3.2 E 跑	32 24
第 4 周	90%	Q1 = 定速 E 跑 34 公里； Q2 = 8 E 跑 + 3 ×（1.6 T 跑 + 1 分钟 jg 跑）+ 3 ×（1 000 米 I 跑 + 2 分钟 jg 跑）+ 3 ×（400 米 R 跑 + 400 米 jg 跑）+ 3.2 E 跑	34 24
第 3 周	70%	Q1 = 6.4 E 跑 + 9.6 M 跑 + 1.6 T 跑 + 9.6 M 跑 + 1.6 T 跑 + 3.2 E 跑； Q2 = 3.2 E 跑 + 4 ×（3.2 T 跑 + 2 分钟 jg 跑）+ 3.2 E 跑	32 19.2

马拉松训练

续表

每周大于 193 公里			
赛前周数	占最高跑量的百分比	训练内容	Q训练公里数
第 2 周	70%	Q1 = 3.2 E 跑 + 3 ×（3.2 T 跑 + 2 分钟休息）+ 12.8 E 跑；	25.6
		Q2 = 6.4 E 跑 + 1.6 T 跑 + 3.2 M 跑 + 1.6 T 跑 + 3.2 M 跑 + 3.2 E 跑	19.2
赛前1 周	—	赛前第 7 天：Q1 = 90 分钟 E 跑；	22.4
		赛前第 6 天：60 分钟 E 跑；	14.4
		赛前第 5 天：Q2 = 6.4 E 跑 + 3 ×（1.6 T 跑 + 2 分钟休息）+ 3.2 E 跑；	14.4
		赛前第 4 天：50 分钟 E 跑；	11.2
		赛前第 3 天：30 ～ 40 分钟 E 跑；	9.6
		赛前第 2 天：30 ～ 40 分钟 E 跑；	8
		赛前第 1 天：20 ～ 30 分钟 E 跑	4.8

注：该表格由"智跑"项目设计的杰克·丹尼尔斯跑步计算器创建。

以 4 周为周期

接下来要介绍的训练计划包含为期 26 周的训练内容，执行本计划的前提是开始计划前已经在有规律地跑步了。如果你训练充分，也可以在距离马拉松比赛不到 26 周时的中途开始。我建议你先选出你认为最适合自己的训练计划，在浏览完整个计划后，再决定从哪个阶段开始执行。如果你觉得需要在开始前进行几周基础跑步训练，那就尽管行动。

所有 4 周计划都是 2Q 计划，其中前 3 周每周包含两次 Q 训练，第 4 周没有任何 Q 训练。没有 Q 训练的那周只包含 E 跑，而且还要在其中的两个训练日加入 6 ～ 8 组 ST 跑。

建议将 Q1 安排在周日，或者根据你的马拉松比赛日安排 Q1：周几跑马拉松，Q1 就安排在周几。如果周日进行 Q1，那 Q2 最好安排在周三或周四。你可以随意调整 Q1 和 Q2 的日子，使之契合个人日程，但尽量在两个Q 日间安排 2 ～ 3 个 E 日。

E 日的目的有二：一是用来恢复，二是用 E 跑累积跑量，以达到目标周跑量。你可以视需要一天一跑、一天两跑或一天多跑。如果你必须休息一天，或者希望偶尔休息一天，那就利用当周其余的 E 日来跑步，达到目标周跑量。另外，每周至少选择两个 E 日，在训练中间或结束时加上 6～8 组 ST 跑。如果你能找到坡度适中的坡道，你也可以进行上坡 ST 跑。不过，慢跑下坡时要格外小心，因为下坡跑有时会给腿部带来压力。

John Tlumacki/The Boston Globe via Getty Images

梅布·凯夫勒齐吉（Meb Keflezighi）在七年级时在某次体育课上跑 1.6 公里时跑出过 5 分 20 秒的成绩，早早地展现出了自己的跑步潜力。他通常以 9 天为周期进行马拉松训练，其间交替进行 I 训练、T 跑和 L 跑，每周期跑量高达 224～240 公里。为了保持身体健康，他也会同时监控自己的身体状况，一旦有需要就会休息。

如果你在执行本计划期间有比赛，那么可以用比赛取代比赛周的 Q1，但同时要将原来的 Q1 安排到周中，并去掉那周的 Q2。这表示比赛周将以周日赛事拉开序幕，而下一场训练就是那周的 Q1（在比赛后几天进行）。之后那周则像平常一样，由 Q1 开启一周的训练。尽量重新安排比赛周的训练，在赛前留出 3 个 E 日，比赛后则按照比赛距离，每增加 3～4 公里就多安排一个 E 日。例如，如果你参加的是 10 公里比赛，那么赛后要安排 3 个 E 日。

建议你将周跑量定在最高跑量的 80%～100% 之间。我在训练计划（见

表 16-4）的第 2 列列出了每周跑量占最高周跑量的建议比例。

如果你使用 VDOT 值来得到 M 训练、T 训练、I 训练和 R 训练的训练速度，那尽量实际一点，而且要使用来自 10 公里或 10 公里以上比赛距离的 VDOT 值。比赛距离越长、比赛日期越接近现在越好。如果你有一段时间没有比赛了，那就保守估计一下：你认为你在与训练地形和马拉松比赛地形类似的路线上能跑出什么样的成绩？另外，你还要根据不同的训练阶段，选择不同的 VDOT 值来确定训练强度，具体方法如下：在本计划前 8 周，将你期望达到的马拉松 VDOT 值降 3 个单位，与近期比赛的 VDOT 值比较，取两者之中那个值的较小，之后每隔 8 周就将 VDOT 值增加一个单位。如果你在跑过一两场比赛后，比赛成绩表明你的 VDOT 现值大于将 VDOT 前值加 1 的结果，那你可以放心使用比赛 VDOT 值，尤其是你认为赛道正规的时候。

如果你不使用 VDOT 值来确定训练强度，也可以选择一个现实可行的目标 M 配速，然后根据 M 配速一步步推导出其他配速：最终的 T 配速比目标 M 配速每公里快 9.375 秒，最终的 I 配速比 T 配速每 400 米快 6 秒，最终的 R 配速比 I 配速每 200 米快 3 秒。

前 8 周使用的训练配速比马拉松比赛目标配速和各训练最终配速每公里慢 6 秒。到了中间 8 周，要将这个配速差距缩小到每公里 2.5 秒以内。而最后 10 周，你需要将直接使用马拉松比赛目标配速和各训练的最终配速。表 16-4 给出的计划适用于周跑量在 64 ～ 193 公里之间的跑者。其中，类如 "3.2E 跑"表示"3.2 公里 E 跑"，省略了单位"公里"，后同。

表 16-4　以 4 周为周期的马拉松训练计划
（适用周跑量：64 ～ 193 公里）

每周最多 64 公里			
赛前周数	占最高跑量的百分比	第一次 Q 训练	第二次 Q 训练
第 26 周	90%	本周没有 Q 训练，全周 E 跑 + 其中两天增加 6 ～ 8 组 ST 跑	

		每周最多 64 公里	
赛前周数	占最高跑量的百分比	第一次 Q 训练	第二次 Q 训练
第 25 周	90%	L 跑，在 19 公里和 90 分钟中取较小值	3.2 E 跑 + 2 ×（1.6 T 跑 + 1 分钟休息）+ 3 ×［3 分钟 H 跑（I 配速）+ 2 分钟 jg 跑］+ 4 ×（200 米 R 跑 + 200 米 jg 跑）+ 1.6 E 跑
第 24 周	80%	30 分钟 E 跑 + 9.6 M 跑	1.6 E 跑 + 4.8 M 跑 + 1.6 E 跑 + 4.8 M 跑 + 1.6 E 跑
第 23 周	90%	3.2 E 跑 + 4 ×（1.6 T 跑 + 1 分钟休息）+ 3.2 E 跑	3.2 E 跑 + 3 ×（1.6 T 跑 + 1 分钟休息）+ 8 ×（200 米 R 跑 + 200 米 jg 跑）+ 1.6 E 跑
第 22 周	100%	本周没有 Q 训练，全周 E 跑 + 其中两天增加 6～8 组 ST 跑	
第 21 周	80%	L 跑，在 21 公里和 90 分钟中取较小值	3.2 E 跑 + 2 ×（1.6 T 跑 + 2 分钟休息）+ 3 ×（1 000 米 I 跑 + 3 分钟 jg 跑）+ 6 ×（200 米 R 跑 + 200 米 jg 跑）+ 1.6 E 跑
第 20 周	100%	30 分钟 E 跑 + 12.8 M 跑	1.6 E 跑 + 8 M 跑 + 1.6 E 跑 + 6.4 M 跑 + 1.6 E 跑
第 19 周	90%	3.2 E 跑 + 4 ×（1.6 T 跑 + 1 分钟休息）+ 3.2 E 跑	3.2 E 跑 + 3 ×（1.6 T 跑 + 1 分钟休息）+ 8 ×（200 米 R 跑 + 200 米 jg 跑）+ 3.2 E 跑
第 18 周	100%	本周没有 Q 训练，全周 E 跑 + 其中两天增加 6～8 组 ST 跑	
第 17 周	80%	L 跑，在 23 公里和 2 小时中取较小值	3.2 E 跑 + 3.2 T 跑 + 2 分钟休息 + 3 ×（3 分钟 H 跑 + 3 分钟 jg 跑）+ 8 ×（200 米 R 跑 + 200 米 jg 跑）+ 1.6 E 跑
第 16 周	90%	4.8 E 跑 + 16 M 跑	3.2 E 跑 + 9.6 M 跑 + 1.6 E 跑 + 6.4 M 跑 + 1.6 E 跑
第 15 周	80%	3.2 E 跑 + 2 ×（1.6 T 跑 + 1 分钟休息）	3.2 E 跑 + 4 ×（1.6 T 跑 + 1 分钟休息）+ 8 ×（200 米 R 跑 + 200 米 jg 跑）+ 3.2 E 跑 + 3.2 T 跑 + 2 分钟休息 + 1.6 T 跑 + 1.6 E 跑
第 14 周	100%	本周没有 Q 训练，全周 E 跑 + 其中两天增加 6～8 组 ST 跑	
第 13 周	90%	L 跑，在 24 公里和 2 小时中取较小值	3.2 E 跑 + 3.2 T 跑 + 2 分钟休息 + 3 ×（3 分钟 H 跑 + 2 分钟 jg 跑）+ 8 ×（200 米 R 跑 + 200 米 jg 跑）+ 1.6 E 跑
第 12 周	80%	20 分钟 E 跑 + 19.2 M 跑	3.2 E 跑 + 9.6 M 跑 + 1.6 E 跑 + 8 M 跑 + 1.6 E 跑

丹尼尔斯经典跑步训练法（全新升级版）

每周最多 64 公里			
赛前周数	占最高跑量的百分比	第一次 Q 训练	第二次 Q 训练
第 11 周	70%	3.2 E 跑 + 2 ×（1.6 T 跑 + 1 分钟休息）+ 3.2 T 跑	3.2 E 跑 + 4 ×（1.6 T 跑 + 1 分钟休息）+ 8 ×（200 米 R 跑 + 200 米 jg 跑）+ 3.2 E 跑 + 2 分钟休息 + 1.6 T 跑 + 1.6 E 跑
第 10 周	100%	本周没有 Q 训练，全周 E 跑 + 其中两天增加 6 ～ 8 组 ST 跑	
第 9 周	90%	L 跑，在 24 公里和 130 分钟中取较小值	3.2 E 跑 + 3.2 T 跑 + 2 分钟休息 + 3.2 T 跑 + 2 分钟休息 + 3 ×（3 分钟 H 跑 + 2 分钟 jg 跑）+ 6 ×（200 米 R 跑 + 200 米 jg 跑）+ 1.6 E 跑
第 8 周	100%	30 分钟 E 跑 + 19.2 M 跑	4.8 E 跑 + 9.6 M 跑 + 1.6 E 跑 + 6.4 M 跑 + 1.6 E 跑
第 7 周	80%	30 分钟 E 跑 + 3 ×（3.2 T 跑 + 2 分钟休息）+ 3.2 E 跑	3.2 E 跑 + 4 ×（1.6 T 跑 + 1 分钟休息）+ 8 ×（200 米 R 跑 + 200 米 jg 跑）+ 3.2 E 跑
第 6 周	100%	本周没有 Q 训练，全周 E 跑 + 其中两天增加 6 ～ 8 组 ST 跑	
第 5 周	90%	L 跑，在 24 公里和 130 分钟中取较小值	3.2 E 跑 + 2 ×（1.6 T 跑 + 1 分钟休息）+ 3 ×（3 分钟 H 跑 + 2 分钟 jg 跑）+ 8 ×（200 米 R 跑 + 200 米 jg 跑）+ 1.6 E 跑
第 4 周	90%	20 分钟 E 跑 + 19.2 M 跑	4.8 E 跑 + 8 M 跑 + 1.6 E 跑 + 8 M 跑 + 1.6 E 跑
第 3 周	80%	60 分钟 E 跑 + 4.8 T 跑 + 2 分钟休息 + 3.2 T 跑 + 3.2 E 跑	3.2 E 跑 + 4 ×（1.6 T 跑 + 1 分钟休息）+ 8 ×（200 米 R 跑 + 200 米 jg 跑）+ 3.2 E 跑
第 2 周	70%	本周没有 Q 训练，全周 E 跑 + 其中两天增加 6 ～ 8 组 ST 跑	
赛前 1 周	—	赛前第 7 天：90 分钟 E 跑；赛前第 6 天：60 分钟 E 跑；赛前第 5 天：3 ×（1.6 T 跑 + 2 分钟休息）；赛前第 4 天：60 分钟 E 跑；赛前第 3 天：45 分钟 E 跑；赛前第 2 天：30 分钟 E 跑；赛前 1 天：30 分钟 E 跑	

每周 66～89 公里			
赛前周数	占最高跑量的百分比	第一次 Q 训练	第二次 Q 训练
第 26 周	80%	本周没有 Q 训练，全周 E 跑 + 其中两天增加 6～8 组 ST 跑	
第 25 周	90%	L 跑，在 21 公里和 90 分钟中取较小值	3.2 E 跑 + 3 ×（1.6 T 跑 + 1 分钟休息）+ 3 ×[3 分钟 H 跑（I 配速）+ 2 分钟恢复性 jg 跑]+ 4 ×（200 米 R 跑 + 200 米 jg 跑）+ 1.6 E 跑
第 24 周	80%	30 分钟 E 跑 + 11.2 M 跑	1.6 E 跑 + 8 M 跑 + 1.6 E 跑 + 3.2 M 跑 + 1.6 E 跑
第 23 周	90%	3.2 E 跑 + 5 ×（1.6 T 跑 + 1 分钟休息）+ 3.2 E 跑	3.2 E 跑 + 4 ×（1.6 T 跑 + 1 分钟休息）+ 4 ×（400 米 R 跑 + 400 米 jg 跑）+ 1.6 E 跑
第 22 周	100%	本周没有 Q 训练，全周 E 跑 + 其中两天增加 6～8 组 ST 跑	
第 21 周	80%	L 跑，在 23 公里和 90 分钟中取较小值	3.2 E 跑 + 3 ×（1.6 T 跑 + 2 分钟休息）+ 3 ×（3 分钟 H 跑 + 2 分钟 jg 跑）+ 4 ×（200 米 R 跑 + 200 米 jg 跑）+ 1.6 E 跑
第 20 周	100%	30 分钟 E 跑 + 14.4 M 跑	3.2 E 跑 + 8 M 跑 + 1.6 E 跑 + 6.4 M 跑 + 3.2 E 跑
第 19 周	90%	3.2 E 跑 + 5 ×（1.6 T 跑 + 1 分钟休息）+ 3.2 E 跑	3.2 E 跑 + 4 ×（1.6 T 跑 + 1 分钟休息）+ 4 ×（400 米 R 跑 + 400 米 jg 跑）+ 1.6 E 跑
第 18 周	100%	本周没有 Q 训练，全周 E 跑 + 其中两天增加 6～8 组 ST 跑	
第 17 周	80%	L 跑，在 24 公里和 100 分钟中取较小值	3.2 E 跑 + 3 × 1.6 T 跑 + 3 分钟休息 + 3 ×（3 分钟 H 跑 + 2 分钟 jg 跑）+ 8 ×（200 米 R 跑 + 200 米 jg 跑）+ 1.6 E 跑
第 16 周	90%	4.8 E 跑 + 16 M 跑	3.2 E 跑 + 9.6 M 跑 + 1.6 E 跑 + 8 M 跑 + 1.6 E 跑
第 15 周	80%	3.2 E 跑 + 2 ×（3.2 T 跑 + 2 分钟休息）+ 3.2 E 跑	3.2 E 跑 + 4.8 T 跑 + 3 分钟休息 + 3.2 T 跑 + 2 分钟休息 + 8 ×（200 米 R 跑 + 200 米 jg 跑）+ 2 ×（1.6 T 跑 + 1 分钟休息）+ 1.6 E 跑 + 3.2 E 跑
第 14 周	100%	本周没有 Q 训练，全周 E 跑 + 其中两天增加 6～8 组 ST 跑	
第 13 周	90%	L 跑，在 26 公里和 2 小时之间取较小值	3.2 E 跑 + 3 ×（1.6 T 跑 + 1 分钟休息）+ 3 分钟休息 + 3 ×（1 000 米 I 跑 + 3 分钟 jg 跑）+ 4 ×（400 米 R 跑 + 400 米 jg 跑）+ 1.6 E 跑

每周 66 ~ 89 公里			
赛前周数	占最高跑量的百分比	第一次 Q 训练	第二次 Q 训练
第 12 周	80%	4.8 E 跑 + 20.8 M 跑	1.6 E 跑 + 9.6 M 跑 + 1.6 E 跑 + 8 M 跑 + 1.6 E 跑 + 3.2 M 跑 + 1.6 E 跑
第 11 周	70%	3.2 E 跑 + 2 ×（3.2 T 跑 + 2 分钟休息）	3.2 E 跑 + 4.8 T 跑 + 3 分钟休息 + 3.2 T 跑 + 2 分钟休息 + 2 ×（400 米 R 跑 + 400 米 jg 跑）+ 2 ×（1.6 T 跑 + 1 分钟休息）+ 1.6 E 跑 + 4 ×（200 米 R 跑 + 200 米 jg 跑）+ 1.6 E 跑
第 10 周	100%	本周没有 Q 训练，全周 E 跑 + 其中两天增加 6 ~ 8 组 ST 跑	
第 9 周	90%	L 跑，在 26 公里和 140 分钟中取较小值	3.2 E 跑 + 3 ×（1.6 T 跑 + 1 分钟休息）+ 4 ×（3 分钟 H 跑 + 2 分钟 jg 跑）+ 6 ×（200 米 R 跑 + 200 米 jg 跑）+ 1.6 E 跑
第 8 周	100%	20 分钟 E 跑 + 22.4 M 跑	1.6 E 跑 + 9.6 M 跑 + 1.6 E 跑 + 11.2 M 跑 + 1.6 E 跑
第 7 周	80%	6.4 E 跑 + 3 ×（3.2 T 跑 + 2 分钟休息）+ 1.6 T 跑 + 1.6 E 跑	3.2 E 跑 + 2 ×（3.2 T 跑 + 2 分钟休息）+ 8 ×（200 米 R 跑 + 200 米 jg 跑）+ 4 ×（1.6 T 跑 + 1 分钟休息）+ 3.2 E 跑
第 6 周	100%	本周没有 Q 训练，全周 E 跑 + 其中两天增加 6 ~ 8 组 ST 跑	
第 5 周	90%	L 跑，在 26 公里和 140 分钟中取较小值	3.2 E 跑 + 2 ×（4.8 T 跑 + 3 分钟休息）+ 3.2 T 跑 + 3 分钟休息 + 4 ×（3 分钟 H 跑 + 2 分钟 jg 跑）+ 8 ×（200 米 R 跑 + 200 米 jg 跑）+ 1.6 E 跑
第 4 周	90%	10 分钟 E 跑 + 22.4 M 跑	1.6 E 跑 + 12.8 M 跑 + 1.6 E 跑 + 8 M 跑 + 1.6 E 跑
第 3 周	80%	60 分钟 E 跑 + 3 ×（3.2 T 跑 + 2 分钟休息）+ 1.6 T 跑	3.2 E 跑 + 2 ×（3.2 T 跑 + 2 分钟休息）+ 2 ×（1.6 T 跑 + 1 分钟休息）+ 3.2 E 跑 + 8 ×（200 米 R 跑 + 200 米 jg 跑）+ 3.2 E 跑
第 2 周	70%	本周没有 Q 训练，全周 E 跑 + 其中两天增加 6 ~ 8 组 ST 跑	
赛前 1 周	—	赛前第 7 天：90 分钟 E 跑； 赛前第 6 天：60 分钟 E 跑； 赛前第 5 天：3 ×（1.6 T 跑 + 2 分钟休息）； 赛前第 4 天：60 分钟 E 跑； 赛前第 3 天：45 分钟 E 跑； 赛前第 2 天：30 分钟 E 跑； 赛前 1 天：30 分钟 E 跑	

		每周 90 ～ 113 公里	
赛前周数	占最高跑量的百分比	第一次 Q 训练	第二次 Q 训练
第 26 周	80%	本周没有 Q 训练，全周 E 跑 + 其中两天增加 6 ～ 8 组 ST 跑	
第 25 周	90%	L 跑，在 23 公里和 100 分钟中取较小值	3.2 E 跑 + 3 ×（1.6 T 跑 + 1 分钟休息）+ 4 ×［3 分钟 H 跑（I 配速）+ 2 分钟恢复性 jg 跑］+ 6 ×（200 米 R 跑 + 200 米 jg 跑）+ 1.6 E 跑
第 24 周	80%	30 分钟 E 跑 + 12.8 M 跑	1.6 E 跑 + 8 M 跑 + 1.6 E 跑 + 4.8 M 跑 + 1.6 E 跑
第 23 周	90%	3.2 E 跑 + 6 ×（1.6 T 跑 + 1 分钟休息）+ 3.2 E 跑	3.2 E 跑 + 5 ×（1.6 T 跑 + 1 分钟休息）+ 8 ×（200 米 R 跑 + 200 米 jg 跑）+ 1.6 E 跑
第 22 周	100%	本周没有 Q 训练，全周 E 跑 + 其中两天增加 6 ～ 8 组 ST 跑	
第 21 周	80%	L 跑，在 24 公里和 105 分钟中取较小值	3.2 E 跑 + 3 ×（1.6 T 跑 + 2 分钟休息）+ 5 ×（3 分钟 H 跑 + 2 分钟 jg 跑）+ 8 ×（200 米 R 跑 + 200 米 jg 跑）+ 1.6 E 跑
第 20 周	100%	30 分钟 E 跑 + 16 M 跑	3.2 E 跑 + 9.6 M 跑 + 1.6 E 跑 + 6.4 M 跑 + 3.2 E 跑
第 19 周	90%	3.2 E 跑 + 3 ×（1.6 T 跑 + 1 分钟休息）+ 3.2 T 跑	3.2 E 跑 + 6 ×（1.6 T 跑 + 1 分钟休息）+ 8 ×（200 米 R 跑 + 200 米 jg 跑）+ 1.6 E 跑 + 2 ×（1.6 T 跑 + 1 分钟休息）+ 1.6 E 跑
第 18 周	100%	本周没有 Q 训练，全周 E 跑 + 其中两天增加 6 ～ 8 组 ST 跑	
第 17 周	80%	L 跑，在 26 公里和 2 小时中取较小值	3.2 E 跑 + 3 × 1.6 T 跑 + 3 分钟休息 + 5 ×（3 分钟 H 跑 + 2 分钟 jg 跑）+ 8 ×（200 米 R 跑 + 200 米 jg 跑）+ 1.6 E 跑
第 16 周	90%	6.4 E 跑 + 19.2 M 跑	3.2 E 跑 + 9.6 M 跑 + 1.6 E 跑 + 9.6 M 跑 + 1.6 E 跑
第 15 周	80%	3.2 E 跑 + 3 ×（3.2 T 跑 + 2 分钟休息）	3.2 E 跑 + 6 ×（1.6 T 跑 + 1 分钟休息）+ 4 ×（200 米 R 跑 + 200 米 jg 跑）+ 2 ×（1.6 T 跑 + 1 分钟休息）+ 1.6 E 跑 + 4 ×（400 米 R 跑 + 400 米 jg 跑）+ 3.2 E 跑
第 14 周	100%	本周没有 Q 训练，全周 E 跑 + 其中两天增加 6 ～ 8 组 ST 跑	

马拉松训练

每周 90 ～ 113 公里			
赛前周数	占最高跑量的百分比	第一次 Q 训练	第二次 Q 训练
第 13 周	90%	L 跑，在 27 公里和 130 分钟中取较小值	3.2 E 跑 + 2 × (3.2 T 跑 + 2 分钟休息) + 5 × (3 分钟 H 跑 + 2 分钟 jg 跑) + 4 × (400 米 R 跑 + 400 米 jg 跑) + 1.6 E 跑
第 12 周	80%	4.8 E 跑 + 22.4 M 跑	1.6 E 跑 + 12.8 M 跑 + 1.6 E 跑 + 9.6 M 跑 + 1.6 E 跑
第 11 周	70%	T 跑 = 6.4 E 跑 + 4 × (3.2 T 跑 + 2 分钟休息) + 3.2 E 跑	3.2 E 跑 + 6 × (1.6 T 跑 + 1 分钟休息) + 4 × (200 米 R 跑 + 200 米 jg 跑) + 4 × (400 米 R 跑 + 400 米 jg 跑) + 1.6 E 跑
第 10 周	100%	本周没有 Q 训练，全周 E 跑 + 其中两天增加 6 ～ 8 组 ST 跑	
第 9 周	90%	L 跑，在 29 公里和 140 分钟之间取较小值	3.2 E 跑 + 4.8 T 跑 + 3 分钟休息 + 3.2 T 跑 + 2 分钟休息 + 5 × (3 分钟 H 跑 + 2 分钟 jg 跑) + 6 × (200 米 R 跑 + 200 米 jg 跑) + 1.6 E 跑
第 8 周	100%	30 分钟 E 跑 + 24 M 跑	3.2 E 跑 + 12.8 M 跑 + 1.6 E 跑 + 9.6 M 跑 + 3.2 E 跑
第 7 周	80%	6.4 E 跑 + 4 × (3.2 T 跑 + 2 分钟休息) + 1.6 T 跑 + 1.6 E 跑	3.2 E 跑 + 3 × (3.2 T 跑 + 2 分钟休息) + 8 × (200 米 R 跑 + 200 米 jg 跑) + 3.2 T 跑 + 3.2 E 跑
第 6 周	100%	本周没有 Q 训练，全周 E 跑 + 其中两天增加 6 ～ 8 组 ST 跑	
第 5 周	90%	L 跑，在 29 公里和 140 分钟之间取较小值	3.2 E 跑 + 4.8 T 跑 + 3 分钟休息 + 3.2 T 跑 + 3 分钟休息 + 5 × (3 分钟 H 跑 + 2 分钟 jg 跑) + 8 × (200 米 R 跑 + 200 米 jg 跑) + 1.6 E 跑
第 4 周	90%	50 分钟 E 跑 + 25.6 M 跑	6.4 E 跑 + 16 M 跑 + 1.6 E 跑 + 9.6 M 跑 + 3.2 E 跑
第 3 周	80%	60 分钟 E 跑 + 4 × (4.8 T 跑 + 3 分钟休息) + 1.6 E 跑	3.2 E 跑 + 2 × (4.8 T 跑 + 3 分钟休息) + 8 × (200 米 R 跑 + 200 米 jg 跑) + 3.2 E 跑
第 2 周	70%	本周没有 Q 训练，全周 E 跑 + 其中两天增加 6 ～ 8 组 ST 跑	
赛前 1 周	—	赛前第 7 天：90 分钟 E 跑； 赛前第 6 天：60 分钟 E 跑； 赛前第 5 天：3 × (1.6 T 跑 + 2 分钟休息)； 赛前第 4 天：60 分钟 E 跑； 赛前第 3 天：45 分钟 E 跑； 赛前第 2 天：30 分钟 E 跑； 赛前 1 天：30 分钟 E 跑	

每周 114～137 公里			
赛前周数	占最高跑量的百分比	第一次 Q 训练	第二次 Q 训练
第 26 周	90%	本周没有 Q 训练，全周 E 跑 + 其中两天增加 6～8 组 ST 跑	
第 25 周	90%	L 跑，在 24 公里和 100 分钟中取较小值	3.2 E 跑 + 4 ×（1.6 T 跑 + 1 分钟休息）+ 4 ×［3 分钟 H 跑（I 配速）+ 2 分钟恢复性 jg 跑］+ 8 ×（200 米 R 跑 + 200 米 jg 跑）+ 3.2 E 跑
第 24 周	80%	40 分钟 E 跑 + 12.8 M 跑	4.8 E 跑 + 8 M 跑 + 1.6 E 跑 + 4.8 M 跑 + 4.8 E 跑

马拉松训练

每周 114～137 公里			
赛前周数	占最高跑量的百分比	第一次 Q 训练	第二次 Q 训练
第 23 周	90%	3.2 E 跑 + 3 ×（1.6 T 跑 + 1 分钟休息）+ 3.2 T 跑 + 2 分钟休息 + 2 ×（1.6 T 跑 + 1 分钟休息）	3.2 E 跑 + 6 ×（1.6 T 跑 + 1 分钟休息）+ 8 ×（200 米 R 跑 + 200 米 jg 跑）+ 3.2 E 跑
第 22 周	100%	本周没有 Q 训练，全周 E 跑 + 其中两天增加 6～8 组 ST 跑	
第 21 周	80%	L 跑，在 27 公里和 2 小时中取较小值	3.2 E 跑 + 3 ×（1.6 T 跑 + 2 分钟休息）+ 5 ×（3 分钟 H 跑 + 2 分钟 jg 跑）+ 8 ×（200 米 R 跑 + 200 米 jg 跑）+ 3.2 E 跑
第 20 周	100%	30 分钟 E 跑 + 16 M 跑	3.2 E 跑 + 9.6 M 跑 + 1.6 E 跑 + 6.4 M 跑 + 3.2 E 跑
第 19 周	90%	3.2 E 跑 + 3 ×（1.6 T 跑 + 1 分钟休息）+ 3.2 T 跑 + 2 ×（1.6 T 跑 + 1 分钟休息）+ 1.6 E 跑	3.2 E 跑 + 6 ×（1.6 T 跑 + 1 分钟休息）+ 8 ×（200 米 R 跑 + 200 米 jg 跑）+ 1.6 E 跑
第 18 周	100%	本周没有 Q 训练，全周 E 跑 + 其中两天增加 6～8 组 ST 跑	
第 17 周	80%	L 跑，在 29 公里和 130 分钟中取较小值	3.2 E 跑 + 4 ×（1.6 T 跑 + 1 分钟休息）+ 5 ×（3 分钟 H 跑 + 2 分钟 jg 跑）+ 6 ×（200 米 R 跑 + 200 米 jg 跑）+ 3.2 E 跑
第 16 周	90%	40 分钟 E 跑 + 19.2 M 跑	6.4 E 跑 + 9.6 M 跑 + 1.6 E 跑 + 9.6 M 跑 + 1.6 E 跑
第 15 周	80%	3.2 E 跑 + 4 ×（3.2 T 跑 + 2 分钟休息）+ 3.2 T 跑 + 3.2 E 跑	3.2 E 跑 + 3 ×（3.2 T 跑 + 2 分钟休息）+ 8 ×（200 米 R 跑 + 200 米 jg 跑）+ 1.6 T 跑 + 3.2 E 跑

每周 114～137 公里			
赛前周数	占最高跑量的百分比	第一次 Q 训练	第二次 Q 训练
第 14 周	100%	本周没有 Q 训练，全周 E 跑 + 其中两天增加 6～8 组 ST 跑	
第 13 周	90%	L 跑，在 31 公里和 2.5 小时中取较小值	3.2 E 跑 + 5 ×（1.6 T 跑 + 1 分钟休息）+ 6 ×（3 分钟 H 跑 + 2 分钟 jg 跑）+ 4 ×（400 米 R 跑 + 400 米 jg 跑）+ 3.2 E 跑
第 12 周	80%	6.4 E 跑 + 22.4 M 跑	3.2 E 跑 + 12.8 M 跑 + 1.6 E 跑 + 9.6 M 跑 + 1.6 E 跑
第 11 周	70%	6.4 E 跑 + 5 ×（3.2 T 跑 + 2 分钟休息）+ 1.6 E 跑	3.2 E 跑 + 3 ×（3.2 T 跑 + 1 分钟休息）+ 8 ×（200 米 R 跑 + 200 米 jg 跑）+ 3.2 T 跑 + 3.2 E 跑
第 10 周	100%	本周没有 Q 训练，全周 E 跑 + 其中两天增加 6～8 组 ST 跑	
第 9 周	90%	L 跑，在 32 公里和 2.5 小时中取较小值	3.2 E 跑 + 3 ×（3.2 T 跑 + 3 分钟休息）+ 3.2 T 跑 + 2 分钟休息 + 6 ×（3 分钟 H 跑 + 2 分钟 jg 跑）+ 8 ×（200 米 R 跑 + 200 米 jg 跑）+ 1.6 E 跑
第 8 周	100%	30 分钟 E 跑 + 25.6 M 跑	3.2 E 跑 + 12.8 M 跑 + 1.6 E 跑 + 12.8 M 跑 + 1.6 E 跑
第 7 周	80%	6.4 E 跑 + 3 ×（4.8 T 跑 + 3 分钟休息）+ 3.2 T 跑 + 1.6 E 跑	3.2 E 跑 + 4 ×（3.2 T 跑 + 2 分钟休息）+ 8 ×（200 米 R 跑 + 200 米 jg 跑）+ 1.6 T 跑 + 3.2 E 跑
第 6 周	100%	本周没有 Q 训练，全周 E 跑 + 其中两天增加 6～8 组 ST 跑	
第 5 周	90%	L 跑，在 32 公里和 2.5 小时中取较小值	3.2 E 跑 + 3 ×（3.2 T 跑 + 2 分钟休息）+ 6 ×（3 分钟 H 跑 + 2 分钟 jg 跑）+ 8 ×（200 米 R 跑 + 200 米 jg 跑）+ 3.2 E 跑
第 4 周	90%	30 分钟 E 跑 + 25.6 M 跑	6.4 E 跑 + 12.8 M 跑 + 1.6 E 跑 + 9.6 M 跑 + 1.6 E 跑
第 3 周	80%	60 分钟 E 跑 + 3 ×（4.8 T 跑 + 3 分钟休息）+ 3.2 T 跑 + 1.6 E 跑	3.2 E 跑 + 4 ×（3.2 T 跑 + 2 分钟休息）+ 8 ×（200 米 R 跑 + 200 米 jg 跑）+ 1.6 T 跑 + 3.2 E 跑
第 2 周	70%	本周没有 Q 训练，全周 E 跑 + 其中两天增加 6～8 组 ST 跑	

丹尼尔斯经典跑步训练法（全新升级版）

每周 114 ～ 137 公里			
赛前周数	占最高跑量的百分比	第一次 Q 训练	第二次 Q 训练
赛前 1 周	—	赛前第 7 天：90 分钟 E 跑； 赛前第 6 天：60 分钟 E 跑； 赛前第 5 天：3 ×（1.6 T 跑 + 2 分钟休息）； 赛前第 4 天：60 分钟 E 跑； 赛前第 3 天：45 分钟 E 跑； 赛前第 2 天：30 分钟 E 跑； 赛前 1 天：30 分钟 E 跑	

每周 138 ～ 161 公里			
赛前周数	占最高跑量的百分比	第一次 Q 训练	第二次 Q 训练
第 26 周	80%	本周没有 Q 训练，全周 E 跑 + 其中两天增加 6 ～ 8 组 ST 跑	
第 25 周	90%	L 跑，26 公里和 2 小时中的较小值	3.2 E 跑 + 2 ×（3.2 T 跑 + 2 分钟休息）+ 5 × [3 分钟 H 跑（I 配速）+ 2 分钟恢复性 jg 跑] + 8 ×（200 米 R 跑 + 200 米 jg 跑）+ 3.2 E 跑
第 24 周	80%	40 分钟 E 跑 + 14.4 M 跑	4.8 E 跑 + 8 M 跑 + 1.6 E 跑 + 4.8 M 跑 + 4.8 E 跑
第 23 周	90%	3.2 E 跑 + 2 ×（1.6 T 跑 + 1 分钟休息）+ 2 ×（3.2 T 跑 + 2 分钟休息）+ 2 ×（1.6 T 跑 + 1 分钟休息）+ 3.2 E 跑	3.2 E 跑 + 6 ×（1.6 T 跑 + 1 分钟休息）+ 8 ×（200 米 R 跑 + 200 米 jg 跑）+ 2 ×（3.2 T 跑 + 2 分钟 jg 跑）+ 3.2 E 跑
第 22 周	100%	本周没有 Q 训练，全周 E 跑 + 其中两天增加 6 ～ 8 组 ST 跑	
第 21 周	80%	L 跑，在 29 公里和 130 分钟中取较小值	3.2 E 跑 + 3 ×（1.6 T 跑 + 2 分钟休息）+ 5 ×（3 分钟 H 跑 + 2 分钟 jg 跑）+ 8 ×（200 米 R 跑 + 200 米 jg 跑）+ 1.6 E 跑
第 20 周	100%	50 分钟 E 跑 + 17.6 M 跑	3.2 E 跑 + 9.6 M 跑 + 1.6 E 跑 + 6.4 M 跑 + 3.2 E 跑
第 19 周	90%	3.2 E 跑 + 3 ×（1.6 T 跑 + 1 分钟休息）+ 2 ×（3.2 T 跑 + 2 分钟休息）+ 2 ×（1.6 T 跑 + 1 分钟休息）+ 3.2 E 跑	3.2 E 跑 + 6 ×（1.6 T 跑 + 1 分钟休息）+ 8 ×（200 米 R 跑 + 200 米 jg 跑）+ 3.2 E 跑
第 18 周	100%	本周没有 Q 训练，全周 E 跑 + 其中两天增加 6 ～ 8 组 ST 跑	

续表

每周 138～161 公里			
赛前周数	占最高跑量的百分比	第一次 Q 训练	第二次 Q 训练
第 17 周	80%	L 跑，在 31 公里和 2.5 小时中取较小值	3.2 E 跑 + 4 ×（1.6 T 跑 + 1 分钟休息）+ 5 ×（3 分钟 H 跑 + 2 分钟 jg 跑）+ 6 ×（200 米 R 跑 + 200 米 jg 跑）+ 3.2 E 跑
第 16 周	90%	40 分钟 E 跑 + 20.8 M 跑	6.4 E 跑 + 9.6 M 跑 + 1.6 E 跑 + 9.6 M 跑 + 1.6 E 跑
第 15 周	80%	3.2 E 跑 + 4 ×（3.2 T 跑 + 2 分钟休息）+ 2 ×（1.6 T 跑 + 1 分钟休息）+ 3.2 E 跑	3.2 E 跑 + 3 ×（3.2 T 跑 + 2 分钟休息）+ 8 ×（200 米 R 跑 + 200 米 jg 跑）+ 3.2 T 跑 + 3.2 E 跑
第 14 周	100%	本周没有 Q 训练，全周 E 跑 + 其中两天增加 6～8 组 ST 跑	
第 13 周	90%	L 跑，在 32 公里和 2.5 小时之间取较小值	3.2 E 跑 + 5 ×（1.6 T 跑 + 1 分钟休息）+ 6 ×（3 分钟 H 跑 + 2 分钟 jg 跑）+ 4 ×（400 米 R 跑 + 400 米 jg 跑）+ 1.6 E 跑
第 12 周	80%	30 分钟 E 跑 + 24 M 跑	3.2 E 跑 + 12.8 M 跑 + 1.6 E 跑 + 9.6 M 跑 + 1.6 E 跑
第 11 周	70%	6.4 E 跑 + 4 ×（3.2 T 跑 + 2 分钟休息）+ 3 ×（1.6 T 跑 + 1 分钟休息）+ 1.6 E 跑	3.2 E 跑 + 3 ×（3.2 T 跑 + 1 分钟休息）+ 8 ×（200 米 R 跑 + 200 米 jg 跑）+ 3.2 T 跑 + 3.2 E 跑
第 10 周	100%	本周没有 Q 训练，全周 E 跑 + 其中两天增加 6～8 组 ST 跑	
第 9 周	90%	L 跑，在 35 公里和 2.5 小时中取较小值	3.2 E 跑 + 3 ×（3.2 T 跑 + 2 分钟休息）+ 3.2 T 跑 + 2 分钟休息 + 6 ×（3 分钟 H 跑 + 2 分钟 jg 跑）+ 4 ×（400 米 R 跑 + 400 米 jg 跑）+ 1.6 E 跑
第 8 周	100%	40 分钟 E 跑 + 25.6 M 跑	6.4 E 跑 + 12.8 M 跑 + 1.6 E 跑 + 12.8 M 跑 + 1.6 E 跑
第 7 周	80%	6.4 E 跑 + 6 ×（3.2 T 跑 + 2 分钟休息）+ 1.6 E 跑	3.2 E 跑 + 2 ×（4.8 T 跑 + 3 分钟休息）+ 8 ×（200 米 R 跑 + 200 米 jg 跑）+ 4 ×（1.6 T 跑 + 1 分钟休息）+ 3.2 E 跑
第 6 周	100%	本周没有 Q 训练，全周 E 跑 + 其中两天增加 6～8 组 ST 跑	
第 5 周	90%	L 跑，在 35 公里和 2.5 小时中取较小值	3.2 E 跑 + 3 ×（3.2 T 跑 + 2 分钟休息）+ 6 ×（3 分钟 H 跑 + 2 分钟 jg 跑）+ 4 ×（400 米 R 跑 + 400 米 jg 跑）+ 1.6 E 跑

每周 138～161 公里			
赛前周数	占最高跑量的百分比	第一次 Q 训练	第二次 Q 训练
第 4 周	90%	40 分钟 E 跑 + 25.6 M 跑	6.4 E 跑 + 12.8 M 跑 + 1.6 E 跑 + 12.8 M 跑 + 1.6 E 跑
第 3 周	80%	60 分钟 E 跑 + 6 ×（3.2 T 跑 + 2 分钟休息）	3.2 E 跑 + 3 ×（3.2 T 跑 + 2 分钟休息）+ 8 ×（200 米 R 跑 + 200 米 jg 跑）+ 3 ×（1.6 T 跑 + 1 分钟休息）+ 3.2 E 跑
第 2 周	70%	本周没有 Q 训练，全周 E 跑 + 其中两天增加 6～8 组 ST 跑	
赛前 1 周	—	赛前第 7 天：90 分钟 E 跑； 赛前第 6 天：60 分钟 E 跑； 赛前第 5 天：3 ×（1.6 T 跑 + 2 分钟休息）； 赛前第 4 天：60 分钟 E 跑； 赛前第 3 天：45 分钟 E 跑； 赛前第 2 天：30 分钟 E 跑； 赛前 1 天：30 分钟 E 跑	

每周 163～193 公里			
赛前周数	占最高跑量的百分比	第一次 Q 训练	第二次 Q 训练
第 26 周	80%	本周没有 Q 训练，全周 E 跑 + 其中两天增加 6～8 组 ST 跑	
第 25 周	90%	L 跑，在 27.2 公里和 2 小时中取较小值	3.2 E 跑 + 2 ×（3.2 T 跑 + 2 分钟休息）+ 1.6 T 跑 + 3 分钟休息 + 5 ×（3 分钟 H 跑 + 2 分钟 jg 跑）+ 6 ×（200 米 R 跑 + 200 米 jg 跑）+ 3.2 E 跑
第 24 周	80%	50 分钟 E 跑 + 16 M 跑	4.8 E 跑 + 9.6 M 跑 + 1.6 E 跑 + 6.4 M 跑 + 4.8 E 跑
第 23 周	90%	4.8 E 跑 + 4.8 T 跑 + 3 分钟休息 + 3 ×（3.2 T 跑 + 2 分钟休息）+ 3.2 E 跑	3.2 E 跑 + 4.8 T 跑 + 3 分钟休息 + 3.2 T 跑 + 2 分钟休息 + 1.6 T 跑 + 2 分钟休息 + 8 ×（200 米 R 跑 + 200 米 jg 跑）+ 1.6 T 跑 + 3.2 E 跑
第 22 周	100%	本周没有 Q 训练，全周 E 跑 + 其中两天增加 6～8 组 ST 跑	
第 21 周	80%	L 跑，在 29 公里和 130 分钟中取较小值	3.2 E 跑 + 5 ×（1.6 T 跑 + 1 分钟休息）+ 6 ×（3 分钟 H 跑 + 2 分钟 jg 跑）+ 6 ×（200 米 R 跑 + 200 米 jg 跑）+ 4.8 E 跑
第 20 周	100%	50 分钟 E 跑 + 19.2 M 跑	4.8 E 跑 + 9.6 M 跑 + 1.6 E 跑 + 9.6 M 跑 + 4.8 E 跑

马拉松训练

每周 163～193 公里			
赛前周数	占最高跑量的百分比	第一次 Q 训练	第二次 Q 训练
第 19 周	90%	4.8 E 跑 + 5 ×（3.2 T 跑 + 2 分钟休息）+ 3.2 E 跑	3.2 E 跑 + 3 ×（3.2 T 跑 + 2 分钟休息）+ 8 ×（200 米 R 跑 + 200 米 jg 跑）+ 3.2 T 跑 + 1.6 E 跑
第 18 周	90%	本周没有 Q 训练，全周 E 跑 + 其中两天增加 6～8 组 ST 跑	
第 17 周	80%	L 跑，在 32 公里和 2.5 小时中取较小值	3.2 E 跑 + 3 ×（3.2 T 跑 + 2 分钟休息）+ 6 ×（3 分钟 H 跑 + 2 分钟 jg 跑）+ 6 ×（200 米 R 跑 + 200 米 jg 跑）+ 3.2 E 跑
第 16 周	90%	40 分钟 E 跑 + 22.4 M 跑	6.4 E 跑 + 12.8 M 跑 + 1.6 E 跑 + 9.6 M 跑 + 1.6 E 跑
第 15 周	80%	4.8 E 跑 + 2 ×（4.8 T 跑 + 3 分钟休息）+ 2 ×（3.2 T 跑 + 2 分钟休息）+ 1.6 T 跑 + 3.2 E 跑	4.8 E 跑 + 4 ×（3.2 T 跑 + 2 分钟休息）+ 8 ×（200 米 R 跑 + 200 米 jg 跑）+ 3.2 T 跑 + 3.2 E 跑
第 14 周	100%	本周没有 Q 训练，全周 E 跑 + 其中两天增加 6～8 组 ST 跑	
第 13 周	90%	L 跑，在 34 公里和 2.5 小时中取较小值	3.2 E 跑 + 3 ×（3.2 T 跑 + 2 分钟休息）+ 6 ×（3 分钟 H 跑 + 2 分钟 jg 跑）+ 4 ×（400 米 R 跑 + 400 米 jg 跑）+ 3.2 E 跑
第 12 周	80%	40 分钟 E 跑 + 24 M 跑	6.4 E 跑 + 12.8 M 跑 + 1.6 E 跑 + 11.2 M 跑 + 1.6 E 跑
第 11 周	70%	6.4 E 跑 + 4 ×（4.8 T 跑 + 3 分钟休息）+ 3.2 E 跑	3.2 E 跑 + 4 ×（3.2 T 跑 + 1 分钟休息）+ 8 ×（200 米 R 跑 + 200 米 jg 跑）+ 3.2 T 跑 + 3.2 E 跑
第 10 周	60%	本周没有 Q 训练，全周 E 跑 + 其中两天增加 6～8 组 ST 跑	
第 9 周	90%	L 跑，在 37 公里和 2.5 小时中取较小值	3.2 E 跑 + 4 ×（3.2 T 跑 + 2 分钟休息）+ 6 ×（3 分钟 H 跑 + 2 分钟 jg 跑）+ 8 ×（200 米 R 跑 + 200 米 jg 跑）+ 4.8 E 跑
第 8 周	100%	40 分钟 E 跑 + 25.6 M 跑	6.4 E 跑 + 16 M 跑 + 1.6 E 跑 + 9.6 M 跑 + 3.2 E 跑
第 7 周	80%	6.4 E 跑 + 3 ×（4.8 T 跑 + 3 分钟休息）+ 2 ×（3.2 T 跑 + 2 分钟休息）+ 1.6 E 跑	3.2 E 跑 + 2 ×（4.8 T 跑 + 3 分钟休息）+ 8 ×（200 米 R 跑 + 200 米 jg 跑）+ 4 ×（1.6 T 跑 + 1 分钟休息）+ 3.2 E 跑

每周 163～193 公里			
赛前周数	占最高跑量的百分比	第一次 Q 训练	第二次 Q 训练
第 6 周	90%	本周没有 Q 训练，全周 E 跑 + 其中两天增加 6～8 组 ST 跑	
第 5 周	90%	L 跑，在 37 公里和 2.5 小时中取较小值	3.2 E 跑 + 2 ×（4.8 T 跑 + 3 分钟休息）+ 3.2 T 跑 + 3 分钟休息 + 6 ×（3 分钟 H 跑 + 2 分钟 jg 跑）+ 8 ×（200 米 R 跑 + 200 米 jg 跑）+ 1.6 E 跑
第 4 周	90%	40 分钟 E 跑 + 25.6 M 跑	6.4 E 跑 + 12.8 M 跑 + 1.6 E 跑 + 12.8 M 跑 + 3.2 E 跑
第 3 周	80%	60 分钟 E 跑 + 3 ×（4.8 T 跑 + 3 分钟休息）	3.2 E 跑 + 2 ×（4.8 T 跑 + 3 分钟休息）+ 8 ×（200 米 R 跑 + 200 米 jg 跑）+ 3 ×（1.6 T 跑 + 2 分钟休息）+ 3.2 E 跑
第 2 周	70%	本周没有 Q 训练，全周 E 跑 + 其中两天增加 6～8 组 ST 跑	
赛前 1 周	—	赛前第 7 天：90 分钟 E 跑；赛前第 6 天：60 分钟 E 跑；赛前第 5 天：3 ×（1.6 T 跑 + 2 分钟休息）；赛前第 4 天：60 分钟 E 跑；赛前第 3 天：45 分钟 E 跑；赛前第 2 天：30 分钟 E 跑；赛前 1 天：30 分钟 E 跑	

每周大于 193 公里

赛前周数	占最高跑量的百分比	第一次 Q 训练	第二次 Q 训练
第 26 周	80%	本周没有 Q 训练，全周 E 跑 + 其中两天增加 6～8 组 ST 跑	
第 25 周	90%	L 跑，在 29 公里和 2 小时中取较小值	3.2 E 跑 + 4.8 T 跑 + 3 分钟休息 + 3.2 T 跑 + 2 分钟休息 + 1.6 T 跑 + 1 分钟休息 + 5 ×（3 分钟 H 跑 + 2 分钟 jg 跑）+ 8 ×（200 米 R 跑 + 200 米 jg 跑）+ 3.2 E 跑
第 24 周	80%	60 分钟 E 跑 + 16 M 跑	6.4 E 跑 + 9.6 M 跑 + 1.6 E 跑 + 6.4 M 跑 + 4.8 E 跑
第 23 周	90%	4.8 E 跑 + 5 ×（3.2 T 跑 + 2 分钟休息）+ 4.8 E 跑	4.8 E 跑 + 4.8 T 跑 + 3 分钟休息 + 3.2 T 跑 + 2 分钟休息 + 1.6 T 跑 + 2 分钟休息 + 8 ×（200 米 R 跑 + 200 米 jg 跑）+ 3.2 T 跑 + 3.2 E 跑

续表

每周大于 193 公里			
赛前周数	占最高跑量的百分比	第一次 Q 训练	第二次 Q 训练
第 22 周	100%	本周没有 Q 训练，全周 E 跑 + 其中两天增加 6～8 组 ST 跑	
第 21 周	80%	L 跑，在 31 公里和 135 分钟中取较小值	4.8 E 跑 + 6 ×（1.6 T 跑 + 1 分钟休息）+ 6 ×（3 分钟 H 跑 + 2 分钟 jg 跑）+ 8 ×（200 米 R 跑 + 200 米 jg 跑）+ 3.2 E 跑
第 20 周	100%	50 分钟 E 跑 + 19.2 M 跑	6.4 E 跑 + 9.6 M 跑 + 1.6 E 跑 + 9.6 M 跑 + 4.8 E 跑
第 19 周	90%	4.8 E 跑 + 3 ×（4.8 T 跑 + 3 分钟休息）+ 3.2 T 跑 + 3.2 E 跑	4.8 E 跑 + 4 ×（3.2 T 跑 + 2 分钟休息）+ 8 ×（200 米 R 跑 + 200 米 jg 跑）+ 1.6 T 跑 + 3.2 E 跑
第 18 周	90%	本周没有 Q 训练，全周 E 跑 + 其中两天增加 6～8 组 ST 跑	
第 17 周	80%	L 跑，在 34 公里和 2.5 小时中取较小值	4.8 E 跑 + 3 ×（3.2 T 跑 + 2 分钟休息）+ 6 ×（3 分钟 H 跑 + 2 分钟 jg 跑）+ 4 ×（400 米 R 跑 + 400 米 jg 跑）+ 3.2 E 跑
第 16 周	90%	50 分钟 E 跑 + 22.4 M 跑	6.4 E 跑 + 12.8 M 跑 + 1.6 E 跑 + 9.6 M 跑 + 3.2 E 跑
第 15 周	80%	4.8 E 跑 + 6 ×（3.2 T 跑 + 2 分钟休息）+ 3.2 E 跑	3.2 E 跑 + 4 ×（3.2 T 跑 + 2 分钟休息）+ 8 ×（200 米 R 跑 + 200 米 jg 跑）+ 3.2 T 跑 + 3.2 E 跑
第 14 周	100%	本周没有 Q 训练，全周 E 跑 + 其中两天增加 6～8 组 ST 跑	
第 13 周	90%	L 跑，在 35 公里和 2.5 小时中取较小值	4.8 E 跑 + 4.8 T 跑 + 3 分钟休息 + 2 ×（3.2 T 跑 + 2 分钟休息）+ 6 ×（3 分钟 H 跑 + 2 分钟 jg 跑）+ 8 ×（200 米 R 跑 + 200 米 jg 跑）+ 1.6 E 跑
第 12 周	80%	50 分钟 E 跑 + 24 M 跑	6.4 E 跑 + 12.8 M 跑 + 1.6 E 跑 + 11.2 M 跑 + 3.2 E 跑
第 11 周	70%	6.4 E 跑 + 4.8 T 跑 + 3 分钟休息 + 5 ×（3.2 T 跑 + 2 分钟休息）+ 3.2 E 跑	4.8 E 跑 + 2 ×（4.8 T 跑 + 3 分钟休息）+ 8 ×（200 米 R 跑 + 200 米 jg 跑）+ 2 ×（3.2 T 跑 + 2 分钟休息）+ 3.2 E 跑
第 10 周	60%	本周没有 Q 训练，全周 E 跑 + 其中两天增加 6～8 组 ST 跑	

每周大于 193 公里			
赛前周数	占最高跑量的百分比	第一次 Q 训练	第二次 Q 训练
第 9 周	90%	L 跑，在 37 公里和 2.5 小时中取较小值	3.2 E 跑 + 2 ×（4.8 T 跑 + 3 分钟休息）+ 3.2 T 跑 + 2 分钟休息 + 6 ×（3 分钟 H 跑 + 2 分钟 jg 跑）+ 8 ×（200 米 R 跑 + 200 米 jg 跑）+ 1.6 E 跑
第 8 周	100%	40 分钟 E 跑 + 25.6 M 跑	6.4 E 跑 + 16 M 跑 + 1.6 E 跑 + 9.6 M 跑 + 3.2 E 跑
第 7 周	80%	6.4 E 跑 + 3 ×（4.8 T 跑 + 3 分钟休息）+ 2 ×（3.2 T 跑 + 2 分钟休息）+ 1.6 E 跑	4.8 E 跑 + 2 ×（4.8 T 跑 + 3 分钟休息）+ 8 ×（200 米 R 跑 + 200 米 jg 跑）+ 4 ×（1.6 T 跑 + 1 分钟休息）+ 3.2 E 跑
第 6 周	90%	本周没有 Q 训练，全周 E 跑 + 其中两天增加 6 ～ 8 组 ST 跑	
第 5 周	90%	L 跑，在 37 公里和 2.5 小时中取较小值	3.2 E 跑 + 2 ×（4.8 T 跑 + 3 分钟休息）+ 3.2 T 跑 + 3 分钟休息 + 6 ×（3 分钟 H 跑 + 2 分钟 jg 跑）+ 8 ×（200 米 R 跑 + 200 米 jg 跑）+ 3.2 E 跑
第 4 周	90%	40 分钟 E 跑 + 25.6 M 跑	6.4 E 跑 + 16 M 跑 + 1.6 E 跑 + 9.6 M 跑 + 3.2 E 跑
第 3 周	80%	60 分钟 E 跑 + 3 ×（4.8 T 跑 + 3 分钟休息）	3.2 E 跑 + 2 ×（4.8 T 跑 + 3 分钟休息）+ 8 ×（200 米 R 跑 + 200 米 jg 跑）+ 3 ×（1.6 T 跑 + 2 分钟休息）+ 3.2 E 跑
第 2 周	70%	本周没有 Q 训练，全周 E 跑 + 其中两天增加 6 ～ 8 组 ST 跑	
赛前 1 周	—	赛前第 7 天: 90 分钟 E 跑; 赛前第 6 天: 60 分钟 E 跑; 赛前第 5 天: 3 ×（1.6 T 跑 + 2 分钟休息）; 赛前第 4 天: 60 分钟 E 跑; 赛前第 3 天: 45 分钟 E 跑; 赛前第 2 天: 30 分钟 E 跑; 赛前 1 天: 30 分钟 E 跑	

注: 该表格由 "智跑" 项目设计的杰克·丹尼尔斯跑步计算器创建。

以 5 周为周期

你可以根据需要，在备战重要比赛的过程中不断重复这个为期 5 周的训练，各类型训练的训练量取决于你当前的体能水平和周跑量。

R 训练的总量应以周跑量的 5% 和 8 公里（R 跑的累计总距离）中的较小值为根据，但不应超过该值，两轮快速 R 跑间的恢复时间应该是 R 跑时间的 2 ～ 3 倍。I 训练的总量则应该以周跑量的 8% 和 10 公里（I 跑的累计总距离）中的较小值为根据，但不应超过该值。两轮 I 配速训练间的恢复时间应该与 I 跑时间相当或略少于 I 跑时间。至于 I 训练 +R 训练的混合训练，则应该将单独进行 R 训练和 I 训练的时间各减一半，分别作为混合训练中 R 训练和 I 训练的时间。

T 训练的总量应以周跑量的 10% 和 24 公里（T 跑的累计总距离）中的较小值为根据，但不应超过该值，而且每次 T 训练至少要以 T 跑 4.8 公里。两轮 T 配速跑间的恢复时间应该遵循以下规则：每跑 5 ～ 6 分钟，恢复 1 分钟。

如果你的周跑量大于 64 公里，那么单次训练中 M 跑的总距离应以 29 公里和周跑量的 20% 中的较小值为根据，并控制在该值以内；如果少于 64 公里，那么单次 M 跑的总长度不应超过周跑量的 30%。具体可参见第 4 章中关于 R 训练、I 训练、T 训练和 M 训练的选择。

周末有比赛时，在比赛前 4 天进行一次相对舒适的 T 训练，以此取代周中的两天连续训练。比赛结束后，则按以下规则安排恢复时间：比赛距离每增加 3 公里，就多安排一个 E 日。例如，如果是 10 公里比赛，那么赛后应该安排 3 个 E 日，15 公里比赛后应安排 5 个 E 日，半程马拉松后应安排 7 个 E 日，全程马拉松后则应安排 14 个 E 日。

E 跑是可以边跑边说话的轻松配速跑，大部分 L 跑、热身跑、放松跑以及快速训练回合间的 R 跑都会使用 E 配速。如果你的周跑量为 64 公里或以下，那你需要将 L 跑的距离控制在周跑量的 30%；而如果周跑量大于 64 公里，那么 L 跑需要控制在周跑量的 25%。另外，基于此规则，如果你需要 150 分钟以上来完成相应跑量，那你需要将 L 跑控制在 150 分钟以内。换言之，你要根据你当前的周跑量，在 150 分钟和周跑量的 25% 或 30% 中取较小值，将其作为 L 跑的最大距离。

T 跑采用舒适偏艰苦的配速，你可以根据第 5 章的 VDOT 表来估算 T 配速。R 跑是以 T 配速进行的重复跑，两轮 T 跑之间要安排短暂的休息时间。I 配速是你能坚持跑 10 ～ 12 分钟的配速，以 I 配速奔跑的艰苦感是一种主观感觉。你可以在 VDOT 表中查看 I 配速。

R 跑是你当前的 1.6 公里或 1 500 米比赛配速。而 M 配速则由预估的 M 比赛配速或 VDOT 表决定。

一般而言，I 配速要比 R 配速每 400 米慢 6 ～ 8 秒，而 T 配速比 I 配速每 400 米慢 6 ～ 8 秒。对速度较快的跑者而言，其 M 配速要比 T 配速每公里慢 7.5 秒；而对速度较慢的跑者而言，其 M 配速则要比 T 配速每公里慢 9.375 ～ 12.5 秒。

ST 跑是轻量的快速跑或上坡跑，持续 15 ～ 20 秒，两轮间有 45 ～ 60 秒的休息时间。

表 16-5 提供了执行这个 5 周训练计划的总体方案。如果距离比赛只剩最后几周，你需要稍微对其进行调整，具体做法如下：在赛前 3 周去掉每周的 ST 跑，并在平地上进行大部分跑步训练，以体验在地面上"漂移"一般的迈步感。在赛前 2 周去掉跑坡训练，并执行训练计划中的第一周计划，而赛前最后一周的 L 跑需要持续 90 分钟；另外，你还要暂停 R 训练，重点练习 L 跑和 T 跑，且 T 训练要在赛前 4 ～ 5 天完成。

表 16-5　以 5 周为周期的马拉松训练计划

周次	天	训练内容
第 1 周	周日	L 跑
	周一	E 跑 + 12.8 公里 ST 跑
	周二	E 跑
	周三	T 训练
	周四	R 训练
	周五	E 跑
	周六	E 跑 + 9.6 公里 ST 跑
第 2 周	周日	M 跑
	周一	E 跑 + 9.6 公里 ST 跑
	周二	E 跑
	周三	T 训练
	周四	R 训练
	周五	E 跑
	周六	E 跑 + 12.8 公里 ST 跑
第 3 周	周日	L 跑
	周一	E 跑 + 12.8 公里 ST 跑
	周二	E 跑
	周三	T 训练
	周四	I 训练
	周五	E 跑
	周六	E 跑 + 9.6 公里 ST 跑
第 4 周	周日	M 跑
	周一	E 跑 + 9.6 公里 ST 跑
	周二	E 跑
	周三	T 训练
	周四	R 训练
	周五	E 跑
	周六	E 跑 + 12.8 公里 ST 跑
第 5 周	周日	L 跑
	周一	E 跑 + 12.8 公里 ST 跑
	周二	E 跑
	周三	T 训练
	周四	I 训练 + R 训练的混合训练
	周五	E 跑
	周六	E 跑 + 12.8 公里 ST 跑

注：该表格由"智跑"项目设计的杰克·丹尼尔斯跑步计算器创建。

最后 18 周计划

跑者用于进行马拉松训练的时间并不总是确定的。有些人的时间相对较多，这也意味着他们可能需要更多的时间训练。跑者需要多少时间，又能留出多少时间，这些会受到其当前体能状况、天气、马拉松比赛日期的影响。虽然我个人倾向于制订 18 周的训练计划，但也有跑者习惯于更长的训练周期，尤其是希望在马拉松比赛前参加距离稍短的特定比赛的跑者。

另外，一些体能优秀的跑者还可能希望参加一两个月后开赛的马拉松比赛。针对这种情况，他们可以选择一个周期较长的训练计划，直接从中间几周的训练开始，甚至可以按照自己的喜好从中选出几周来训练。

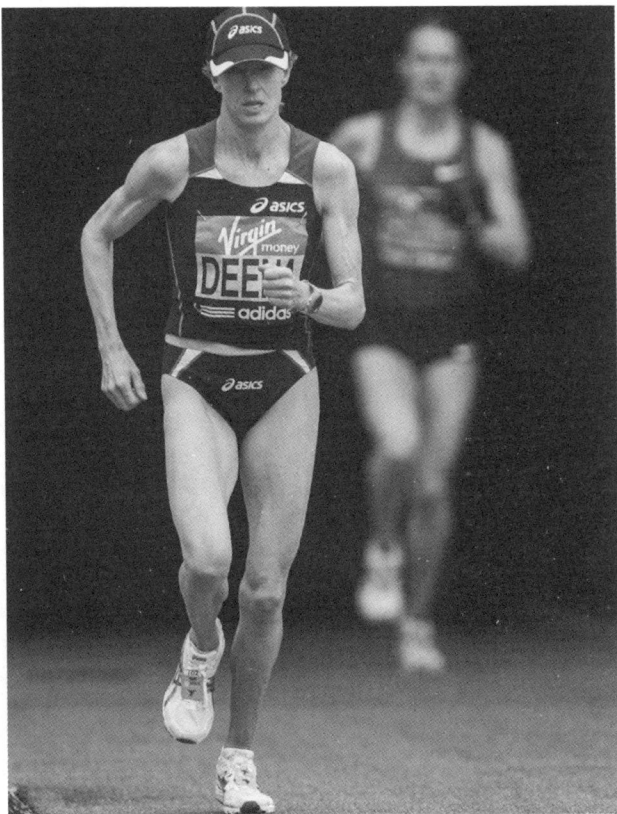

美国女子马拉松比赛纪录保持者蒂娜·卡斯托尔（Deena Kastor）表示，她的自信来源于持续数周的扎实训练。

有些正在备战马拉松比赛的跑者的跑量很高，而且他们不想在一周里进行两三次 Q 训练。此外，有些跑者希望训练计划以英里为单位，有些则更习惯用公里计算距离，还有的跑者希望在计划中注明不同训练的持续时间。考虑到以上所有情况，我设计了 2 个 18 周计划。这 2 个计划都采用了相似的方式来说明 Q 训练的训练内容。其中，第一个是以公里为单位，第二个则是以训练时间为单位，而不是各个强度的训练距离。你可以在按距离制订的计划和按时间制订的计划间进行切换，找到对你来说压力最小的。

以公里为单位的 18 周训练计划

这个计划针对的是马拉松比赛前的最后 18 周。执行这个计划的一个前提是，你在开始训练内容前，已经相当认真地跑了一段时间。另一个前提是你有能力进行至少持续 2 小时的定速跑，并有能力达到每周 125 公里或以上的跑量。你可以查询 VDOT 表得到合适的 M 训练配速和 T 训练配速。另外，你可以在每个 E 日进行一到两次 E 跑，也可以在需要时休息一天，并利用 E 日来跑步，以达到每周的目标跑量。

Thomas B. Shea/Getty Images

瑞安·霍尔（Ryan Hall，图右）正在与伟大的阿卜迪·阿卜迪拉赫曼（Abdi Abdirahman）同场竞技。在我有幸指导过的运动员中，瑞安·霍尔是最具天赋的跑步选手之一。他乐意进行恰当的训练，以便更好地发挥自己的天赋。

本计划每4～5天安排一个Q日。如果你只有周末有时间进行L训练，那你可以稍微调整训练日的次序，但凡是计划中有详细说明的训练内容，都要尽量执行。

确定你认为合理的最大周跑量，具体建议可参考表16-6，其中详细列出了以公里为单位的18周马拉松训练计划。这个训练安排同样可以调整，所以它可以很好地配合你的个人日程。另外，即便你调整了进行高质量训练的日子，也不要改变表中加粗的高质量训练的执行顺序。

表 16-6 以公里为单位的 18 周马拉松训练计划

周次	训练内容
1 周	**25 ～ 30 公里 L 跑（不超过 2.5 小时），E 配速** E 日（本周总跑量为最高周跑量的 80%） E 日 E 日 **10 分钟 E 跑 + 15 ～ 18 公里，使用马拉松比赛预计的 M 配速** E 日 E 日
2 周	E 日（本周总跑量为最高周跑量的 90%） E 日 **10 分钟 E 跑 + 2 ×（5 公里 T 跑 + 3 分钟休息）（T 配速比 M 配速每公里快 8 ～ 10 秒）+ 60 分钟 E 跑** E 日 E 日 E 日
3 周	**可以在今天安排路跑赛，也可以进行 10 分钟 E 跑 + 4 ×（3 公里 T 跑 + 2 分钟休息）+ 30 分钟 E 跑** E 日（本周总跑量为最高周跑量的 80%） E 日 E 日 **25 ～ 30 公里 L 跑（不超过 2.5 小时）** E 日 E 日

周次	训练内容
4 周	E 日（本周总跑量为最高周跑量的 90%） 30 分钟 E 跑 + 5 ×（1 公里 T 跑 + 400 米 jg 跑）+ 30 分钟 E 跑 E 日 E 日 E 日 10 分钟 E 跑 + 4 ×（3 公里 T 跑 + 2 分钟休息）+ 40 分钟 E 跑 E 日
5 周	E 日（本周总跑量为最高周跑量的 100%） E 日 30 公里 L 跑（不超过 2.5 小时） E 日 E 日 E 日 10 分钟 E 跑 + 15 公里 M 跑 + 30 分钟 E 跑
6 周	E 日（本周总跑量为最高周跑量的 80%） E 日 E 日 E 日 20 分钟 E 跑 + 4 ×（3 公里 T 跑 + 2 分钟休息）+ 60 分钟 E 跑 E 日 E 日
7 周	E 日（本周总跑量为最高周跑量的 100%） E 日 30 分钟 E 跑 + 18 公里 M 跑 + 30 分钟 E 跑 E 日 E 日 E 日 E 日
8 周	60 分钟 E 跑 + 4 公里 T 跑 + 30 分钟 E 跑 + 3 公里 T 跑 + 10 分钟 E 跑 E 日（本周总跑量为最高周跑量的 90%） E 日 E 日 E 日 30 ～ 35 公里 L 跑（不超过 2.5 小时） E 日

周次	训练内容
9 周	E 日（本周总跑量最高周跑量的 90%） E 日 E 日 **30 分钟 E 跑 + 20 公里 M 跑 + 20 分钟 E 跑** E 日 E 日 E 日
10 周	**30 分钟 E 跑 + 4 ×（3 公里 T 跑 + 2 分钟休息）+ 30 分钟 E 跑** E 日（本周总跑量为最高周跑量的 80%） E 日 E 日 E 日 **10 分钟 E 跑 + 4 公里 T 跑 + 10 分钟 E 跑 + 4 公里 T 跑 + 40 分钟 E 跑** E 日
11 周	E 日（本周总跑量为最高周跑量的 90%） E 日 E 日 **30 ～ 35 公里 L 跑（不超过 2.5 小时）** E 日 E 日 E 日
12 周	**10 分钟 E 跑 + 20 公里 M 跑** E 日（本周总跑量为最高周跑量的 80%） E 日 E 日 E 日 **10 分钟 E 跑 + 5 ×（2 公里 T 跑 + 2 分钟休息）+ 60 分钟 E 跑** E 日
13 周	E 日（本周总跑量为最高周跑量的 100%） E 日 E 日 **10 分钟 E 跑 + 4 ×（3 公里 T 跑 + 2 分钟休息）+ 10 分钟 E 跑** E 日 E 日 E 日

马拉松训练

周次	训练内容
14 周	**30～35 公里 L 跑** E 日（本周总跑量为最高周跑量的 90%） E 日 E 日 E 日 **20 分钟 E 跑 + 10 公里 M 跑 + 10 分钟 E 跑 + 4 公里 T 跑 + 10 分钟 E 跑** E 日
15 周	E 日（本周总跑量为最高周跑量的 80%） E 日 E 日 **10 分钟 E 跑 + 5 公里 T 跑 + 10 分钟 E 跑 + 4 公里 T 跑 + 10 分钟 E 跑 + 3 公里 T 跑** E 日 E 日 E 日
16 周	**10 分钟 E 跑 + 20 公里 M 跑 + 50 分钟 E 跑** E 日（本周总跑量为最高周跑量的 70%） E 日 E 日 **10 分钟 E 跑 + 4 ×（2 公里 T 跑 + 2 分钟休息）+ 60 分钟 E 跑** E 日
17 周	E 日（本周总跑量为最高周跑量的 60%～70%） E 日 E 日 **30 分钟 E 跑 + 3 ×（3 公里 T 跑 + 2 分钟休息）+ 20 分钟 E 跑** E 日 E 日 E 日
18 周	90 分钟 L 跑 60 分钟 E 跑 **20 分钟 E 跑 + 3 ×（2 公里 T 跑 + 2 分钟休息）+ 10 分钟 E 跑** 40 分钟 E 跑 30 分钟 E 跑 30 分钟 E 跑，或休息（尤其是在要前往比赛举办地时） 30 分钟 E 跑

以时间为单位的 18 周训练计划

除了使用距离来计量，跑步训练也可以用时间来计量。无论这种方式对跑者是利是弊，它至少能让跑者暂且忘记他们的每英里或每公里配速，学会根据感觉跑步。如果你能靠感觉来判断自己跑得有多么艰苦或多么轻松，那你无疑将在比赛中占据很大的优势。在地形起伏较多或刮风的时候，这种优势会更加明显。因为在这些情况下，你很难单纯依靠距离来判断自己的跑步强度。我建议跑者以时间为计量单位尝试不同的训练，甚至包括在环境条件良好的时候，以便在自己的感觉和运动的艰苦程度之间建立对应关系。

以时间为单位的 18 周计划列出了各类型跑步训练的总分钟数。L 指长距离 E 跑。另外，大部分 T 训练的训练总时间要按 T 跑的次数平均分配。如表 16–7 所示，T40 指以 T 配速跑 40 分钟，它可能是 8×5 分钟、5×8 分钟或 4×10 分钟，等等（每轮结束后休息 1 ～ 2 分钟）。TL 40–70 指以 T 配速跑 40 分钟，它可能是 4×（10 分钟 +2 分钟休息），然后再加上 70 分钟 L 跑（采用 E 配速）。

TIR 15–10–5 指总时间为 15 分钟的 T 跑，加上总时间为 10 分钟的 I 跑，再加上总时间为 5 分钟的 R 跑。其中，15 分钟 T 跑的形式可能是 3×5 分钟，每轮结束后休息 1 分钟；10 分钟 I 跑的形式可能是 5 ×（2 分钟 H 跑 + 与 H 跑相等时长的慢速 R 跑）；5 分钟 R 跑的形式则可能是 5 ×（1 分钟 R 跑 + 双倍时长的休息），而 5 轮 1 分钟 R 跑也可以采取（4 ～ 5） × 400 或（8 ～ 10） × 200 的形式。

M 是马拉松比赛预计配速。所以，MT 80–20 是指 80 分钟的 M 配速定速跑，加上 20 分钟的 T 跑，后者的形式可能是 4 ×（5 分钟 + 1 分钟休息）或 2 ×（10 分钟 + 2 分钟休息）。ME 80–60 指 80 分钟的 M 跑，加上 60 分钟 E 跑。

"T_{比赛}25 公里封顶"是指尽量找一场中等距离的比赛，距离介于 15 ～ 25 公里之间。如果当周周末没有比赛，那就换个日子进行。如果这个时间前后没有比赛，那就做自己最喜欢的训练。

E 训练、L 训练、M 训练都不需要热身，以 T 开头的训练则都需要热身。凡是没有指明训练内容的日子都是 E 日。在 E 日根据跑量累积需要来跑，以达到每周的目标跑量，当然你可能并不需要每天都跑。另外，在每周不计时（不规定要在多少时间内跑多少距离）的日子里任选两天，进行 6～8 组 ST 跑。最后，不同训练配速的关系如下：T 配速比 M 配速每公里快 9.375～12.5 秒，I 配速比 T 配速每 400 米快 6 秒，R 配速比 I 配速每 400 米快 6 秒。

表 16-7 详细列出了以分钟为单位的 18 周马拉松训练计划。因为这个训练安排可以调整，所以这些训练可以很好地配合你的个人日程。最重要的一点是，要按表中给出的顺序进行高质量训练。

表 16-7　以时间为单位的 18 周马拉松训练计划

周次	训练内容和时间
第 1 周	L 120～150 TIR 15-10-5
第 2 周	EM 60-40 TL 40-60
第 3 周	TIR 20-15-6
第 4 周	MT 60-15 L 120～150
第 5 周	TIR 20-10-10
第 6 周	TL 40-70 T比赛 25 公里封顶
第 7 周	MT 80-15
第 8 周	TIR 20-10-8 T 20-20-10-10
第 9 周	T 40
第 10 周	TIR 20-15-10 L 150
第 11 周	MT 80-20

周次	训练内容和时间
第 12 周	TIR 20-10-10 L 150
第 13 周	TIR 20-15-10
第 14 周	大 T 20-20-15-12-6
第 15 周	L 150 I$_{比赛}$ 5 ~ 10 公里
第 16 周	ME 80-60
第 17 周	TL 40-80 T 40
第 18 周	L 1.5 小时 E 1 小时 E T 20 1 小时 E 40 分钟 E 30 分钟 E 或休息 30 分钟 E 马拉松比赛日

注：该表格由"智跑"项目设计的杰克·丹尼尔斯跑步计算器创建。

最后 12 周计划

本计划每周安排两个 Q 日，可以任意选择适合你日程的日子。其他日子都进行 E 跑，目的是累积跑量，以达到目标周跑量。如表 16-9 所示，第二列中的数字指该周跑量要达到的最大周跑量比例。

以下训练适用于海平面地区。如果你处于海拔 2 130 米的地区，那么你的 R 配速可以与在海平面地区时的 R 配速保持一致，而你的 M 配速、T 配速和 I 配速各自都要比在海平面地区时的相应配速每 400 米慢 4 秒（每公里慢 10 秒）。碰到像刮风、天气炎热或路面糟糕的不利条件时，要根据环境来调整训练速度。

如果没有注明距离单位，则默认以"公里"为单位，如"12.8 M"表示以 M 配速跑 12.8 公里。如果你不使用 VDOT 值来确定训练强度，那就选择一个现实可行的目标 M 配速，然后根据 M 配速来一步步推得其他配速：最终的 T 配速要比目标 M 配速每公里快 9.375 秒，最终的 I 配速要比 T 配速每 400 米快 6 秒，而最终的 R 配速又要比 I 配速每 200 米快 3 秒。

表 16-8 详细说明了马拉松最后 12 周的训练计划。这个计划要求较高，每周都有两次 Q 训练。你可以根据个人日程和天气，将这些 Q 训练安排在一周中的任意日子进行，但两次 Q 训练之间至少要安排两个 E 日。

表 16-8　马拉松最后 12 周训练计划

周次	占最高跑量的百分比	训练内容	总公里数	类型
第 12 周	80%～100%	Q1 = 6.4 E 跑 +12.8 M 跑 + 1.6 T 跑 + 9.6 M 跑 + 1.6 T 跑 + 3.2 E 跑	35.2	MT
		Q2 = 3.2 E 跑 +6.4 T 跑 +4 分钟 E 跑 +4.8 T 跑 +3 分钟 E 跑 +3.2 T 跑 +2 分钟 E 跑 +1.6 T 跑 +3.2 E 跑	24	T
第 11 周	90%	Q1 = 3.2 E 跑 +6.4 T 跑 + 16 E 跑 +2 ×（3.2 T 跑 + 2 分钟休息）+ 3.2 E 跑	35.2	TLT
		Q2 = 3.2 E 跑 +6 × 1 000 米 I 跑或 4 ×（1.6 I 跑 + 2 或 4 分钟 E 跑）+ 4 ×（400 米 R 跑 + 3 分钟 E 跑）+ 3.2 E 跑	20.8	IR
第 10 周	80%	Q1 = 定速 E 跑 32 公里	32	L
		Q2 = 19.2 公里（在跑步中渐渐加速到 T 配速，以 T 配速跑完最后 4.8 公里）+ 3.2 E 跑	22.4	T
第 9 周	100%	Q1 = 9.6 E 跑 + 9.6 M 跑 + 1.6 T 跑 + 9.6 M 跑 + 1.6 T 跑 + 3.2 E 跑	35.2	MT
		Q2 = 3.2 E 跑 +8 T 跑 + 5 分钟 E 跑 +6.4 T 跑 + 4 分钟 E 跑 + 4.8 T 跑 + 3 分钟 E 跑 +1.6 T 跑 + 3.2 E 跑	36.8	大 T
第 8 周	90%	Q1 = 3.2 E 跑 +6.4 T 跑 + 16 E 跑 +6.4 T 跑 + 3.2 E 跑	35.2	TLT
		Q2 = 3.2 E 跑 +3 ×（1.6 I 跑 + 4 分钟 E 跑）+ 3 ×（1 000 米 I 跑 + 2 分钟 E 跑）+ 3.2 E 跑	16	I
第 7 周	70%	Q1 = 定速 E 跑 35.2 公里	35.2	L
		Q2 = 12.8 E 跑 + 12.8 M 跑 + 1.6 T 跑 + 6.4 M 跑 + 1.6 T 跑 + 1.6 M 跑	36.8	MT

周次	占最高跑量的百分比	训练内容	总公里数	类型
第6周	100%	Q1 = 16 公里（在跑步中渐渐加速到 T 配速，以 T 配速跑完最后 6.4 公里）+ 3.2 E 跑	19.2	T
		Q2 = 3.2 E 跑 + 8 T 跑 + 5 分钟 E 跑 + 6.4 T 跑 + 4 分钟 E 跑 + 4.8 T 跑 + 3 分钟 E 跑 + 3.2 T 跑 + 2 分钟 E 跑 + 1.6 T 跑 + 3.2 E 跑	33.6	大 T
第5周	80%	Q1 = 3.2 E 跑 + 6.4 T 跑 + 16 E 跑 + 2 × （3.2 T 跑 + 2 分钟休息）+ 3.2 E 跑	35.2	TLT
		Q2 = 3.2 E 跑 + 6 × （1 000 米 I 跑 + 2 分钟 E 跑）+ 4 × （400 米 R 跑 + 400 米 jg 跑）+ 3 分钟 E 跑	17.6	IR
第4周	70%	Q1 = 定速 E 跑 35.2 公里	35.2	L
		Q2 = 3.2 E 跑 + 3 × （1.6 T 跑 + 1 分钟 E 跑）+ 3 × （1 000 米 I 跑 + 2 分钟 E 跑）+ 3 × （400 米 R 跑 + 400 米 jg 跑）+ 3.2 E 跑	17.6	TIR
第3周	70%	Q1 = 9.6 E 跑 + 9.6 M 跑 + 1.6 T 跑 + 9.6 M 跑 + 1.6 T 跑 + 3.2 E 跑	35.2	MT
		Q2 = 3.2 E 跑 + 4 × （3.2 T 跑 + 2 分钟 E 跑）+ 3.2 E 跑	19.2	T
第2周	—	Q1 = 3.2 E 跑 + 3 × [3.2 T 跑（或 2 × 4.8 T 跑）+ 2 分钟 E 跑恢复] + 16 E 跑	28.8	TL
		Q2 = 3.2 E 跑 + 3 × （3.2 T 跑 + 2 分钟 E 跑）+ 3.2 E 跑	16	T
赛前 1 周	—	赛前第 7 天：Q1 = 90 分钟 E 跑	20.8	E
		赛前第 6 天：1 小时 E 跑	14.4	E
		赛前第 5 天：Q2 = 3.2 E 跑 + 4 × （1 200 米 T 跑 + 2 分钟 E 跑）+ 3.2 E 跑	11.2	T
		赛前第 4 天：50 分钟 E 跑	11.2	E
		赛前第 3 天：30 ～ 40 分钟 E 跑	9.6	E
		赛前第 2 天：0 ～ 20 分钟 E 跑	4.8	E
		赛前 1 天：20 ～ 30 分钟 E 跑	4.8	E

注：该表格由"智跑"项目设计的杰克·丹尼尔斯跑步计算器创建。

马拉松训练

17
超长距离训练

努力让你所做的一切都有助于
提高你的比赛成绩。

虽然超长跑比赛近年来越来越受欢迎，但据我所知，目前还没有与此类赛事相关的广泛研究。铁人三项比赛在本质上无疑也是一种超长距离比赛，但它涉及 3 种不同的运动项目，而超长距离比赛主要只涉及长距离跑步。

我尚未指导过超长跑选手，但有幸在玛格达莱娜·卢伊－鲍莱特开始跑超长跑比赛前指导过她。我亲眼见证了她在 39 岁时刷新数项个人最好成绩的辉煌战绩，她在包括 1 500 米、5 公里和马拉松项目等精彩比赛中达到的VDOT 值都在 68 左右。另外，她的马拉松比赛成绩为 2 小时 26 分，这足以让她代表美国参加奥运会。作为超长跑选手，玛格达莱娜在美国和其他一些国家或地区都赢得过重大赛事的冠军。为了借鉴玛格达莱娜的丰富经验，我向她请教了一些关于超长跑训练和比赛的问题。以下是我们有关超长跑训练的问答内容。

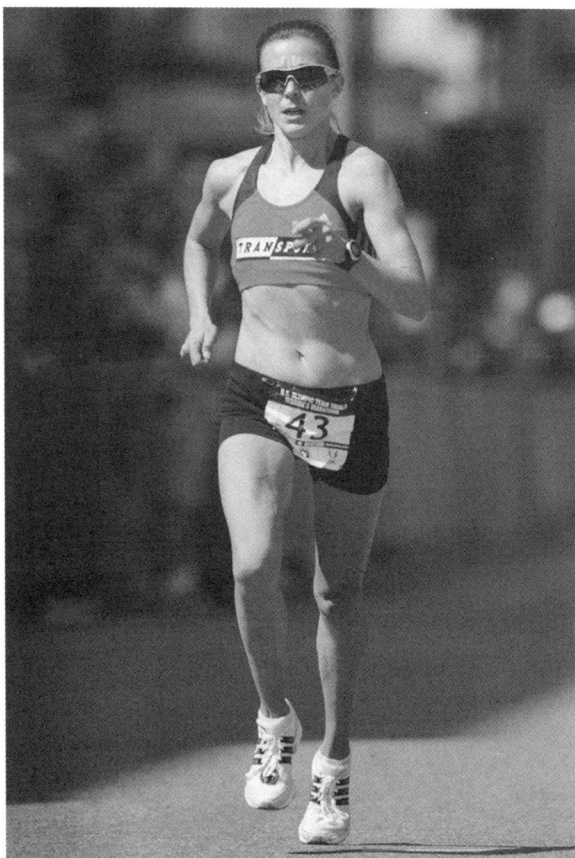

对像玛格达莱娜这种超长跑运动员而言，比赛最后一段是收获
回报的时刻。

DANIELS' RUNNING FORMULA

问答

问：　**你通常多久长跑一次？**

答：每周一次，除非我安排了恢复周。我偶尔也会一周跑两次。

问：　**你长跑时会跑多快？**

答：我跑得一点儿也不快。超长跑的关键在于，要尽量让脚长时间
保持舒适，还要学会（并教会身体）在持续数小时的运动中正确补

充能量。另外，我还会选择坡比较多的路线进行长跑，特别是在备战赛道起伏比较多的比赛时，所以，我会花很多时间在陡坡上进行高效的徒步爬坡练习。

问： 你一般在哪个时段长跑？

答： 我一直喜欢一大早跑，因为这最契合我的日程。如果要合理备战持续 20 小时或更久的比赛，那我偶尔也会在晚上或深夜跑，这时大脑会有不一样的感觉。而且，练习夜跑时的心理素质，对日后参赛很有帮助。另外，最好还要习惯在黑暗中戴头灯跑步。我经常跑步上下班。工作一整天后，我一般会感到精神疲惫，而在大脑疲劳时跑步，可以完美模拟运动员在超长跑后半段所经历的情况。

问： 你一般一天跑几次？

答： 我通常一天只跑一两次，一周跑 6 天。我每周会安排一天休息，让自己完全恢复。我的日程安排非常紧凑，所以我在工作日常常跑步上下班。

问： 你一般每周要跑多少小时？

答： 我通常每周会跑 10 ～ 14 小时，其中几乎一半时间是在周末，因为周末我会跑两个长距离。

问： 你会做重复训练（较快的 200 米和 400 米 R 跑）吗？

答： 会。我觉得这是训练中一个很重要的部分，它可以让我保持整体体能，也可以让我在配速较慢时有更加强壮的感觉。在每周的训练中加入一些快速训练是很不错的调整。我主要是跑 200 米快速跑，每次跑 8 ～ 12 轮。

问： 你会做 T 训练或 I 训练吗？

答： 我非常喜欢 T 训练，这是我整体训练计划中的重要组成部分。我有时喜欢在设好坡度的跑步机上做 T 训练，这能让我更有针对性地备战我平时会参加的比赛。

问： 你多久做一次 R 训练和 T 训练？每次的训练量各是多少？

答： 做 R 训练时，我主要是做 200 米短跑，每周一次，每次跑 8 ～ 12 轮。T 训练也是每周一次。我喜欢用 T 跑的速度或强度进行 30 ～ 60 分钟的训练，并将整个训练分割为 5 分钟、10 分钟或 15 分钟的小单位进行。

问： **你会参加比超长距离更短的比赛吗？**

答：会。我喜欢参加全程马拉松比赛和 50 公里比赛，就当是为更长的 80 公里或 160 公里比赛训练。

问： **多长距离才算是超长跑比赛？**

答：距离比全程马拉松比赛更长的比赛基本上都算超长跑比赛，超长跑跑者通常都是从参加 50 公里比赛开始起步的。

问： **你会在超长跑比赛前进行特别的饮食准备吗？**

答：当然会。要在超长跑比赛中取得成功，补给计划是一个非常关键的因素。比赛时要确保身体有充足的能量和水分。运动员必须根据训练周期和比赛的需求调整营养摄入，有计划且有目地进行补给。此外，营养计划还应该根据比赛总距离、比赛地形和预期天气情况进行调整。

问： **就你的常规训练计划而言，你在营养方面有特别想分享的吗？**

答：为训练制订营养计划至关重要。你需要在正确的时间为身体提供合理且足量的营养物质，这是帮助你最大限度地恢复身体、更快地实现积极生理适应的关键，因为合理饮食本身也是一种训练。另外，我想分享一些其他注意事项：

- 你需要有策略地安排摄入营养物质的时间。时机胜于一切！在锻炼前后减少脂肪、膳食纤维和蛋白质的摄入，其余时间则增加这些物质的摄入。碳水化合物是高强度运动或长时间运动的首选供能物质，因为身体更偏好这种能量来源。如果你在一天内安排了多次训练，那么两次训练间一定要补充糖。促进身体恢复的营养物质对高强度训练也至关重要，摄入足量的蛋白质对修复肌肉必不可少。

- 训练你的肠胃。在训练过程中摄取重要营养物质（如碳水化合物、电解质、液体）能增强肠道对它们的吸收能力，从而降低出现胃肠道问题的风险。

- 提前"演练"针对特定比赛制订的营养计划。比赛日别碰运气！你要清楚自己会在赛前、赛中、赛后吃什么（制订计划），然后按计划实践。你要了解自己对哪些食物的耐受度最高，喜欢哪种食物形态（如固态、液态或凝胶态）、什么口味。你要尽可能模拟比赛中可能发生的一切，最大限度地提高自己在关键时刻应对问题的成功概率。

Daniel Petty/The Denver Post via Getty Images

基利安·霍尔内特·布尔加达（Kilian Jornet Burgada）在越野跑、天空跑和长距离跑等项目上能力非凡，他打破过各种超长跑比赛纪录。他热爱比赛，热衷征服未知，这些都激励着他。

问： 重复参加同一场超长跑比赛的情况常见吗？

答：很常见。许多超长跑比赛组织得非常出色，它们本身就像一个大家庭一样。许多超长跑选手每年都会参加几场固定的比赛，这些比赛既可能是"自家"赛事，也可能是在其他某个特别的地方举办、而他们又都有兴趣参加的赛事。而且，就算不能亲自参赛，他们往往也会以志愿者的身份参加，在救助站或其他地方帮忙。

问： 你做辅助训练吗，比如举重、拉伸？

答：当然。我每周至少做 2～3 次核心、平衡性和稳定性训练。我也喜欢在长跑后穿着负重背心徒步。让身体保持良好的关节活动度也很重要，所以我每周至少会做 3 次主动孤立柔韧性[①]训练。

---

① 主动孤立柔韧性（active isolated flexibility）指训练单一肌群的主动柔韧性。主动柔韧性是在没有外力时能达到的关节活动度。——译者注

问： **在美国，大型超长跑比赛通常有多少参赛选手？**

答：由于美国国家公园管理局、美国林务局或美国土地管理局的政策限制，美国一些知名赛事每次只提供 200 ~ 400 个参赛名额。大多数规模较大的比赛都采用抽签制，但像美国西部 100 英里（约 160 公里）耐力赛这样的比赛，跑者要想中签，可能需要等上好几年。不过，世界上其他地区也有参赛人数非常多的超长跑比赛，比如环勃朗峰超级越野耐力赛。它采用著名的徒步路线作为赛道，路线穿越意大利、法国和瑞士，被很多人认为是全世界最难跑的超长跑比赛之一，同时其赛事规模也位居世界前列，每届有超过 2 500 名选手参赛。这项比赛属于法国沙莫尼越野周赛事中的一场。

问： **超长跑比赛大多是一日赛还是多日赛？**

答：大多数超长跑比赛不超过 24 小时，距离大多介于 50 ~ 100 公里之间。另外，100 英里（约 160 公里）的距离也非常受跑者欢迎，很多人需要 24 小时以上才能完赛。还有一些为期多日的比赛，我自己也跑过几场。比如，摩洛哥的撒哈拉沙漠马拉松就是最著名的一场，每届有大约 1 000 名参赛者。我个人比较喜欢美国科罗拉多州的翻越落基山脉赛，它是一场为期 6 天的分段赛，总距离长达 120 英里（约 193 公里），赛道会穿越一些绝美的山地地形。因为组织这类多日比赛涉及大量后勤工作，所以这类比赛并不常见，但它们的确非常有吸引力，也非常受欢迎。

问： **超长跑选手大多有怎样的跑步背景？参赛的都是什么样的人？**

答：超长跑通常不是跑者跑步生涯的起点。大部分超长跑选手从高中就开始参加越野比赛，或是在人生某个阶段先开始参加路跑比赛，后来才开始跑超长跑。近年来，很多人会把跑完马拉松加入自己的人生清单。他们为了实现这一愿望而接受马拉松训练，也完成了目标，进而又为了挑战新的目标而开始参加超长跑比赛。绝大多数超长跑选手喜欢探索独特的地形，乐于完成有挑战性的距离，热衷于跑进自己的目标时间，而不是与他人竞争。他们的背景各种各样，体能、年龄、体形都各不相同。

超长距离训练

18
铁人三项训练

有时稍微放慢跑步速度反而
能更快地到达终点。

铁人三项包括 3 个顺次进行的独立项目，即游泳、自行车和跑步，它要求参与者全面发展自己各方面的体能。跑步是比赛中的最后一项，此时，参与者的身体已经相当疲惫，所以想要跑好就更需要练就强大的体能。铁人三项运动员大多有自己的强弱项，而相应的训练需要运动员在每个单项上都投入大量时间。我参加过现代五项的 3 届世界锦标赛和两届奥运会比赛。现代五项包括击剑、游泳、马术（场地障碍赛）、射击和跑步（最后两项已并为一项，称为跑射联项）。我花了很多时间，试图以最佳方式将这 5 个项目融入我的整体训练计划中。

我曾在美国陆军服役 4 年，其间一直在进行现代五项训练。在这 4 年里，我经历了各种训练方法，而军队训练会占用我一周中的 6 天的大部分时间。我们每天早上练两小时马术，从早上 6 点练到 8 点，然后是早餐时间，时长1 小时。早餐后是两小时击剑训练和一个半小时游泳训练，接着是午餐和休息。休息两小时后，我们会继续练几小时的手枪射击，再进行第 2 轮击剑或马术训练。之后是晚餐以及大约 1 小时的跑步训练，然后上床睡觉。

无论个人哪项强、哪项弱，训练队的所有成员都必须遵循以上这个相同的时间表，这自然有不利的一面。而且，由于跑步排在每天所有训练项目的最后，因此训练难度很大。跑步较弱的队员在经过两小时骑马、两小时击剑和一个半小时的游泳训练后，会觉得每晚的跑步训练尤其困难。

结束为期 4 年的陆军服役后，我开始攻读研究生学位，辗转去了美国几个州和另外两个国家。同时，我仍然在继续参加现代五项的训练和比赛。留学瑞典期间，我每天都要进行体操训练，秋季学期的周六还会参加定向越野赛，所以我可用于训练现代五项的时间非常有限。当时，我每周通常这样安排训练项目：一天骑马、射击，两天击剑，5 天晨泳，另外就是大量的跑步。有段时间，我每天都会跑步，通常是在午休时间。得益于以上训练计划，尽管我训练的时间减少了，但我维持住了骑马和射击项目上的体能，在游泳和跑步方面甚至还有进步。这可能是因为，与在陆军服役时相比，我在每次训练后的休息和恢复时间变多了。

在当时的现代五项比赛中，我们每天只进行一个项目的比赛，因此运动员在比赛时有充足的时间休息和恢复，在训练时自然不必考虑项目的顺序，但训练顺序对铁人三项却非常重要。由于铁人三项需要迅速从游泳切换到自行车，再从自行车切换到跑步，因此在训练中练习这种切换非常重要，这有助于运动员了解自己的身体对这些需求变化的反应。

在铁人三项训练中，有意识地练习从游泳到自行车、从自行车到跑步的切换当然有其意义。此外，我们也必须记住，正如前文刚提到的，在铁人三项比赛中，跑步总是在运动员已经筋疲力尽时才开始的，因为前面的游泳和自行车项目已经消耗了他们的大量精力。所以在平常的训练中，运动员可以在完成其他项目的训练后，趁体力还没有完全恢复马上练习跑步。另外，跑步训练有时也要安排在自己精力充沛、休息充分的时候，这时最好的训练方法是进行 T 跑，或进行持续时间较长的 E 跑。

Tom Pennington/Getty Images for Ironman

Gary Newkirk/Allsport/Getty Images

2019年，蒂姆·奥唐奈（Tim ODonnell）在夏威夷科纳举办的铁人三项世界锦标赛中完赛，其表现堪称美国最佳。他的成功要归功于他的全年基础训练计划。按照这套计划，他每天大约训练 5 小时，每周安排 1 个休息日，每 3 周完全休息 1 天，而赛前最后几个月，他会加量训练。

"科纳女王"葆拉·纽比 – 弗雷泽（Paula Newby-Fraser）曾在铁人三项世界锦标赛中八度夺冠，并赢得过 21 个铁人三项比赛冠军。她建议铁人三项运动员根据自己的日常生活作息制订训练计划，以便高效且舒适地在水中、自行车上、公路上完成每周想要完成的距离。

　　铁人三项包含两类训练。首先，你需要在精力相对充沛的时候练习各个项目，这很重要。其次，你也需要考虑到真实的比赛情况：因为游泳比赛最先进行，所以当你开始自行车和跑步比赛时，你肯定已经累了。因此，训练中需要重现与比赛相同的场景，也就是说，你应当在练完自行车后立即开始跑步训练。为此，我设计了一个 6 周训练计划（见表 18-1），该计划考虑到了"换项"问题。注意，在表中的 C 计划中，周二至周六上午的训练与前一天下午的训练项目相同。

表 18-1　铁人三项 6 周训练计划

A 计划	
日期	训练内容
周日	上午：30 分钟 E 游泳 中午前：60 ~ 90 分钟定速 E 骑行 下午：60 分钟定速 E 跑
周一	上午：游泳 I 训练 + 30 ~ 45 分钟 E 跑 下午：辅助训练（见第 9 章）
周二	上午：90 ~ 120 分钟定速骑行，E 配速 下午：60 分钟跑步，最后 30 分钟采用 T 配速
周三	早晨：60 分钟 E 跑 + 30 ~ 60 分钟 E 游泳 下午：60 ~ 90 分钟定速 E 骑行
周四	上午：5 × 2 分钟 H 跑 + 1 分钟 E 游泳 下午：40 分钟 E 跑 + 1.6 ~ 3.2 公里 200 米 R 跑
周五	上午：120 分钟定速骑行 + 60 分钟定速 E 跑（骑行后立即跑步）
周六	上午：120 分钟定速 E 跑 上午或下午：60 分钟定速 T 游泳
B 计划	
日期	训练内容
周日	上午：I 游泳（H 和 E 游泳约 1.6 公里） 下午：I 跑：6 ×（800 米 H 跑 + 2 分钟恢复性 jg 跑）
周一	上午：60 分钟 E 游泳 下午：120 分钟定速 E 骑行
周二	上午：90 分钟定速 E 骑行 下午：巡航 I 跑：5 ×（1.6 公里 T 跑 + 1 分钟休息）

B 计划	
日期	**训练内容**
周三	上午：90 分钟定速 E 跑 下午：I 游泳：5 ×（200 米 H 游泳 + 100 米 E 游泳恢复）
周四	上午：60 分钟 E 游泳 + 2 小时定速骑行（游泳后立即骑行）
周五	上午：120 分钟 E 骑行 + 2 ×（20 分钟 T 跑 + 3 分钟休息）
周六	上午：120 分钟 E 跑 下午：60 分钟 E 游泳（跑后不久）

C 计划	
日期	**训练内容**
周日	上午：I 游泳：5 ×（200 米 H 游泳 + 100 米 E 游泳） 下午：T 跑：5 ×（1.6 公里 T 跑 + 1 分钟休息）
周一	上午：T 游泳：3 ×（300 米 T 游泳 + 50 米恢复） 下午：120 分钟 E 骑行
周二	上午：120 分钟 E 骑行（加上前一天的骑行，共计 4 小时骑行） 下午：I 跑：6 ×（3 分钟 H 跑 + 1 分钟轻松 jg 跑）
周三	上午：90 分钟定速 E 跑 下午：I 游泳：5 ×（200 米 H 游泳 + 100 米 E 游泳）
周四	上午：T 游泳：3 ×（300 米 T 游泳 + 50 米恢复） 下午：120 分钟 E 骑行
周五	上午：90 分钟 E 骑行 下午：I 跑：6 ×（3 分钟 H 跑 + 1 分钟轻松 jg 跑）
周六	上午：60 分钟 E 跑 下午：60 分钟 E 游泳 + 60 分钟 E 骑行（游泳后立即骑行）

　　浏览上表中的各项训练，从中挑选出一些适合你的，组合成一周计划。以上 3 项计划都为每个项目分别安排了下午场训练，而次日上午需再次针对前一天下午的项目进行训练，以便加强同一项目上的体能系统。由于你的身体只休息了一夜，还没有完全从前一天下午的训练中恢复过来，因此在次日上午训练时，你会感觉两场训练像组成了一场高强度训练。实际上，像铁人三项这样的多项目运动有多种训练方法，对于某名运动员最有效的方法可能并不适合另一名运动员。因此，我建议你大胆尝试表中介绍的不同方法，看看哪一种对你来说效果最好。

时间和配速换算表

表附 1-1　时间换算表

分：秒 /400 米	秒 /400 米	米 / 秒	米 / 分钟	秒 /100 米	分：秒 / 公里
7：00	420	0.95	57	105.0	17：30
6：45	405	0.99	59	101.3	16：52
6：30	390	1.03	62	97.5	16：15
6：15	375	1.07	64	93.8	15：37
6：00	360	1.11	67	90.0	15：00
5：50	350	1.14	69	87.5	14：35
5：40	340	1.18	71	85.0	14：10
5：30	330	1.21	73	82.5	13：45
5：20	320	1.25	75	80.0	13：20
5：10	310	1.29	77	77.5	12：55
5：00	300	1.33	80	75.0	12：30
4：50	290	1.38	82	72.5	12：05
4：40	280	1.43	85	70.0	11：40
4：30	270	1.48	88	67.5	11：15
4：20	260	1.54	92	65.0	10：50
4：10	250	1.60	96	62.5	10：25
4：00	240	1.67	100	60.0	10：00

分：秒/400米	秒/400米	米/秒	米/分钟	秒/100米	分：秒/公里
3：50	230	1.74	104	57.5	9：35
3：40	220	1.82	109	55.0	9：10
3：30	210	1.90	114	52.5	8：45
3：20	200	2.00	120	50.0	8：20
3：10	190	2.11	126	47.5	7：55
3：00	180	2.22	133	45.0	7：30
2：50	170	2.35	141	42.5	7：05
2：40	160	2.50	151	40.0	6：40
2：30	150	2.67	160	37.5	6：15
2：20	140	2.86	171	35.0	5：50
2：10	130	3.08	185	32.5	5：25
2：00	120	3.33	200	30.0	5：00
1：50	110	3.64	218	27.5	4：35
1：45	105	3.81	229	26.3	4：22
1：40	100	4.00	240	25.0	4：10
1：35	95	4.21	253	23.8	3：57
1：30	90	4.44	267	22.5	3：45
1：25	85	4.71	282	21.3	3：32
1：20	80	5.00	300	20.0	3：20
1：15	75	5.33	320	18.8	3：07
1：10	70	5.71	342	17.5	2：55
1：05	65	6.15	369	16.3	2：42
1：00	60	6.67	400	15.0	2：30
0：58	58	6.90	414	14.5	2：25
0：56	56	7.14	429	14.0	2：20
0：54	54	7.41	444	13.5	2：15
0：53	53	7.55	453	13.2	2：12
0：52	52	7.69	462	13.0	2：10
0：51	51	7.84	471	12.8	2：07
0：50	50	8.00	480	12.5	2：05
0：49	49	8.16	490	12.2	2：02
0：48	48	8.33	500	12.0	2：00
0：47	47	8.51	511	11.7	1：57

表附 1-2　配速换算表

英里/小时	公里/小时	分:秒/公里	分:秒/英里	秒/400米
1.0	1.61	37:17	60:00	895
2.0	3.22	18:38	30:00	447
3.0	4.83	12:26	20:00	298
4.0	6.44	9:19	15:00	224
5.0	8.05	7:27	12:00	179
6.0	9.66	6:13	10:00	149
7.0	11.27	5:20	8:34	128
8.0	12.88	4:40	7:30	112
9.0	14.49	4:09	6:40	99
10.0	16.1	3:44	6:00	89
11.0	17.71	3:23	5:27	81
12.0	19.32	3:06	5:00	75
13.0	20.93	2:52	4:37	69
14.0	22.54	2:41	4:17	64
15.0	24.15	2:29	4:00	59.6
16.0	25.76	2:20	3:45	55.9
17.0	27.37	2:12	3:32	52.6
18.0	28.98	2:04	3:20	49.7
19.0	30.59	1:58	3:09	47.1
20.0	32.2	1:52	3:00	44.7
21.0	33.81	1:47	2:51	42.6
22.0	35.42	1:42	2:44	40.7
23.0	37.03	1:37	2:37	38.9
24.0	38.64	1:33	2:30	37.3
25.0	40.25	1:29	2:24	35.8
26.0	41.86	1:26	2:18	34.4
27.0	43.47	1:23	2:13	33.1
28.0	45.08	1:20	2:09	32.0
29.0	46.69	1:17	2:04	30.9

丹尼尔斯经典跑步训练法（全新升级版）

英里/小时	公里/小时	分:秒/公里	分:秒/英里	秒/400米
30.0	48.30	1:15	2:00	29.8
31.0	49.91	1:12	1:56	28.9
32.0	51.52	1:10	1:52	28.0
33.0	53.13	1:08	1:49	27.1
34.0	54.74	1:06	1:46	26.3
35.0	56.35	1:04	1:43	25.6
36.0	57.96	1:02	1:40	24.9
37.0	59.57	1:00	1:37	24.2
38.0	61.18	0:59	1:35	23.6
39.0	62.79	0:57	1:32	22.9
40.0	64.40	0:56	1:30	22.4
41.0	66.01	0:55	1:28	21.8
42.0	67.62	0:53	1:26	21.3
43.0	69.23	0:52	1:24	20.8
44.0	70.84	0:51	1:22	20.3
45.0	72.45	0:50	1:20	19.9
46.0	74.06	0:49	1:18	19.5
47.0	75.67	0:48	1:17	19.0
48.0	77.28	0:47	1:15	18.6
49.0	78.89	0:46	1:13	18.3
50.0	80.50	0:45	1:12	17.9

注：以50英里为例，表中数据意为：若1小时跑50英里，则相当于80.50公里；1公里配速45秒，相当于1英里配速1分12秒，此时400米跑的配速为17.9秒。表中数据有四舍五入，所以与计算结果稍有不同，不影响整体换算结果。

训练术语

有氧：通过使用氧气产生能量。

BLa：血乳酸，身体在氧气不足时产生的物质。

放松：在高质量训练后进行的活动。

E：轻松跑（低压力跑）或轻松训练日。

效率：跑步速度与所需能量之间的关系。

精英运动员：奥运会级别的高水平运动员。

FR：快速重复训练，约为 800 米比赛速度。

H：主观感觉到的艰苦强度。

Hgb：血液中的血红蛋白水平。

I：采用间歇强度的重复高强度跑步。

间歇训练：交替进行高强度跑和恢复跑的训练类型。

jg：慢跑。

L：长跑。

M：马拉松配速。

Mod：中长跑，比典型的 E 配速（或 L 配速）每公里快 12.5 ～ 18.75 秒。

过度受压：超出预期训练量。

P：最大周跑量。

训练特征：对各类型训练反应的描述。

Q：高质量（休息之外的特殊训练压力）。

R：重复训练的强度，约为当前 1 英里比赛配速。

重复跑：速度相当快，与时间充裕的休息交替进行。

RPE：自感强度等级，是对压力的心理判断。

ST 跑：跨步跑，轻量、快速、短距离的 R 跑。

压力：通过训练使身体产生反应。

辅助训练：跑者在跑步之外进行的额外活动。

T：乳酸门槛强度，根据跑者当前的 VDOT 值来确定。

时间：训练中训练阶段和恢复阶段的持续时间。

超长跑：持续时间超长或距离超长的跑步赛事，距离比马拉松更长。

VDOT：衡量跑步能力的指标，由比赛成绩得到。

$\dot{V}O_2$：每分钟摄氧量，即每分钟消耗氧气的体积。

$v\dot{V}O_2max$：最大摄氧量速度，与个体每分钟最大氧量关联的跑步速度。

我仍然在不断学习，我的老师既包括其他教练，也包括许多不同年龄段的各运动项目的成功跑者。在我长达 60 多年的教练和教学（我认为做教练也是教学）生涯中，我有幸与许多杰出的导师、学生和运动员共事过，之后，我仍将继续与他们相伴。

我从事教练和教学工作多年，帮助过我的人不胜枚举，其中有一些人对我产生了深远的影响，借此，我想再次对他们表达谢意。首先要感谢我的博导布鲁诺·鲍克（Bruno Balke）博士，我们在美国联邦航空管理局共事过。在 1968 年墨西哥城奥运会筹备期间，我们曾一起进行了许多高海拔训练研究。此外，我有幸在瑞典皇家中央体操学院学习过一年，在那里师从佩尔 - 奥洛夫·阿斯特兰（Per-Olof Åstrand）博士。阿斯特兰博士是运动生理学领域的杰出人物，对促进人类健康事业贡献卓越，对我亦师亦友。

在我对精英跑者的研究过程中，许多精英跑者抽出宝贵的时间，无偿地参与了我进行的大量测试，对此我十分感激。他们中的一些人总会在我需要时出现，他们分别是吉姆·莱恩、汤姆·冯·鲁登、克里斯·麦卡斌

（Chris McCubbins）、琼·贝努瓦·塞缪尔森、约翰·梅森（John Mason）、汤姆·海诺宁（Tom Heinonen）、奥斯卡·穆尔（Oscar Moore）、戴夫·奇泽姆（Dave Chisholm）、康拉德·奈延格尔（Conrad Nightingale），以及美国西部田径俱乐部和耐克青年队的跑者。

包括以上提到的跑者在内，共有 26 名精英跑者分别在 1968 年、1993 年和 2013 年接受了我 3 次测试，让我得以完成一项为期 45 年的纵向研究。这可能是有史以来对精英长跑运动员进行的时间跨度最大的一项研究，我从中也得到了一些有趣的结果，并将结果发表在了科学期刊上。

另外，我还有幸指导过一些出色的跑者，也从他们身上受益颇丰，这些人包括：加拿大奥运会 1 500 米选手彭尼·沃斯纳（Penny Werthner）、马拉松跑者肯·马丁（Ken Martin）和杰里·劳森（Jerry Lawson），两人的马拉松成绩均为 2 小时 09 分；奥运会马拉松选手莉萨·马丁（Lisa Martin）和玛格达莱娜·卢伊 – 鲍莱特，两人的马拉松成绩分别是 2 小时 24 分和 2 小时 26 分；马拉松跑者彼得·吉尔摩（Peter Gilmore）和杰夫里·埃格尔斯顿（Jeffrey Eggleston）两人的马拉松成绩均为 2 小时 12 分；珍妮特·切若邦 – 鲍卡姆，她曾代表美国出征 2012 年伦敦奥运会 10 公里赛跑。

我在纽约州立大学科特兰分校执教 17 年，其间指导过不少大学生跑者，我也想特别感谢他们。正是因为看到了他们的进步，我才更加坚定了信心，并觉得自己所做的一切都是值得的。在此，要特别感谢维基·米切尔（Vicki Mitchell），她从成绩 2 分 39 秒的高中生 800 米跑者成长为冠军选手，曾在美国大学体育协会三级协会的全美田径与越野赛事中 7 度夺冠，并在宾夕法尼亚大学接力赛 10 公里项目中跑出了 33 分 01 秒的成绩，且最后的 800 米她仅用时 2 分 31 秒。

我也想感谢卡尔·福斯特（Carl Foster），他长期支持我的研究；感谢吉米·吉尔伯特，他投入了大量时间和精力，将我的跑步研究数据转化成便于应用的 VDOT 表，以供各水平跑者确定训练配速。我想提一下，吉尔伯特大学毕业后就开始记录跑量。50 多年来，他平均每周跑约 62 公里，总跑量累计超过了 16 万公里。另外，还要感谢鲍勃·塞弗纳（Bob Sevene）、维恩·拉南娜（Vin Lananna）和弗兰克·加利亚诺（Frank Gagliano），他们曾带我观摩他们是如何与精英运动员一起工作的。感谢布赖恩·罗塞蒂（Brian Rosetti）和"智跑"项目的其他工作人员，他们让我们的训练方案大获成功。

还要感谢安东尼·加洛（Anthony Gallo）、阿卜迪·阿卜迪拉赫曼和安东尼·法米列蕾（Anthony Famiglietti），他们是我和妻女共同的好友。

以上提到的所有人都对我的执教成功提供过帮助，他们中的许多人至今仍在帮助我，真诚地感谢他们所有人！

最后，特别感谢我的妻子南希和我两个可爱的女儿奥德拉和萨拉。南希曾是非常成功的跑步运动员，奥德拉和萨拉一直伴我左右。奥德拉完成过一场全程马拉松、一场铁人三项比赛和一次 160 公里的自行车骑行。萨拉跑得也很快，但她最终走上了音乐的道路，现在在纽约做歌剧演员。母女三人为我的生活增添了许多乐趣。

未来，属于终身学习者

我们正在亲历前所未有的变革——互联网改变了信息传递的方式，指数级技术快速发展并颠覆商业世界，人工智能正在侵占越来越多的人类领地。

面对这些变化，我们需要问自己：未来需要什么样的人才？

答案是，成为终身学习者。终身学习意味着永不停歇地追求全面的知识结构、强大的逻辑思考能力和敏锐的感知力。这是一种能够在不断变化中随时重建、更新认知体系的能力。阅读，无疑是帮助我们提高这种能力的最佳途径。

在充满不确定性的时代，答案并不总是简单地出现在书本之中。"读万卷书"不仅要亲自阅读、广泛阅读，也需要我们深入探索好书的内部世界，让知识不再局限于书本之中。

湛庐阅读 App: 与最聪明的人共同进化

我们现在推出全新的湛庐阅读 App，它将成为您在书本之外，践行终身学习的场所。

- 不用考虑"读什么"。这里汇集了湛庐所有纸质书、电子书、有声书和各种阅读服务。

- 可以学习"怎么读"。我们提供包括课程、精读班和讲书在内的全方位阅读解决方案。

- 谁来领读？您能最先了解到作者、译者、专家等大咖的前沿洞见，他们是高质量思想的源泉。

- 与谁共读？您将加入优秀的读者和终身学习者的行列，他们对阅读和学习具有持久的热情和源源不断的动力。

在湛庐阅读 App 首页，编辑为您精选了经典书目和优质音视频内容，每天早、中、晚更新，满足您不间断的阅读需求。

【特别专题】【主题书单】【人物特写】等原创专栏，提供专业、深度的解读和选书参考，回应社会议题，是您了解湛庐近千位重要作者思想的独家渠道。

在每本图书的详情页，您将通过深度导读栏目【专家视点】【深度访谈】和【书评】读懂、读透一本好书。

通过这个不设限的学习平台，您在任何时间、任何地点都能获得有价值的思想，并通过阅读实现终身学习。我们邀您共建一个与最聪明的人共同进化的社区，使其成为先进思想交汇的聚集地，这正是我们的使命和价值所在。

CHEERS

湛庐阅读 App
使用指南

读什么
· 纸质书
· 电子书
· 有声书

与谁共读
· 主题书单
· 特别专题
· 人物特写
· 日更专栏
· 编辑推荐

怎么读
· 课程
· 精读班
· 讲书
· 测一测
· 参考文献
· 图片资料

谁来领读
· 专家视点
· 深度访谈
· 书评
· 精彩视频

HERE COMES EVERYBODY

下载湛庐阅读 App
一站获取阅读服务

湖南省版权局著作权合同登记章字：18-2024-208 号

著作权所有，请勿擅用本书制作各类出版物，违者必究。

图书在版编目（CIP）数据

丹尼尔斯经典跑步训练法：全新升级版 /（美）杰克·丹尼尔斯著；沈慧译 .—长沙：湖南教育出版社，2025. 5. — ISBN 978-7-5754-1059-5

Ⅰ . G822.02

中国国家版本馆CIP数据核字第2025SW6490号

DANNI'ERSI JINGDIAN PAOBU XUNLIANFA (QUANXIN SHENGJI BAN)

丹尼尔斯经典跑步训练法（全新升级版）

出　版　人：刘新民
责任编辑：杨　宁　吴志鹏
封面设计：湛庐文化
出版发行：湖南教育出版社（长沙市韶山北路443号）
网　　　址：www.jiaxiaoclass.com
微 信 号：家校共育网
电子邮箱：hnjycbs@sina.com
客服电话：0731-85486979
经　　　销：全国新华书店
印　　　刷：唐山富达印务有限公司
开　　　本：710mm×965mm　1/16
印　　　张：22.5
字　　　数：360千字
版　　　次：2025年5月第1版
印　　　次：2025年5月第1次印刷
书　　　号：ISBN 978-7-5754-1059-5
定　　　价：89.90元